本书为国家社会科学基金重大项目“粤港澳大湾区构建具有国际竞争力的现代产业体系研究”（项目编号：20&ZD086）阶段性研究成果

本书编委会

主　编： 胡　军　陶　锋

副主编： 燕志雄

委　员： （按姓氏拼音排列）

陈　林　方　娴　顾乃华　李　杰　李禹檠
潘　珊　祁湘涵　苏启林　向训勇　杨本建
杨亚平　余壮雄　张　红　郑英隆　周　浩
周永文　朱卫平

广东省战略性产业集群研究报告

数字与能源革命下的产业新机遇

胡 军 陶 锋◎主编

中国·广州

图书在版编目（CIP）数据

广东省战略性产业集群研究报告：数字与能源革命下的产业新机遇/胡军，陶锋主编．—广州：暨南大学出版社，2023.6
ISBN 978 -7 -5668 -3649 -6

Ⅰ．①广…　Ⅱ．①胡…　②陶…　Ⅲ．①产业集群—产业发展—研究报告—广东　Ⅳ．①F269.276.5

中国国家版本馆 CIP 数据核字(2023)第 069252 号

广东省战略性产业集群研究报告：数字与能源革命下的产业新机遇
GUANGDONG SHENG ZHANLUEXING CHANYE JIQUN YANJIU BAOGAO：
SHUZI YU NENGYUAN GEMING XIA DE CHANYE XIN JIYU
主　编：胡　军　陶　锋

出 版 人：张晋升
责任编辑：黄文科　冯月盈
责任校对：刘舜怡　陈慧妍　黄晓佳
责任印制：周一丹　郑玉婷

出版发行：暨南大学出版社（511443）
电　　话：总编室（8620）37332601
营销部（8620）37332680　37332681　37332682　37332683
传　　真：（8620）37332660（办公室）　37332684（营销部）
网　　址：http：//www. jnupress. com
排　　版：广州尚文数码科技有限公司
印　　刷：广州市友盛彩印有限公司
开　　本：787mm × 1092mm　1/16
印　　张：18
字　　数：430 千
版　　次：2023 年 6 月第 1 版
印　　次：2023 年 6 月第 1 次
定　　价：75.00 元

前 言

党的二十大报告指出，建设现代化产业体系，坚持把发展经济的着力点放在实体经济上，推进新型工业化，加快建设制造强国。培育发展战略性产业集群，正是落实这一重大部署的关键举措。习近平总书记多次强调，制造业是国家经济命脉所系，要突出先导性和支柱性，优先培育和大力发展一批战略性新兴产业集群，构建产业体系新支柱。

广东省作为中国第一经济大省、人口大省，在迎来“十四五”良好开局的基础上，2022年12月初，广东省委十三届二次全会提出，要突出制造业当家，高水平谋划推进现代化产业体系建设。2023年初召开的广东省高质量发展大会指出，要坚定不移加快推动现代产业体系“立柱架梁”，着力推进战略性产业集群建设。

广东省是我国改革开放的排头兵，具备加快制度创新和先行先试的发展优势。经过改革开放四十多年的发展，广东省已经形成了完备的产业体系，产业规模、企业数量均居全国前列，家电、电子信息等重点产品产量全球第一，新兴产业集群快速发展壮大，助力我国进一步迈向全球价值链中高端。然而，从广东省二十个战略性产业集群发展现状来看，创新能力不足、关键领域“卡脖子”、核心技术攻关持续性投入欠缺依然是制约产业发展的主要因素。此外，广东省当前还面临着新兴产业体系发展动力不足、产业国际竞争力不强以及区域间、城市间、产业间协同失衡等诸多困难和挑战，这些问题在中美经贸摩擦的冲击下暴露得更为充分，也使得当前产业体系难以有效抵御外部风险带来的冲击。

当前，新一轮科技革命和产业变革深入发展，国际力量对比深刻调整；为抢占科技创新制高点，世界各国纷纷将战略性新兴产业作为国家竞争力的新支撑。面对新的战略机遇，广东省应当把握当前产业发展新趋势，积极打造新发展格局的战略支点，强化战略支点的支撑、联通、撬动功能，为我国推动经济行稳致远、维护重点产业链供应链安全稳定和自主可控形成更大动能支撑。为在世界大变局中塑造高质量发展新优势，广东省亟须推动要素驱动向创新驱动转变，加快培育战略性产业集群形成增长新动能，重点提升新兴产业的发展能级，加速应用新技术、新业态、新模式推动传统产业优存量、调结构。

本书面向“十四五”时期以及更长远的未来，以广东省战略性产业集群的重点行业为研究对象，以国家社科基金重大项目“粤港澳大湾区构建具有国际竞争力的现代产业体系研究”为理论依据，组织暨南大学产业经济研究院教师和研究生团队开展研究。本书特点如下：

第一，本书基于数字革命和能源革命，探寻引领未来发展的新赛道，挖掘广东产业发展新机遇。数字革命浪潮下，新技术与实体经济深度融合，不断催生新理念和新动能，驱动各行各业不断变革、转型升级。同时，在“双碳”目标的约束下，能源革命和绿色低碳转型也已成为实现经济社会高质量发展的关键环节。数字革命和能源革命为本书的产业选取提供了战略指引，研究团队聚焦新兴产业的培育和发展，选取受数字革命和能源革命深度影响的代表性行业为具体研究对象，以产业经济理论、创新经济理论、现代创业投资理论为基础，对广东省相关产业发展情况进行较全面且深入的剖析。具体而言，本书筛选出新能源汽车、光伏、氢能、电化学储能四个能源革命激发的新产业（第一至四章），以及云计算、扩展现实、网络安全、超高清视频四个数字革命催生的新赛道（第五至八章），这些产业赛道与我国“十四五”时期产业发展战略导向和广东省产业发展实际情况高度契合。

第二，本书利用“产业链 + RSCP”分析范式对产业赛道展开研究，这是对当前业界流行的产业分析范式的创新和拓展。当前，在新技术、新业态、新模式推动下，产业链结构日趋复杂，对传统产业组织理论中的产业分析范式带来明显挑战。以哈佛学派的 SCP 范式为基础，结合中国实际，我们提出了“产业链 + RSCP”分析范式，其中，R 表示政府规制或产业政策。本书先是解构新兴产业的产业链结构，包括上中下游环节的纵向市场和同一环节的横向市场，接着探究政府规制或产业政策对各产业链环节带来的深层影响，最后分别讨论市场结构（S）、市场行为（C）、市场绩效（P）及其相互之间的联系。这一分析范式有助于我们在全球科技革命快速演进和中国转型经济制度背景下，更加清晰深入地认识和把握产业发展的结构特征与动态趋势。

第三，本书从产业链、创新链、资金链、政策链相融合的角度阐述区域产业创新生态系统的建设方向，以期为广东省构建具有国际竞争力的现代产业体系提出具有针对性的政策建议。在产业链方面，通过深入解剖产业链结构，科学研判产业链关键环节，识别广东省的优势环节和短板不足；在创新链方面，深入挖掘技术层面、产业层面以及投资层面的创新绩效，研判产业发展前瞻技术，寻找需要补齐的技术短板；在资金链方面，对产业的投资规模、投资轮次、投资环节和投资绩效进行梳理，以此研判资金可能流入的前瞻方向；在政策链方面，着重分析国内外产业政策对产业带来的影响，进而提出下一步政策优化的方向。

第四，本书着眼于广东省区域产业协同发展，聚焦推动产业空间优化布局。优化“一核一带一区”空间布局，推动省内产业有序转移和产业链共建，是当前广东推动经济高质量发展的重要任务。本书围绕八个产业赛道，先是从全国空间布局层面明确了广东省重点产业的空间地位，接着讨论了广东省重点产业园区的建设情况，以及各城市产业链分工协作的优化方向。这些内容旨在提升珠三角发展能级及辐射带动作用，打造世界领先的先进制造业发展基地；深挖粤东、粤西、粤北地区制造业发展潜力，推动区域经济协同发展。

以“稳”夯实支柱产业，以“进”攻坚新兴产业，以“新”谋划未来产业，把制造业这份厚实家当做优做强，是奋力打造广东高质量发展新增长极的必然选择，也是国家赋予广东省的特殊历史使命。编者期待此书能够为读者提供有价值的参考，并引发深层次思考。由于编者时间和精力有限，本书仍存在诸多不足之处，恳请各位读者批评指正，以求不断改进和完善！

编 者

2023 年 4 月

CONTENTS 目录

第一章 广东省新能源汽车产业分析*

引 言

十年耕耘，从强化顶层设计，到提升核心技术研发能力，再到促进市场推广应用，我国新能源汽车产业跑出了“加速度”，且已初具国际竞争力。得益于行业的持续高景气度、政策的扶持、汽车工业基础的完备，广东省新能源汽车产业已经形成了国内领先、国际追赶的行业地位，具备规模优势。在产业体系上，形成了配套设施齐全的完整产业链，孕育了比亚迪、广汽集团等行业龙头；在空间布局上，广州、深圳两座城市起到引领作用，各地区围绕广深进行产业配套，产业支撑度较高；在风险投资上，吸引了大批机构进行投资；未来，我们还可以关注核心技术创新、智能化、下游配套等领域的进一步发展，以解决目前新能源汽车产业仍存在的“整强零弱”、区域协同不足等问题。本章将基于国际国内双重视角，介绍我国和广东省新能源汽车产业的发展现状、空间布局、创投环境、市场结构、市场绩效以及发展趋势等。

新能源汽车，广义上是指采用新型动力系统，完全或主要依靠新型能源驱动的汽车，包括纯电动汽车、插电式混合动力汽车、燃料电池汽车以及其他新能源汽车等各类别产品。狭义上，我国着力发展的是以电为替代能源的纯电动汽车和混合动力汽车，因此本章新能源汽车主要指电动汽车。目前，我国新能源汽车产业已形成从上游关键原材料，到中游核心零部件，再到下游整车制造的完整产业链。在新能源电动汽车的内部构件中，电池、电机和电控（“三电系统”）构成了新能源汽车的电动动力总成系统，在纯电动汽车中，“三电系统”约占车辆总成本的50%，电池、电机和电控分别占车辆成本的38%、6.5%和5.5%。

---

* 本章第一执笔人为暨南大学产业经济研究院徐鑫鑫。

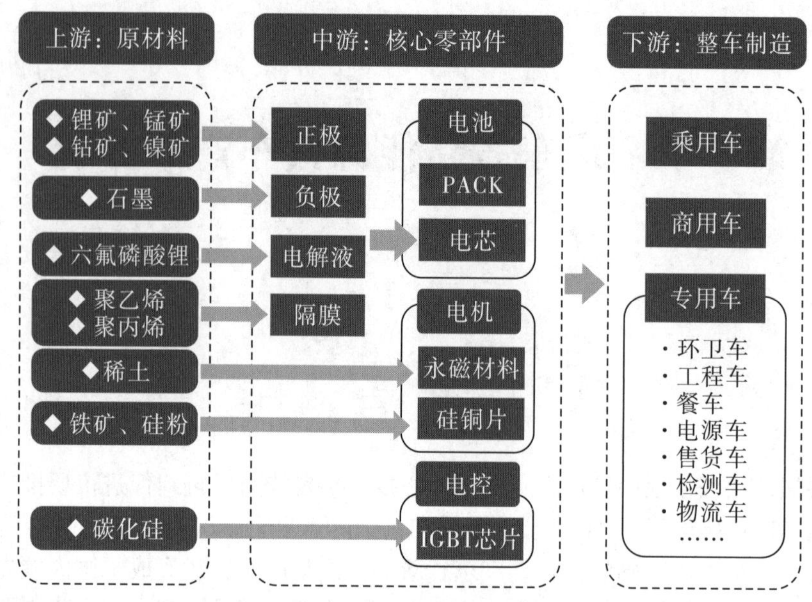

图 1－1　新能源汽车产业链构成

第一节　新能源汽车产业发展环境

一、新能源汽车产业宏观环境

广东省新能源汽车产业宏观环境整体向好，已经形成“产业景气度高涨、初具国际竞争力、政策转向市场驱动”的保护屏障，为我国新能源汽车产业的发展奠定了基础。受益于稳定的国内外环境，广东省新能源汽车产业规模领跑全国，但在前端核心技术、海外布局等方面仍存在短板。

（一）国际环境：行业具备持续高景气度，各国紧抓产业转型

“碳中和”奠定了全球新能源汽车产业长期的高景气度。世界多个国家和地区均出台了减碳政策目标，美国提出 2035 年实现无碳发电，中国力争 2030 年实现“碳达峰”。此外，世界各国制定了明确的市场份额目标，为加快促进新能源汽车产业转型，积极推动全球汽车产业向电动化、智能化、网联化加速发展，奠定了产业长期的高景气度。

（二）竞争环境：中国具备规模优势与市场优势，广东省整强零弱蓄势待发

销售规模和电动化领先是我国乃至广东省新能源汽车产业竞争力增强的重要因素，但我国新能源汽车产业目前仍存在很多软肋和瓶颈，比如缺乏高端芯片、自动驾驶等关键核心技术，因此绝不能低估发达国家老牌汽车企业和新锐车企特斯拉的实力。

1. 中国新能源汽车产业竞争优劣势

产业具有规模效应，实现“弯道超车”。纵向上，我国新能源汽车产业在市场规模与增速上具备优势，但海外市场开拓不足；中国新能源汽车国内市场渗透率较低，说明市场仍未饱和。横向上，我国在产业链建设、电池技术等方面具有优势，但在芯片等核心技术、高端品牌建设等方面仍存在不足。

表 1－1　国内外新能源汽车产业发展概况比较

比较层次	中国	欧美等国家
市场规模	2021 年新能源汽车销量占全球市场份额超 50%，市场规模和潜力大	欧洲的购车优惠促进销量提升；美国新能源汽车销量增速提升，发展空间大
渗透率	2022 年 1—11 月，累计新能源渗透率约 23.8%，渗透率基本与德国持平	2022 年 1—11 月，欧洲市场累计新能源渗透率约 16.2%，渗透率逐步上升；美国渗透率较低
全球布局	90% 市场在国内，全球布局能力较弱	特斯拉等车企在全球其他地区均有布局
技术水平	动力电池、关键材料等方面达到全球领先水平；车规级芯片等技术短板突出	动力电池技术相对落后，但在发动机与控制系统、高端变速箱、芯片等领域优势明显
产业链	已形成全球最完善的新能源汽车产业链，整车制造拥有全球规模最大的生产能力	欧洲有传统燃油车制造优势和技术优势，产业链配套相对完善；美国主要产业链配套在海外
自主品牌	具有一定的国际影响力，相较于特斯拉等国际品牌，高端品牌认知度仍偏低	合（外）资车企陆续推出新能源汽车产品，占领了部分市场，高端品牌较多

资料来源：根据公开资料整理。

2. 广东省新能源汽车产业竞争优劣势

广东省新能源汽车产业规模庞大，是具有龙头优势的产业聚集地，但“整强零弱”仍是突出问题。纵向上，广东省拥有产业规模和技术创新优势，产业规模位于全国前列，新能源汽车领域累计专利申请量位居全国榜首。横向上，比亚迪、小鹏汽车等企业发挥龙头效应，形成了具备国内竞争力的优势产业链集群；在产业链完备程度、整车制造等方面具有优势，但仍存在“整强零弱”的劣势，核心零部件配套能力较弱，关键技术受到制约。

（三）政策环境：国家战略支撑产业发展，政策扶持转向技术革新

1. 国际：新能源汽车产业跃升为国家发展战略

世界主要经济体都将发展新能源汽车产业作为国家战略。欧盟于 2021 年提出《Fit for 55》法案，计划 2035 年起新车注册全部要求零排放，美国发布的《基础设施计划》通过需求侧税收减免和供给侧积分驱动双管齐下促进产业发展，日本从 2007 年开始就对电动车技术开发出台资金补助制度。

2. 中国：宏观战略发挥指引作用，政策市场双层驱动

国家宏观战略布局新能源汽车赛道，从早期研发到市场推广配套大量资金。我国在新

能源汽车研发方面投入了大量的资金补贴，“863”计划重大专项①和“十二五”专项规划均对电动汽车的研发予以支持。与此同时，市场推广同步进行，2009 年政府进行公共领域试点工作，开启了财政补贴推动新能源汽车市场化运营先河。

政策补贴把控全局，从试点走向全国，从公域走向私域，政策向市场化过渡。自 2015 年起，产业补贴标准不断调整，呈现出技术门槛不断提高、补贴额度不断退坡的变化趋势，但仍以财税补贴为主导。如今已从政策驱动转变为政策市场双驱动，2022 年底“国补”彻底退出，未来发展之路将交给市场。

表 1－2　中国新能源汽车产业政策一览

时间	政策名称	政策类型
2009 年	《关于开展节能与新能源汽车示范推广试点工作的通知》	推广应用政策
2010 年	《关于开展私人购买新能源汽车补贴试点的通知》	推广应用政策
2012 年	《节能与新能源汽车产业发展规划（2012—2020 年）》	产业战略规划
2014 年	《关于加快新能源汽车推广应用的指导意见》	推广应用政策
2015 年	《关于 2016—2020 年新能源汽车推广应用财政支持政策的通知》	推广应用政策
2018 年	《关于调整完善新能源汽车推广应用财政补贴政策的通知》	推广应用政策
2020 年	《新能源汽车产业发展规划（2021—2035 年）》	产业战略规划
2021 年	《关于 2022 年新能源汽车推广应用财政补贴政策的通知》	推广应用政策

资料来源：根据公开资料整理。

3. 广东：关注产业技术路线，抢占智能化发展高地

广东省早在“十一五”时期就开始布局新能源汽车相关技术研发和产业化，“十二五”时期新能源汽车产业首次被纳入为广东省战略性新兴产业和先进制造业重点产业。随后十余年里，广东省就区域新能源汽车技术发展路径、产能建设、产业链建设、领先企业培育等方面陆续出台政策，先后提出要积极推进智能网联汽车发展和新技术路线培育。

表 1－3　广东省新能源汽车产业政策一览

时间	政策名称	政策类型
2013 年	《广东省新能源汽车产业发展规划（2013—2020 年）》	产业战略规划
2017 年	《广东省战略性新兴产业发展“十三五”规划》	产业战略规划
2018 年	《关于加快新能源汽车产业创新发展的意见》	推广应用政策
2019 年	《关于进一步完善扶持先进装备制造业发展财政政策措施的通知》	推广应用政策

① “863”计划重大专项全称为《高技术研究发展计划纲要》，于 1986 年 11 月 18 号发布，是面向 21 世纪的中国战略性高科技发展计划，该计划选择了生物、航天、信息、激光、自动化、能源、材料等 7 个技术领域的 15 个主题项目来开始高科技的攀登，1996 年又增加了海洋技术领域。

（续上表）

时间	政策名称	政策类型
2020 年	《广东省发展汽车战略性支柱产业集群行动计划（2021—2025 年）》	产业战略规划
2021 年	《广东省国民经济和社会发展第十四个五年规划和 2035 年远景目标纲要》	产业战略规划
2022 年	《广东省加快建设燃料电池汽车示范城市群行动计划（2022—2025 年）》	推广应用政策

资料来源：根据公开资料整理。

二、新能源汽车产业市场环境

需求端上，随着消费者满意度的提升，插电式混合动力汽车的市场逐渐打开，我国新能源车企仍以国内市场为主，但国外市场潜力巨大。供给端上，我国自主品牌影响力持续扩大，产品类型更为丰富。而广东省作为我国最大的新能源汽车聚集地之一，地处珠三角腹地，既可辐射全国市场，又可加强海外布局，市场环境可观。

（一）新能源汽车市场火热，受到消费者肯定

新能源汽车渗透率稳步提升，消费者认可度有所提升。截至 2022 年 7 月，全球新能源汽车渗透率为 11.51%，电动化进程稳步推进；我国的渗透率上升到了 26.7%，新能源汽车正加速替代传统燃油汽车。此外，中汽信科调查指出，消费者对新能源汽车的购买意愿也在上升。

（二）BEV 仍是市场主流，PHEV 贡献新动力

纯电动汽车（BEV）仍占据主导地位，插电式混合动力汽车（PHEV）的占比逐步提升。2022 年 BEV 销量增速回落，PHEV 增长优势显现，在 2022 年 1—10 月，全国 BEV 和 PHEV 的销量分别为 388.5 万辆、115.5 万辆，同比增长分别为 97.6%、167.5%。

（三）优质供给加速提升，造车企业步入正轨

传统车企电动化加速，品牌知名度逐步提升。传统车企成熟的造车经验和渠道建设赢得了市场信任度，广汽埃安、华为问界、极氪等品牌的汽车交付数量屡创新高。2022 年下半年以来，各新势力车企均开启车型换代，包括蔚来 ET5、理想 L8、小鹏 G9 在内的新款车型交付均逐渐步入正轨。

（四）乘用车自主品牌强势提升，出口保持高景气度

国内市场自主品牌市场份额持续提升。随着国内新能源汽车品牌的崛起、产品性能的提升，我国自主品牌的渗透率稳步提升，2022 年 1—10 月自主品牌乘用车销量达 934.6 万辆，占总销量的 49%，创下新高，出口有望成为我国新能源汽车新的增长点。

第二节 新能源汽车产业链 SCP 范式研究

一、新能源汽车产业发展概况

全国以及广东省已经具备完整的产业链体系，目前我国新能源汽车产业上游的动力电池关键材料均实现国内生产，中游的动力电池、驱动电机可实现国内自主配套，下游的充电桩、换电站等补能基础设施不断跟上。广东省也孕育出了比亚迪、广汽埃安、小鹏汽车等整车制造龙头企业，以及新宙邦、德方纳米、欣旺达等关键环节的龙头企业。

然而，从市场行为、市场绩效等角度来看，新能源汽车产业其实具备一定的周期性，价值链前端的资源垄断性企业虽然通过产能扩张、产品定价的市场行为获得了超额利润，但市场反应存在的滞后性、未来可能出现的产能过剩问题也会影响整个产业的协同发展。同时，价值链后端企业的竞争也变得愈发激烈，市场绩效并不乐观。

二、产业链市场结构

上游市场集中度较高，在现有技术路线中，以锂离子动力电池系统为主。中游最核心的是“三电系统”，动力电池龙头企业市占率高，电机市场参与者众多，电控的市场集中度持续提升。在下游环节中，我国自主整车品牌占领全球市场，国内竞争较为激烈。

（一）上游原材料竞争格局

在新能源纯电动汽车中，动力锂电池是一项兼具高成本和高附加值的核心零部件，主要由正极材料、负极材料、电解液、隔膜构成，其中正极材料成本占比达 50% 左右。锂、钴、锰、镍均是制作正极材料的核心原材料，其中，锂的应用价值最高。

锂行业形成全球寡头垄断格局，企业具有定价权。全球锂供应由几家公司主导，美国雅宝、中国赣锋锂业、智利矿业化工（天齐锂业占股 25%）、中国天齐锂业、美国 Livent 的市占率分别为 25%、16%、15%、14%、7%，这几家公司通过长协定价模式供应市场需求，具备定价权。我国天齐锂业拥有世界上最大、品质最好的锂矿资源，战略性布局中国、澳大利亚和智利的锂资源，产能不断扩张，目前拥有超 160 万吨/年的锂精矿产能，毛利率较高。

钴行业集中度高，形成寡头垄断市场格局。在动力电池无钴化趋势中，会让车企降低对钴这个元素的依赖。目前全球 60% 的钴出自嘉能可、洛阳钼业、欧亚资源和金川集团，其中嘉能可是全球最大的钴生产商，我国洛阳钼业的钴资源量位居全球第一。

国内电解锰行业市场集中度较高。宁夏天元锰业、贵州武陵锰业是我国电解锰十大生产企业，2021 年十大企业产量合计 97.34 万吨，占全国总产量比例为 75%。其中宁夏天元锰业产量达到 47.74 万吨，占比达到 37%，处于绝对领先水平。

全球镍企业集中度较低，行业竞争格局分散。受到动力电池三元正极材料需求大幅增长以及电池高镍化的影响，硫酸镍需求呈现爆发式增长。目前只有俄罗斯镍业和淡水河谷市占率超过5%，分别占比8.5%和7.7%。

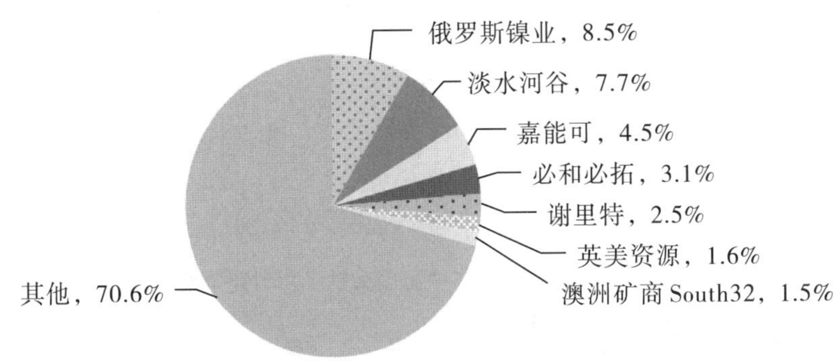

图1-2 2021年全球镍业竞争格局

资料来源：中商情报网。

（二）中游核心零部件竞争格局

1. 动力电池

正极材料竞争格局较为分散，龙头企业具备竞争力。三元材料出货稳定，磷酸铁锂市场份额逐渐提升。在三元正极领域，容百科技、当升科技、天津巴莫等处于领先位置；在磷酸铁锂领域，湖南裕能和德方纳米凭借22%和19%的市场份额处于龙头地位。

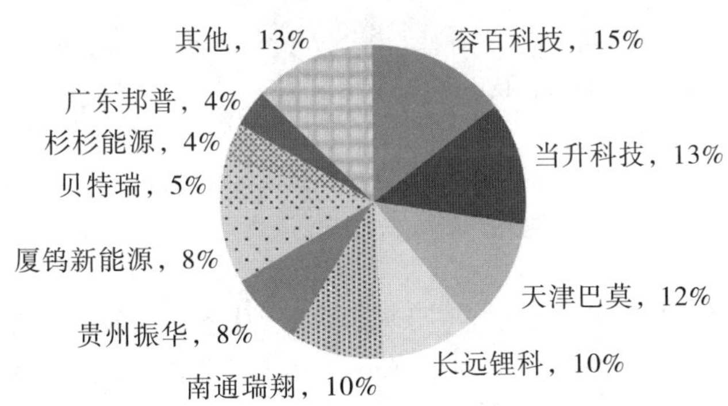

图1-3 2022年上半年中国三元正极材料竞争格局

资料来源：国泰君安证券研究，鑫椤资讯。

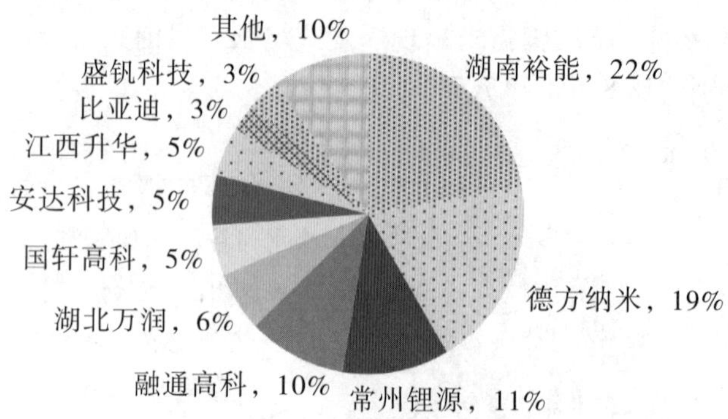

图 1-4 2022 年上半年中国磷酸铁锂材料竞争格局

资料来源：国泰君安证券研究，鑫椤资讯。

负极材料龙头企业领跑行业，头部企业齐头并进。贝特瑞为负极材料行业龙头，2022年上半年市占率为28%；除贝特瑞外，杉杉股份、璞泰来、尚太科技、凯金能源、中科电气的市场份额均在10%左右。

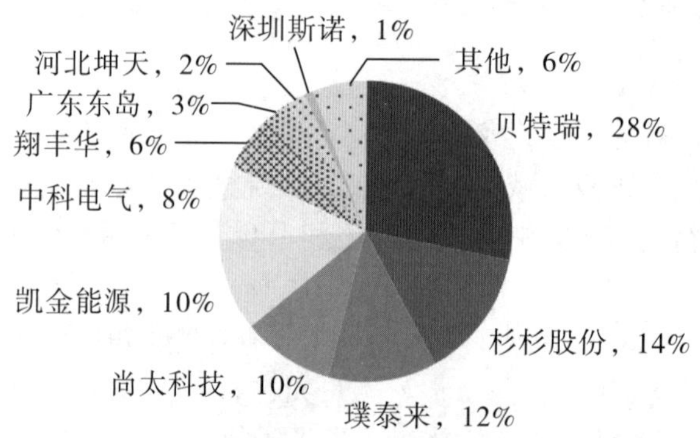

图 1-5 2022 年上半年中国负极材料竞争格局

资料来源：国泰君安证券研究，鑫椤资讯。

隔膜行业集中度不断提升，头部企业地位稳固。从整体来看，行业 CR3 达到了 60%以上，恩捷股份、星源材质是绝对的行业龙头。从细分市场来看，湿法隔膜仍是市场主流，恩捷股份是行业龙头，2021 年国内湿法隔膜市占率 50.3%，全球市占率 30%；干法隔膜中，中兴新材、星源材质、惠强新材，市占率分别为 29%、21%、20%。

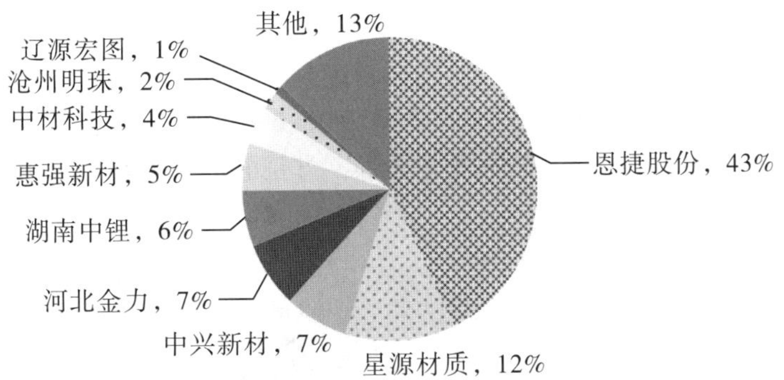

图1-6 2022年上半年中国隔膜行业竞争格局（干法+湿法）

资料来源：国泰君安证券研究，鑫椤资讯。

电解液行业头部效应明显，“一超多强”格局确立。2022年上半年电解液行业中，天赐材料市占率达到37%，继续稳居行业第一，新宙邦和国泰华荣位列第二、第三。

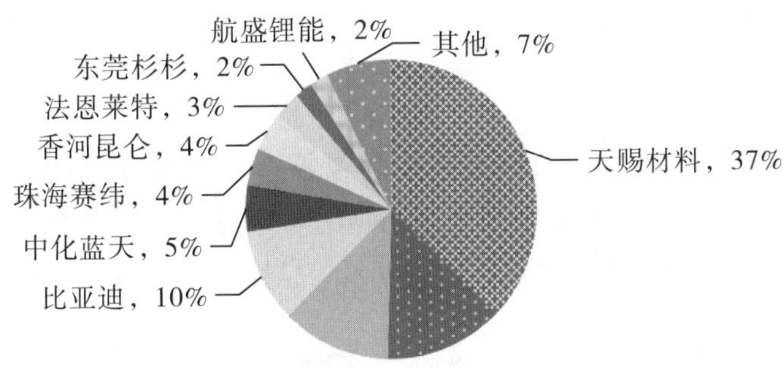

图1-7 2022年上半年中国电解液行业竞争格局

资料来源：国泰君安证券研究，鑫椤资讯。

动力电池市场格局持续优化，宁德时代稳坐行业龙头位置。从国内市场来看，2022年三季度宁德时代市占率接近50%；第二梯队以比亚迪、中航锂电（现为中创新航）和国轩高科为主，第三梯队市占率不足3%，差距明显。从全球来看，市场份额集中在头部企业，宁德时代稳坐全球第一。

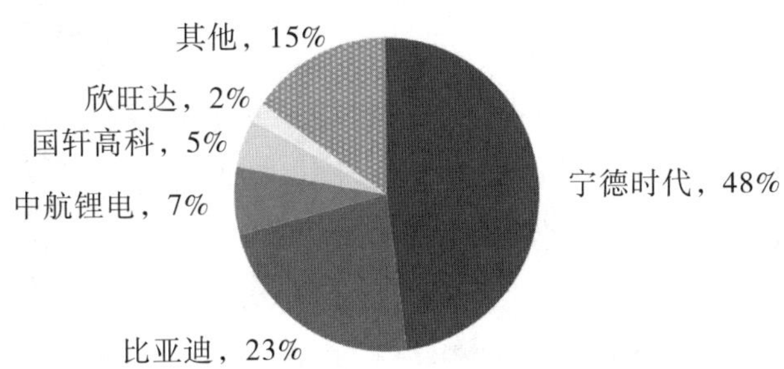

图1-8 2022年Q3中国动力电池行业竞争格局

资料来源：国泰君安证券研究，鑫椤资讯。

2. 驱动电机

市场竞争激烈，龙头企业地位稳固。市场新进入者较多，2020 年 Top10 供应商市占率为 81.6%，2022 年上半年 Top10 供应商市占率为 75.6%。2022 年上半年，比亚迪和特斯拉的市场份额持续扩大；第三方供应商竞争激烈，方正电机稳居第三。

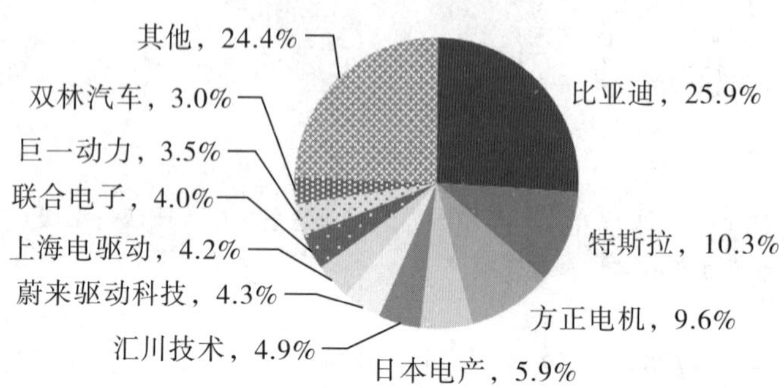

图 1－9　2022 年上半年新能源乘用车驱动电机市场竞争格局

资料来源：NE 时代，招商银行研究院。

3. 电机控制器

电机控制器需求快速增长，市场集中度持续提升。2020 年 Top10 供应商市占率为 69.9%，2022 年上半年 Top10 供应商市占率为 77.1%，市场变得更为集中。比亚迪和特斯拉依靠整车销售优势，市场份额持续扩大；第三方供应商汇川技术稳居市场第三。

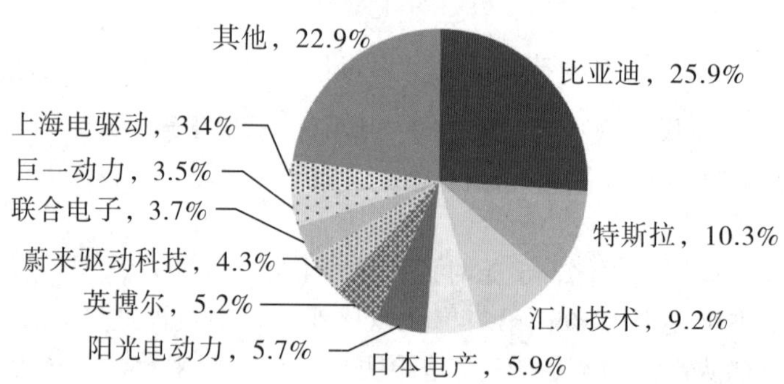

图 1－10　2022 年上半年新能源乘用车电机控制器市场竞争格局

资料来源：NE 时代，招商银行研究院。

IGBT 模块[①]中，国外芯片巨头占据大部分市场。市场主要参与者为国外芯片巨头，包括英飞凌、意法半导体等企业，但 2022 年上半年比亚迪半导体、斯达半导体、中车时代等国内供应商成为 IGBT 模块主要供应商。

---

① IGBT 模块是电机控制器的发展关键，是逆变器最核心的部件，占据了电机控制器成本的 37% 左右，是汽车动力系统的“心脏”。

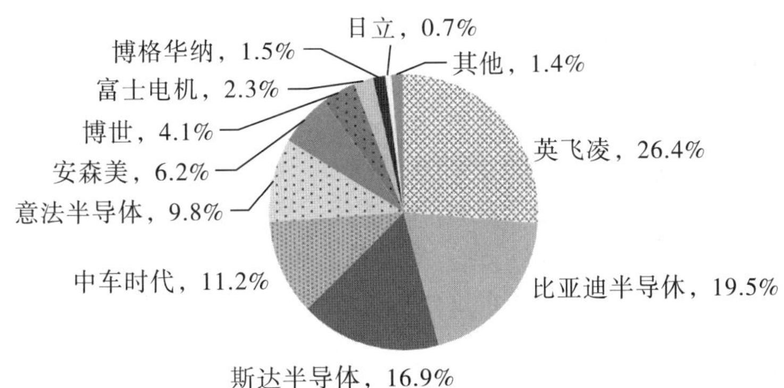

图 1－11　2022 年上半年新能源乘用车 IGBT 模块市场竞争格局

资料来源：NE 时代，招商银行研究院。

（三）下游整车制造竞争格局

中国品牌崛起，占领全球新能源汽车市场。在 2021 年全球新能源汽车 Top20 的销量榜单中，中国车企占了 8 家，比亚迪排第二名，销量为 59.38 万辆，占全球份额的 9.1%；而通用五菱的销量为 45.61 万辆，占全球份额的 7.0%。在 2021 年国内新能源汽车整车制造市场竞争格局中，比亚迪以 16.59% 的市场占有率排名第一，长城、广汽埃安等国产品牌紧跟其后。

国内新能源汽车市场已经形成“两超多强，新势力崛起”的格局。“两超”指比亚迪、特斯拉，“多强”指长城、广汽、上汽等传统车企，长城稳居该阵营首位，以“蔚小理”为代表的造车新势力也在迅速崛起。我国新能源汽车的行业集中度较高，CR4 已经达到 60.09%，CR8 突破 70%，CR10 超过 80%。

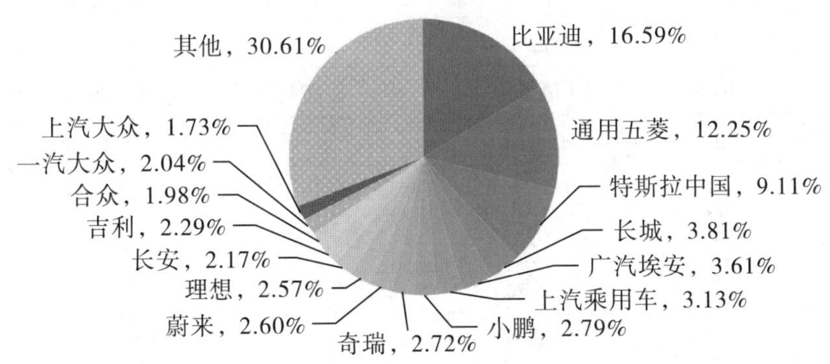

图 1－12　2021 年中国新能源汽车整车制造市场竞争格局

资料来源：乘联会，英大证券研究所。

三、产业链市场行为

市场参与者通过产能扩张、定价、研发等行为，以期提升市场份额、获得超额利润。部分企业面对旺盛的市场需求，不断进行产品迭代、横向兼并、产能扩张，以实现盈利和市占率提升；也有企业通过一体化扩张、专注技术创新等行为获得成本和技术优势。然而，过于激烈的市场竞争也可能导致产能过剩、无序竞争、价格战等问题。

（一）产品差异化

整车产品切实结合用户需求，差异化产品带来市场追捧。例如，0～5万元新能源车型的核心是满足短途代步需求，宏光Mini成为该市场的爆款车型。而在5～10万元的车型中，奇瑞小蚂蚁EV尺寸小、出行方便，助力奇瑞在该市场保持竞争优势，市占率维持在17%左右；而在10～20万元的车型中，现阶段比亚迪占据绝对优势。

（二）产能扩张

为满足高速增长的市场需求，企业纷纷进行产能扩张。2021年以来，新能源汽车产业链各公司融资规模屡创新高，支撑行业大规模产能扩张。同时，随着国际主流电池厂、欧洲车企纷纷加码电池产能，锂电材料厂商持续就近配套原材料。但产能扩张通常具有时滞性，倘若技术路线、市场需求发生变化，可能导致产能过剩的问题。

表1-4 锂电材料部分头部公司海外产能扩张情况

公司	地点	投资额	产能投建项目
中伟股份	印尼	0.68亿美元	年产低冰镍含镍金属2.75万吨（印尼）项目
	芬兰	14.4亿元	芬兰前驱体生产基地
华友钴业	印尼	160亿元	印尼华山氢氧化镍钴湿法冶炼项目
	印尼	30亿元	印尼华科高冰镍火法冶炼项目
格林美	印尼	4.5亿美元	年产高冰镍含镍金属5万吨（印尼）项目
容百科技	韩国	7.9亿元	韩国忠州1—2期年产1.5万吨锂电正极材料项目
当升科技	芬兰	39亿元	欧洲首期年产10万吨锂电新材料产业基地项目
恩捷股份	匈牙利	23.8亿元	匈牙利锂电池隔离膜生产基地
	美国	9.16亿美元	美国锂电池隔离膜工厂项目
星源材质	瑞典	8.72亿元	瑞典湿法隔膜及涂覆项目（二期）
新宙邦	荷兰	15亿元	荷兰新宙邦锂离子电池电解液及材料项目

资料来源：各公司公告，中信证券研究部。

（三）一体化布局

三元正极领域打造成本优势，一体化布局进入收获期。例如，华友钴业在上游与淡水河谷、青山集团等企业合作，有利于保障公司一体化产业链上游镍资源供应；而容百科技和长远锂科也往上游前驱体环节拓展。动力电池领域供给端与制造端齐发力，构筑成本优势。在供给端，宁德时代向上游延伸布局，自建供应体系；在制造端，宁德时代规模效应累积，叠加智能控制技术对产线效率的提高，拉开了与二线厂商的成本距离。

（四）定价行为

车企定价两头主导，动力电池环节具有较强的议价能力。主导市场新能源汽车价格的势力有两股，一股是整车企业，另一股是核心技术企业。由于原材料价格上涨，2022 年以来，新能源车企陆续宣布价格上调，调整幅度从 1 千元到 3 万元不等。此外，车企还要面对电池厂、芯片厂等上游厂商的制约。例如，除比亚迪自产电池可自供之外，宁德时代占据了 60% 以上的市场规模，这给予了宁德时代更多的议价权。

（五）研发行为

行业整体注重研发投入，“三电”企业研发投入占比位于行业前列。从各环节来看，上游原材料企业的研发费用占比较小。而动力电池行业由于技术壁垒高、更新换代快、下游需求带动、市场竞争激烈等因素，大部分企业的研发投入逐年递增，行业整体较为注重技术创新。

表 1－5 新能源汽车产业链各环节上市公司研发情况

环节	代表企业	2018 年		2019 年		2020 年		2021 年		2022 年 Q3	
		费用	占比	费用	占比	费用	占比	费用	占比	费用	占比
原材料	赣锋锂业	0.63	1.25	0.80	1.49	1.40	2.53	3.39	3.03	9.52	3.45
动力电池	宁德时代	19.91	6.72	29.92	6.53	35.69	7.09	76.91	5.90	105.77	5.03
正极材料	容百科技	1.20	3.94	1.65	3.94	1.46	3.85	3.60	3.50	4.00	2.08
负极材料	杉杉股份	3.75	4.23	4.12	4.75	3.93	4.78	7.16	3.46	7.16	4.52
隔膜	恩捷股份	0.97	3.93	1.55	4.90	1.78	4.16	4.09	5.13	4.29	4.62
电解液	天赐材料	1.10	5.27	1.26	4.57	1.68	4.09	3.78	3.41	7.40	4.50
整车制造	比亚迪	49.89	3.84	56.29	4.41	74.65	4.77	79.91	3.70	108.70	4.06

资料来源：Wind。

注：“费用”代表研发总投入，单位为亿元；“占比”代表研发费用占营收比例，单位为%。

龙头企业研发能力不断增强，研发投入领跑整个行业。宁德时代和比亚迪的研发投入规模不断增大，在 2022 年三季度分别达到了 105.77 亿元、108.7 亿元。其中，近年来宁德时代的研发投入占营业收入的比重在 6% 左右，其应用市场已经覆盖汽车动力、储能锂电和轻型动力。

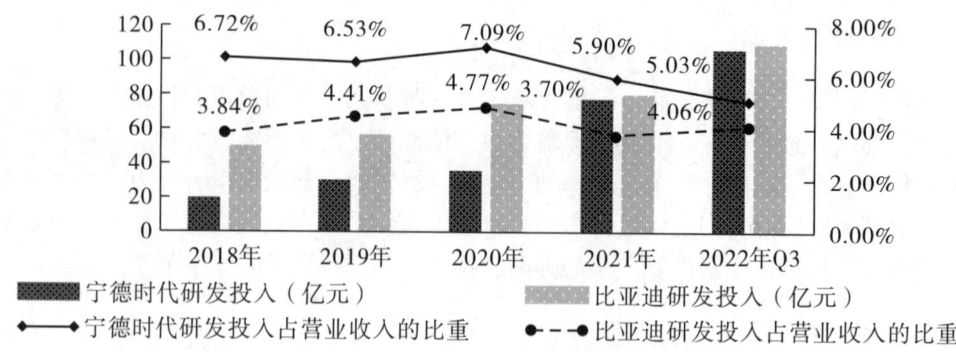

图 1－13 新能源汽车龙头企业研发投入对比

资料来源：Wind。

四、产业链市场绩效

长期的耕耘叠加行业红利期，使我国新能源汽车产业市场绩效在多个维度开花。竞争力层面，我国车企的市场份额不断提升；盈利层面，行业整体利润可观；价值链层面，行业附加值有所提升；创新绩效层面，技术水平持续突破。但资源、技术、规模垄断型企业挤占了大部分利润，产业价值链分布不均问题突出，广东省的新能源汽车产业也面临着此类的行业协同发展问题，如何打造健康的产业链和价值链值得深思。

（一）竞争力：本土品牌崛起，技术升级加速

自主品牌市场占有率有所提升，相关产品获国际认可。市场份额层面，比亚迪 2022 年上半年市占率达 15.4%，成功超越特斯拉。此外，在前 20 名的车企中，奇瑞汽车、广汽集团、东风汽车等的排名也有所上升。技术突破层面，我国制造的电池能量密度、充放电循环寿命等技术指标也得到大幅提升，在全球十大锂电池厂家排名中，中国占据了六席。

表 1－6 2019—2022 年 H1 全球新能源汽车销量 Top10 的品牌及市场占有率

排名	企业	2019 年市场占有率	企业	2020 年市场占有率	企业	2021 年市场占有率	企业	2022 年 H1 市场占有率
1	特斯拉	16.6%	特斯拉	15.99%	特斯拉	14.4%	比亚迪	15.4%
2	比亚迪	10.4%	大众汽车	7.05%	比亚迪	9.1%	特斯拉	13.6%
3	北汽新能源	7.3%	比亚迪	5.74%	通用五菱	7.0%	通用五菱	5.6%
4	通用五菱	6.2%	通用五菱	5.47%	大众汽车	4.9%	大众汽车	3.8%
5	宝马	5.8%	宝马	5.23%	宝马	4.2%	宝马	3.8%

（续上表）

排名	企业	2019 年市场占有率	企业	2020 年市场占有率	企业	2021 年市场占有率	企业	2022 年 H1 市场占有率
6	大众汽车	3.8%	奔驰	4.67%	奔驰	3.5%	奔驰	3%
7	日产	3.6%	雷诺	3.98%	上汽集团	3.5%	上汽集团	3%
8	吉利	3.4%	沃尔沃	3.62%	沃尔沃	2.9%	起亚汽车	2.7%
9	现代	3.3%	奥迪	3.47%	奥迪	2.6%	奇瑞汽车	2.7%
10	丰田	2.5%	上汽集团	3.24%	现代汽车	2.5%	现代汽车	2.6%

资料来源：Clean Technica。

（二）盈利能力：行业利润整体可观，龙头企业持续发力

1. 上游企业盈利能力

得益于需求的刺激，锂行业相关产品的价格高位上涨，企业盈利能力大幅提升。近两年国内龙头企业的净利率甚至达到了50%以上，天齐锂业表现亮眼，营收规模和净利率一跃而上。但锂产品价格的持续上涨使得中下游的动力电池、整车企业承压。而钴企业受到铜钴等主力矿种价格下行的影响，利润空间有所减小。

表 1-7　新能源汽车上游原材料上市公司财报对比

环节	企业	2021 年				2022 年三季度			
		总营收	净利润	毛利率	净利率	总营收	净利润	毛利率	净利率
锂资源	赣锋锂业	111.62	54.17	39.81	48.53	276.12	149.87	55.92	54.28
	天齐锂业	76.63	25.90	61.97	33.80	246.46	195.55	85.53	79.34
钴、镍资源	雅化集团	52.41	9.84	35.17	18.77	101.17	36.24	48.55	35.82
	洛阳钼业	1 738.63	54.28	9.39	3.12	1 324.69	62.26	10.04	4.70
	嘉能可	2 037.51	43.49	6.08	2.13	—	—	—	—

资料来源：Wind。

注："总营收"和"净利润"的单位均为亿元，"毛利率"和"净利率"的单位均为%，本节以下有关财报的表格单位同此表。

2. 中游企业盈利能力

动力电池行业盈利水平不一，龙头企业占领利润高点。宁德时代的营收和利润领跑整个行业，而亿纬锂能、国轩高科、欣旺达等腰部企业，营收体量总体偏小，利润率也相差较大。

表 1-8 新能源汽车动力电池上市公司财报对比

企业	2021 年				2022 年三季度			
	总营收	净利润	毛利率	净利率	总营收	净利润	毛利率	净利率
宁德时代	1 303. 56	178. 61	26. 28	13. 70	2 103. 40	196. 32	18. 95	9. 33
亿纬锂能	169. 00	31. 49	21. 57	18. 64	242. 83	26. 58	15. 86	10. 95
国轩高科	103. 56	0. 77	18. 61	0. 74	144. 26	1. 90	14. 12	1. 32
欣旺达	373. 59	8. 55	14. 69	2. 29	365. 84	4. 66	13. 23	1. 27

资料来源：Wind。

宁德时代具备规模、技术、成本端的垄断优势，营收快速上涨。随着国内外动力电池市场的持续扩大，宁德时代不断加强产能布局，产量、销量快速增长，仅 2022 年前三季度的营收就突破了 2 000 亿元。其净利率有所回落是因为材料业务盈利能力下降，但其主业的利润仍可观。

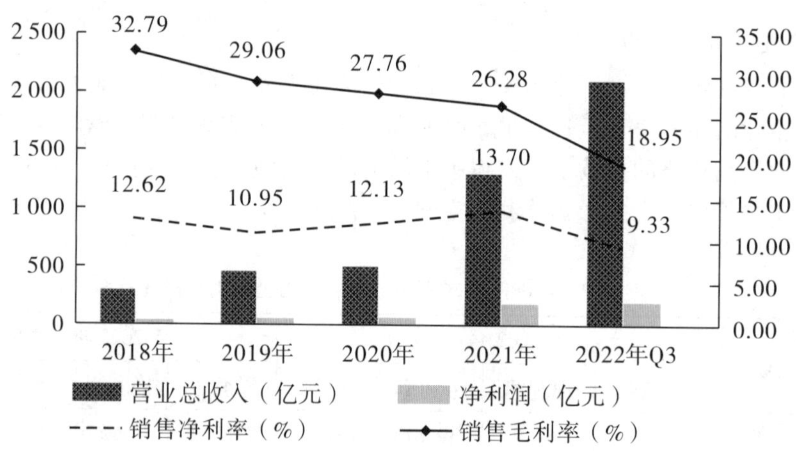

图 1-14 2018—2022 年宁德时代财务数据

资料来源：Wind。

正极材料行业营收高速增长，盈利能力小幅回落。盈利能力略有下滑主要系原材料价格波动下高价库存对收益产生了消极影响，但行业的出货量仍比较稳定。

负极材料行业稳步向前，整体利润水平可观。行业平均净利率在 10% 以上，其中尚太科技和璞泰来 2022 年三季度的净利率达到了 20% 以上，尚太科技打造的生产一体化基地具备成本优势。

隔膜行业盈利能力可观，头部效应明显。头部企业在技术、融资、扩产等方面的优势带来了稳定的盈利能力，龙头企业恩捷股份和星源材质的净利率又创新高，2022 年三季度两家企业净利率达到了 30% 左右。

电解液行业盈利能力稳步提升，头部企业具备优势。天赐材料的液体六氟磷酸锂成本优势明显，而新宙邦的一体化布局带来的成本优势逐渐显现，两个企业的净利率均稳定在 20% 以上。

表 1-9 新能源汽车动力电池各环节上市公司财报对比

环节	企业	2021 年				2022 年三季度			
		总营收	净利润	毛利率	净利率	总营收	净利润	毛利率	净利率
正极材料	德方纳米	48.42	8.04	28.85	16.61	144.16	18.40	22.24	12.76
	容百科技	102.59	9.08	15.34	8.85	192.80	9.20	10.05	4.77
	当升科技	82.58	10.91	18.24	13.21	140.87	14.78	17.66	10.49
	厦门钨业	318.52	16.95	16.24	5.32	369.16	20.01	13.76	5.42
负极材料	杉杉股份	206.99	35.70	25.03	17.25	158.41	23.13	25.62	14.60
	贝特瑞	104.91	14.40	25.02	13.73	175.68	13.43	17.34	7.65
	璞泰来	89.96	17.83	35.65	19.82	114.14	24.48	36.38	21.45
	尚太科技	23.36	23.36	23.36	23.36	35.36	10.46	43.13	29.59
	中科电气	21.94	3.65	28.61	16.65	37.45	4.22	21.13	11.28
隔膜	恩捷股份	79.82	28.87	49.86	36.17	92.80	34.03	49.66	36.67
	星源材质	18.61	2.85	37.80	15.33	20.93	6.13	45.02	29.32
	中材科技	202.95	34.75	30.00	17.12	147.01	25.59	27.34	17.40
	沧州明珠	28.89	3.61	20.86	12.49	20.96	2.70	17.10	12.87
电解液	天赐材料	110.91	23.07	34.98	20.80	164.29	44.54	40.50	27.11
	新宙邦	69.51	13.64	35.49	19.63	73.29	15.02	32.72	20.50
	多氟多	77.99	12.62	32.05	16.18	92.96	17.91	31.95	19.27
	江苏国泰	393.40	18.03	12.27	4.58	335.23	20.50	13.43	6.11

资料来源：Wind。

第三方电机供应商市场份额被挤占，盈利前景并不可观。特斯拉和比亚迪均自供电机，挤占了大部分市场；第三方供应商方正电机 2022 年扭亏为盈，但净利率却在不断下降。

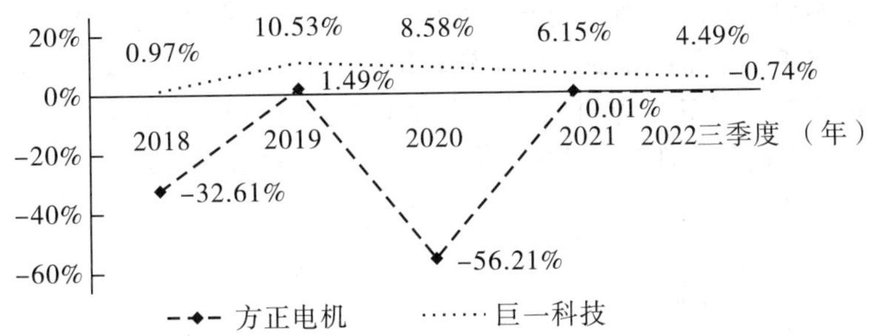

图 1-15 2018 年至 2022 年三季度新能源汽车驱动电机行业有关企业净利率对比

资料来源：Wind。

3. 下游企业盈利能力

传统车企营收体量巨大，利润空间具备保障。比亚迪采用的是自主研发设计、整车及核心零部件一体化的生产模式，具备成本优势和抗风险能力，利润率大幅提升。此外，长城汽车部分车型不再拖累毛利率，广汽埃安销量快速上升，驱动着公司营收的增长。

造车新势力亏损扩大，如何提升盈利能力成为未来发展的难点。受到成本上涨、行业竞争加剧、研发投入过大等因素的影响，头部企业在近两年均出现了大幅亏损，毛利率有所下降。如今市场上还有新进入者，造车新势力的发展之路值得我们关注。

表1-10 新能源汽车整车制造上市公司财报对比

分类	企业	2021年				2022年三季度			
		总营收	净利润	毛利率	净利率	总营收	净利润	毛利率	净利率
传统车企	比亚迪	2 161.42	39.67	13.02	1.84	2 676.88	99.88	15.89	3.73
	长城汽车	1 364.05	67.25	16.16	4.93	994.80	81.49	19.92	8.19
	广汽集团	751.10	73.91	7.92	9.84	799.76	80.46	6.12	10.06
	上汽集团	7 599.15	339.42	9.63	4.47	5 102.37	171.37	9.65	3.36
	长安汽车	1 051.42	36.04	16.64	3.43	853.52	68.65	20.32	8.04
造车新势力	理想汽车	94.57	-1.52	16.38	-1.60	—	—	—	—
	蔚来	361.36	-40.17	18.88	-11.12	332.05	-86.51	13.62	-26.05
	小鹏汽车	209.88	-48.63	12.50	-23.17	217.15	-67.78	12.17	-31.21

资料来源：Wind。

（三）价值链：价值链分布不均，竞争变得愈发激烈

价值链分布不均，技术垄断势力和核心资源厂商挤占了大部分利润空间。元器件—IGBT、上游电机电控及下游汽车后市场环节的利润水平相对较高，其中IGBT代表性上市公司毛利率高达30%～37%，电机电控代表性上市公司毛利率也有25%～40%；此外，上游常规部件、中游内外饰件等环节的毛利水平较低、附加值较低。

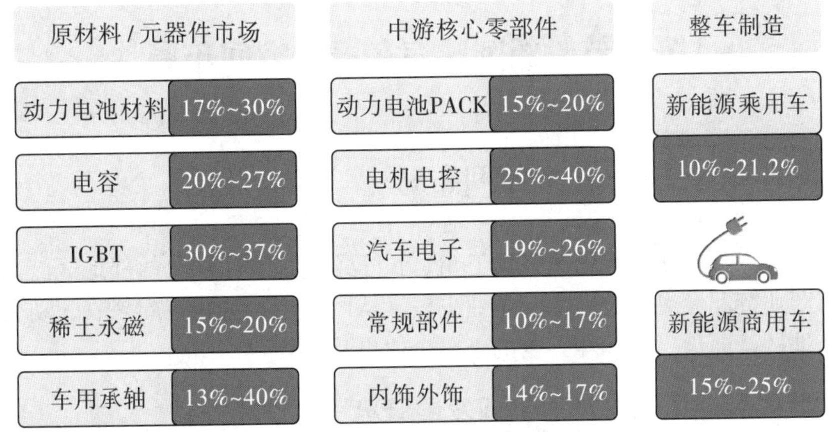

图 1-16 新能源汽车产业价值链分布

资料来源：前瞻产业研究院。

（四）创新绩效：自主研发能力向上突破，部分技术跻身全球前列

新能源汽车领域的专利申请数量全球领先。截至 2022 年第三季度，我国新能源汽车专利申请量占全球的 41.2%，领先第二名日本 22.64%。此外，在 2022 年全球新能源汽车市场价值 Top10 专利中，比亚迪一项专利以 1 108 万美元的价值排名全球第五。

部分关键核心部件领域具备自主研发能力。在 2022 年中国新能源汽车专利公开量创新主体 Top10 榜单中，动力电池系统领域以 47.55% 的份额位居榜首，锂电池、电池系统等是专利布局重点。2021 年国内有 7 家企业占据榜单前十的位置，2022 年上半年国内企业数量提升到了 8 家，领先外资企业。

表 1-11 近年中国新能源汽车专利公开量创新主体 Top10

排名	2021 年	公开量（件）	2022 年上半年	公开量（件）
1	比亚迪	934	宁德时代	680
2	蜂巢能源	899	蜂巢能源	606
3	丰田自动车株式会社	629	比亚迪	562
4	国轩高科	508	株式会社 LG 新能源	382
5	北京新能源汽车	392	奥动新能源汽车	327
6	本田研技工业株式会社	383	恒大新能源	308
7	中国一汽	344	丰田自动车株式会社	297
8	宁德时代	341	吉利控股	260
9	现代自动车株式会社	339	国轩高科	256
10	广汽集团	335	北京亿华通科技	237

资料来源：《2021 年中国汽车专利统计数据结果》，《2022 年中国汽车专利统计数据结果》。

第三节　新能源汽车产业空间布局

一、我国新能源汽车产业空间布局

我国新能源汽车产业主要聚集在珠三角、长三角、京津冀以及西部地区。其中，东部沿海城市的产业链配套更齐全、龙头企业更多。从产业链的空间布局来看，动力电池主要集中在华东地区，而长三角和珠三角的整车企业更具优势。

（一）我国新能源汽车产业空间发展概况

新能源车企集中分布在东部沿海城市。截至 2022 年 12 月，我国存续的共有 70.9 万家新能源汽车相关企业，山东省以 7.85 万家企业排全国第一，广东省和江苏省分列二三位。从上市公司分布来看，广东省数量较多，其中不乏广汽集团、比亚迪、小鹏汽车等龙头企业。

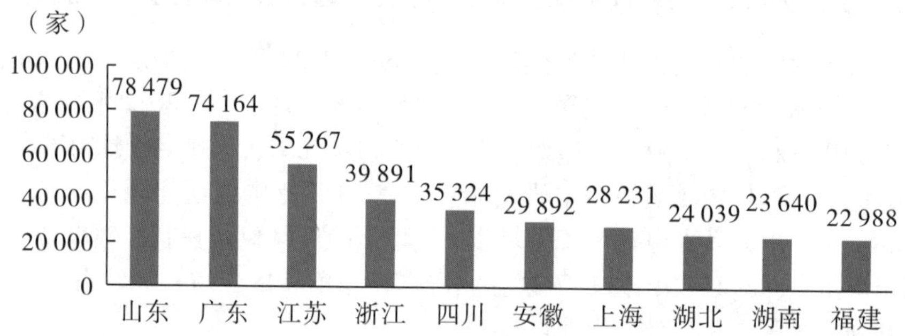

图 1－17　中国新能源汽车相关企业地域分布 Top10（截至 2022 年 12 月）

资料来源：企查查。

（二）我国新能源汽车产业链布局

1. 动力电池环节空间布局

我国动力电池企业主要集中在华东、西南、华中地区。华东地区目前是动力电池企业及产能最集中的地区，截至 2021 年底已投产产能超 300 吉瓦时，其次是西南地区。

表 1－12　中国新能源汽车动力电池环节区域分布情况

区域	动力电池产能分布情况
华东地区	江苏省产能近 150 吉瓦时，拥有宁德时代、中创新航、国轩高科等知名企业；福建省产能近 140 吉瓦时；浙江省产能在 15 吉瓦时以上；安徽省产能在 10 吉瓦时以上
西南地区	四川省吸引了宁德时代、蜂巢能源等企业的布局；重庆市和贵州省拥有 30 吉瓦时的产能

（续上表）

区域	动力电池产能分布情况
华中地区	湖南省依托矿产资源，现有产能15吉瓦时；湖北省产能超20吉瓦时；河南省产能不到3吉瓦时
西北地区	陕西省产能约为20吉瓦时；青海省依托锂盐资源优势引进了大型项目，现有产能18吉瓦时
华南地区	广东省产能超35吉瓦时，主要来自宁德时代、比亚迪、亿纬锂能、欣旺达等企业
华北地区	天津市拥有力神和捷威动力两家企业，现有产能8吉瓦时；河北省产能15吉瓦时

资料来源：高工产业研究院（GGII）。

2. 整车制造环节空间布局

整车制造初步形成六大产业集群，产值约占全行业的80%。其中，长三角和珠三角地区发展尤为迅速，不仅规模大，而且产业链配套也较为完善。

表1－13　中国新能源汽车整车制造环节产业集聚情况

产业集群	重点城市	产业发展情况
东北集群	长春、沈阳	有华晨宝马新能源汽车产业园等新能源汽车核心零部件产业基地
中部集群	武汉、襄阳、长沙	传统汽车工业基础好，新能源汽车产业投资活跃，整车生产基地密布
成渝集群	成都、重庆	产业政策吸引了大批车企投资，如吉利汽车、比亚迪等大型车企
长三角集群	上海、常州、合肥、芜湖、杭州	聚集了100多个年工业产值超过100亿元的产业园区，超过14个城市已经拿到或规划新能源汽车项目，涉及新能源汽车的项目超过20个
京津冀集群	北京、天津、保定	传统造车产业规模大
珠三角集群	广州、深圳	传统汽车工业基础雄厚，具备经济优势、政策开放、创新等因素

资料来源：根据公开资料整理。

二、广东省新能源汽车产业空间布局

广东省新能源汽车产业的空间布局较为密集，已经成为国内最具代表性的产业聚集地之一。广东省形成了以广州、深圳为核心，佛山、东莞、肇庆等地为关键产业链环节配套的空间布局，具备整车制造、规模发展等方面的优势，但在核心零部件配套、区域协同发展等方面还存在明显劣势。

（一）广东省新能源汽车产业的空间地位

长三角和珠三角地区是我国新能源汽车产业链最为密集的两个区域。相较于长三角地区，广东省有其独特优势，在整车环节、智能网联发展、产业聚集等方面具有优势，但在区域分工协作、零部件配套、优质车企引入等方面仍存在短板。

表 1-14 广东省与长三角地区新能源汽车产业对比

比较维度	长三角地区	广东省
产业链	产业链配套完整，从原材料到零部件，再到整车均有所布局，宝钢等优质供应商集聚	具有涵盖电池、电机、整车、智能网联等的完整产业链，具有技术和整车发展优势
投资环境	资本积累快，关键零部件和智能驾驶相关企业竞逐资本市场，投资规模大	新能源汽车推广普及度高，投资规模位于全国前列，但不如长三角产业集群
产能情况	规划产能超过 300 万辆，是全国零部件产能中心，零部件企业中国总部齐聚上海	销量位于全国前列，广州市发展目标是 2025 年新能源汽车产能超 200 万辆
产业集聚	江苏是国内最大的动力电池制造基地；上海拥有中国最大的汽车生产集群之一	广汽零部件产业园吸引大批零部件企业入驻，比亚迪带动深圳坪山形成国家级新能源汽车产业基地
龙头企业	拥有 57 家新能源整车企业，聚集了特斯拉、蔚来、威马、爱驰、智己、上汽等知名车企	车企引入数量仍需提升，但拥有比亚迪、欣旺达、亿纬锂能、汇川技术等各环节龙头

资料来源：根据公开资料整理。

（二）广东省新能源汽车产业空间发展概况

广深是新能源汽车产业主要聚集地，各地区依托区位优势分工。目前已经形成了广州、深圳、佛山核心集聚区，以东莞、中山、惠州、肇庆等为代表的关键零部件及新材料配套区。

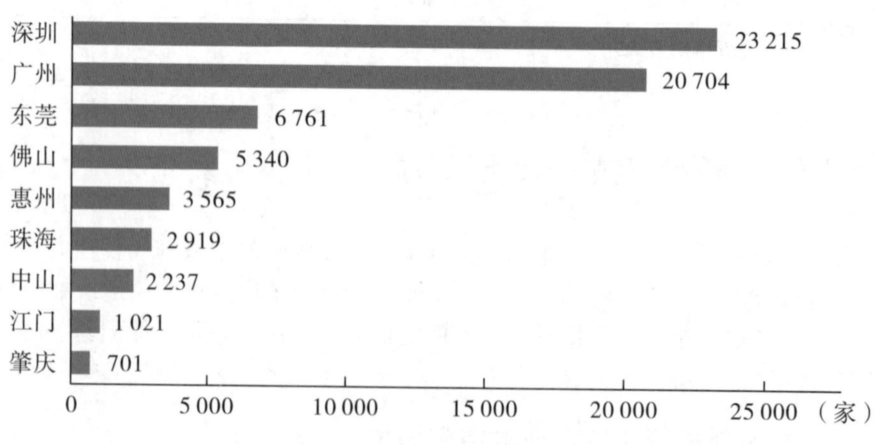

图 1-18 广东省（九市）新能源汽车相关企业地域分布情况

资料来源：企查查。

（三）广东省新能源汽车产业链布局

广东省已形成完整的新能源汽车产业链，成为企业聚集高地。广深是带动产业链发展的核心城市，产业链建设相对完善；东莞、惠州、佛山、肇庆围绕广深进行产业配套，提供动力电池、汽车零部件等环节的产业支撑。整个产业链空间布局呈现出以下特征：

第一，各地区定位不同，共同打造新能源汽车产业聚集高地。整车制造环节主要分布在深圳、广州、佛山和东莞；电池环节主要分布在深圳、东莞、惠州、中山；江门在动力电池回收环节具有重要作用；充换电设施及汽车后市场配套产业在多个城市均有布局。

第二，广深新能源汽车产业集群蓬勃发展，起到引领作用。广州的番禺、花都、南沙产业基地规模大，吸引了众多整车企业相继落户；增城、白云、从化等汽车核心零部件产业园起到配套作用。深圳车企主要聚集在坪山、南山和龙岗，带动了周围地区的产业发展。

第三，区域协同仍是短板，规模效应有待加强。目前广东省新能源汽车产业链的区域分工虽然初具特色，例如东莞的电芯技术一流，惠州的电池研发与产业化领先全国；但是，广东省新能源汽车产业整体规模效应并不明显，区域之间的带动作用仍不充足，部分地级市缺乏龙头企业带动，产业差距明显增大。

表1－15　广东省（部分市）新能源汽车产业链空间布局概况

城市	产业链概况	产业园统计
深圳	产业链配套齐全；整车制造分布区域广	坪山区国家新能源汽车产业园；龙岗区新能源汽车产业双创基地；华丰国际新能源汽车产业园；深汕制造城
广州	“三电”齐全的智能网联新能源汽车产业链；整车制造企业居多	广州番禺智能网联新能源汽车产业园；广州花都（国际）汽车产业基地；南沙国际汽车产业基地；广州国际汽车零部件产业基地；增城、白云、从化汽车核心零部件产业园
佛山	“三电”基础好；氢能汽车推广	佛山新能源汽车产业园
东莞	动力电池独占鳌头；关键零部件研发	松山湖科技产业园；东莞智能汽车产业园；祥鑫新能源工业园；新能源汽车城
珠海	整车制造；关键零部件	高新技术产业开发区；新青科技工业园；三灶科技工业园
惠州	电池全产业链优势产业集群；电池产业成为主导产业	大亚湾新兴产业园；欣旺达惠州新能源产业园；固翔新能源汽车产业园
肇庆	整车制造；零部件制造	小鹏智能汽车配套零部件产业园；宁德时代肇庆基地；肇庆汽车零部件省级产业园；大旺新能源智能汽车产业城
江门	产品涵盖汽车全产业链；以动力电池为主	新能源汽车产业园双碳园区；新会智造产业园凤山湖园区；台山工业新城

资料来源：根据公开资料整理。

（四）广东省重点企业的空间布局

从重点企业的空间布局来看，广州市和深圳市聚集了较多的新能源汽车领先企业。此外，各个地级市都有较为完整的新能源汽车产业链。

表 1－16 广东省（部分市）新能源汽车重点企业空间布局

城市	重点企业统计
深圳	电池材料（集创云天、沃尔核材）；动力电池（伟之冠、比克电池、沃玛特）；电机电控（欣旺达、飞捷氏）；整车制造（比亚迪、宝能汽车、开沃汽车）；汽车电子（创维汽车电子、顺诺电子）；充换电（车电网络、汇能新能源）；动力电池回收（乾秦技术）
广州	动力电池（清大绿能、鹏辉能源）；电机电控（三晶电气、奥迪安、湘龙高科）；汽车电子（瑞立科密）；汽车整车（广汽乘用车、小鹏汽车、广汽埃安、广汽本田、北汽广州、天齐欧瑞德、恒大恒驰）；充换电服务（南方电网、霍斯通、奥动新能源）
佛山	动力电池（德方纳米、鑫能科技、亿纬锂能）；电机电控（华韩汽车、朗特电机）；汽车电子（祥鑫汽车）；汽车整车（北汽福田、五龙汽车、长江汽车）；充换电（奇正电气）
东莞	动力电池（天邦电源、万邦化工、赛普克电子、力朗电池）；电机电控（新思路）
珠海	动力电池（赛纬电子）；IGBT（横琴谷驰）；电机电控（英搏尔电气）；整车制造（银隆新能源、中信兴智能）；充换电（云冲科技）；动力电池回收（中力新能源）
惠州	动力电池（德广隆能源、天骄锂业、亿纬锂能）；电机电控（科力尔、昊美电机）；汽车电子（中京电子、华阳集团）；充换电服务（特来电）；动力电池回收（恒创睿能）
肇庆	汽车零配件（巨石新能源、百汇达新、安道拓）；动力电池（宁德时代）；整车（小鹏汽车）
江门	动力电池（思比电子、优美科长信）；汽车电子（安泰电子）；充电桩（杰马科技）

资料来源：前瞻产业研究院。

第四节 新能源汽车产业风险投资分析

一、全国新能源汽车产业风险投资概况

我国新能源汽车产业发展迅速，火热的投融资市场也应运而生。投资规模上，产业投资规模较大且呈上升趋势；投资阶段上，投资机构在扩张期给予了新能源车企较大的资金支持；投资区域上，沿海一线城市受到了更多关注；投资环节上，资金更多流向了动力电池等核心零部件版块，但近期向产业链下游有所延伸；投资回报上，退出事件增多，投资效益显现。

（一）投资环境优化，投资规模波动上升

政策扶持叠加行业快速成长期，产业投资规模总体上升，投资机构纷纷入场。我国新能源汽车产业投资规模从 2009 年的 1.8 亿元上升到了 2022 年的 679.6 亿元，呈波动上升的态势。2015 年投资数量破百，2021 年有超过 500 家机构投资了 150 余家企业。

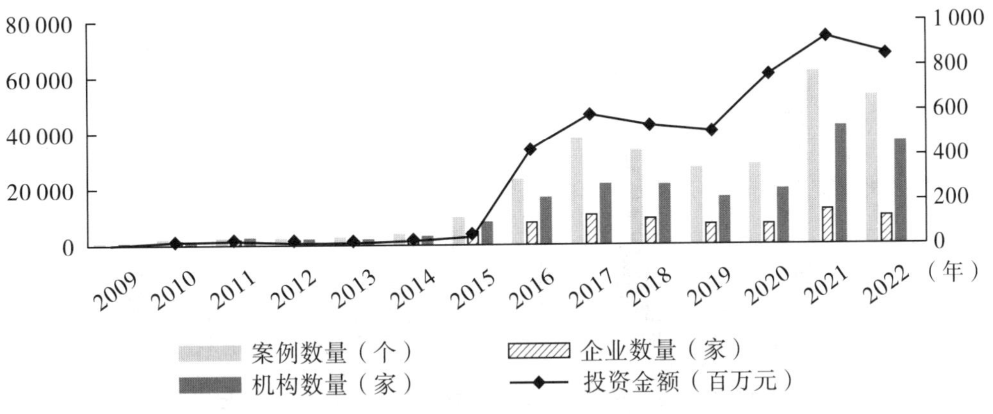

图 1－19　2009—2022 年全国新能源汽车产业投资规模及数量

资料来源：清科私募通。

（二）市场空间广阔，创投偏向成长型企业

处于扩张期的融资案例占了半壁江山，投资机构看好未来发展。一方面，市场的火热加上政策的扶持，吸引了大量的新进入者，部分投资机构纷纷助力；另一方面，扩张期企业也积极通过研发、品牌营销等手段提升市场份额，投资机构看好该类企业的发展。

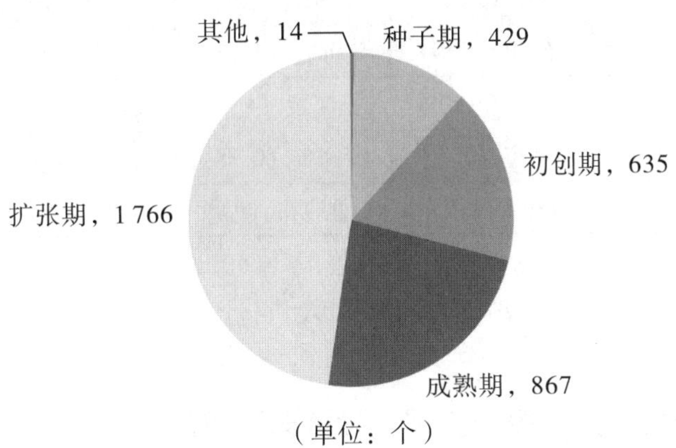

图 1－20　2009—2022 年全国新能源汽车产业各投资阶段案例数量

资料来源：清科私募通。

（三）沿海区域更受资本青睐，投资规模稳步上升

沿海城市投资数量领跑全国，资本市场看好中西部城市发展。广东省、江苏省和北京市的投资数量位于全国前三，上海市、浙江省的投资数量均超400例，投融资主要集中于沿海一线城市。随着中西部城市汽车消费能力的提升，资本市场也逐渐向中西部转移。

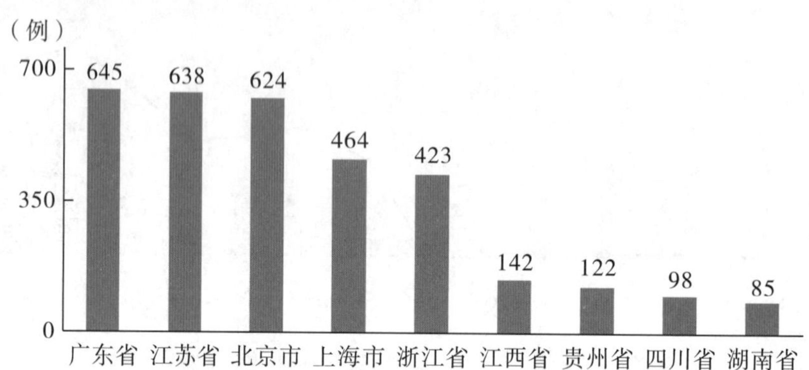

图1-21 全国新能源汽车产业创业投资案例累计量Top10（截至2022年）

资料来源：清科私募通。

近年来，各地区的投资规模排名有所变化，广东省位于全国前列。横向上，各地区的投资规模随时间的推移而上升；纵向上，广东省与江苏省的排名基本位列第一、二位，投资规模领跑全国。

表1-17 2018—2022年各地区新能源汽车创业投资规模变化

排名	2018年	2019年	2020年	2021年	2022年
1	广东省（45.3）	江苏省（101.7）	广东省（49）	广东省（197.3）	广东省（319）
2	上海市（1.1）	广东省（32.9）	江苏省（10.8）	江苏省（27）	上海市（31）
3	江苏省（0.67）	上海市（1）	上海市（4.4）	浙江省（6.7）	江苏省（5.4）
4	北京市（0.1）	北京市（0.7）	浙江省（0.15）	北京市（1.2）	浙江省（1.8）
5	浙江省（—）	浙江省（—）	北京市（0）	上海市（0.7）	北京市（1.3）

资料来源：清科私募通。

注：地区括号里代表其创业投资规模，单位：亿元。

（四）产业链均有广阔投资空间，投资向下游转移

产业投资热度高涨，下游的投资规模预计会持续提升。中下游部分产业链环节备受资本市场的青睐，电池板块已经突破了千亿元投资额，投资数量达到了2 746个，动力电池材料企业蜂巢能源、中创新航等已获得超百亿融资。整车的投资数量也近千个，投资规模

位居第一。随着新能源汽车产销量的提升，下游充换电环节的投资规模和数量将会持续稳步提升。

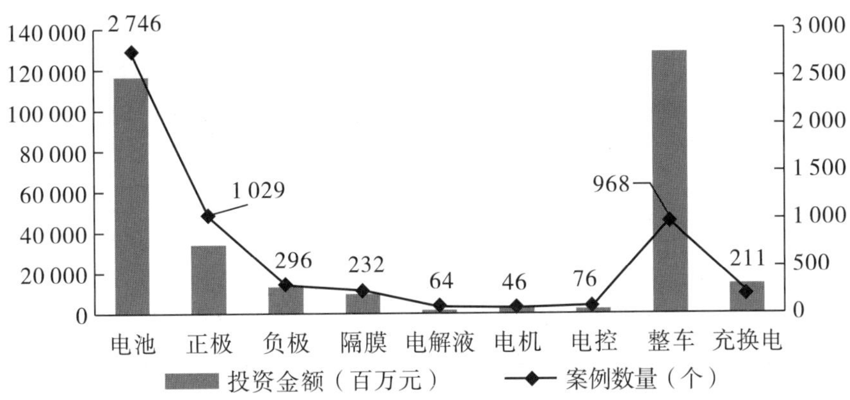

图 1－22　中国新能源汽车产业环节投资分布（截至 2022 年）

资料来源：清科私募通。

（五）行业热度有增无减，投资回报可观

新能源汽车产业的创投退出方式以 IPO 为主，退出事件集中发生在近五年。近几年的平均退出年限越来越短，2022 年的平均投资回报达到了 6.37 倍；我国新能源汽车产业估值翻番，为以 IPO 方式退出的投资机构带来了丰厚的回报，平均投资回报在 4.28 倍。

表 1－18　全国新能源汽车产业创投退出事件统计（截至 2022 年）

退出方式	数量	与总数量比	平均退出年限（年）	平均回报倍数（倍）
IPO	551	68.70%	2.75	4.28
股权转让	122	15.21%	2.63	3.10
并购	59	7.36%	4.28	2.31
上市后减持	34	4.24%	4.45	6.67
回购	15	1.87%	3.33	1.28
其他	11	1.37%	2.57	4.15
分红	4	0.50%	1.81	0.01
并购减持	3	0.37%	2.53	5.59

资料来源：清科私募通。

二、广东省新能源汽车产业风险投资概况

广东省新能源汽车产业发展快、势头足，吸引着大批机构进行创业投资。投资规模上，广深最具吸引力；投资阶段上，资本市场看好产业中长期发展；投资环节上，整车和动力电池成为最火热的投资赛道；投资回报中，动力电池的回报最为丰厚。但还存在区域差距过大、投资过于谨慎等问题，不利于产业的未来赶超。

（一）投资规模较大，广深两地领跑广东省

广东省新能源汽车产业创业投资呈现出数量多、规模大的特点。案例数量上，2015 年来创投数量迅速上升，2018 年破百，2019 年有所回落，后又迅速上升。投资规模上，2018 年至 2020 年的投资规模稳定在 40 亿元左右，近两年跨越式上涨，2022 年再创新高。

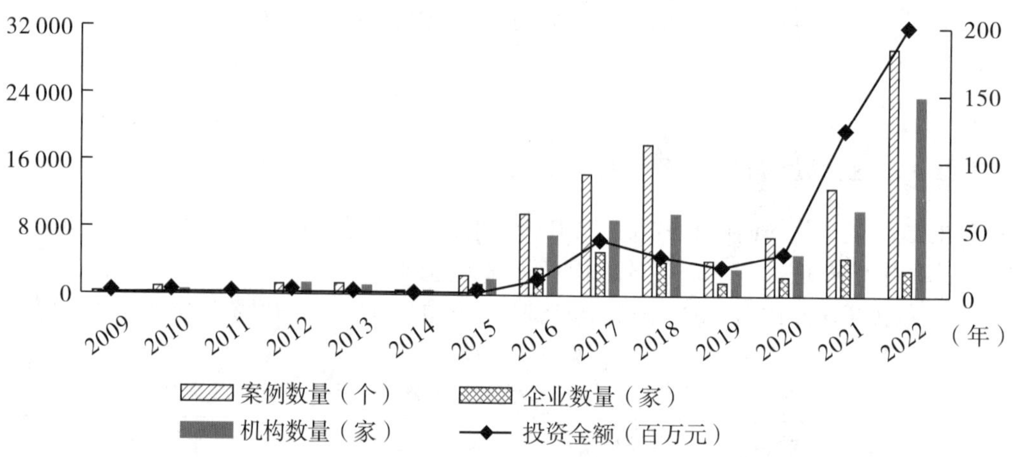

图 1－23　2009—2022 年广东省（九市）新能源汽车产业投资规模及数量

资料来源：清科私募通。

广深是创投的主战场。深圳的投资案例数量最多，达到了 155 个，平均投资额在 2.72 亿元左右；而广州的投资案例数量虽然排名第二，但其投资金额却高达 420.42 亿元。

表 1－19　2009—2022 年广东省（九市）新能源汽车产业投资数量及规模

排名	城市	数量（个）	金额（百万元）	平均金额（百万元）
1	深圳市	155	34 566.06	272.17
2	广州市	33	42 042.21	1 681.69
3	珠海市	9	4 329.56	1 082.39
4	惠州市	7	411	68.5

（续上表）

排名	城市	数量（个）	金额（百万元）	平均金额（百万元）
5	东莞市	7	225.42	56.36
6	佛山市	5	309	103
7	肇庆市	4	106.91	26.73
8	江门市	1	—	—
9	中山市	1	—	—

资料来源：清科私募通。

注：江门市和中山市投资额官方未公布。

（二）创业投资阶段集中于扩张期

创投阶段主要集中在扩张期，投资案例达 102 个。也有创投机构在企业成熟期选择投资，可见部分创投机构的决策还是较为谨慎，并且资本市场也愿意在企业发展中长期进入。

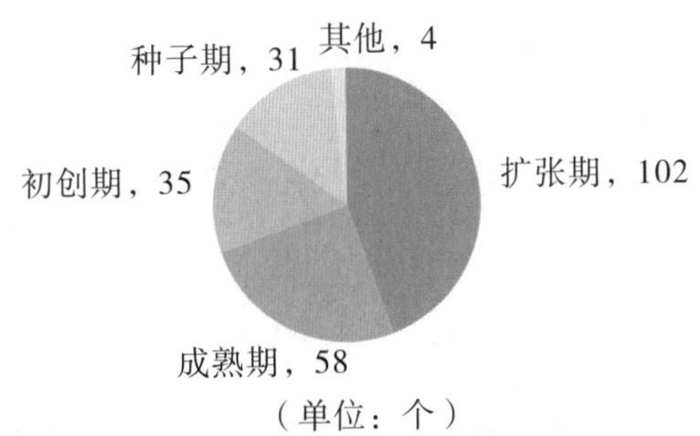

图 1－24 2009—2022 年广东省新能源汽车产业投资阶段案例数量

资料来源：清科私募通。

（三）电池与整车环节更受资本青睐

电池和整车环节的投资规模和投资数量都比较大。整车环节的投资案例数量达到 244 个，投资金额也较为靠前，投资案例平均投资额较大。其中，具备高技术壁垒和高产业价值链的电池板块是资本市场的宠儿，累计投资金额达到了 400 亿元左右。同时，作为动力电池核心原材料的隔膜行业也被资本市场看好，累计投资金额接近 50 亿元。

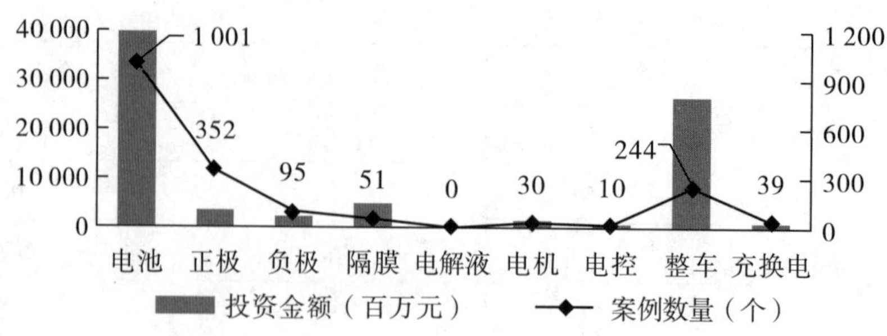

图 1－25 2009—2022 年广东省新能源汽车产业环节投资分布（截至 2022 年）

资料来源：清科私募通。

（四）退出方式以 IPO 为主，电池环节投资回报初显

各机构以 IPO 退出方式为主，占比达 57%，其平均退出年限为 3.76 年，平均回报数为 3.51 倍；其次是股权转让以及并购，并购的退出次数虽然只有 14 次，但其回报率却最高。

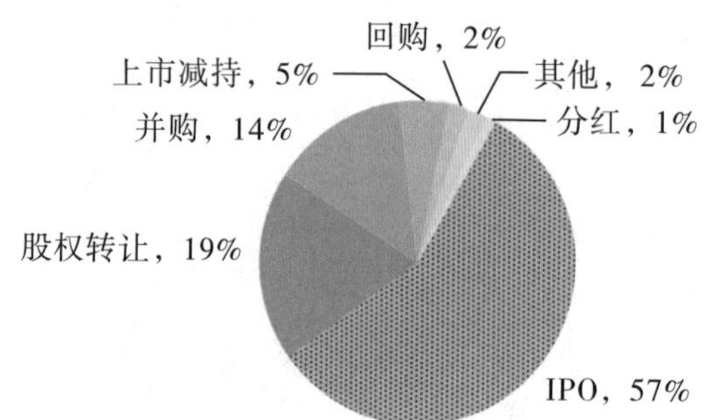

图 1－26 广东省新能源汽车退出方式统计（截至 2022 年）

资料来源：清科私募通。

电池环节投资收益可观，不仅以 180 次的退出占领了半壁江山，其投资回报金额更是达到 200 亿元。此外，电池中各环节的投资回报率也很可观，正极材料、负极材料和隔膜的平均回报倍数达到了 3.3 倍。然而，整车的投资回报相对来说周期会更长。

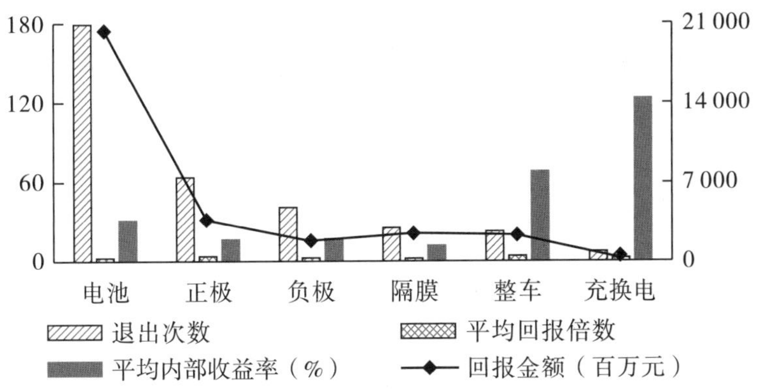

图 1－27　广东省新能源汽车各产业链环节退出回报概况（截至 2022 年）

资料来源：清科私募通。

（五）行业投资回报丰厚，企业创新绩效显著

各产业链平均回报倍数在 4 倍左右，平均内部收益率在 50% 左右。其中，负极材料领域的深圳斯诺平均回报倍数达到了 6 倍以上；小鹏汽车于 2020 年 8 月成功在纽交所上市，又于 2021 年 7 月在港交所上市，市值超千亿，平均内部收益率达 80% 以上。

专利集中于中游的电池环节和下游的整车制造环节，企业创新绩效较明显。其中，电池环节中的惠州亿能专利数达到了 477 件，整车制造环节中的小鹏汽车专利数达到了 2 677 件。

表 1－20　广东省新能源汽车各产业链环节退出案例

环节	公司	退出次数	退出方式	平均回报倍数	平均内部收益率（%）	平均回报金额（百万元）	专利总数（件）
负极材料	翔丰华	27	IPO、上市减持	2.99	8.85	30.53	55
	深圳斯诺	6	并购	6.38	77.57	56.67	17
电池	惠州亿能	1	并购	2.40	—	30.00	477
	银隆新能源	1	并购	—	—	1 460.69	4
	亿鹏能源	1	股权转让	—	—	30.00	26
电机	蓝海华腾	1	IPO	—	—	106.03	108
电控	华锋股份	1	IPO	5.04	11.61	106.95	44
整车制造	欣锐科技	10	IPO	0.58	－36.07	16.88	681
	小鹏汽车	57	IPO	2.62	83.45	644.23	2 677
充电桩	兆新股份	6	IPO、并购	3.70	135.04	132.32	59
	盛弘股份	5	IPO、股权转让	7.51	60.93	14.00	200

资料来源：清科私募通，企查查。

第五节 新能源汽车产业发展趋势研判及对策建议

一、新能源汽车产业发展趋势研判

（一）产业将继续保持较快增长态势

政策上，双积分政策将继续推进新能源汽车电动化进程；供给上，激烈的市场竞争促进了产品的更新换代，持续的技术创新和安全性升级带来的产品体验提升和成本下降是行业未来发展的主要方向，产业市场空间仍十分广阔。

（二）高阶智能驾驶功能将大规模商业化落地

除造车新势力外，传统车企也在加速补齐智能化短板，向国际龙头特斯拉看齐。例如吉利、长城、广汽等传统车企，均通过内部孵化或者合作共研的方式，在智能化领域布局，不断缩小与新势力在智能化上的差距。

（三）新技术或将改变价值链两头分布的格局

钠电、硅基负极等将带来新能源汽车性能、成本、应用领域等方面的优化，制造工艺、电池结构、化学材料等方面的技术升级，为电池端等多个环节带来机遇。成本的下降、新技术的发展将改变市场竞争格局，为处于价值链竞争劣势端的企业带来新机会。

（四）芯片、驱动系统等核心技术是创新重点

我国企业对“三电”外供较为依赖，加之激烈的市场竞争，部分企业出现了亏损。为了提升利润率、打破“受制于人”的现状，未来规模较大的车企将加大核心技术的研发投入，在控制系统、车规级芯片等核心技术领域持续深耕。

（五）充电领域或将有更广阔的发展空间

新能源汽车渗透率提升意味着充电领域布局将持续加深，以广深为代表的大城市正积极提升高充电桩的区域密度，充电设施薄弱的二、三线城市也在加快布局。在未来发展中，技术层面可关注充电桩大功率化、智能化和网联化，运营层面可关注充电桩利用率提升以及多样化的盈利模式。

二、广东省新能源汽车产业发展存在的问题

广东省拥有良好的投资环境，助力产业链各环节的企业快速成长，目前广东省新能源汽车产业已经处于国内领先、国际追赶的地位，但仍然存在以下问题：

（一）整强零弱，部分领域依赖外资或进口，供应链体系不完善

在产业链和供应链上，产业链零部件环节仍是制约因素，供应链抗风险能力仍需加强。广东省在整车制造和产业链完整度方面具备优势，但在零部件配套上还存在问题。同时，在供应链上仍存在“卡脖子”现象，如车载芯片、部分电池材料、电机电控等依旧依赖进口。

（二）补贴政策正式退出，加剧市场竞争，价值链分布不均

在市场结构和绩效上，产业链利润空间被两头挤占，企业市场绩效差距变大。补贴的正式退出势必会加剧市场竞争，近几年掌握核心技术的企业和具有资源垄断的企业纷纷涨价，部分车企的利润空间被压缩，价值链存在的差距悬殊不利于广东省新能源汽车产业的整体发展。

（三）前瞻技术和领域仍存在国际差距，创业投资相对谨慎

在核心技术和创投环境上，关键技术与国际龙头还存在差距，创投活力有待加强。广东省在自动驾驶、驱动电机等核心技术方面过度依赖外资龙头企业，存在结构性产能过剩和高端产能不足的风险。此外，机构创投集中于扩张期企业，对一些具备发展潜力的企业投资较为谨慎。

（四）全球化布局进展缓慢，产品竞争力有待提升

在海外布局和产品竞争上，出口量虽然有所提升，但出海速度和规模还难以和国际巨头抗衡，未来之路光明而曲折。此外，广东省新能源汽车产业在产品竞争力上仍有不足，多条产品线虽然在国内赢得了广阔的市场，但在高端产品供给层面还远远不足。

（五）协同优势不明显，部分区域缺乏龙头，规模体量难以提升

在产业布局和协同发展上，除广深以外，广东省其他地区缺乏龙头企业的带动，无法发挥“链主”带动作用，龙头企业的规模和体量远不及预期。同时，广东省各区域的新能源汽车产业布局还需进一步优化，产业联动实现优势互补的效能还需提升。

三、政策建议

（一）“链主”带动零部件产业配套，加强供需对接稳定供应链

第一，发挥广汽埃安、比亚迪等企业的“链主”引导作用，出台优惠政策吸引零部件企业入驻产业园，建设具备区域特色和核心优势的产业园区。第二，扶持有研发能力的车企开始自研自建芯片产业链，对于购置国产零部件的车企给予补贴或税收减免。第三，加强供需对接，通过组织召开协调会、供需双方签署战略合作协议、搭建对接平台等方式，畅通供需信息渠道。

（二）补贴政策有序退出，扶持政策转向配套设施和服务建设

第一，补贴政策退出循序渐进，给市场中的整车企业一定的缓冲时间。第二，通过加大对其他基础配套设施的投入改善新能源汽车使用环境，促进推广应用，缓解整车市场的“价格竞争焦虑”。第三，对处于价值链低位环节的企业予以关注，通过政策扶持、签订区域战略合作协议等方式促进产业协同发展。

（三）吸引资本入驻激发投融资活力，助推核心技术科技研发

第一，联动省内外优质创投机构，激发融资活力，帮助符合条件的企业早日在科创板、创业板上市融资。第二，充分利用省内外人才及科研优势，强化智能汽车相关技术研发及产品开发，基于深圳智能网联汽车示范应用经验，加快智能网联汽车及车联网商业化探索。第三，促进政企合作，联合优质科研机构，开展关键核心技术的基础研究和应用研究。

（四）加强国际合作，促进高端产品线发展

第一，突破法规认证、智能科技实地应用等隐形技术门槛，鼓励龙头企业“出海”，与国际龙头加强合作，开拓国际市场；在调研的基础上，实现多维度新能源汽车产品“出海”；对海外法规进行适配，充分依托国内本土产业链实现优异的性价比。第二，在中高端领域持续深化布局，围绕汽车产业电动化、智能化、网联化进行技术革新和产品升级，加速品牌向上。

（五）加强龙头企业的培育，加大各区域生产协同

第一，加强龙头企业培育工作，对技术研发实力强、产品前景好的企业加大支持力度，集中资源扶优扶强。第二，在肇庆、惠州、佛山等地吸引龙头企业入驻产业园，打造以产业化技术应用、高端制造为主的副中心，形成多极化发展格局，进一步提升集群稳健性。第三，各地区通过合资建厂、技术交流等方式，加强区域合作，发挥协同效应。第四，做好顶层设计、统筹规划及不同城市、不同产业环节之间协同，努力打造世界级新能源汽车产业集群。

第二章　广东省光伏产业分析*

引　言

碳达峰、碳中和发展浪潮下，我国光伏产业乘势而起，历经十余年耕耘，实现从来料加工到全产业链布局的跨越式发展。现如今我国光伏产业已在制造业规模、产业化技术水平、产业体系建设、应用市场拓展等方面均位居全球前列，放眼全国，已形成以长三角为代表的电池组件制造中心和以内蒙古为代表的原料生产中心。立足广东，珠三角通过切入市场集中度较低的产业链中下游环节，成功构建“硅片 + 电池片 + 组件 + 光伏电站”的完整产业链；在空间布局上，珠海、佛山两市硅片与电池产业蓬勃发展，深圳、东莞两市辅材与设备产业持续跟进，地区产业协同发展有望进一步深化；在风险投资上，政府资本与风投机构紧跟新一轮投资周期，孕育出高景太阳能等一批行业标杆企业；放眼未来，在硅料价格下行与电池技术推陈出新的背景之下，广东省光伏产业将持续深入发展，有望实现弯道超车。本章聚焦我国与广东省光伏产业，从发展环境、市场结构、市场行为、空间布局、创投环境以及发展趋势等角度讨论分析，为广东省光伏产业发展提供一定参考。

光伏是太阳能光伏发电系统的简称，是一种利用太阳电池半导体材料的光伏效应将太阳光辐射能直接转换为电能的一种新型发电系统。光伏产业包括光伏设备制造、光伏辅材制造与光伏组件制造，本章将聚焦光伏组件制造这一核心产业链，因此下文的光伏产业链均指光伏组件制造。光伏产业链包括从硅料开采，至加工成为单晶光伏组件或多晶光伏组件的全部产业链环节，上游为原材料硅料、硅片，中游为光伏电池片制造，下游为光伏组件，即光伏电池板的封装制造，最终面向光伏电站、分布式光伏等终端市场。

* 本章第一执笔人为暨南大学产业经济研究院李镇南。

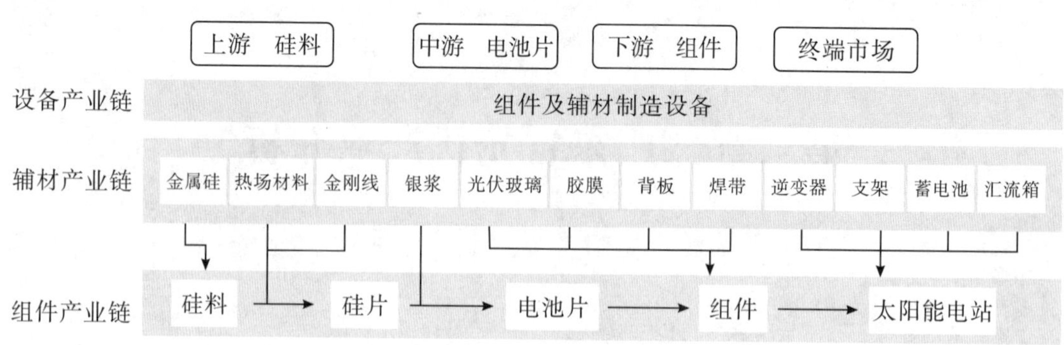

图 2－1 光伏产业链结构

资料来源：根据公开资料整理。

第一节 光伏产业发展环境

一、光伏产业宏观环境

我国光伏产业领跑全球，宏观环境整体向好。全球气候变暖背景下，全球碳中和持续推进，叠加能源危机影响，光伏产业景气度不断提升。在全球能源结构转型升级与贸易保护主义明显上升的背景下，我国光伏产业发展战略机遇和风险挑战并存。

（一）全球碳中和奠定光伏行业长期景气度

全球各国持续推进碳中和，奠定光伏行业长期景气度。全球已有 140 多个经济体提出了不同预期的碳中和目标，从世界各地区来看，欧洲国家是碳中和行动的主要推动者，提出 2030 年光伏累计装机预期至 1 000 吉瓦；美国提出 2050 年实现净零排放并实现全国近一半电力供应来自太阳能；而中国持续推进光伏产业发展，光伏装机量领先全球，目前已成为全球光伏产业的中坚力量。

（二）地缘冲突引爆能源危机，掀起新一轮光伏装机浪潮

能源危机下可再生能源备受关注，光伏装机量增长迅速。俄乌冲突导致油气出口严重受阻，全球传统能源价格大幅上涨。国际能源署披露信息显示，2022 年能源价格较 2021 年上涨 50% 以上，其中欧洲天然气均价约为 132. 9 欧元/兆瓦时，价格是往年正常水平的 5 倍左右，创历史新高。在传统能源短缺威胁之下，可再生能源发电的需求出现爆发式增长，以英国、德国为代表的欧洲各国正掀起新一轮的光伏装机浪潮。

（三）中国光伏产业领跑全球，行业话语权不断增强

中国光伏已实现弯道超车，达到世界领先水平。我国光伏产业通过不断完善产业体系

建设，提高产业技术水平，积极开拓下游应用实现跨越式发展，在产业链各环节的产能产量、技术水平等方面领跑全球，行业话语权不断增强，具备相当的国际竞争力。

表 2－1 海内外光伏产业概况比较

比较层次	中国	海外
产能产量	2021 年中国硅料产量全球占比 78.8%，硅片产量全球占比 97.3%，电池片产量全球占比 88.4%，组件产量全球占比 82.4%	海外国家光伏产业链各环节产能产量均严重落后于中国
技术水平	截至 2022 年，我国太阳能电池专利申请量占全球太阳能电池专利总申请量的 42.31%	日本、韩国与美国太阳能电池专利申请量合计占比约 45%
产业体系	我国光伏产业已构建出“硅料＋硅片＋电池＋组件”的全套产业链，产业体系完善	国外光伏产业链各环节产品制造能力相对薄弱，依赖中国供给
下游应用	光伏电站与分布式光伏并举，其中分布式光伏占比约三成，未来拓展空间广阔	分布式光伏发电为主流，在日本和澳大利亚，分布式光伏发电占比超过 99%，在应用最成熟的德国，分布式光伏发电占比也高达 86%

资料来源：根据公开资料整理。

（四）中美脱钩背景下光伏制造业出海，全球光伏产业链迎来重构

中美脱钩背景下东南亚国家的产业链地位逐渐凸显，全球光伏产业链迎来重构。从 2018 年开始，美国在贸易和供应链、高科技、资本市场等领域启动对华“脱钩”政策。其中在光伏领域，美国推行光伏产品高额关税与光伏供应链“去中国化”，借此打压我国光伏产品出口美国市场。中美脱钩背景下，我国光伏头部企业一方面通过合资、并购、投资等方式在东南亚地区布局产能，据浙商证券统计，目前组件龙头在东南亚布局的硅片、电池、组件产能分别约为 21.6 吉瓦、27.7 吉瓦、30 吉瓦（包含在建）；另一方面，美国制造业回流态势较为明朗，隆基绿能、晶澳科技等部分光伏企业开始赴美建厂，布局美国本土产能。

二、光伏产业政策环境

从补贴政策看，随着光伏发电成本稳步下降，各国政策补贴退坡明显，进一步推动光伏平价上网时代到来。从国内产业政策上看，欧美反倾销、反补贴政策（即“双反”）下，我国围绕扩大内需与产业体系建设两大主题出台相关政策，为光伏产业高质量发展保驾护航。从贸易政策上看，中美脱钩背景下我国光伏产业出海仍存在不确定性。

（一）产业政策保驾护航，补贴退坡下光伏平价上网稳步落地

政策发展趋势方面，各国的光伏产业政策补贴退坡明显。在光伏产业发展前期，各国通过电价补贴保证光伏发电项目的合理回报，从而带动整条产业链的持续发展。而近几年光伏固定上网价补贴逐年下调，目的在于推动企业进行技术研发、工艺改进，降低生产成本，最终达到能与传统能源相竞争的成本水平。

表 2-2　主要国家光伏产业政策发展趋势一览

国家	时间	政策/措施	内容
中国	2013 年	《关于光伏发电增值税政策的通知》	对纳税人销售自产的利用太阳能生产的电力产品，实行增值税即征即退 50% 的政策
	2016 年	《关于调整光伏发电陆上风电标杆上网电价的通知》	降低 2017 年 1 月 1 日之后新建光伏发电上网电价
	2019 年	《关于积极推进光伏风电、光伏发电无补贴平价上网有关工作的通知》	推进风电、光伏发电平价上网项目和低价上网试点项目建设，并提出具体的支持政策措施
	2020 年	《关于 2020 年光伏发电上网电价政策有关事项的通知》	对集中式光伏发电继续制定指导价，新增集中式光伏电站上网电价原则上通过市场竞争方式确定，不得超过所在资源区指导价
德国	2000 年	颁布可再生能源法案	实施实行光伏固定上网价政策（FIT，Feed-in-Tariff），光伏上网电价高于市场价，全额优先上网
	2012 年	通过光伏补贴削减法案	光伏补贴下调 20%～29%，光伏补贴每月递减，10 吉瓦以上公用事业光伏项目取消补贴
	2014 年	通过光伏补贴削减法案	进一步降低额度的同时，宣布在达到 52 吉瓦的光伏总发电量之后，将不再对新安装的光伏装置进行补贴
日本	2012 年	启动固定上网电价政策	大于 10 千瓦光伏系统上网电价为 40 日元/度，补贴 20 年；不足 10 千瓦的光伏系统上网电价为 42 日元/度，补贴 10 年，此后的上网电价每年调整
	2021 年	实行固定溢价补贴政策	实行固定（溢价）补贴政策（FIP，Feed-in Premium）代替原有的 FIT 政策，光伏发电按照电力市场规则与其他能源发电技术无差别竞价上网，光伏上网电价水平为“溢价补贴＋电力市场价格”

资料来源：根据公开资料整理。

（二）“双反”政策打压下，我国通过扩大内需与体系建设实现突围

扩大内需与产业体系建设双管齐下，我国光伏产业实现突围。面对“双反”政策的打压，我国出台“光伏领跑者”计划与光伏扶贫等一系列政策，从淘汰落后产能、扶持优秀企业、建设分布式光伏等方面推动光伏产业可持续发展。而从政策实施效果上看，光伏发电市场规模稳步增长，光伏产业已具备国际竞争优势，我国光伏产业在国外打压下成功实现产业突围。

表 2－3　我国光伏产业重点政策汇总

政策类型	时间	政策名称	政策内容
体系建设	2013 年	《关于促进光伏产业健康发展的若干意见》	加快推进企业兼并重组，建立健全淘汰落后产能长效机制，培育一批具有较强技术研发能力和国际竞争力的龙头企业
	2015 年	《能效“领跑者”制度实施方案》	制定光伏产业“领跑者”先进技术产品指标，国家部分用电项目将优先采用“领跑者”先进技术产品，政府将在关键设备、技术上给予“光伏领跑者”计划项目市场支持
	2022 年	《智能光伏产业创新发展行动计划（2021—2025年）》	到 2025 年，光伏行业智能化水平显著提升，产业技术创新取得突破。新型高效太阳能电池量产化转换效率显著提升，形成完善的硅料、硅片、装备、材料、器件等配套能力
扩大内需	2016 年	《关于下达第一批光伏扶贫项目的通知》	下达第一批总规模 516 万千瓦光伏扶贫项目。其中，村级光伏电站（含户用）共计 218 万千瓦，集中式地面电站共计 298 万千瓦
	2016 年	《太阳能发展“十三五”规划》	到 2020 年底，太阳能发电装机达到 1.1 亿千瓦以上，其中，光伏发电装机达到 1.05 亿千瓦以上，在“十二五”基础上每年保持稳定的发展规模
	2022 年	《“十四五”现代能源体系规划》	着力增强能源供应能力。做好增量，加快实施可再生能源替代行动。

资料来源：根据公开资料整理。

（三）中美脱钩背景下，我国光伏产业挑战与机遇并存

面对中美脱钩，我国光伏产业从产品出海向制造业出海转变。自 2017 年开始，美国陆续通过 201 调查、301 调查、强制劳动法案等方式对中国光伏出口进行封锁和限制，于是我国光伏产业开始布局东南亚地区以规避美国相关调查与制裁。但 2022 年反规避调查

说明了我国光伏出海仍存在阻碍，在此背景下隆基绿能、晶科能源等企业赴美建厂，我国光伏产业从产品出海开始向制造业出海转变。

表 2－4　中美脱钩背景下光伏产业相关事件

时间	相关事件	相关产品	结果
2017 年	201 保障措施调查	晶硅体太阳能电池	对进口组件及超过配额的电池首年征收 30% 关税，此后三年逐年递减 5%
2018 年	301 调查	逆变器、接线盒、背板等光伏产品	税率 25%
2020 年	强制劳动法案	含有新疆产原材料的光伏产品	扣留阿特斯、天合、晶科等厂商的光伏产品
2022 年	反规避调查	所有使用中国物料在东南亚四国组装并出口美国的光伏电池和组件	隆基、天合光能、阿特斯被初步裁定存在“反规避行为”

资料来源：根据公开资料整理。

三、光伏产业市场环境

从替代品视角出发，技术驱动下光伏发电已经具备替代火电等传统发电方式的可能性，未来发展前景广阔。而从国内外市场环境来看，成本下降与产业政策双重驱动国内市场持续高涨，但在中美脱钩背景下我国光伏产品出口海外市场仍存在一定阻碍。

（一）技术创新驱动光伏成本持续下降，已成为最具竞争力的电力产品

光伏安装成本与平均发电成本均低于传统火电，是可再生能源中最具性价比的选择。据中国光伏行业协会（CPIA）披露，2022 年全球新建投产公用事业规模光伏发电项目平均平准化度电成本（LCOE）低至 0.04 美元/千瓦时以下，比最便宜的燃煤电厂低了约 27%。

表 2－5　2010 年与 2021 年可再生能源不同技术的总体安装成本和平均发电成本趋势

	总体安装成本（美元/千瓦）			平均发电成本（美元/千瓦时）		
	2010 年	2021 年	变化百分比	2010 年	2021 年	变化百分比
生物能源	2 714	2 353	－13%	0.078	0.067	－14%
地热能	2 714	3 991	47%	0.050	0.068	36%
水电	1 315	2 135	62%	0.039	0.048	23%
光伏	4 808	857	－82%	0.417	0.048	－88%
聚光太阳能发电	9 422	9 091	－4%	0.358	0.114	－68%

（续上表）

	总体安装成本（美元/千瓦）			平均发电成本（美元/千瓦时）		
	2010 年	2021 年	变化百分比	2010 年	2021 年	变化百分比
陆上风电	2 042	1 325	-35%	0.102	0.033	-68%
海上风电	4 876	2 858	-41%	0.188	0.075	-60%

资料来源：IRENA（国际可再生能源署）。

（二）国内外市场持续高涨，海外市场拓展受阻

国内外光伏需求持续增长迅速，但贸易摩擦下我国光伏出海仍存在阻碍。近年来，国内市场受益于本土全产业链优势与产业政策支持，光伏新增装机量总体呈攀升趋势，我国现已成为全球最大光伏市场。海外市场虽然维持高速增长，但中美脱钩背景下我国光伏产品出口美国市场仍存在较大不确定性。

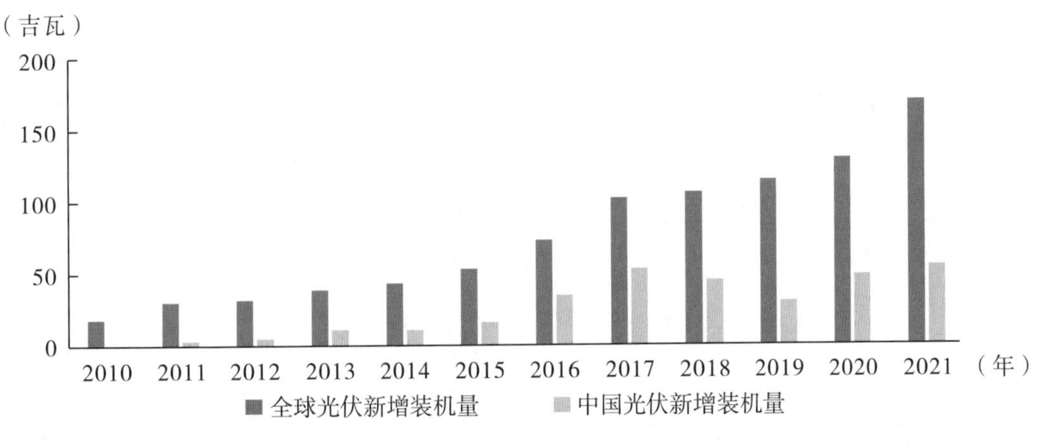

图 2-2　2010—2021 年全球、中国光伏新增装机量

资料来源：IEA（国际能源署）、IRENA、CPIA。

第二节　光伏产业链 SCP 范式研究

一、光伏产业发展概况

我国光伏产业在 2005 年左右受欧洲市场需求拉动起步，在十余年发展中实现从来料加工到全产业链布局的跨越式发展，数峥嵘岁月，我国光伏产业历经了以下三个发展阶段：

产业起步期：2005—2011 年。这一阶段中国光伏企业为欧美代工生产太阳能发电板，

国内光伏发电也逐渐步入市场化进程。这一时期长三角地区凭借优越的港口运输条件成为我国光伏产业集聚区，而广东则走出一批以拓日新能、爱旭股份为代表的光伏电池片与组件企业。

产业体系建设期：2012—2017 年。这一阶段是中国光伏产业发展的分水岭，欧美“双反”政策导致整个行业跌入了谷底，我国通过产业体系建设与提振国内市场实现了产业规模与技术水平的跨越式发展。

产业整合期：2018 年至今。受光伏发电补贴退坡影响，国内光伏产业步入低迷，但同时补贴退坡也倒逼行业加速降本提效，推动平价上网稳步落地。这一阶段我国光伏产业已基本实现产业体系建设，以隆基绿能为代表的一批标杆企业开始引领行业整合，各产业链环节市场集中度不断提升。

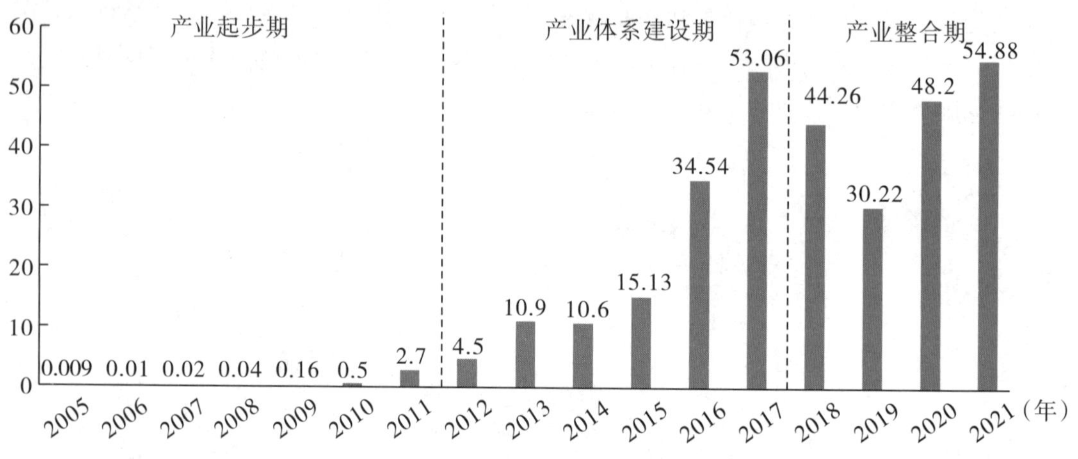

图 2-3 我国光伏产业发展历程

资料来源：CPIA。

从行业周期来看，光伏产业已走过基础技术创新、工艺革新、产业链建设的阶段，经过不断“降本提效”实现了商业模式的贯通，摆脱了对政府补贴的依赖，进入了大规模商业化应用的资本整合阶段。在这一背景下，广东省瞄准硅片与电池片行业，孕育出以高景太阳能与爱旭股份为代表的一批标杆企业。

二、光伏产业链市场结构

上游硅料与硅片环节行业壁垒相对较高，主要市场份额由我国少数几个龙头企业占据。中游的电池片环节技术路径仍未确定，市场竞争较为激烈。而下游光伏组件对资金和技术的要求都不算高，市场份额也相对分散。整体而言，光伏产业链各环节的市场结构从竞争走向垄断，市场份额不断向少数玩家集中，市场集中度不断提升。

（一）硅料行业形成寡头垄断格局

硅料行业技术及资本壁垒相对较高，形成寡头垄断市场格局。目前，我国龙头企业在产能、技术工艺等方面均已位于全球领先地位，全球硅料市场份额逐渐向国内企业集中。截至2021年，全球硅料产能前十名企业中中国企业数量高达8家，国内硅料企业全球市场份额大规模领先。2021年我国硅料行业CR5达86.7%，Top5企业平均产量超过8.5万吨。

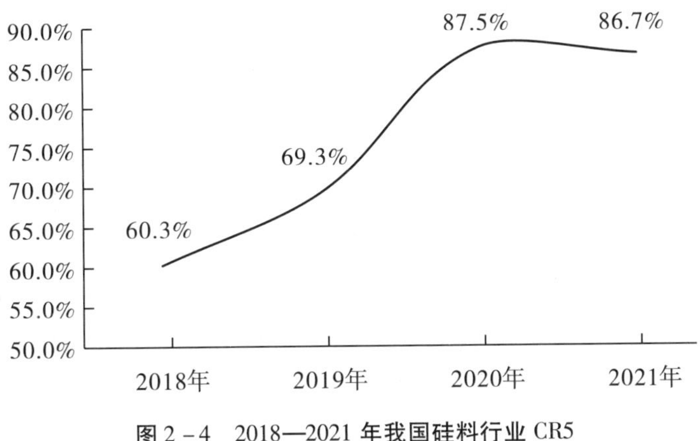

图2-4　2018—2021年我国硅料行业CR5

资料来源：CPIA。

（二）硅片行业呈“双寡头”格局

硅片环节前两家企业隆基绿能与中环股份市占率合计超过50%，寡头垄断格局显现。凭借自身在技术研发及生产技术升级等方面的先发优势及规模效应，龙头企业在市场竞争中占据更多订单，市场集中度不断提升。2021年，隆基绿能单晶硅片年产量7 000万千瓦，与中环股份的年产量不相伯仲，两家企业的市场份额对其他企业形成断层式超越。

图2-5　2018—2021年我国硅片行业CR5

资料来源：CPIA。

（三）电池片行业市场竞争激烈

电池片作为一个技术路径仍未确定的行业，市场竞争较为激烈。但近几年电池片市场逐渐向规模化、集群化发展，行业集中度持续提升。2018 年以来，我国电池片 Top5 企业产量占比持续提升，从 2018 年的 29. 5% 提升至 2021 年的 53. 9% 。据光伏产业权威分析机构 PV Infolink 发布的 2021 全年电池片出货排名显示，通威太阳能总出货量稳居榜首，爱旭股份和润阳新能源紧随其后，中宇光伏和潞安太阳能则排在第四、第五。

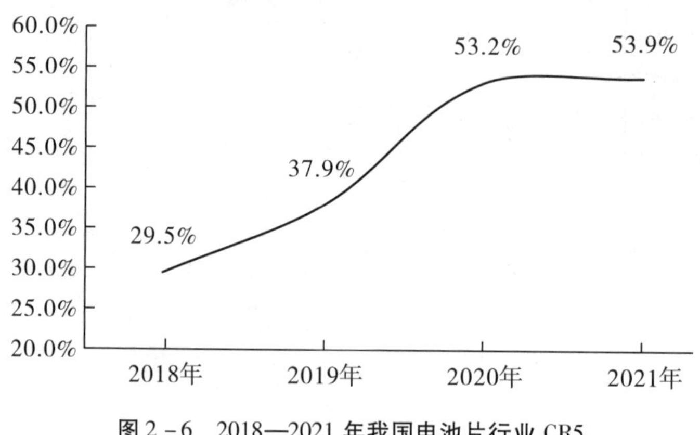

图 2 - 6　2018—2021 年我国电池片行业 CR5

资料来源：CPIA。

（四）组件市场份额相对分散，市场集中度持续提升

光伏组件作为一个劳动密集型产业，市场份额相对分散。但光伏组件头部企业凭借在规模、品牌、渠道等方面的优势抢占市场，近年来我国光伏组件环节行业集中度持续提升。2021 年我国光伏组件 Top5 企业平均产量超 2 300 万千瓦，合计产量占年度总产量比重达 63. 4% 。

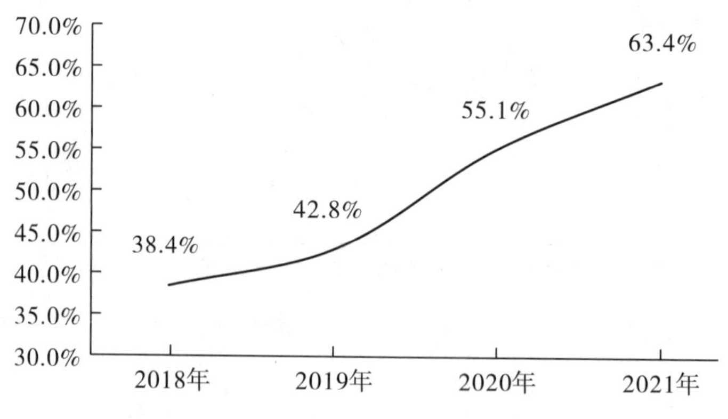

图 2 - 7　2018—2021 年我国组件行业 CR5

资料来源：CPIA。

三、光伏产业链市场行为

光伏产业正处于高景气增长阶段，产业链各环节集中度不断提高，市场机会主要来自市场需求拉动带来的增量空间与技术创新所带来的结构性空间。因此，光伏各产业链厂商纷纷加码产能扩张与研发创新，在提升市占率的同时进一步提高行业进入壁垒。

（一）产品差异化

硅片厂商围绕多晶/单晶路线与硅片尺寸开展产品差异化竞争。在行业起步之初多晶硅片的市场份额一度超过80%，而隆基绿能从规模、能耗、原料等多方面降低单晶硅片生产的工艺成本，最终实现突围。单晶组件的市场占有率从2016年的18.5%提升至如今的90%以上，隆基绿能与同样选择单晶路线的中环股份由此成为硅片行业的双龙头。

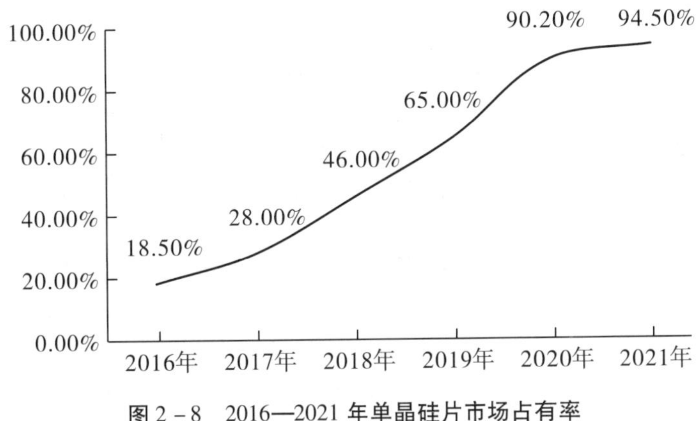

图2－8　2016—2021年单晶硅片市场占有率

资料来源：CPIA。

在单晶路线确定下来后，硅片厂商开始围绕光伏硅片尺寸开展新一轮的差异化竞争。2020年6月份，隆基绿能、晶澳科技等七家光伏企业联合倡议M10（边距182mm）硅片尺寸标准，以隆基绿能为代表的182阵营正式形成；同年11月，中环股份、东方日升等八家龙头企业发布《关于推进光伏行业210mm硅片及组件尺寸标准化的联合倡议》，提倡以210mm作为硅片唯一尺寸，这个动作也标志着210阵营的正式形成。

表2－6　光伏硅片尺寸两大阵营

182阵营	隆基绿能、晶澳科技、晶科能源、阿特斯、潞安太阳能、润阳新能源、中宇光伏、中节能、横店东磁等
210阵营	中环股份、高景太阳能、东方日升、爱旭股份、赛维集团、环晟光伏、协鑫能科、通威太阳能、上机数控等

资料来源：根据公开资料整理。

（二）产能产量

受光伏装机量的高景气增长影响，全产业链厂商开始产能扩张。从图 2－9 可以看出，2020 年光伏组件开始新一轮增长周期，产量同比增长率迅速提升，2021 年产量同比增长率高达 45.9%。组件产量增长驱动上游硅料、硅片与中游电池片环节的产量增长率同步提升，目前我国光伏全产业链正处于新一轮的产能扩张阶段。

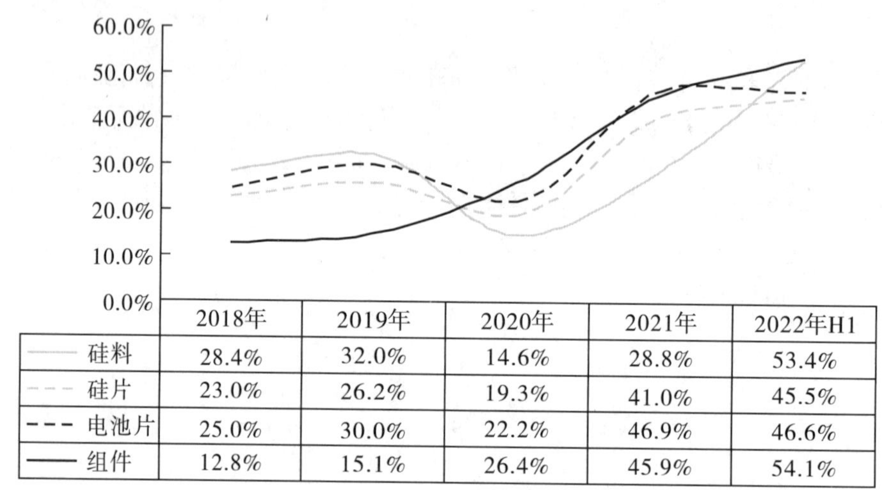

	2018年	2019年	2020年	2021年	2022年H1
硅料	28.4%	32.0%	14.6%	28.8%	53.4%
硅片	23.0%	26.2%	19.3%	41.0%	45.5%
电池片	25.0%	30.0%	22.2%	46.9%	46.6%
组件	12.8%	15.1%	26.4%	45.9%	54.1%

图 2－9　2018—2022 年 H1 中国光伏产业链各环节产能同比增长率

资料来源：CPIA。

据不完全统计，仅 2021 年我国硅料厂商公布的硅料扩产规划总量已超过 160 万吨，至 2022 年 11 月仍有企业持续公布新建、扩建产能计划。国际太阳能光伏网统计，2022 年与 2023 年国内硅料产能将达到 117 万吨与 310 万吨。如果这些产能全部如期落地，作为一个产能弹性系数相对较小的产业，硅料市场势必出现供过于求、产能过剩的情况。

表 2－7　主要硅料厂商预计产能

公司名称	2022 年硅料预计产能（万吨）	2023 年硅料预计产能（万吨）
通威股份	33.0	43.0
协鑫科技	21.0	51.0
大全能源	11.5	21.5
新特能源	20.0	30.0
东方希望	6.0	24.5
亚洲硅业	5.0	8.0
其他	31.0	132.0
合计	127.5	310.0

资料来源：国际太阳能光伏网。

此外硅片厂商的产能扩张计划延续了硅片尺寸方面的产品产异化策略，中环股份、隆基绿能和上机数控等主要厂商加速布局大尺寸硅片的产能扩张，其中隆基绿能扩产以182mm硅片为主，中环股份和上机数控瞄准210mm硅片。各厂商披露的资料显示，中环股份2021年210mm硅片产能达到54吉瓦；隆基绿能称在银川15吉瓦的硅片产能可以生产多种尺寸的硅片产品，包括158.75mm、166mm和182mm。

（三）定价行为

硅料与硅片市场集中度高，上游原料厂商具有较强议价能力。硅料行业扩建周期约为18个月，硅片、电池片、组件产能则扩张较快，分别为12个月、9个月、6个月，下游各环节全年产能大幅高于硅料产能。因此自2021年以来硅料供给持续紧缺，市场成交价一路上涨，并传导至整个光伏产业链，但不同市场结构下各环节厂商定价策略各不相同。

据SMM数据库统计，2021年受市场供需影响，硅料价格从年初的每吨8万元左右，涨到了每吨27万元，最高涨幅达224%，全年涨幅为177%。而硅片环节得益于垄断竞争的市场格局，硅片厂商可以将原料价格上涨带来的成本向产业链下游转移，因此硅片价格同样大幅增长，如隆基绿能单晶硅片的平均价格从2021年初的3.55元/片上涨至5.42元/片，涨幅达53%。相较之下，光伏中下游的市场结构较为分散，因此在终端市场光伏上网标杆价格的限制下价格涨幅仅为10%左右。但在硅料厂商产能扩张逐步落地的情况下，2023年初硅料价格大幅下跌，未来产业链中下游企业成本结构将有所改善，盈利能力有望提升。

（四）研发行为

产业链各环节厂商深耕产品技术，研发费用逐年递增。在科技创新推动降本增效的逻辑下，光伏企业在材料性能、硅片尺寸、组件封装方式等方面持续加大研发力度，以期在光伏技术更新迭代进程中获得市场地位与话语权。

表2-8　光伏产业主要上市公司研发投入情况

（单位：亿元）

产业链环节	代表企业	2018年		2019年		2020年		2021年	
		费用	占比	费用	占比	费用	占比	费用	占比
硅料	大全能源	0.2	1.09%	0.3	1.40%	0.5	1.02%	3.7	3.46%
硅料/电池片	通威股份	6.0	2.17%	10.0	2.66%	10.4	2.34%	20.4	3.21%
硅片/组件	隆基绿能	12.3	5.60%	16.8	5.10%	25.9	4.75%	43.9	5.43%
硅片/组件	中环股份	7.8	5.64%	11.7	6.92%	9.1	4.77%	25.8	6.27%
电池片	爱旭股份	—	—	2.2	3.63%	3.8	3.93%	6.5	4.20%
组件	晶澳科技	0.2	5.82%	11.2	5.28%	14.5	5.62%	27.2	6.58%
组件	东方日升	3.3	3.40%	7.7	5.33%	8.3	5.14%	8.6	4.57%

资料来源：CSMAR数据库。

硅片作为决定光伏设备转换效率的关键材料，这一环节的厂商研发费用占比持续处于高位，这与近年单晶硅片对多晶硅片的替代，210 硅片与 182 硅片的尺寸之争以及硅片大尺寸化、薄片化趋势离不开关系。隆基绿能与中环股份这两大龙头企业只有在硅片加工工艺上持续投入研发，才能保证自身的市场份额与核心竞争力。

中游电池片环节处于技术迭代关键阶段，头部厂商同步加大研发投入。现行主流的 PERC 技术转换率已达到材料学天花板，与此同时以 N 型电池为代表的高效电池伴随技术革新日渐成熟，因此近几年电池片厂商均同步提高研发费用，以期在 N 型电池替代 PERC 电池这一技术迁跃点获得市场的一席之位。①

下游组件环节中主要厂商的研发费用率同样处于高位。原因在于市场对光伏组件在串焊、封装等方面提出了更高要求。面对较为分散的竞争格局，头部厂商纷纷选择加大研发投入，将缺少技术研发能力的中小厂商洗牌出局，进而提升自身的市场份额。

（五）进入壁垒

光伏产业链中上游环节维持高进入壁垒，下游组件环节行业壁垒不断提升。上游硅片环节隆基绿能与中环股份在硅片切割厚度、破片率、导电、转换效率等技术工艺方面不断加码研发，进一步提高行业的技术壁垒。下游光伏组件厂商以高研发投入、高质量标准提升进入壁垒。如隆基绿能在 2018 年已明确，其组件质保期限由 25 年延长到 30 年，首年光衰率控制在 2%；晶科能源表示其双面单晶组件和 N 型组件的保质期为 30 年，其中 N 型组件首年衰减不超过 1%、线性衰减不超过 0.4%。从近年产业链各环节 CR5 不断提升的趋势可以看出，光伏各环节头部厂商通过技术研发、产能扩张等方式提升进入壁垒，将中小厂商洗牌出局的效果已得到验证。

四、产业链市场绩效

（一）盈利能力

上游原料厂商议价能力强，盈利能力位于行业前列，中下游厂商双重承压，盈利状况较为惨淡。光伏产业链上游硅料环节整体呈寡头垄断格局，对下游具备非常高的议价权，因此硅料环节的厂商毛利率与净利率均领跑全行业。此外，自 2021 年以来，受终端市场光伏发电装机大幅增长及供应链各环节扩产周期不匹配等因素叠加影响，硅料厂商议价权进一步加强，硅料产品实现量价齐升，以大全能源、通威股份为代表的厂商盈利能力大幅增长，大全能源 2022 年前三季度的毛利率与净利率分别高达 73.98% 与 61.13%。

“双寡头”竞争格局下，硅片厂商同样具备较强议价权，盈利能力处于行业领先水平。此外在原料供不应求的情况下，硅片厂商可以通过提高硅片价格将硅料价格上涨带来的成本向产业链下游转移，其毛利率与净利率仍可以处于行业中等水平。

中游与下游的市场集中度较低，议价能力弱。电池与组件厂商在上游原料大幅涨价与

① 关于 N 型电池及 PERC 技术详见表 2－10。

终端光伏上网标杆价下调的双重压力下，盈利状况惨淡。2021 年以爱旭股份、晶澳科技、东方日升为代表的电池片与组件厂商的毛利率纷纷下降，爱旭股份的净利率更是跌至 -0.75%。

表 2-9　光伏产业主要上市公司盈利情况

代表企业	产业链环节	2019 年		2020 年		2021 年		2022 年 Q3	
		毛利率	净利率	毛利率	净利率	毛利率	净利率	毛利率	净利率
大全能源	硅料	22.28%	10.18%	33.63%	22.37%	65.65%	52.84%	73.98%	61.13%
通威股份	硅料/电池片	18.69%	7.14%	17.09%	8.40%	27.68%	13.77%	38.59%	25.65%
隆基绿能	硅片/组件	28.90%	16.89%	24.62%	15.94%	20.19%	11.21%	16.11%	12.58%
中环股份	硅片/组件	19.49%	7.47%	18.85%	7.74%	21.69%	10.79%	17.92%	11.01%
爱旭股份	电池片	18.06%	9.64%	14.90%	8.34%	5.59% ↓	-0.75%	11.20%	5.38%
晶澳科技	组件	21.26%	6.07%	16.36%	5.99%	14.63% ↓	5.06%	13.44%	6.88%
东方日升	组件	20.92%	6.79%	13.65%	1.47%	6.61% ↓	-0.08%	11.57%	3.59%

资料来源：CSMAR 数据库。

综合各产业链主要厂商的盈利情况，光伏产业价值链呈“高—低—较低”的态势。上游硅料与硅片环节具备较高议价权，盈利能力强；中游电池片技术发展路径尚未明确，整体呈竞争格局，对上下游的议价能力弱，盈利能力一般；下游组件市场集中度相对电池片环节与终端市场较高，具备一定议价权，盈利能力较好。但随着硅料价格下跌与中下游环节市场集中度提高，中下游企业盈利情况有望改善，光伏产业价值链终将迎来重构。

（二）创新

我国光伏产业研发成果丰厚，各类电池技术持续推进，光电转化率不断提高。目前主流的 PERC 电池平均光电转换效率达到了 23.6%，较 2021 年提高了 0.4 个百分点，而这离不开各产业链厂商在提效降本上的研发创新：上游硅料厂商专注于降低生产能耗；硅片向大尺寸化、薄片化方向发展；电池片环节多条技术路线并行，N 型电池光电转换效率优势初显；光伏组件技术迭代主要聚焦于提升单位发电量和降低功率损耗。其中，电池片材料作为光伏电池光电转换效率的核心影响因素，中游电池片环节的技术迭代将是整个光伏产业发展的关键。

当前，我国光伏电池片主要分以晶硅电池为主流，其理论转换效率极值约 29.43%，目前没有技术可达到。按照表面钝化的不同技术类型，晶硅电池主要分为 P 型电池和 N 型电池，差别主要在于硅片和电池两个环节。具体来看，P 型电池是在硅片中掺镓，在 P 型硅片上扩散磷元素；N 型硅片是在硅中掺磷，在 N 型硅片上扩散硼元素。

表 2-10 光伏电池片技术路线对比

电池类型		电池释义	极限效率	量产效率
P 型电池	BSF	铝背场电池（Aluminium Back Surface Field），为改善晶硅电池的效率，在 p-n 结制备完成后，在硅片的背光面沉积一层铝膜制备 P+层，称为铝背场电池	20%	19.8%
	PERC	发射极钝化和背面接触（Passivated Emitter and Rear Cell），利用特殊材料在电池片背面形成钝化层作为背反射器，增加长波光的吸收，同时增大 p-n 极间的电势差，降低电子复合，提高效率	24.5%	23.6%
N 型电池	TOPCon	隧穿氧化层钝化接触（Tunnel Oxide Passivated Contact），在电池背面制备一层超薄氧化硅，然后再沉积一层掺杂硅薄层，二者共同形成了钝化接触结构	28.7%	24% ~ 24.5%
	HJT	具有本征非晶层的异质结（Hetero-junction Technology），在电池片里同时存在晶体和非晶体级别的硅，非晶硅的出现能更好地实现钝化效果	27.5%	25.6%
	IBC	交指式背接触（Interdigitated Back Contact），把正负电极都置于电池背面，减少置于正面的电极反射一部分入射光带来的阴影损失	超过 25%	—

资料来源：中国光伏行业协会。

各主流光伏厂商的研发进度持续推进，各类型电池片的转换效率不断提升，逐渐向极限效率逼近。隆基绿能拥有 PERC、TOPCon、HJT 电池类型，技术路线全面开花，2021 年，隆基绿能先后七次打破光伏电池转换效率世界纪录，其中 N 型 TOPCon 转化率达 25.21%、N 型 HJT 达 26.30%。2022 年一季度，隆基绿能在 M6 全尺寸单晶硅片上创造了无铟 HJT 电池转换效率 25.40% 的新世界纪录，而 PERC 转换效率被推高至 24.06%。天合光能电池效率也是处于行业领先水平，2021 年 8 月，天合光能自主研发的 210 高效 PERC 电池，效率达到 23.56%，TOPCon 电池效率最高达到 25.5%。作为最早布局 N 型电池的企业之一，东方日升在光伏电池领域处于领先地位，目前公司 HTJ 量产效率达到 25.6%。

第三节 光伏产业空间布局

一、我国光伏产业空间布局

我国光伏产业区域分工特色明显，光伏上游硅料集中在内蒙古、新疆等硅矿资源密集区域，而中下游的电池片及组件环节则集中在长三角地区与珠三角地区。光伏产业整体呈一超多强格局，长三角地区电池片与组件制造引领全国，以内蒙古为代表的原料生产基地与以珠三角为代表的硅片及电池制造集聚区持续跟进。

（一）我国光伏产业空间发展概况

我国光伏企业主要分布在长三角地区，包括协鑫能科、天合光能、晶科能源等。长三角地区之外的企业主要有陕西的隆基绿能，天津的中环股份，北京的晶澳太阳能，河北的英利能源，四川的通威集团，广东的爱旭股份与高景太阳能。

表 2－11　我国光伏产业主要企业分布情况

省市	产业链环节	企业
广东	硅片	高景太阳能
	电池片	爱旭股份
	组件	拓日新能
内蒙古	硅料	通威股份、协鑫科技、东方希望
	硅片	中环股份、上机数控
江苏	硅料	协鑫科技
	电池片	中润光能
	组件	天合光能
浙江	硅料	东方日升
	硅片	隆基绿能
四川	硅料	通威股份
	电池片	
上海	电池片	中润光能
重庆	硅料	大全能源

资料来源：根据公开资料整理。

（二）我国光伏产业链布局

我国硅料产地主要分布在新疆、内蒙古，2021 年两地多晶硅产能占全球产能的 52%。近两年硅料价格不断上涨导致越来越多的企业奔向上游，涌现出四川、青海、江苏、云南等硅料新产能基地。据硅料主要厂商披露资料，2022 年内蒙古、四川与新疆硅料产能领先其他地区，占国内硅料产能达 76%。

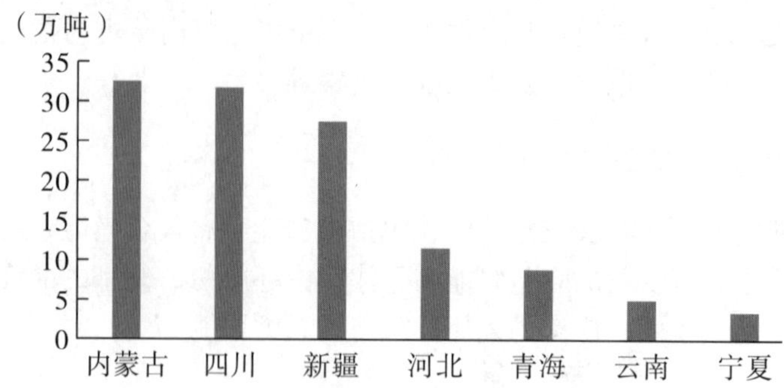

图 2－10　2022 年我国光伏硅料产能分布情况

资料来源：根据公开资料整理。

隆基绿能、中环股份两大硅片巨头主要布局江苏、陕西、宁夏等地，由此奠定了以华东与华中为主的分布格局。此外硅片新秀高景太阳能硅片产能主要分布在广东珠海和四川宜宾，按照规划珠海高景硅片年产能将达 50 吉瓦。

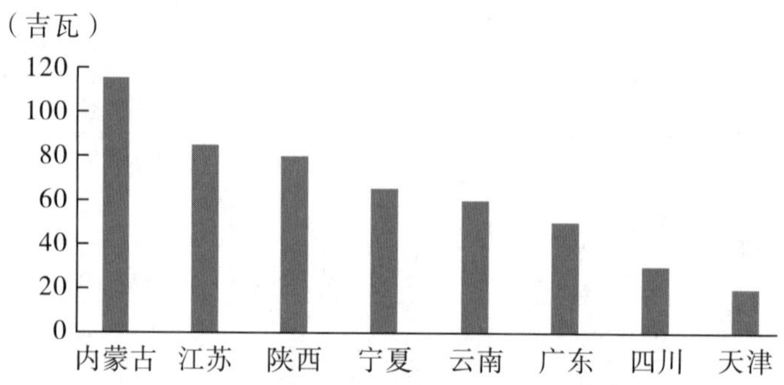

图 2－11　2022 年我国光伏硅片产能分布情况

资料来源：根据公开资料整理。

中游电池片各个厂商产能基地趋向分散化、多元化：龙头企业通威电池片产能达到 63 吉瓦，产能分布在四川的双流、眉山、金堂以及安徽合肥；爱旭电池产能分布在广东佛山、珠海和浙江义乌、天津。

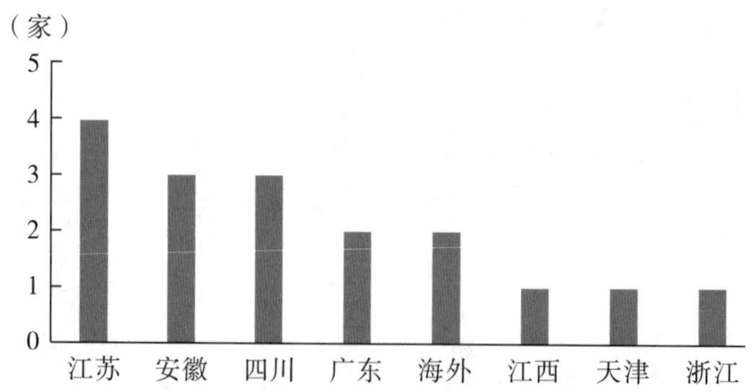

图 2－12　2022 年我国光伏电池片企业生产基地分布情况

资料来源：根据公开资料整理。

下游组件环节受市场结构影响产能基地分布较为分散，Top5 厂商生产基地分布在浙江、江苏、安徽、内蒙古等地。此外，受中美脱钩影响，组件厂商近几年出海趋势明显，纷纷布局海外生产基地以规避相关调查，如隆基绿能海外基地布局在马来西亚和越南，晶澳科技在越南、马来西亚建设生产基地。

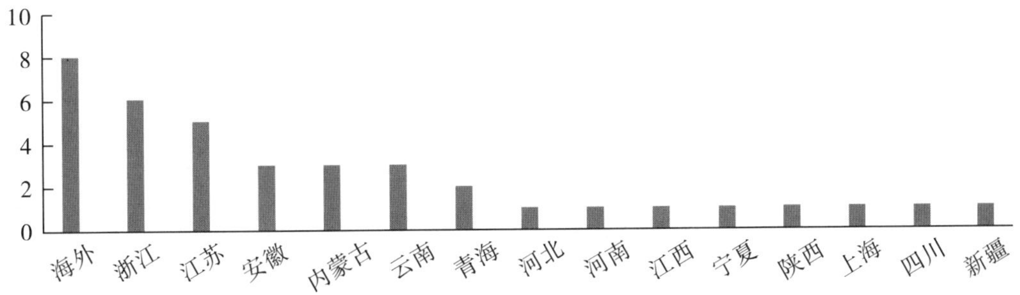

图 2－13　2022 年我国光伏组件企业生产基地分布情况

资料来源：根据公开资料整理。

二、广东省光伏产业空间布局

深圳、珠海、佛山、东莞为广东省光伏产业主要集聚地，各地依托区位优势分工。上述四个城市经营业务涵盖硅片、电池片、组件、光伏设备、逆变器与光伏电站，基本覆盖光伏产业链上下游。其中高景太阳能总部位于珠海，聚焦高效大尺寸光伏硅片的研发制造，掌握大尺寸、薄片化等方面多项核心技术，2022 年第三季度其硅片产量已冲至行业第 3 名。爱旭股份同样落地珠海，高效电池生产基地于 2021 年 4 月落地建设，产能达 25 吉瓦。两家标杆企业的落地构建出广东省新能源产业集群上下游双龙头的领先局面，将持续带动广东省光伏产业链上下游企业集聚。

表 2－12　广东省光伏产业主要企业分布情况

城市	产业链环节	企业
深圳	光伏设备	捷佳伟创
	组件	拓日新能
	光伏电站	珈伟新能
	逆变器	科士达、古瑞瓦特
珠海	硅片	高景太阳能
	电池片	爱旭股份
佛山	电池片	爱旭股份

（续上表）

城市	产业链环节	企业
东莞	逆变器	易事特
	组件	南玻科技

资料来源：根据公开资料整理。

珠三角光伏产业相较于长三角地区存在全面不强、全面不均的短板。广东省光伏产业在产业规模、产业链建设、产业集聚、区域内协同等方面仍有待加强。在产业规模方面，高景太阳能、爱旭股份与拓日新能为广东主要的光伏制造厂商，但产能与产量仍落后于隆基绿能、天合光能与中润光能等一批长三角地区的龙头企业；在产业链建设方面，下游组件环节产能较低，难以承接上游硅片与电池的产能提升，下游组件产业有待补强；在产业集聚方面，配套辅材与设备产业集聚效应显著，而光伏组件制造产业仍有所欠缺；在区域协同方面，珠海、佛山与深圳三地在光伏产业链各环节分工明确，深圳、东莞两地提供配套产业支持，但其余城市的光伏产业仍处于起步阶段。

三、广东省重点城市光伏产业发展概况

广东省光伏产业发展态势良好，现已形成“硅片+电池片+组件+光伏电站”的全产业链，孕育了爱旭科技、高景新能源、捷佳伟创与格瑞特等一批优秀企业。各个城市光伏产业链分工明确，上游硅片产业集中在珠海市，中游电池片产业分布在佛山、珠海两市，下游的组件产业与配套产业链中的逆变器环节则集中在深圳、东莞两市。

广东省内各城市在具体的光伏产业发展定位方面，《广东省硅能源产业发展行动计划(2022—2025年)》要求“以珠海、韶关、江门、阳江、潮州为依托建设高效光伏电池片和组件产品集聚区；以广州、深圳、佛山、河源、梅州、潮州为依托发展光伏玻璃、光伏浆料、封装胶膜、电池材料、铜箔、铝箔等关键材料集聚区”。综合广东省光伏企业与产业园区分布情况，我们认为广东省光伏产业发展定位较高的城市有珠海、深圳、佛山、东莞。

（一）珠海：形成高景太阳能与爱旭股份“双龙头”的产业布局

珠海在硅片及电池环节具备显著优势，当前已建设完成金湾高景硅片生产基地与爱旭股份高效N型太阳能电池制造基地。其中高景硅片生产基地大尺寸单晶硅片产能达50吉瓦，仅次于隆基绿能与中环股份，而爱旭电池制造基地以ABC电池6.5吉瓦的产能跻身行业前列。两大基地的落户建设形成珠海光伏产业链条上下游“双龙头”的领先局面，将持续带动产业链上下游优秀企业与技术人员集聚珠海，壮大提升珠海新能源产业集群规模与实力。

（二）深圳：光伏设备和逆变器领域处于全国领先地位

深圳光伏设备和逆变器领域优势明显，集聚了捷佳伟创、格瑞特等一批龙头企业。深

圳目前已形成了较完整的产业链及较强的产业配套能力，在光伏设备制造与逆变器等光伏配套产业链处于领先地位，诞生了光伏制造设备龙头企业捷佳伟创与逆变器出货量全球第三的格瑞特，产业特色明显。但深圳在光伏硅片、电池片与组件领域仍处于企业规模较小、数量多而分散的局面，仅组件厂商珈伟新能一枝独秀，难以形成产业集聚效应。

（三）佛山：光伏应用领域处于广东省领先地位

佛山建成多个大型光伏发电项目，成为广东省光伏应用领域排头兵。佛山现已建成顺德光伏产业园、三水薄膜电池基地与三水南山大型集中式光伏地面电站等项目，大唐高明更合等光伏发电项目等项目持续推进。此外，佛山推动产学研深入发展，助力顺德中山大学太阳能研究院与当地企业在光伏应用领域深度合作。

（四）东莞：光伏逆变器产业具备一定竞争力，但产业规模化不足

《东莞市新能源产业发展行动计划（2022—2025 年）》提出“支持光伏逆变器、智能光伏系统产业加快发展，拓展分布式光伏发电应用，积极推进公共建筑光伏开发利用”。现如今东莞已走出首航新能源、易事特等逆变器厂商，但目前东莞光伏产业协会 80% 的会员都是工程集成商，产业规模化仍有待进一步发展。

第四节　光伏产业风险投资分析

一、我国光伏产业风险投资概况

目前光伏行业处于高速成长期，技术迭代与商业模式创新将保持活跃，由此带来了风险投资资本的关注。时间维度上，我国光伏产业投资规模受行业发展影响呈明显周期性；而从地区维度上看，我国光伏产业投资呈明显地区集聚特征。

（一）光伏产业曲折发展下风险投资呈明显周期性

我国光伏产业风险投资呈现出明显的周期性特征。受光伏产业发展的周期性影响，近十年出现了三次风险投资高峰期，分别为 2010 年、2016 年与 2021 年。2010 年欧洲光伏市场抢装潮爆发，国内市场受政策扶持开始步入市场化的进程，当年投资事件达 8 件；2012 年后受欧美“双反”政策影响，国内光伏产业陷入低迷，光伏一级市场随之步入低谷；2016 年我国光伏产业处于产业整合期，落后产能被洗牌出局，市场结构调整带来新一波投资机会；2021 年为我国“双碳”元年，碳中和赛道备受市场关注，光伏风险投资市场迎来新一轮投资周期。

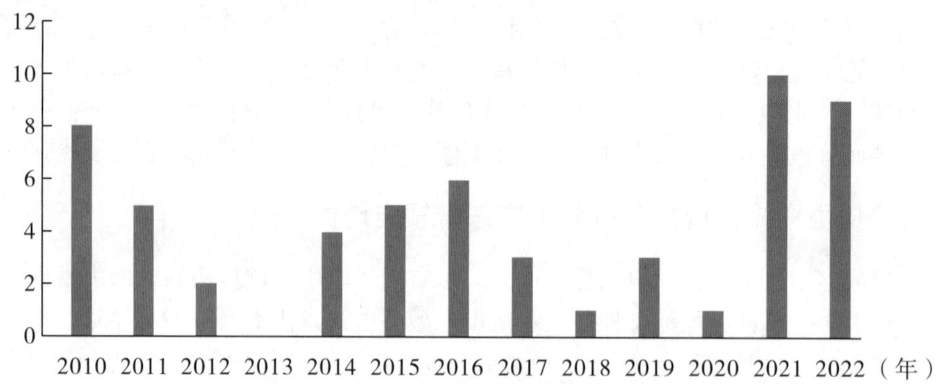

图 2-14 2010—2022 年我国光伏产业投资事件

资料来源：清科数据库。

（二）产业集聚影响下风险投资呈地区集群特点

从地区维度上看，我国光伏产业风险投资呈现出较为显著的地区集群特点。光伏产业投资事件集中于江苏、浙江两省，占比高达55%。以江苏与浙江为代表的华东地区是我国制造业发达、科学技术水平相对较高的区域，且具备丰富的港口资源与便捷的海运，成为我国光伏产业发展初期的重要集聚区域。江浙两省凭借完善的光伏产业链与产业发展基础吸引了一批优秀的初创期、成长期的企业，备受风险投资资本关注。

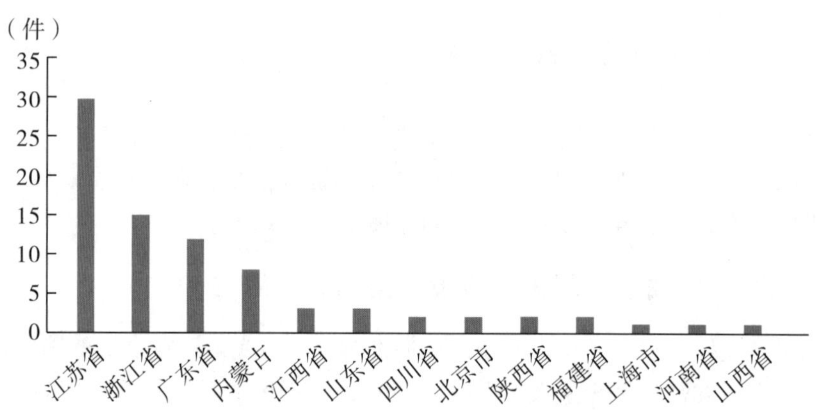

图 2-15 2010—2022 年我国光伏产业投资事件分布情况

资料来源：清科数据库。

二、我国光伏产业链风险投资分析

从投融资特点看，光伏产业中游电池片环节处于技术迭代节点，因此近十年风险投资集中在中游电池片环节。此外，从投资趋势看，风险资本也引领了电池片技术的更新迭代。

（一）光伏电池片处于技术迭代节点，吸引风险投资重点关注

电池片处于N型电池对P型电池的技术迭代进程中，这一环节是光伏产业链中的投资热点。2010—2022我国光伏电池片环节的投资事件数量高达42件，占整个光伏领域投资的75%。光伏电池片正处于技术迭代节点，TOPCon、HJT、IBC等多条技术路线持续发展。技术创新极有可能会重塑整个电池片产业，市场机会巨大，因此吸引了风险资本的集中投资。

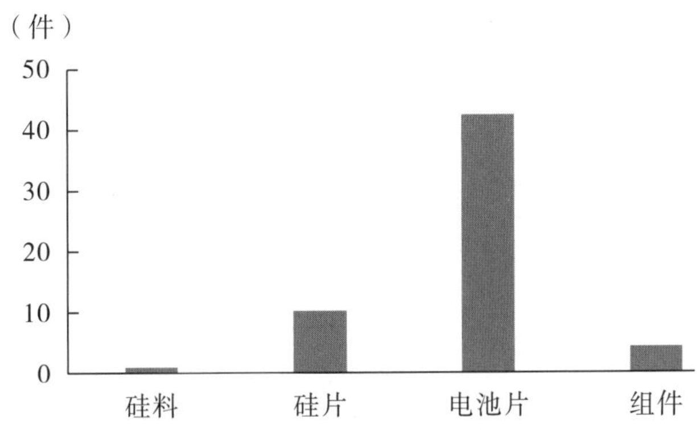

图2-16 2010—2022年我国光伏产业各环节投资事件数量

资料来源：清科数据库。

（二）光伏电池片技术变革开启新一轮风险投资周期

光伏电池片技术迭代带来市场机会，新一轮投资热潮开启。电池片是近十年光伏产业中技术迭代最快的环节，实现了多晶硅电池替代薄膜电池，单晶硅电池替代多晶硅电池。当前产业正处于N型电池对P型电池的迭代进程中，此外钙钛矿电池技术也逐步进入产业化进程，电池片技术的快速发展带来新一轮投资热潮。

表2-13 2011—2022年电池片环节投资事件

投资年份	被投资企业	主营业务
2022	一道新能	N型TOPCon电池
2022	仁烁光能	钙钛矿电池
2022	高景太阳能	N型高效电池
2022	科纳能科技	碲化镉薄膜太阳能电池
2022	无限光能	钙钛矿电池
2022	晶澳扬州	N型高效电池
2022	曜能科技	钙钛矿电池

（续上表）

投资年份	被投资企业	主营业务
2022	金石能源	N 型异质结电池
2021	华耀光电	N 型异质结电池
2021	太阳井	N 型异质结电池
2021	浙江爱康光电	N 型异质结电池
2021	中来股份	N 型异质结电池
2020	金寨嘉悦新能源	P 型 PERC 电池
2020	捷泰新能源	P 型 PERC 电池
2018	晶科科技	N 型 TOPCon 电池
2017	爱康能源工程技术	N 型异质结电池
2017	阳光中科	P 型 PERC 电池
2016	首创新能源	薄膜电池
2015	润达光伏	P 型 PERC 电池
2012	百力达	多晶硅电池
2011	上澎太阳能	薄膜电池
2011	比太技术	多晶硅电池

资料来源：根据公开资料整理。

三、我国光伏产业链风险投资绩效分析

从光伏产业风险投资绩效来看，风险投资收益受二级市场条件、产业景气度与产业链各环节进入壁垒多重因素影响。2020 年二级市场持续高涨下，风险资本纷纷 IPO 退出，光伏产业景气度提升使得风险投资收益率逐年上升。此外，硅片行业的高进入壁垒与议价权带来了更高的估值与退出收益。

（一）二级市场行情高涨带来光伏产业 IPO 热潮

2020 年二级市场行情整体向好，风险投资机构纷纷推动 IPO 退出。根据清科数据显示，2012 年至 2022 年我国光伏产业风险投资退出事件共 217 件，IPO 退出占比达 47%。其中 2020 年天合光能与晶科科技上市后投资机构纷纷退出；此外从事光伏辅材制造的中信博、固德威、奥威特等共 11 家企业也选择在 2020 年上市。相较之下 2021 年上市的企业仅有三峡能源、大全能源、德业股份 3 家。

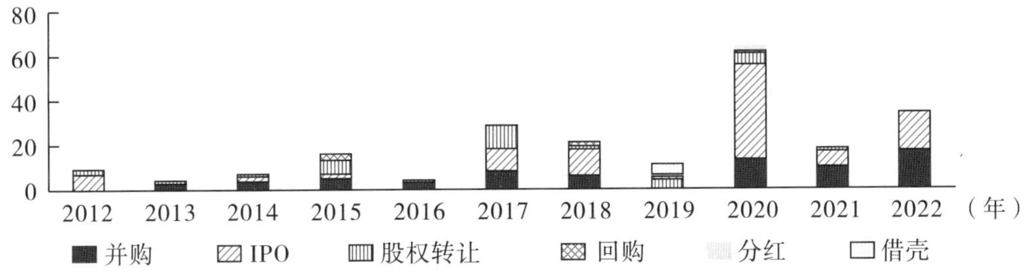

图 2-17　2012—2022 年我国光伏产业退出事件

资料来源：清科数据库。

（二）光伏产业景气度高涨，带动风险投资收益率持续提升

光伏产业景气度与市场关注度提升，IPO 热潮下风险投资收益持续提升。2020 年苏高新创投集团在固德威 IPO 退出中获得 15 倍的投资收益，2022 年华睿投资等机构在昱能科技 IPO 退出中收获 14 倍的投资回报。光伏赛道的高投资回报也能进一步拉动投资机构对光伏产业的投资，这对于光伏产业提升创新活力、优化产业结构、促进产业升级至关重要。

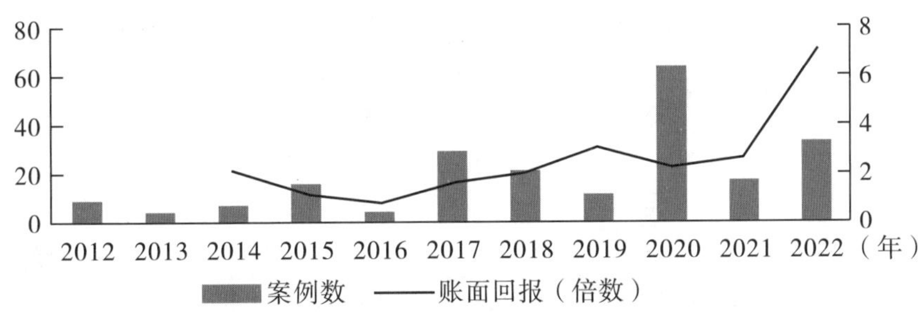

图 2-18　2012—2022 年我国光伏产业退出收益情况

资料来源：清科数据库。

（三）硅片环节进入壁垒高，退出收益远超其他产业链环节

高进入壁垒与议价权拉高硅片厂商估值，退出回报远超其他产业链环节。2012 年隆基绿能 IPO 上市给投资机构带来 2～6 倍的投资收益，2020 年晶科科技的上市也带来 2 倍左右的投资回报。原因在于硅片行业的高进入壁垒和高市场集中度使得厂商具备供应链上下游的议价权，这拉高了二级市场对这一环节企业的估值。

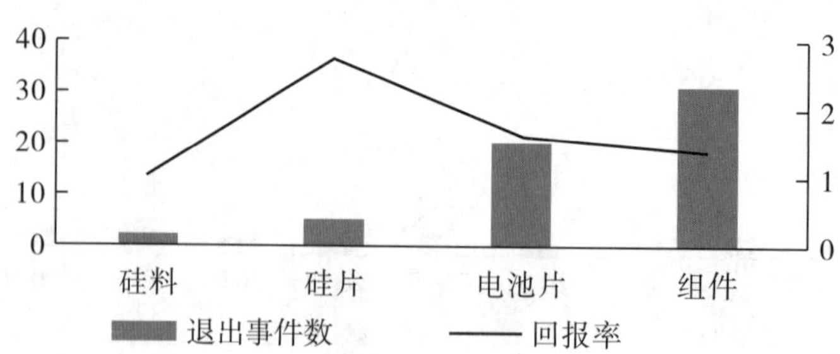

图 2-19 2012—2022 年我国光伏产业各产业链退出收益情况

资料来源：清科数据库。

四、广东省光伏产业风险投资概况

广东省光伏产业目前处于加速成长阶段，在近年来的发展中已建成“硅片 + 电池片 + 组件 + 光伏电站”的全产业链与相关配套产业链，而这离不开地方政府的招商引资与风险投资资本的支持。据清科数据库，2010—2022 年广东省光伏产业投资事件共 32 起，主要分布在电池片、组件与光伏制造设备。而从时间维度上看，广东省光伏产业的风险投资呈现出一定的周期性，这与前文提到的行业周期影响光伏产业风险投资一致。其中，2018 年光伏发电补贴开始退坡，国内光伏产业步入低迷，导致 2018—2020 年广东省光伏产业风险投资事件为零。

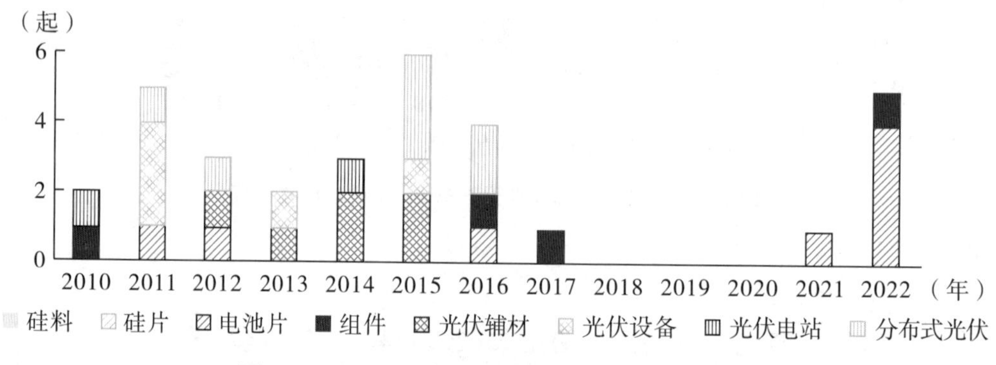

图 2-20 2010—2022 年广东省光伏产业投资事件

资料来源：清科数据库。

而从光伏产业风险投资的地区分布看，广东省的光伏投资集中于深圳、佛山、广州、珠海与惠州。其中深圳市的投资事件达 19 起，且深圳的光伏产业投资覆盖电池片、组件、辅材、设备与光伏电站多个环节。但从结果上看，深圳受本地高土地成本与高人工成本影响，本身并不适合发展电池片与组件产业，因此最终深圳形成以“光伏辅材 + 光伏设备”为双核心的光伏产业。而佛山和珠海则分别在组件与电池片环节实现突破，最终走出了爱旭股份与高景太阳能这两家标杆企业。

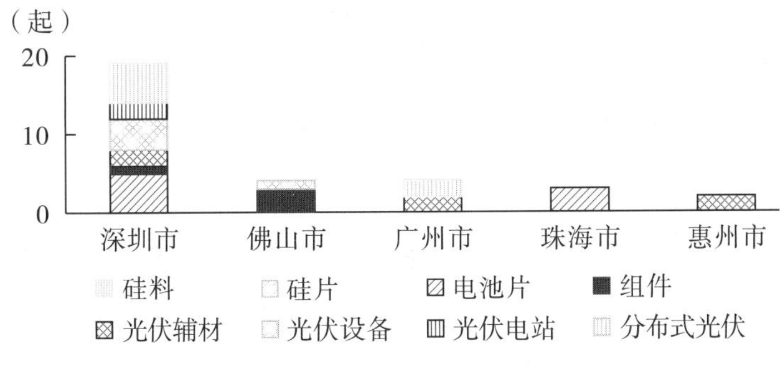

图 2－21 广东省主要城市光伏产业投资事件数量

资料来源：清科数据库。

第五节 光伏产业发展趋势研判及对策建议

一、光伏产业发展趋势研判

（一）海内外光伏装机量持续增长，光伏产业景气度高涨

能源危机刺激海外光伏需求持续高涨，国内持续建设风光大基地和整县推进项目，光伏招标需求持续旺盛，此外光伏建筑一体化 BPIV 等模式日趋火热，未来几年光伏产业市场空间依旧十分广阔。

（二）中美脱钩背景下全球光伏产业格局迎来重构

近年来，面对美国的光伏产业贸易管制措施，我国光伏组件厂商纷纷在东南亚等地布局海外产能，此外美国制造业回流下部分组件厂商开始赴美建厂。全球光伏产业格局迎来重构，未来将形成中国主导全产业链、美国逐步跟进、东南亚来料加工、其余国家和地区持续发展的整体格局。

（三）硅料产能落地，原材料成本下降推动产业价值链重新分配

近两年，受各环节扩产周期不匹配影响，硅料市场供不应求，价格一路走高，由此带来全产业链价格的上涨。而随着 2022 年底各硅料厂商产能的陆续落地，光伏产业链未来几年的价格将呈现下行趋势，中下游环节盈利能力有望回升，产业价值链将迎来重新分配。

（四）电池片技术持续迭代，N 型电池有望成为市场主流

电池片是决定组件效率和成本的核心器件，对于光伏发电成本的下降具有关键性的作用。目前以 TOPCon、异质结为代表的 N 型电池技术已经进入产业化进程中，有望成为市场主流。除此以外，IBC、钙钛矿电池技术等也在不断研究发展，未来电池技术仍将不断演绎。

二、广东省光伏产业发展存在的问题

广东省光伏产业正处于追赶阶段，产业链建设相对完善，头部企业发展良好，但广东光伏产业发展仍存在以下问题：

（一）光伏装机量相对落后，光伏发电市场有待开发

在下游市场拓展上，广东省较小的光伏装机量难以拉动整个光伏产业发展，光伏发电市场仍需进一步开发。广东省平原面积较少导致的用地紧张使得大规模的地面电站难以铺开，此外，2022 年光伏装机量占全省发电装机量比重约为 6.3%，能源结构有待进一步改善，本地光伏市场仍有广阔开发空间。

（二）产业链各环节发展不均衡，下游组件环节有待补强

在产业链配套上，下游组件产能大幅落后于上游硅片及中游电池片环节，下游环节相对薄弱。广东省在光伏硅片与电池片环节已处于全国前列，截至 2022 年底，高景太阳能硅片行业排名第三、爱旭股份光伏电池片行业排名第二，而下游组件环节仅拓日新能一家独秀，产能产量大幅落后硅片与电池环节，薄弱的组件环节不利于广东省光伏产业的整体发展。

（三）光伏产业布局相对分散，地区协同优势不明显

在产业布局上，珠海、佛山引领产业发展，其余城市产业规模严重落后，难以发挥区域协同优势。除深圳与东莞具备组件、光伏辅材及设备产业之外，其余城市光伏产业存在明显空白，全省光伏产业布局相对分散，难以发挥区域协同发展效应。

（四）电池技术路线较为单一，风险投资过于侧重光伏电站

在核心技术和创投环境上，核心技术有待补强，创投活力仍需进一步激发。广东省光伏产业在电池技术的研发上过于依赖爱旭股份的 IBC 路线，存在较大市场竞争风险。此外风险投资过于侧重下游光伏电站与分布式光伏的投资，存在较大市场机会的电池片与组件环节则缺少风险投资关注。

三、政策建议

针对广东省光伏发电市场开发不足、产业链发展不均衡、地区协同不明显等问题，我们提出如下政策建议：

（一）积极推动分布式光伏发展，需求侧驱动光伏产业链发展

第一，积极探索分布式光伏商业模式，大力推广“光伏 + 建筑”“光伏 + 储能”等应用场景稳步落地；第二，充分发挥各市场主体作用，公共建筑屋顶光伏电站以政府牵头统

一规划、企业共同参与的方式建设，工商业与户用建筑分布式光伏则积极引进经销商各环节企业；第三，完善制度体系建设，建立分布式光伏业态模式相应备案方法与流程，推动新型业态模式的落地。

（二）立足硅片电池优势环节，加强配套产业建设与供需对接

第一，立足硅片电池优势环节，发挥高景太阳能与爱旭股份等标杆企业的引领作用，上游材料与辅材设备共同发力，扶持本土组件厂商发展的同时吸引省外优秀厂商入驻广东；第二，针对上游硅料环节缺失，积极推动省际合作，助推企业通过虚拟供应链等方式保障上游原料供给；第三，明确广东省在全国光伏产业链的分工地位，加强配套产业链建设，依托深圳、珠海、佛山三大产业集群打造“设备＋辅材＋组件”的核心产业链。

（三）完善产业布局，发挥区域产业协同优势

第一，开展广东省产业发展峰会等相关活动，推动区域内外各产业链环节光伏企业交流合作，实现充分的技术交流和资源互惠，培育广东省光伏产业协同优势；第二，推动光伏组件厂商面向广东省，走出深圳，通过出台相关优惠政策吸引组件厂商在惠州、肇庆等地入驻，充分利用当地土地成本与人力成本优势打造光伏组件产业园区。

（四）紧跟结构性机会，招商引资与风险投资共同激发产业活力

第一，明确政策大方向，紧跟光伏产业各环节资本整合与技术迭代的结构性机会，以培育龙头企业与提升研发能力为导向，激发广东光伏产业活力；第二，积极推动政府引导基金与社会风险投资机构协同合作，改善广东光伏产业投融资环境，推动优秀企业上市融资；第三，加强科研支持，培育广东光伏产业核心竞争力，结合广东丰富的科研教育资源，推动产学研合作，通过政策补贴，鼓励相关企业与科研机构聚焦光伏电池前沿领域，积极打造技术领先优势。

第三章　广东省氢能产业分析*

引　言

全球碳中和愿景和能源危机的宏观背景之下，氢能以其绿色低碳、来源多样、能量密度高、存储规模大、应用场景广泛等特质，成为21世纪的“终极能源”，承担着全球能源结构转型的重任。我国氢能产业起步晚，近年来，随着顶层建设的完善、产业链各环节技术的突破和氢能应用领域的落地场景丰富，我国氢能产业进入高速追赶阶段，向实现万亿级市场规模发起挑战。广东省具备氢能布局较早、市场机制活跃、人才储备充分等优势，在产业体系上，已初步实现全产业链布局，在加氢站、燃料电池及系统等重点环节领跑全国；在空间布局上，建设了以广佛为核心，其他省市协同发展的华南氢能引擎；在风险投资上，具备全国前列的引资能力；未来，将进一步向绿氢制取环节发力，实现全产业链均衡发展，成为观察我国氢能产业发展趋势的最佳窗口。本章将以氢能产业链为分析框架，立足国内外宏观政策和市场基本状况，对广东省氢能产业的发展状况、空间布局、创投环境等进行详细的梳理，从而展望产业发展趋势，提出发展建议。

氢能产业链分为上游制氢、中游氢储运及加氢、下游氢能转换，最后到交通、工业、发电、发热及储能等应用终端。上游制氢按原料来源分为化石燃料制氢、工业副产制氢、电解水制氢，以及生物催化、光催化等新兴制氢技术；中游氢储运可按氢的储运形态分为气态储运、液态储运、固态储运以及有机液态储运，加氢分为加氢站设备制造及建设运营；下游主要是氢燃料电池及装置，具有发电效率高、环境污染少等优点。我国氢能源主要应用在工业领域和交通领域中，电力和建筑等领域仍然处于探索阶段。

---

* 本章第一执笔人为暨南大学产业经济研究院郑凯轩。

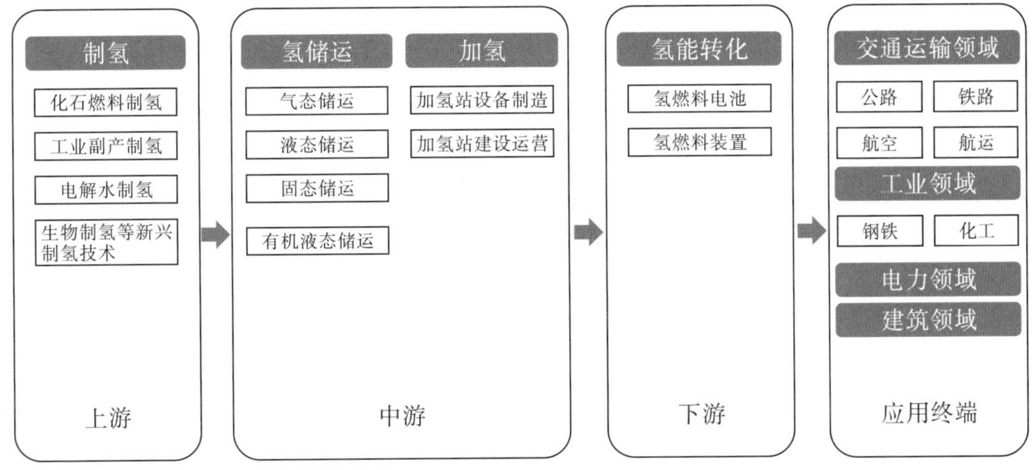

图 3－1　氢能产业链结构

第一节　氢能产业发展环境

一、氢能产业宏观环境

从宏观方面看，氢能产业热度持续高涨，依托其在第三次能源革命的核心战略地位，驱动顶层建设的迅速构建，优化氢能市场导向，助力行业的快速发展。我国勇担大国责任，坚定向“双碳”目标迈进，政策颁布后来居上。广东省基于国内整体向好的宏观环境和坚实的产业基础，氢能产业总产值领跑全国，并制定千亿级氢能产值的发展目标。

（一）国际环境：氢能是实现全球能源无碳化转型的重要载体

氢能能够提供清洁的能源替代方案，通过取代传统能源减少及消除碳排放。不同于风能、太阳能等可再生能源，氢能能够在大规模开发利用的同时妥善解决储存和转化过程中的消耗问题。截至 2021 年底，全球已有 136 个国家、115 个地区制定了碳中和目标。作为当今世界碳排放第一大国，我国于 2020 年 9 月在联合国大会上宣布力争 2030 年前实现碳达峰，争取 2060 年前实现碳中和。要在短时间内协调好实现环境目标和经济发展之间的关系，做好能源替代，建设近零排放的能源体系是目前发展问题的核心，推动氢能产业发展是实现能源战略转型的必经之路。

与此同时，季节性供需失衡导致的能源危机引发全球能源结构的剧烈波动。从需求端来看，全球气温压低，导致了较高的电力需求。而各国可再生能源的发电量仍无法覆盖本国的电力需求。供给和需求的严重失衡，推高各国的电力价格。俄乌战争的爆发引发新一轮的能源危机，促使世界各国围绕领先的能源地位展开争夺战。作为全球最大的能源进口国，扩大的能源供需缺口和飙升的能源价格极大地威胁着我国的能源安全，但也成为我国进一步发展氢能产业的重大契机。

（二）政策环境：产业政策框架逐步明晰，广东抢占氢能政策高地

各国相继将氢能纳入国家战略发展规划，但由于历史、宏观环境以及能源禀赋的不同，各国的战略目标及规划具有差异。我国针对氢能的产业政策自 2019 年起逐步明晰，涉及氢能全链条关键技术攻关、基础设施建设及氢能多元运用等多个方面，但目前仍属于前期框架搭建阶段。广东省氢能产业政策布局起步早，有望通过组合拳抢占产业发展高地。

1. 国际篇：全球规划提产目标，日美欧领先商业化进程

截至 2021 年，全球已有 20 多个国家和地区制定了氢能发展路径和路线图，另有近 30 个国家和地区已开展氢能产业布局，拉美、北非和中东均在积极布局氢能出口贸易。从总体上来看，全球氢能产业发展年限短，各国以提升氢能产量为基础，致力于解决制氢技术瓶颈，较少国家提出氢能商业化运用的规划与目标。

表 3－1 全球部分国家氢能相关政策概览

国家	发布时间	政策名称
中国	2019 年	《政府工作报告》
	2020 年	《中华人民共和国能源法》
	2021 年	《中华人民共和国国民经济和社会发展第十四个五年规划和 2035 年远景目标纲要》《2021 年能源工作指导意见》《2030 年前碳达峰行动方案》
	2022 年	《“十四五”新型储能发展实施方案》《氢能产业发展中长期规划（2021—2035 年）》
欧盟	2018 年	《2050 年长期愿景》
	2019 年	《欧洲绿色新政》
	2020 年	《可持续欧洲投资计划》《欧洲氢能战略》《欧盟能源系统整合战略》
美国	2006 年	《氢能源计划》
	2012 年	《美国燃料电池和氢基础设施法案》
	2020 年	《氢能计划发展规划》
	2021 年	《2022 财年美国能源部（DOE）预算纲要》
日本	2014 年	《氢能/燃料电池战略路线图》
	2017 年	《氢能源基本战略》
	2018 年	《能源基本计划》（第五期）
	2020 年	《绿色增长战略》（2021 年修订）

（续上表）

国家	发布时间	政策名称
韩国	2019 年	《氢能经济发展路线图》
	2020 年	《促进氢经济和氢安全管理法》
印度	2006 年	《国家氢能路线图》
	2020 年	《印度绿色经济路线图》
德国	2020 年	《德国国家氢能战略》
	2021 年	《可再生能源法》
南非	2007 年	《矿产和能源部战略计划—氢能社会路线图》
沙特阿拉伯	2016 年	《2030 愿景》
澳大利亚	2020 年	《澳大利亚国家氢能战略》
加拿大	2020 年	《加拿大氢能战略》

资料来源：中国光伏行业协会。

（1）日本：搭建全球氢能产业链。日本受石油危机及核泄漏事件的影响，早在 2014 年便开始布局氢能产业，2017 年成为全球第一个把氢能上升为国家发展战略的国家，并力图通过加强国际合作搭建全球氢能供应链，同时刺激国内外氢能的需求等方式，推动实现氢能商业化发展。

（2）美国：实现能源多元化发展。美国自拜登政府上台以来逐步明确了氢能的战略规划，设定了氢能远期发展的技术和经济目标，力图以先进的、全方位的氢能技术保持其在氢能领域的全球领先地位。但美国各州政府在氢能的发展和需求上具有较大差异，实现氢能的大规模商业化仍具有一定挑战性。

（3）欧盟：推进绿氢规模化应用。欧盟是推动能源绿色化转型的倡导者，包括氢能在内的清洁能源战略布局和产业政策全球领先。在两次能源危机的打击后，欧盟更加重视实现能源自主性，加速推动氢能产业，尤其是绿氢产业的发展。欧洲地区拥有优质的风能和太阳能，能够以此作为大规模生产绿氢的基础，但仍面临技术不稳定、成本不经济等问题。俄乌冲突进入长期相持阶段或将延缓欧盟地区能源转型进程。

表 3－2　国外氢能产业政策及战略目标汇总

国家	主要政策文件	发布时间	战略目标	具体内容
日本	《第六次能源基本计划》	2021 年 10 月	维护本国能源安全，构建全球“氢能社会”	2030 年：制氢成本降至 30 日元/标方；氢气供应量达 300 万吨/年
				2050 年：制氢成本降至 20 日元/标方；氢气供应量达 2 000 万吨/年

（续上表）

国家	主要政策文件	发布时间	战略目标	具体内容
美国	《氢能计划发展规划》	2020 年 11 月	能源多元化发展与低碳减排	2030 年：电解槽成本降至 300 美元/千瓦，运行寿命达到 8 万小时，系统转换效率达到 65%，工业和电力部门用氢价格降至 1 美元/千克，交通部门用氢价格降至 2 美元/千克
欧盟	《欧盟氢能战略》	2020 年 7 月	大规模绿氢部署以实现经济脱碳，缓解能源危机	2024 年：安装 600 万千瓦的电解设施，产生 100 万吨绿氢
				2030 年：安装 4 000 万千瓦的电解设施，产生 1 000 万吨绿氢
				2050 年：使所有脱碳难度系数高的工业领域使用绿氢替代

资料来源：毕马威分析。

2. 中国篇：战略引导产业格局，加速实现政策追赶

我国氢能产业政策布局相对较晚，根据 2022 年 6 月发布的《“十四五”可再生能源发展规划》的指引，我国从 2025 年至 2035 年要实现从基本掌握核心技术，到形成完备的产业技术创新体系和供应体系，再到完善氢能多元应用生态的三级跨越。并着力提升可再生能源制氢在终端能源消费中的比例，为最终实现氢能商业化应用提供政策后盾。

表 3－3 国内氢能产业政策及意义汇总

时间	文件	意义	具体内容
2022 年 6 月	《“十四五”可再生能源发展规划》	为氢能产业在“十四五”期间的发展指明方向	推动光伏治沙、可再生能源制氢和多能互补开发；推动可再生能源规模化制氢利用
2022 年 3 月	《氢能产业发展中长期规划（2021—2035 年）》	明确了氢能是战略性新兴产业的重点方向，氢能正式上升为国家能源战略	分析了我国氢能产业的发展现状，明确了氢能在我国能源绿色低碳转型中的战略定位、总体要求和发展目标，提出了氢能创新体系、基础设施、多元应用、政策保障、组织实施等方面的具体规划
2021 年 11 月	《“十四五”能源领域科技创新规划》	对氢能全产业链设备及技术做出明确规划	攻克高效氢气制备、储运、加注和燃料电池关键技术，推动氢能与可再生能源融合发展

（续上表）

时间	文件	意义	具体内容
2021 年 3 月	《中华人民共和国国民经济和社会发展第十四个五年规划和 2035 年远景目标纲要》	氢能作为国家前瞻谋划的六大未来产业之一写入“十四五”规划	在包括氢能与储能在内的前沿科技和产业变革领域，组织实施未来产业孵化与加速计划
2020 年 12 月	《鼓励外商投资产业目录（2020 年版）》	氢能产业的对外开放程度提高	氢能与燃料电池全产业链被纳入鼓励外商投资的范围
2020 年 4 月	《中华人民共和国能源法（征求意见稿）》	从法律层面明确了氢能的能源地位	能源，是指产生热能、机械能、电能、核能和化学能等能量的资源，主要包括煤炭、石油、天然气、核能、氢能等
2019 年 3 月	《政府工作报告》	氢能首次被写入政府工作文件中	继续执行新能源汽车购置优惠政策，推动充电、加氢等设施建设

资料来源：毕马威分析。

3. 广东篇：发挥优势把控核心环节，制定千亿级产值目标

目前广东省氢能产业总产值已超百亿元，位居全国第一，并制定了实现千亿级氢能产值的宏伟目标。其中广州、佛山以 2025 年实现氢能产能 600 亿元，2030 年实现 2 000 亿元的目标领跑整个广东省；深圳紧随其后，计划在 2025 年完成 500 亿元产值目标，最终在 2035 年使氢能总产值达到 2 000 亿元。

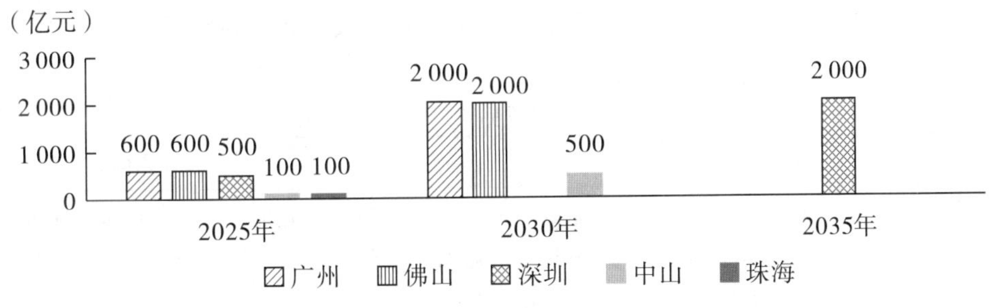

图 3－2 广东省部分地市氢能产值目标

资料来源：各市氢能规划文件。

广东省力图打造氢能产业发展高地，聚焦氢能核心技术研发和先进设备制造。未来计划利用制造业基础加快培育氢气制储、加运、燃料电池电堆、关键零部件和动力等核心环节，并在汽车工业的基础上大力推进氢燃料电池汽车的研发生产与制造。但目前全产业链格局初步建立，联动效益尚未凸显。

表 3-4 广东省重点城市政策及战略目标汇总

地区	时间	政策文件	战略目标	建设重点
广州	2021 年 7 月	《广州市氢能产业发展规划（2019—2030 年）》	到 2025 年，广州将建成我国南部地区氢能枢纽，成为大湾区氢能研发设计中心、装备制造中心、检验检测中心、市场运营中心、国际交流中心，构建氢能全产业链	打造“一核、一枢纽、三基地”产业布局
佛山	2021 年 6 月	《佛山市氢能源产业发展规划（2018—2030 年）》	到 2025 年将佛山打造成国内知名的氢能产业典范城市，到 2030 年将佛山建设成国际知名的氢能生态城市	形成涵盖制氢及制氢加氢设备研制、氢燃料电池及核心部件、整车研发制造、氢能产业检测及设备研制、加氢站设计与建设、氢能标准制定等六大氢能产业链
深圳	2021 年 12 月	《深圳市氢能产业发展规划（2021—2025 年）》	成为氢能产业技术策源地、先进制造集聚高地、多场景应用示范基地，实现氢能商业化应用	关键技术达到国际先进水平的氢能产业体系；发展氢能产业价值链高端环节，强化竞争力，实现关键环节自主可控

资料来源：各市相关政策文件。

在氢能产业发展前期，国家补贴政策聚焦于燃料电池汽车的推广和示范应用。2019 年新版新能源补贴政策指出，要加大支持加氢基础设施“短板”建设和配套运营服务等。广佛深地区在国家政策引导下针对氢燃料汽车和加氢站建设和运营等环节给予了相应的补贴。2022 年以来，补贴向制氢环节转移，深圳针对氢能技术研发也给予补贴。

表 3-5 广东省重点城市补贴政策汇总

地区	时间	政策名称	补贴环节	具体内容
佛山	2023 年 1 月	《佛山市南海区促进加氢站建设运营及氢能源车辆运行扶持办法（2022 年修订）》	加氢站建设运营、氢燃料汽车	包括加氢站建设扶持、加氢站运营扶持、氢能源车辆补贴三种类型，最高补 800 万元
	2021 年 9 月	《佛山市城市配送新能源货运车辆运营扶持资金管理办法（征求意见稿）》	氢燃料汽车	氢燃料电池的货车最高每年奖补 12.5 万元/辆
	2021 年 11 月	《佛山市南海区促进加氢站建设运营及氢能源车辆运行扶持办法（修订）》	加氢站建设、氢燃料汽车	设立南海区加氢站建设运营及氢能源车辆运行专项扶持资金

（续上表）

地区	时间	政策名称	补贴环节	具体内容
广州	2021 年 6 月	《广州市黄埔区广州开发区促进氢能产业发展办法实施细则（修订版）》	氢燃料汽车零部件	对关键零部件产品项目固定投资进行奖励，同一企业投资落户最高奖励 1 亿元
	2022 年 9 月	《南沙区氢能产业扶持办法（征求意见稿）》	加氢站、制氢及设备	予以加氢站最高不超过 500 万元的补助，氢气每公斤最高不超过 15 元的补贴，同一企业每年补贴总额最高不超过 150 万元。对经广东省及以上认定的氢能产业首台（套）装备及关键零部件，给予该产品单台（套）销售价格 30% 的一次性奖励，支持金额最高不超过 1 000 万元
深圳	2022 年 9 月	《关于组织实施深圳市 2022 年氢能产业发展扶持计划的通知》	氢能技术研发	主要围绕市级工程研究中心和高技术产业化按总投资的 20% 予以事后补助，最高不超过 1 500 万元
	2022 年 10 月	《深圳市关于促进绿色低碳产业高质量发展的若干措施（征求意见稿）》	加氢站、制氢及设备	对氢能投资项目奖补最高不超过 1 000 万元；加氢站按省奖补标准予以 1∶1 建设配套；电解制氢设施谷期用电量超过 50% 的免收容量电费

资料来源：根据公开资料整理。

二、氢能产业市场环境

氢能作为能源产品，市场环境受供需的影响大。我国氢能需求量稳步上升，随着政策补贴加码下，氢燃料电池汽车或将成为拉动需求增长的关键行业；从供给端来看，随着技术的突破，成本将得到改善，氢能供给能够覆盖持续上涨的需求，而供给结构也将从灰氢逐步过渡到蓝氢，最终实现大规模绿氢的商业化应用。

（一）氢能需求

《中国氢能源及燃料电池产业手册（2020）》预测，在 2030 年实现碳达峰情景下，我国氢气的年需求量将达到 3 715 万吨，在终端能源消费需求量中占比约为 5%。根据中国氢能联盟预测，工业领域和交通领域氢气需求量将超过 90%。但由于工业领域对化石能源依赖度较高，脱碳难度大，工业原料直接电气化的空间有限，交通运输领域则成为氢能终端应用市场的主要增长点，并逐渐向电力、建筑等领域拓展。

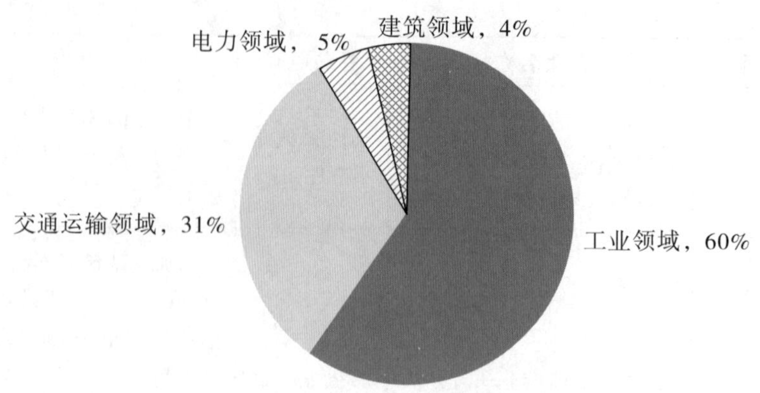

图 3-3 我国氢能需求量结构预测

资料来源：中国氢能联盟，毕马威分析。

氢燃料电池汽车是现阶段实现氢能在交通领域推广和应用的切入点。当前燃料电池汽车的购置成本还较高，尚不具备完全商业化的能力。成本是限制燃料电池市场化的主要因素，燃料电池汽车的发展仍依靠政府补贴和政策支持。根据《中国氢能产业发展报告2020》的测算，氢燃料电池商用车将率先实现产业化的应用与运行，预计到 2035 年燃料电池汽车保有量将达到 100 万辆，到 2050 年将达到 3 000 万辆。自 2022 年起，未来年保有量年均增长率将超过 50%。

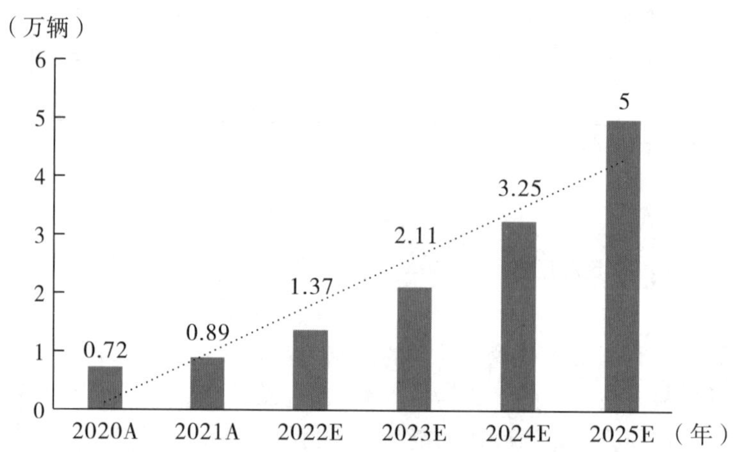

图 3-4 2020—2025 年我国燃料电池车辆保有量

资料来源：香橙会研究院，《氢能产业发展中长期规划（2021—2035 年）》。

（二）氢能供给

2021 年中国年制氢产量约 3 300 万吨，同比增长 32%，成为目前世界上最大的制氢国。从产量结构来看，2020 年我国氢气主要来源于化石能源制氢，其中，煤制氢占比为 62%，天然气制氢占比为 19%，而电解水制氢受制于技术和高成本，占比仅为 1%。

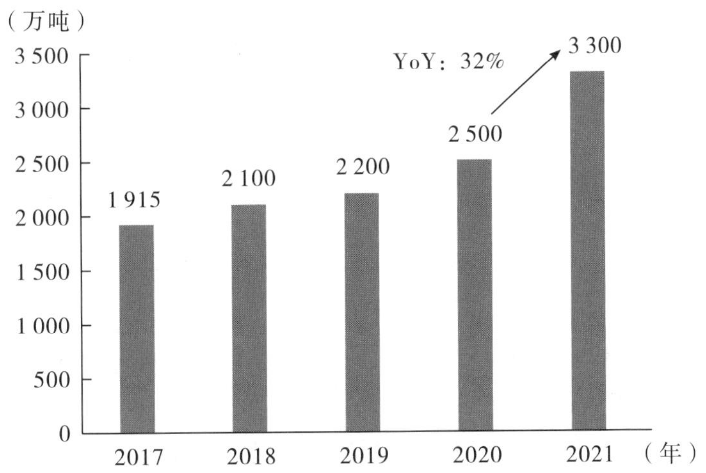

图 3－5　2017—2021 年我国氢能供给量

资料来源：中国煤炭工业协会，毕马威分析。

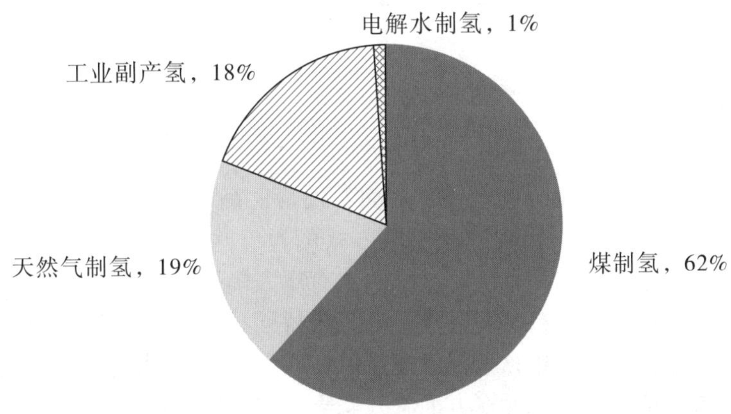

图 3－6　2020 年我国氢能供给结构

资料来源：中国煤炭工业协会，毕马威分析。

结合中国氢能联盟及券商研报对氢能产业的供给结构和需求预测，到 2030 年化石能源制氢仍旧是我国氢能的主要来源，但总体占比会有大幅的下降（从 81% 降至 60%），这与我国以煤为主的国情有关，但碳捕集和封存将会在一定程度上拉高成本；工业副产氢的制氢方式相对依赖相关工业产量，提升弹性不高（从 18% 上升至 23%）；电解水制氢预计从 75 万吨提升至 525 万吨，复合增长率约为 25%，增速最高，电解水制氢将成为主流。

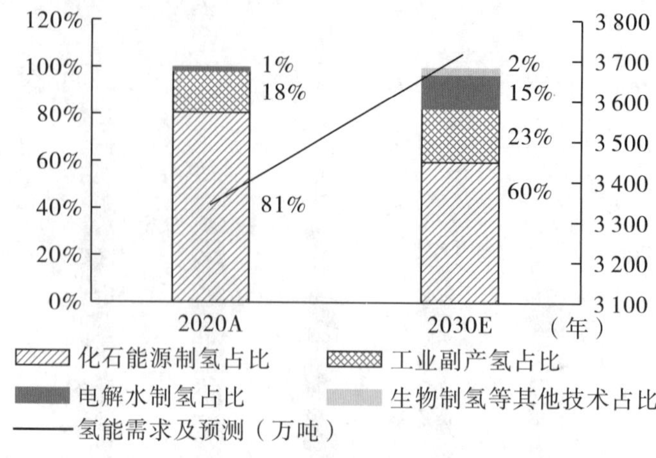

图3－7 我国氢能供需状况及预测

资料来源：中国氢能联盟，中信证券。

第二节 氢能产业链SCP范式研究

一、氢能产业发展概况

上游制氢环节中，化石能源制氢技术成熟、性价比高，是目前我国制氢的主要途径；工业副产氢增量空间小，是向实现脱碳制氢方式的过渡途径；可再生能源制氢在电价下降、电解槽降本、技术进步的驱动下，未来占比有望大幅提升。

中游氢储运是连接氢气生产端与需求端的关键桥梁。氢气储存方面，高压气态储存技术最为成熟，已广泛商业化运用；低温液态储氢在航天领域有所应用；有机液态及固态储存尚处于技术研发阶段。在氢气运输方面，气态输送和液态输送是目前的主流方式，由于中国目前氢能市场规模较小，且氢能示范应用主要围绕工业副产氢和可再生能源制氢地附近布局，因此多采用长管拖车运输。

表3－6 氢储运方式及特点

储运方式	运输工具	经济距离（千米）	适用场景
气态储运	长管拖车	≤200	城市内配送
	管道	≥500	国际、跨城市与城市内配送
液态储运	液氢槽罐车	≥200	国际、规模化、长距离
	液氢运输船	≥200	
固态/有机储运	货车	≤150	实验研究阶段

资料来源：《2022年中国氢能行业技术发展洞察报告》，毕马威分析。

加氢站建设和运营是服务氢能交通商业化的中枢环节。目前中国加氢站除西藏、青海、甘肃外实现全覆盖。2021 年中国新建 100 座加氢站，累计建成数量达 218 座，位居世界首位。2022 年上半年在国家政策的持续加码下，全国已建成加氢站超 270 座。

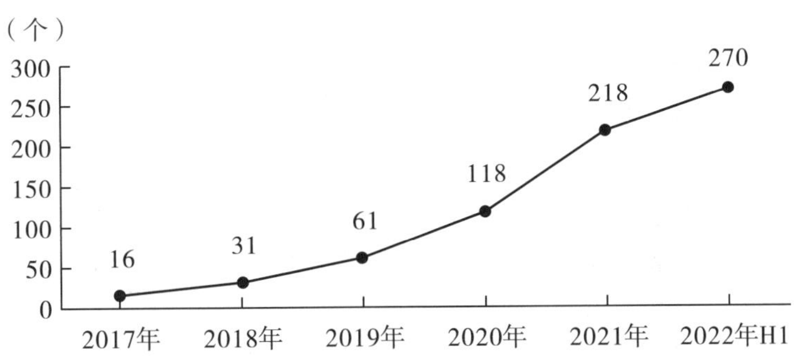

图 3－8　2017—2022 年 H1 我国已建成加氢站

资料来源：毕马威分析。

下游氢燃料电池及系统的主要应用在商业车，可缓解传统汽车燃油发动机高碳排放问题，同时解决锂电池续航时间短的缺点。燃料电池汽车产业处于起步阶段，企业数量较少，技术、成本和规模是进入的主要门槛，产销规模较小。2020 年由于受到新冠肺炎疫情等因素影响，燃料电池汽车产销量出现大幅下降，之后稳步恢复。2021 年燃料电池汽车产量和销量分别同比增加 49% 和 35%；2022 年以来产销量进一步增加，上半年产量 1 804 辆，已经超过去年全年。

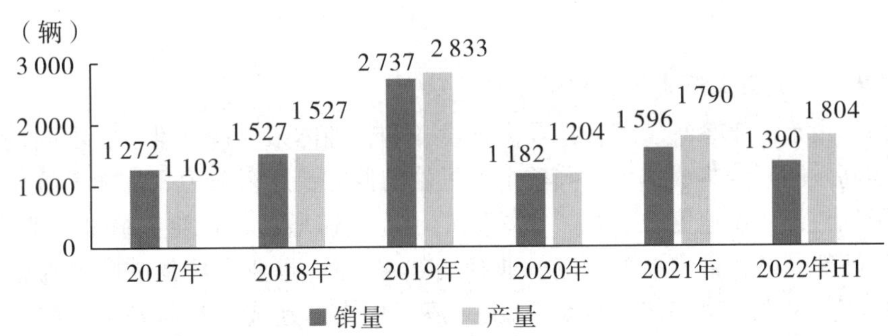

图 3－9　2017—2022 年 H1 氢燃料电池汽车产销量

资料来源：Wind，毕马威分析。

二、产业链市场结构

从市场集中度来看，上游氢能生产环节的产能分散，市场集中度低，但在各大央企的加速布局下有进一步提升的趋势；中游加氢集成商和下游氢燃料电池系统和整车行业参与者相对较少且对核心技术要求高，均维持着较高的市场集中度。相应地，各环节的竞争格局也呈现差异化，制氢行业市场集中度虽然较低，但头部企业对产能的把控优势明显；中游和下游行业在产业热度的提升下竞争者陆续入局，行业和头部企业面临的竞争加剧。

（一）市场集中度

1. 上游：制氢行业市场集中度低

中国氢气产量整体呈稳步增长趋势。2021 年，中国氢气产量达到 3 300 万吨，同比增长 32%。总体来看，我国氢能源生产市场集中度较低，2021 年氢能源生产市场 CR3 仅为 31.82%。主要是因为国内企业的氢气产量较为分散，大部分企业仅有几百吨或几千吨的氢气产量，部分发展较好的企业生产规模能破万，能达到百万吨级别的凤毛麟角。不过随着各大央企进入制氢行业，陆续有大型企业计划开展氢能源行业布局，未来市场集中度将会有所提升。

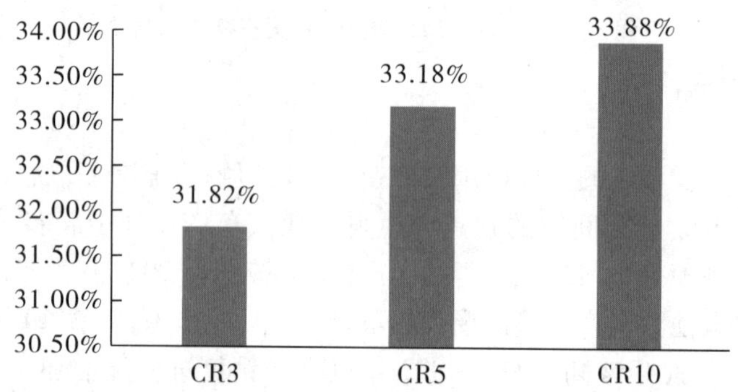

图 3－10　2021 年我国制氢行业市场集中度（按氢能产量计算）

资料来源：根据公开资料整理。

2. 中游：加氢集成商市场集中度维持高位

加氢站建设是一个系统工程，涉及多种设备和管理体系的运营维护，不同设备之间如何进行科学高效的系统集成，关系到整个加氢站的性能及运行能力。从加氢站设备集成商来看，中国加氢站建站速度在加快，建站数量也在快速增加，企业业绩呈快速上升趋势，国富氢能、海德利森、液空厚普加氢站业绩均超 40 座。行业市场集中度因为新入局企业的市场分化整体呈现下降趋势。截至 2021 年底，国内已建成的加氢站中，前十大设备集成商市占率合计将近 71%，市场集中度仍保持在较高水平。其中，国富氢能保持第一的市场占有率，2021 年占比约为 20%。

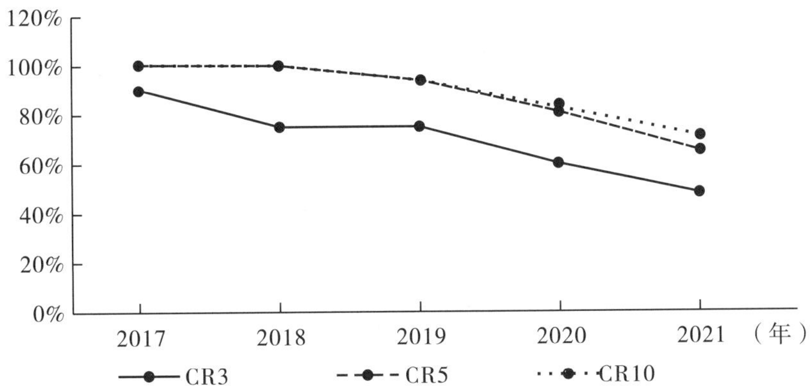

图 3－11　2017—2021 年我国加氢集成商市场集中度（按加氢站数量计算）

资料来源：势银（TrendBank）。

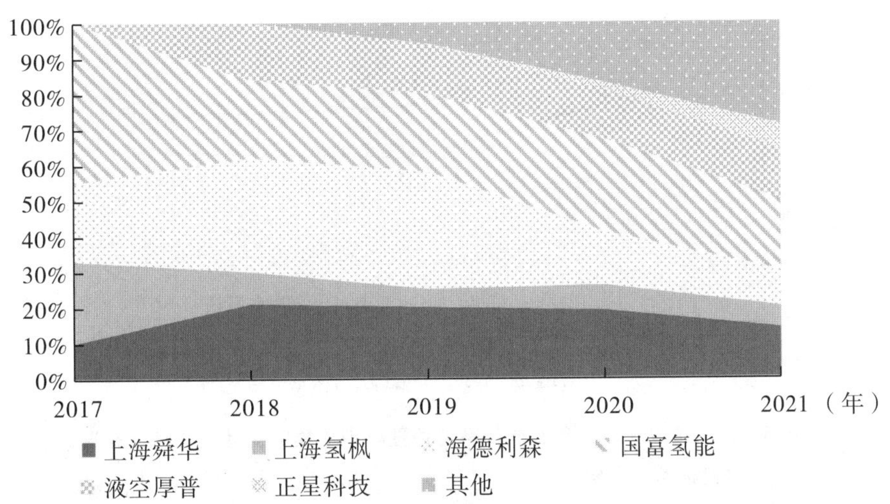

图 3－12　2017—2021 年我国加氢集成商市场份额变化（按加氢站数量计算）

资料来源：势银（TrendBank）。

3．下游及应用：燃料电池系统及燃料电池整车行业保持高度集中

燃料电池系统市场集中度较高，2020 年燃料电池系统 CR3 和 CR5 分别为 45% 和 68%，2021 年 CR3 和 CR5 分别为 63%、74%，集中度回升至 2019 年水平。燃料电池整车市场集中度也较高。2019 年燃料电池整车 CR3 和 CR5 分别为 71% 和 86%，2020 年 CR3 和 CR5 分别为 51% 和 67%，集中度呈下降趋势，2021 年，燃料电池整车市场集中度水平与 2020 年相近，CR3 略有回升。

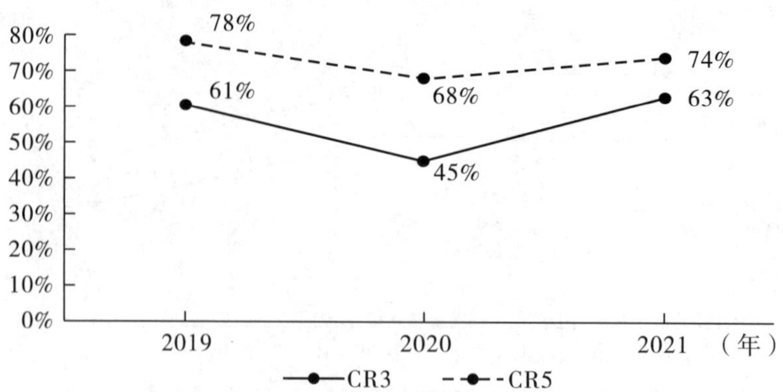

图 3-13　2019—2021 年我国燃料电池系统市场集中度（按销量计算）

资料来源：GGII，浙商证券研究所。

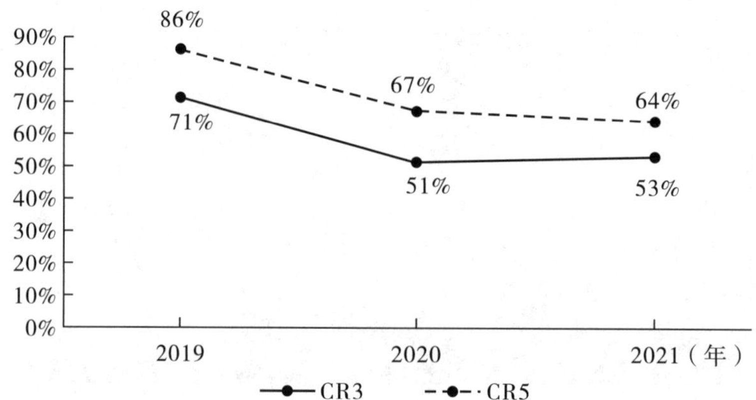

图 3-14　2019—2021 年我国燃料电池整车市场集中度（按销量计算）

资料来源：GGII，浙商证券研究所。

（二）竞争格局

1．上游：制氢行业龙头企业地位稳固

氢能源行业依据企业的注册资本划分，可分为 3 个竞争梯队。其中，注册资本大于 100 亿元的企业有 5 家；注册资本在 10 亿～100 亿元之间的企业有 9 家；注册资本在 10 亿元以下企业若干。中国石油、国家能源集团、中国石化排名前三，其中国家能源集团氢能年产值超过 400 万吨，占总产量的 12.12%。

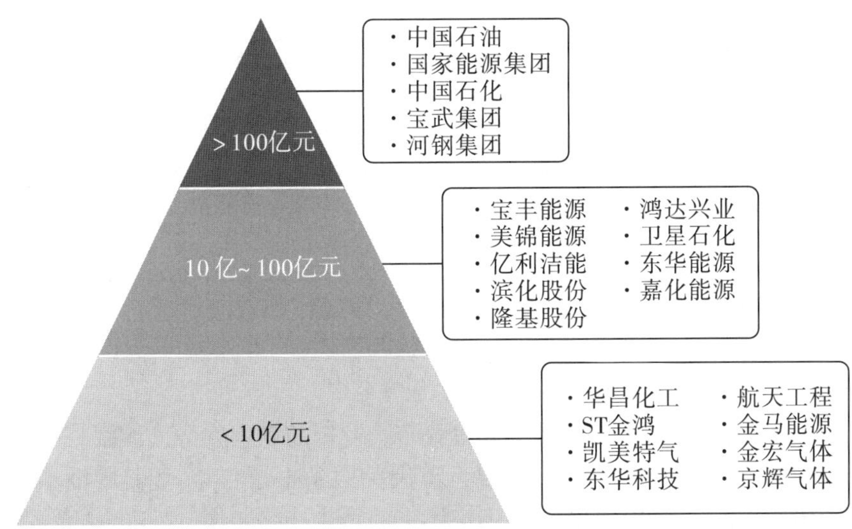

图 3-15 中国制氢企业竞争梯队(按注册资本)

资料来源:前瞻产业研究院。

在综合考虑企业氢能业务的竞争力和未来电解水制氢的主流趋势下,国家能源集团、中国石化的竞争力排名较强;其次是中国石油、宝武集团、卫星化学、宝丰能源等企业,在生产规模和业务布局等方面均较为领先。

表 3-7 制氢重点企业产值及业务

序号	企业	年产值(万吨)	制氢业务及规划	制氢类型
1	国家能源集团	>400	具备能供应400万辆燃料电池乘用车的制氢能力	煤制氢、电解水制氢
2	中国石化	390	“油气氢电非”综合能源服务商,预计2023年6月建成投产新疆库车绿氢示范项目,投产后年产绿氢可达2万吨	煤制氢、电解水制氢
3	中国石油	260	部署建设20个氢提纯项目,覆盖环渤海、陕甘宁、华南、西南、新疆、黑龙江、吉林等7个区域,重点满足城市交通用氢需求	工业副产氢
4	宝武集团	100	成立清洁能源子公司宝武氢能,积极布局加氢站	工业副产氢、电解水制氢
5	卫星化学	3	到2023年公司氢气产量将达到近30万吨/年,有望成为华东地区最大的氢气生产商	工业副产氢

（续上表）

序号	企业	年产值（万吨）	制氢业务及规划	制氢类型
6	宝丰能源	1.43	20万千瓦光伏发电装置和产能为2万标方/小时的电解水制氢装置，项目全部达产后可年产2.4亿标方绿氢。有望成为全球最大的电解水制氢基地	电解水制氢

资料来源：前瞻产业研究院，光大证券。

2. 中游：加氢集成商行业竞争和头部竞争加剧

加氢站核心零部件、设备供应商、建设投资企业等的竞争将持续加剧。从加氢站设备集成商来看，行业竞争的加剧一方面表现为新竞争者的加入使得市场集中度不断降低；另一方面表现为头部企业的竞争加剧，市占率第一的企业持续变化，2017年上海舜华新建成加氢站占全国新增数量之比超过50%，凸显出其强大的竞争实力。但在2020年之后，国富氢能稳居行业龙头地位，截至2021年上半年，国富氢能新建成加氢站占全国新增数量之比达到27%。值得关注的是，除市占率领先外，国富氢能也已经生产出液氢储罐和液氢罐车的样品，未来将应用于国富氢能投建的洛阳液氢生产项目。

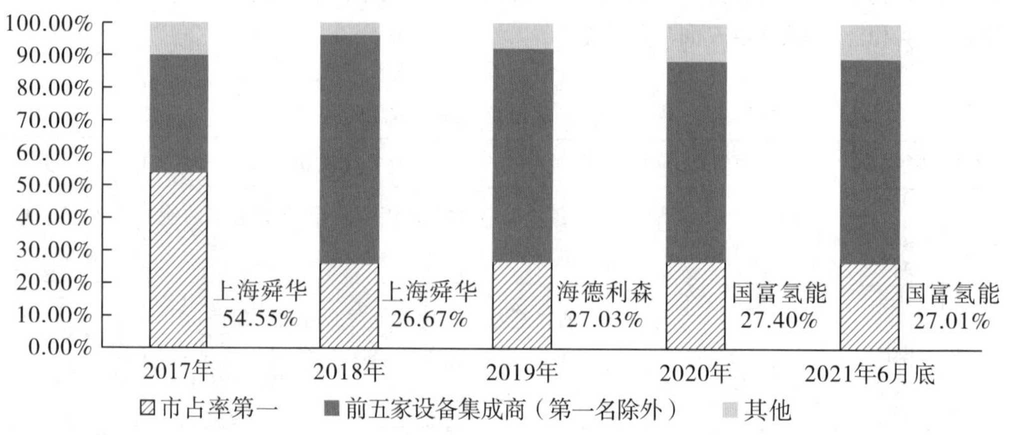

图3-16 加氢站设备集成商每年新建按加氢站数量占比

资料来源：势银（TrendBank）。

3. 下游及应用：燃料电池系统竞争格局不稳定，燃料电池整车行业呈现“两大多小”的竞争格局

燃料电池系统竞争格局未稳定。亿华通作为行业龙头，自2020年起保持其领先地位，头部效应逐渐增强。当前产业竞争格局尚未明朗，预计随着氢燃料电池市场规模的扩大、参与者的增加和产业化进程的加速，优质龙头企业将快速成长并形成竞争壁垒。

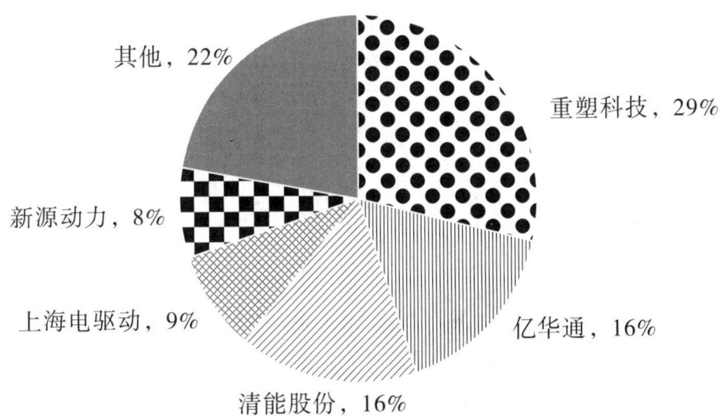

（1）2019 年

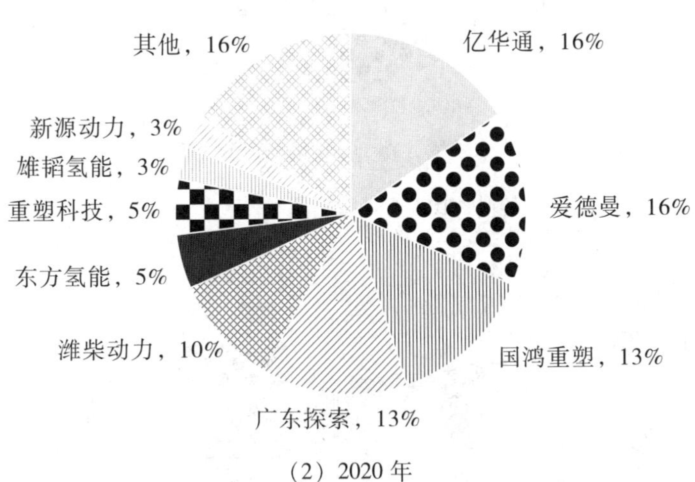

（2）2020 年

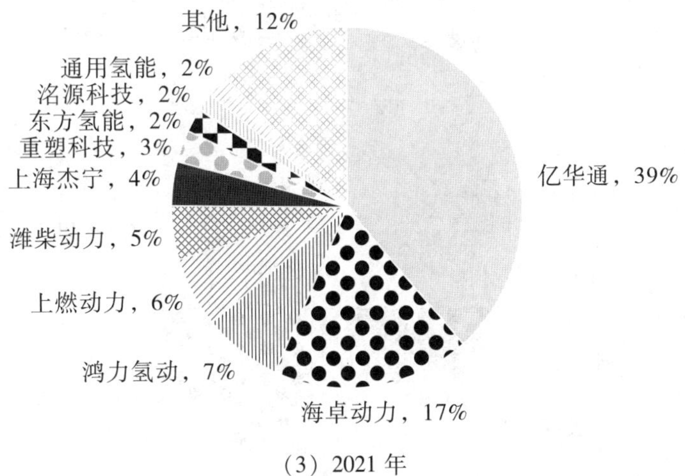

（3）2021 年

图 3－17　燃料电池系统竞争格局

资料来源：GGII，浙商证券研究所。

燃料电池整车呈现“两大多小”格局。相较于2019年、2020年，北汽福田市占率持续扩大，至2021年位列燃料电池整车市场第一；佛山飞驰及金龙汽车市占率2019—2021年连续两年位列前五，但市占率存在较大波动。随着氢燃料电池市场规模的扩大，具有整车集成技术优势、上游成本优势、订单资源的中重卡等商用车车型的企业将在未来中长期提升市占率。

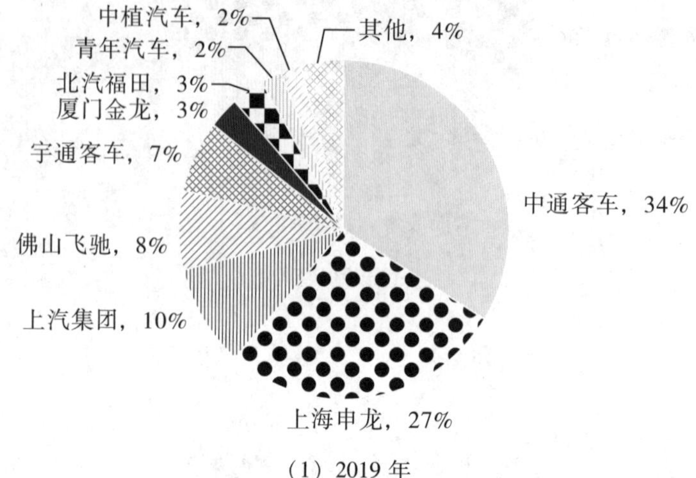

（1）2019年

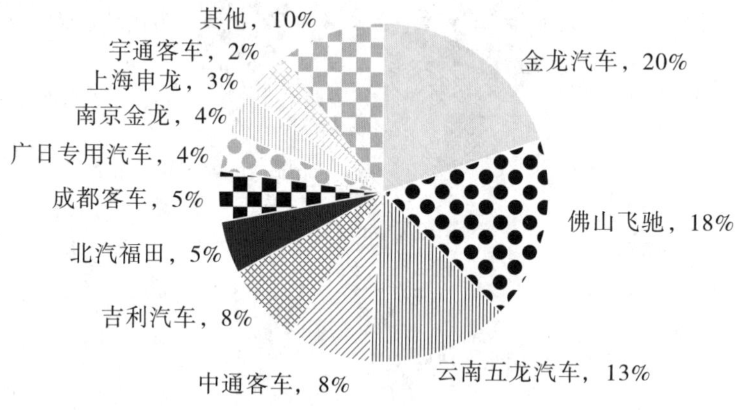

（2）2020年

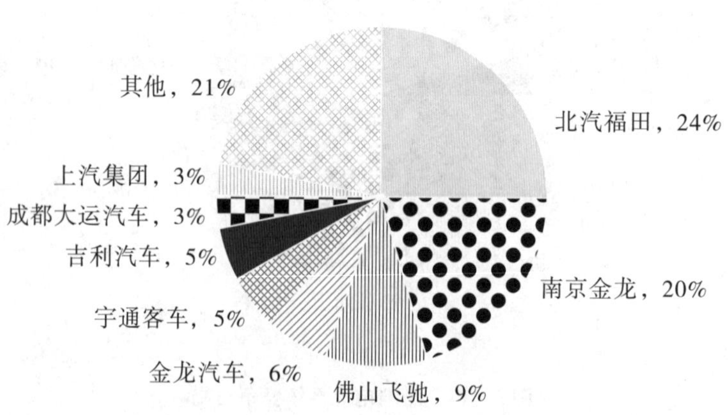

（3）2021年

图3-18　燃料电池整车竞争格局

资料来源：GGII，浙商证券研究所。

三、产业链市场行为

（一）研发行为：上游和下游是研发的核心环节

从产业链各环节、上市公司 2021 年的研发投入及研发重心来看，上游制氢和下游氢燃料电池的研发投入金额总体较高。

上游侧重于研发电解水制氢设备和系统，如阳光电源提供制氢整体解决方案，大力研发可再生能源制氢设备，降低制氢成本，提供交流并网制氢系统结构、直流离网制氢系统等制氢整体解决方案。下游则侧重于解决燃料电池核心环节的“卡脖子”问题，如亿华通专注于氢燃料电池发动机系统研发及产业化，研发投入占比达到26%，其率先实现了发动机系统及燃料电池电堆的批量国产化，是我国燃料电池领域极少数具有自主核心知识产权并实现燃料电池发动机及电堆批量化生产的企业之一。

表 3－8 氢能产业重点企业研发概况

产业链环节	上市公司	研发投入金额（万元）	研发投入占总营收的比例	研发重心
上游—制氢	阳光电源	116 138.98	4.81%	可再生能源电解水制氢技术与系统设备的研发、制造、营销和服务
	隆基绿能	439 383.85	5.43%	电解水制氢装备
	美锦能源	26 672.51	1.25%	工业副产氢，焦炉煤气变压吸附（PSA）的制氢
中游—氢储运	中材科技	107 473.64	5.30%	储氢容器开发，管束式集装箱运氢产品
	杭氧股份	35 733.79	3.01%	氢液化、氢提取
	冰轮环境	18 984.75	3.53%	氢压缩机等氢能设备
下游—氢燃料电池	亿华通	16 488.08	26.20%	氢燃料电池发动机系统
	潍柴动力	856 870.73	4.21%	燃料电池电堆及系统
	东方电气	272 193.22	5.82%	燃料电池膜电极、高功率密度电堆及测试设备
	雄韬股份	7 732.3	2.49%	膜电极、电堆、电池系统
	天能股份	142 935.88	3.69%	燃料电池产品定制化开发，提供燃料电池系统及电堆的解决方案

资料来源：各公司年报。

（二）兼并收购：下游是国内外并购的焦点领域

根据《中国市场氢能并购报告》和公开信息，2016 年至 2022 年中国企业在全球实施了 19 宗并购交易、增资扩股、参股投资，其中海外并购交易 3 宗，外资并购 1 宗。2019 年是并购高峰，共发生 6 宗并购事件。

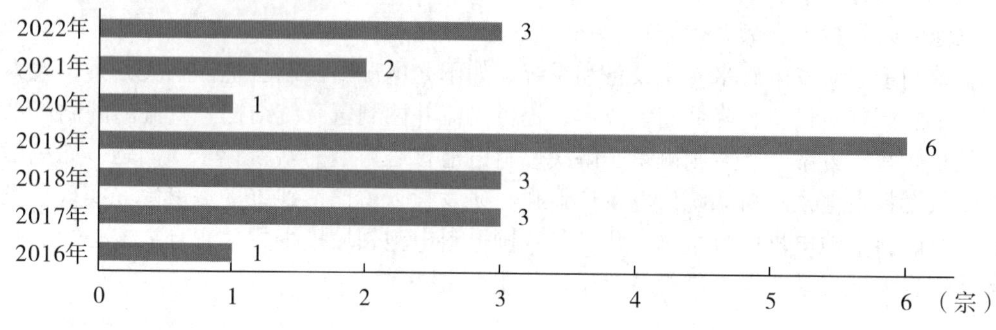

图 3－19　2016—2022 年中国企业全球氢能并购事件

资料来源：根据《中国市场氢能并购报告》和公开数据整理。

从产业链各环节来看，在氢燃料电池环节的并购事件宗数和金额最多，分别占比 63% 和 57%。由于中国氢能总体，尤其是中下游起步晚，目前氢能产业链下游正成为中国企业海内外氢能并购的焦点领域。

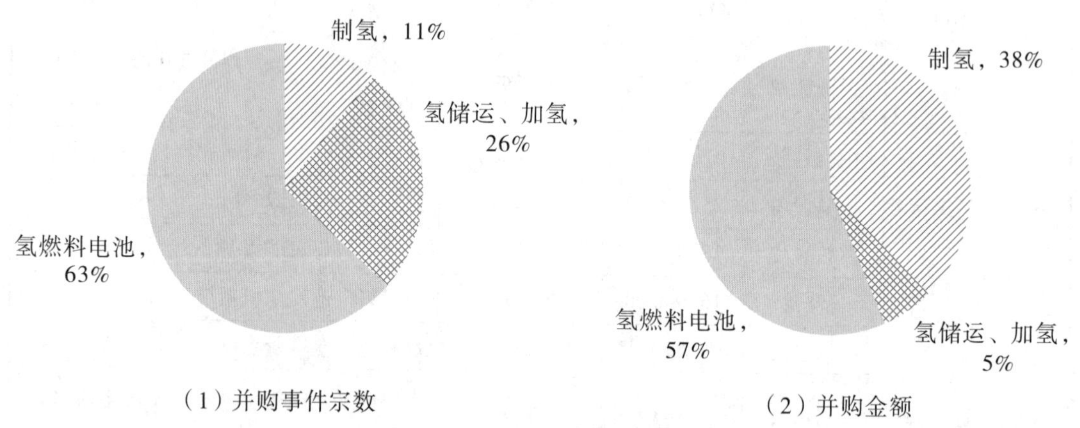

图 3－20　氢能产业链各环节并购占比

资料来源：根据《中国市场氢能并购报告》和公开数据整理。

（三）进入壁垒：行业整体面临较高的进入壁垒

氢能行业的进入壁垒包括技术壁垒、成本壁垒、资金壁垒。

1. 技术壁垒

一方面，日美韩等先发国家完成技术迭代并申请专利，构成专利壁垒。另一方面，核心技术相关制造成本较高，产品成熟度不够，规模化生产弱，其中的典型代表是电堆；部分关键零部件及核心设备仍然依赖进口，比如氢气循环泵、膜电极、质子交换膜、碳纸等。

2. 成本壁垒

降低氢气制储运环节成本以及核心零部件成本是推进氢能源商业化的关键，这也对潜在进入者形成较高的成本壁垒。第一，在制氢环节，电解水制氢成本依然处在高位，而绿氢占比提升的过程应当伴随着绿氢成本的下降。第二，适合氢能商业化推广的液体运输、管道长输方案还未成熟，成本相对较高。第三，在燃料电池系统、零部件及材料等环节中，价值量最大的电堆系统以及催化剂、隔膜、碳纸、空压机、氢气循环泵等，目前还处于国产化发展的早期，预计一些关键材料和核心技术未来国产化率低，成本较高。

3. 资金壁垒

氢能制储运等环节需要较大规模的固定资产投入，为了保证产品质量的稳定性，还需要投入大量精密监测和控制设备，导致行业重资产的属性较为显著，对潜在进入者形成较高的资金壁垒。

四、产业链市场绩效

氢能产业目前竞争不明朗，进入壁垒相对较高，下游氢燃料电池系统及政策环节发展较为成熟。我们将氢能上市企业简要分为两类，一类是集成了行业的上游和中游，即制氢与氢储运，由于能源销售的特殊性，难以将二者独立运营；另一类是行业的下游，即把氢燃料电池零部件制造及系统作为核心业务。因此，分别选取上中游的东华能源、美锦能源、鸿达兴业和下游的亿华通、雄韬股份共 5 家企业，从盈利能力、价值链和创新三个方面展开绩效分析。

（一）盈利能力：上市企业布局差异大，盈利状况稳定性差

1. 氢能部门营收及占比

上中游上市企业氢能部门 2021 年营收 26 000 万元左右，其中美锦能源氢能业务营业收入同比下降 51.95%，主要是因为能源危机导致公司焦化业务的需求激增，从而导致氢能业务占总营收的比重相比 2020 年下降了 3%，影响了氢能行业的发展。鸿达兴业大力推广氢能业务，在氢气的制取、储存、运输及加注等方面开展大量工作，成功打造了氢能源制造和储存的上游产业链，氢气生产量和销售量上年同期上涨 462.50%，营收同比增长 2 931.74%。

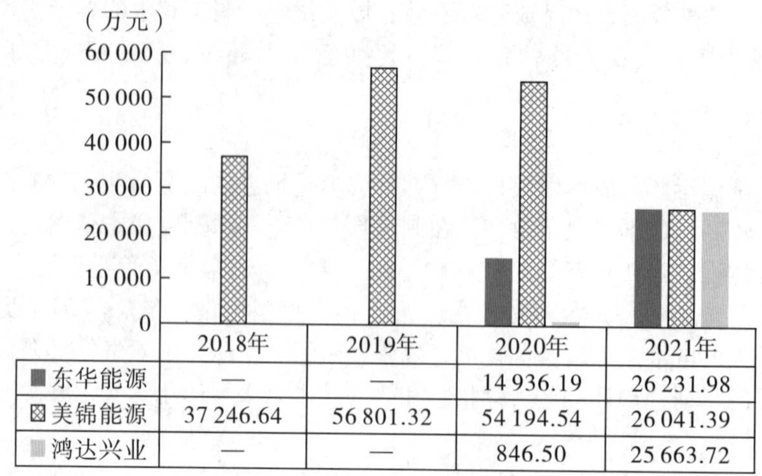

	2018年	2019年	2020年	2021年
东华能源	—	—	14 936.19	26 231.98
美锦能源	37 246.64	56 801.32	54 194.54	26 041.39
鸿达兴业	—	—	846.50	25 663.72

图 3－21　上中游上市企业氢能部门 2018—2021 年营业收入

资料来源：各公司年报。

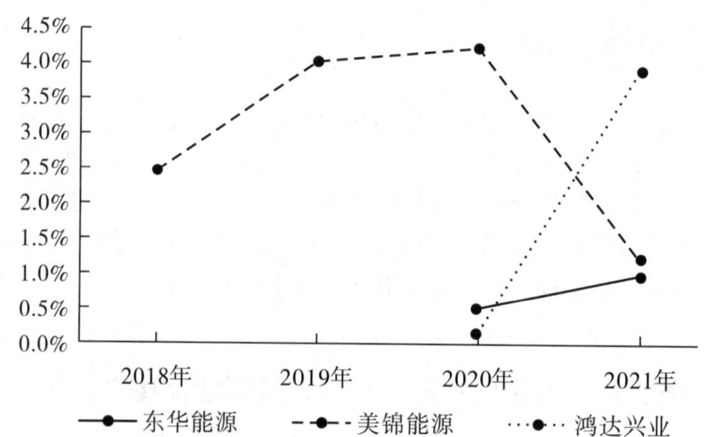

图 3－22　上中游上市企业氢能部门 2018—2021 年营业收入占总收入比例

资料来源：各公司年报。

在下游上市企业中，亿华通作为氢燃料电池龙头企业，该业务占其公司总营业收入的 99%。公司营业收入保持稳定的上升趋势，2021 年氢能部门营业收入达到近 63 000 万元，同比增长 9.96%。雄韬股份的主营业务为铅蓄电池和锂电池，2021 年其燃料电池业务营收及其占公司总收入的比例较 2020 年均有下降，从公司的实际业务来看，受新冠肺炎疫情和关键材料国产化不足的影响，公司燃料电池等项目研发中心及能源互联网云平台开发项目未达到计划进度。

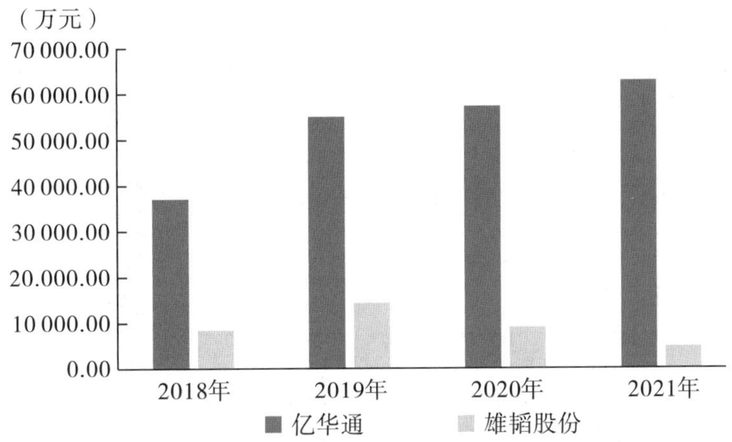

图 3-23　下游上市企业氢能部门 2018—2021 年营业收入

资料来源：各公司年报。

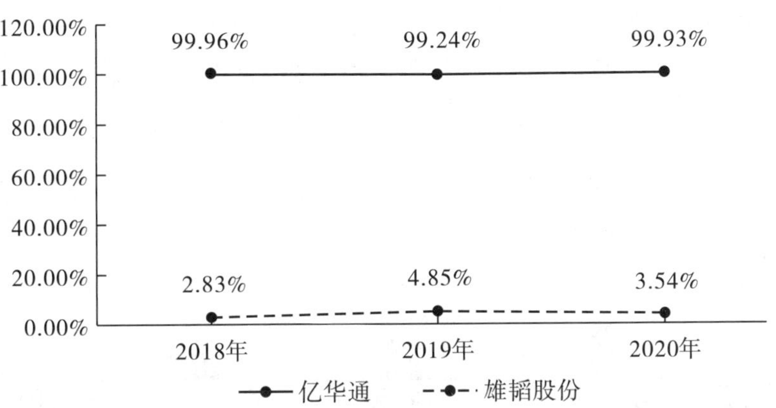

图 3-24　下游上市企业氢能部门 2018—2021 年营业收入占总收入比例

资料来源：各公司年报。

2. 氢能部门盈利状况

通过对可得的公司数据进行测算，美锦能源氢能部门的 EBITDA 和 EBITDA 率[①]持续走低，主要由于公司主营焦化业务受国内外煤炭市场影响发生较大的波动，制氢业务受到较大影响，导致产业结构调整不及预期。鸿达兴业的 EBITDA 率总体高于美锦能源，主要由于公司在制氢行业与公司其他业务之间形成良性互动，实现了液氢产品规模化生产。同时公司还加强在氢能技术、装备与应用方面的国际合作，在氢储运方面实现技术突破。通过上中游的深度绑定减少损耗、降低成本，提高了公司盈利水平。

① EBITDA（Earnings Before Interest，Taxes，Depreciation and Amortization），即税息折旧及摊销前利润，在不考虑利息、税项、折旧及摊销的情况下衡量公司业绩，EBITDA 率即 EBITDA/营业收入的百分比，用以更直观地凸显公司的利润状况。

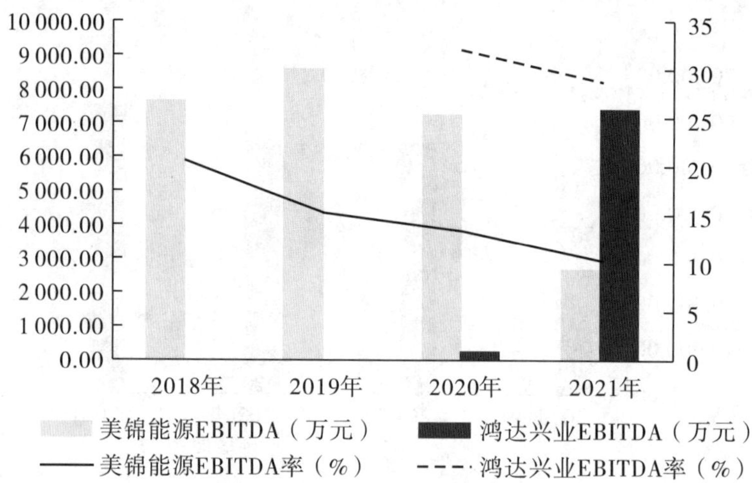

图 3-25 上中游上市企业氢能部门 2018—2021 年 EBITDA 及 EBITDA 率

资料来源：作者根据各公司年报数据测算。

由于新能源汽车行业处于快速发展阶段，氢燃料电池行业面临较大的不确定性，仍处于战略投入期，加上新冠肺炎疫情导致行业出现大面积停工停产现象，因此 2021 年下游氢燃料电池上市企业的归母净利润均为负值。

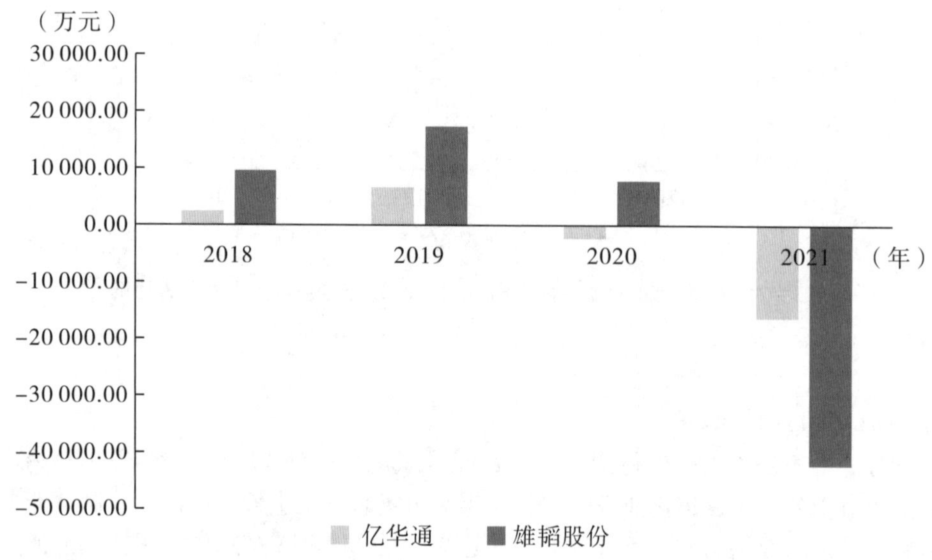

图 3-26 下游氢燃料电池上市企业 2018—2021 年归母净利润

资料来源：各公司年报。

（二）价值链：上中游企业深度绑定提升利润空间

根据对各上市企业毛利率的测算，上中游企业因为成本下降、技术改进，毛利率持续上行，同时在上中游的有机联动下，议价能力有所提高。

下游企业在核心环节依赖进口和需求市场不稳定的影响下，利润空间被核心环节进口厂商和新能源汽车厂商瓜分，毛利率持续下行。一方面由于燃料电池汽车并未成为新能源汽车主流，在市场推广上存在较大的不确定性；另一方面是因为行业处于发展初期，公司面临产品更新换代快、研发成果转换不足等不确定性。

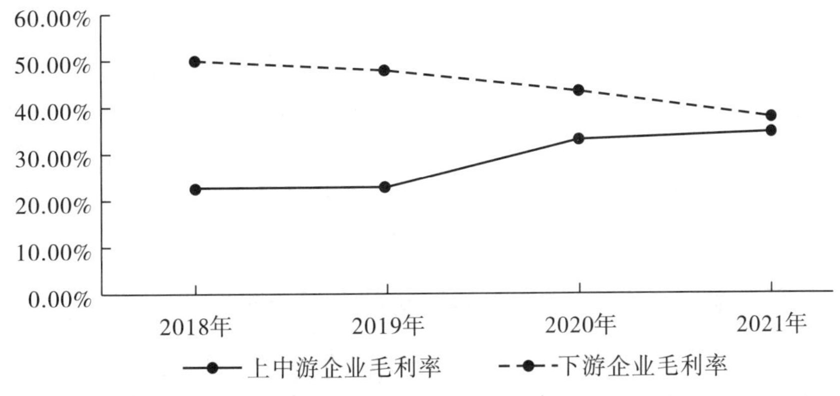

图 3－27　2018—2021 年氢能重点企业毛利率变化

资料来源：作者根据各公司年报数据测算。

（三）创新：重点集中于产能突破和应用转换

制氢及氢储运环节的专利授权数量持续走高，制氢专利授权数在 2022 年超过燃料电池，约占各环节专利授权总数的 50%，其中电解水制氢方式的专利持续上升，年均专利授权率达到 38%。加氢环节的专利授权数量下滑明显，2022 年仅占各环节专利授权总数的 14%。燃料电池的专利授权数量始终保持领先，但 2022 年出现大幅的下降，降幅约为 62%。由此表明燃料电池领域相对发展较早，专利申请逐步饱和，未来的创新重点在于实现氢能产能的突破和实现氢能应用转化。

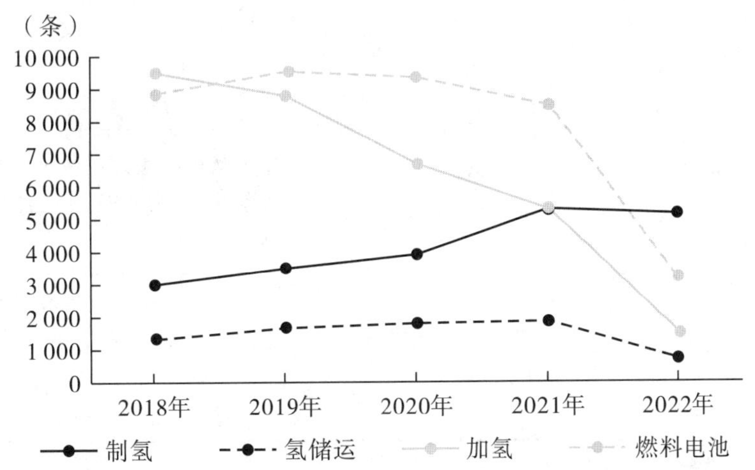

图 3－28　产业链各环节 2018—2022 年专利授权数

资料来源：智慧芽数据库。

第三节　氢能产业空间布局

一、我国氢能产业空间布局

受前期成本投入过高、氢能供需错配以及氢能长距离、大规模储运的成本瓶颈依然等一系列因素的影响，借鉴世界各国的发展经验，我国氢能产业实现经济性必须走区域化发展路径。通过加深各氢能城市之间的产业协作，利用一体化大大增加该区域在全球氢能市场中的竞争力。随着多地陆续出台氢能产业规划和扶持政策，我国氢能发展呈现出明显的地区空间集聚效应。

（一）我国氢能产业集聚及产业园区空间发展概况

截至2022年上半年，中国氢能产业已逐步形成长三角、珠三角、环渤海、川渝鄂等聚集地，氢能产业园共计56个。其中长三角地区和环渤海地区拥有全国最多的氢能产业园，珠三角地区相对发展落后，但在燃料电池发展和加氢站布局方面领先，目前已经形成佛山、广州、深圳三大燃料电池创新核心区，是中国燃料电池车大规模示范和加氢网络规划较为成熟的地区。

表3-9　我国氢能产业的空间布局特点和产业园区分布

地区	代表地区	代表园区	地位	产业园区数量占比
环渤海地区	北京、陕西、山东、河北	大兴国际氢能示范区	中国最早开展燃料电池电堆和关键零部件研发的地区	27%
长三角地区	上海、浙江、江苏	上海嘉定氢能港产业园、江苏丹徒氢能源产业园、浙江台州氢能小镇	中国燃料电池车研发和示范最早的地区	30%
珠三角地区	广州、佛山、深圳、东莞、云浮	云浮氢能产业园、佛山仙湖氢谷产业基地	中国燃料电池大规模示范和加氢网络规划较为成熟的地区	14%
川渝鄂地区	四川、重庆、湖北	湖北武汉雄韬氢能产业园	国内可再生能源制氢和燃料电池电堆研发的重要地区，也是中国燃料电池重要零部件研发和客车大规模示范区	9%

资料来源：头豹研究所。

（二）我国氢能产业链及重点企业布局

氢能产业链空间分布的影响因素包括：自然资源禀赋、重工业基础、交通运输以及能源需求等。华北地区在氢能上游的制氢、运氢等环节布局较多，华南、华中等地在氢能转换环节更加成熟，华东氢能产业链条完整，在各环节皆有重点企业分布。

1. 华北地区：氢能主要供给区

华北地区丰富的自然资源以及良好的风光资源禀赋优势和相对平缓的电力需求，是其成为可再生电力制氢大基地的有利条件，担负着实现大规模低成本制氢、推进可再生能源制氢与氢储能融合发展的重任。

2. 华南地区：氢能商业化转型核心区

华南地区背靠汽车制造龙头企业广汽集团，拥有坚实的汽车产业基础，同时又是高电力消费区域。其优越的地理位置以及资金、技术和人才方面的优势，是氢能实现商业化转型的核心区域。因此，华南地区快速推动加氢站建设和燃料电池系统、电堆、膜电极等领域核心技术自主研发，加快布局产业链下游，扩大氢能在交通领域的应用广度。

3. 华东地区：氢能全产业链发展示范区

华东地区总体发展程度高，产业协同效果好。制氢方面，上海是中国主要炼化基地之一，工业副产氢资源禀赋丰富；加氢方面，截至 2021 年，长三角地区目前加氢站数量共 58 座，约占全国加氢站总数的 21%；用氢方面，长三角地区长期存在能源缺口，同时在港口运输、物流、公交等场景部署氢燃料电池交通工具，形成可再生氢大规模应用基地。同时，华东地区产业科研力量雄厚，上汽集团、华昌化工为代表的企业拥有较为领先的氢能技术布局。

表 3－10　我国氢能产业链及重点企业数量分布

（单位：家）

区域	制氢	储运加	部件材料	系统电堆	整车及应用	研究与检测	高校	车运营	共计
华东	9	9	10	12	9	6	5	3	63
华中	2	5	7	10	8	4	6	0	42
华北	5	8	4	5	5	3	5	1	36
华南	1	1	4	10	2	2	1	2	23
共计	17	23	25	37	24	15	17	6	59

资料来源：中国产业发展促进会氢能分会。

二、广东省氢能产业空间布局

广东省已明确建设以广州、佛山为主导，联动深圳、东莞、惠州等地的氢能产业带，加快形成广州—深圳—佛山核心区车用燃料电池产业集群。

（一）广东省氢能产业空间发展概况

广东省氢能基础较为薄弱，但通过前瞻布局氢能产业，占据了这一新兴产业发展的先发优势，并重点围绕氢能产业配套、加氢站规划建设、示范运营等方面开展大胆探索；通过积极推动国家级、省级氢能技术重点实验室的建设，搭建起氢能产业政、企、学、研一体化产业布局。

（二）广东省氢能产业链布局

广东目前拥有制氢、储运、加氢站、氢燃料电池、氢能汽车设计与生产等氢能全产业链。广州是广东省的客流物流枢纽，是整车和关键零部件制造基地，正全力构建城市群燃料电池汽车创新研发中心和燃料电池汽车示范应用核心区；佛山是制氢技术及标准的创新高地以及燃料电池和核心部件及汽车产业制造高地；东莞是燃料电池关键零部件研发制造高地，同时拥有丙烷脱氢副产氢来源；中山是液氢装备和燃料电池核心零部件特色产业集聚区；云浮是燃料电池汽车高端装备制造基地；珠海具备工业副产氢来源。

表 3－11　广东省氢能产业布局重点

城市	氢燃料电池产业园	高温燃料电池及系统研发制造基地	氢能高端装备产业	氢能制储运产业
广州市	√	√	√	
佛山市	√		√	
东莞市			√	√
惠州市				√
深圳市		√		
云浮市	√		√	
茂名市				√
湛江市				√

资料来源：《广东省培育新能源战略性新兴产业集群行动计划（2021—2025 年）》。
注："√"表示企业在此产业链环节有所布局。

三、广东省重点城市氢能产业发展概况

（一）广州：形成“一核心、一枢纽、三基地”的氢能产业布局

1. 广州市氢能产业布局

广州是广东氢能发展重镇，也是广东燃料电池汽车示范应用城市群之一。广州“一核心、一枢纽、三基地”的氢能产业布局中，以白云、黄埔、花都、番禺、南沙、从化、增城等区为重点。其中黄埔、南沙、白云等区近年的氢能产业发展已取得长足进步。

黄埔区是广州工业强区，也是广州市发展氢能产业的“核心”区域，被列为广东省氢燃料电池汽车商业运营示范区，其氢能在建项目数量多、体量大，目前已初步构建较为完善的氢能产业链雏形，已经引进鸿基创能、雄韬氢恒、雄川氢能、广州舜华、群翌能源、摩氢科技等重点企业项目。

南沙区是被定位为“一枢纽”的氢能产业枢纽区，旨在发挥南沙交通枢纽、国际港口和仓储物流基地优势，促进珠三角地区氢能产业互动平衡，实现多元化、全链条发展。探索氢能交易平台建设，推动氢能交易商品化，率先打造全国“氢能价格交易指数”。

白云区在拆分的氢能基础设施建设任务中，规划数量甚至多于发展先行的黄埔区。规划建设氢能基础设施 52 座：加氢站 51 座，制氢加氢合建站 1 座，将发展成为广州市三大供氢中心的重要一极。

2. 广州市氢能产业链布局

广州市氢能初具全产业链发展雏形。氢能供应方面，重点企业有广州石化、广州舜华、摩氢科技等。其中，广州石化累计产氢 624 吨（截至 2022 年 9 月），未来将加快推进广州石化等可供应工业副产氢项目建设，提高低成本化工副产氢供应能力；检测设备方面，本土企业群翌能源、超音速已经成长为全球领先的氢能装备供货商；燃料电池及系统方面，有鸿基创能、雄韬氢恒、云韬氢能、清极能源、雄川氢能等公司；应用方面，有氢车运营商氢驰出行，整车企业广汽集团、广州广日专用汽车等。

（二）佛山：构建全产业链布局的“国际氢能城市”

1. 佛山市氢能产业布局

近年来，佛山市大力推动氢能源产业的发展，目前佛山市氢能源产业园区集中在南海区、三水区和高明区。其中，南海区是佛山氢能源产业链布局最为完善的地区，仙湖氢谷产业园正努力打造中国“新能源硅谷”的园区品牌形象。

表 3－12 佛山市氢能产业布局重点

地区	布局
南海区	仙湖氢谷产业基地（氢能源汽车、氢能产业、关键零部件）
	狮山副基地（富氢材料、制氢设备、关键零部件）
	里水副基地（氢能源客车、制氢）
三水区	氢电池：邦普
	加氢站：氢枫能源、中长源
高明区	氢电池：泰极动力
	加氢站：佛铁制氢、国联氢能
	制氢：佛铁制氢

资料来源：前瞻产业研究院。

2. 佛山市氢能产业链布局

在政策指引和市场需求的驱动下，佛山市氢能源产业链不断完善，在氢气制氢、氢储运、加氢站、氢电池等领域均有所布局。同时，佛山具有较为广阔的下游氢能源应用场景。2021 年，佛山全市已建设加氢站 28 座，开通 56 条氢能公交线路，购置上牌氢能公交车 1 000 辆，投运氢能物流车 448 辆，氢能客车 3 辆，均位于全国前列。

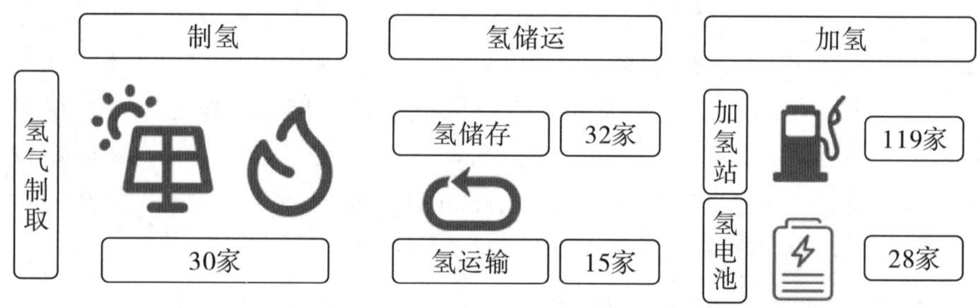

图 3－29 佛山市氢能产业链重点企业分布

资料来源：前瞻产业研究院。

从产业链各环节的代表性企业分布地区来看，目前佛山市各辖区均有氢电池、加氢站等相关企业分布，而氢能源产业代表企业主要分布在南海区、禅城区和顺德区。总体来看，南海区的氢能源产业链布局最为完善。

表 3-13　佛山市氢能产业链布局

地区	氢电池	加氢站	制氢
南海区	仙湖实验室、探索汽车、国鸿氢能、环华氢能、汉合汽车	新锦能源、延长壳牌、锦隆能源、京兰空铁、澎湃汽车、氢兰空铁、佛山悦隆、欧佩亚	仙湖实验室、季华实验室、中氢能源、鸿基创能、清极氢能、盛氢制氢、蓝新氢、北理新源、美星富能
禅城区	飞驰汽车、索弗克	佛山燃气、佛山天然气、佛山汽运、凯豪达、中油盈达、合盈辉煌、国联氢能、中石化佛山	佛山科学技术学院、嘉瑞达、广东洁氢、佛山电建
顺德区	佛山天劲、氢沃科技、国玉科技、顺峰智慧	兴顺燃气、氢枫能源、炭达中和、顺风氢能	德力梅塞尔、力昊气体、晋维鸿
三水区	邦普	氢枫能源、中长源	—
高明区	泰极动力	佛铁制氢、国联氢能	佛铁制氢

资料来源：前瞻产业研究院。

第四节　氢能产业风险投资分析

一、氢能产业风险投资概况

在政策引导、产业发展环境优化的前提下，氢能产业链各环节在资本市场也逐渐火热，国内外基金和各大投资机构纷纷布局氢能领域，投资环境不断优化升级。但不可否认的是，氢能的技术和经济性仍在探索之中，目前仍处于资本的高度投入期，存在投资轮次靠前、投资规模较小、投资区域与环节集中、投资回报尚不明确等问题，具有一定的风险性。

（一）投资数量指数型递增，投资金额爆发式上涨

2017—2022 年，我国氢能共发生 120 起投融资事件，事件数量整体呈递增态势。2022 年共发生 47 起，较 2021 年同比上升 31%。其中，披露金额的项目共 49 起。2017—2021 年，我国氢能产业融资总额也呈现稳步上升的态势，2017 年涉氢企业融资 3 200 万元，2020 年开始，涉氢企业融资规模迅猛增加，到 2021 年上升到 17.3 亿元，增长了约 54 倍。2022 年受经济下行影响，融资额度有所下降。

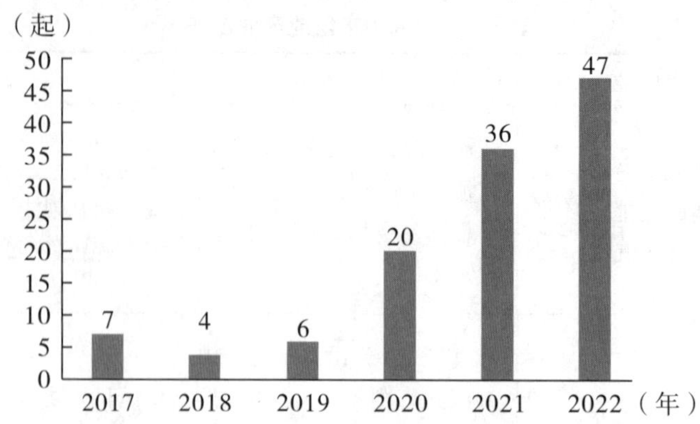

图 3-30 2017—2022 年氢能产业投融资事件频数

资料来源：清科数据库。

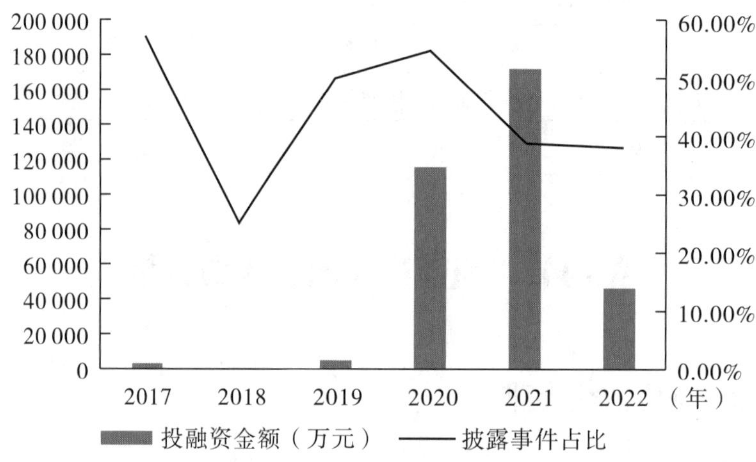

图 3-31 2017—2022 年氢能产业融资金额

资料来源：清科数据库。

（二）资本向前期轮次倾斜，单次融资规模偏小

将种子轮、天使轮、A 轮视为前期阶段，B 轮、C 轮作为中期阶段，其他轮次视为后期阶段。清科数据显示，截至 2022 年 12 月，氢能产业目前投融资集中在前期和中期，占比最大的是前期轮次，共 37 次，其中主要投资聚焦在 A 轮，总金额达 14.5 亿元，投资次数高达 15 次，A 轮投资金额占总披露金额 42%，是各大资本更偏好的投资轮次。后期投资事件共计 14 次，集中于战略投资，战略投资、IPO 和新三板定增，投资总额约 4 亿元，占比 11.5%。总体来看，氢能产业融资以 A 轮小规模为主，但也出现个别大规模、超 5 亿元的融资事件。

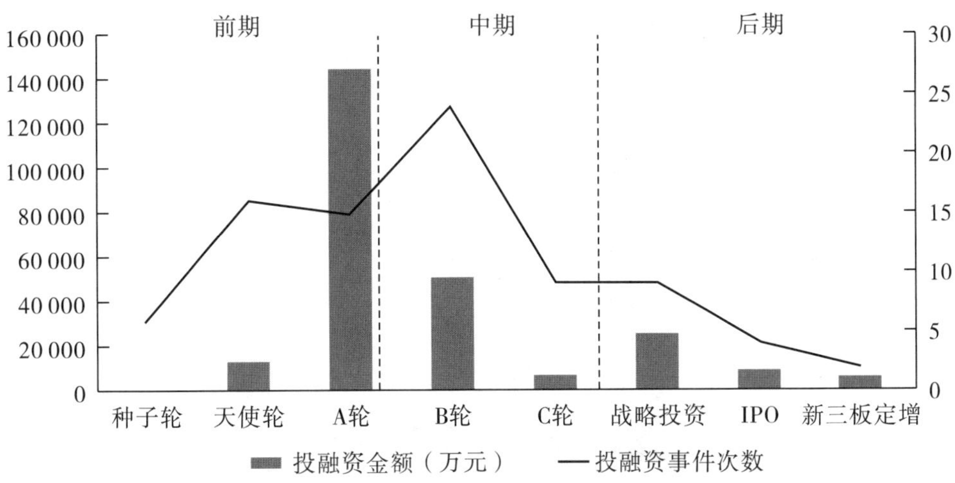

图 3－32　我国氢能产业投资轮次及金额（截至 2022 年 12 月）

资料来源：清科数据库。

（三）资本偏好经济发达地区，广深成为珠三角投资重点

从投资区域来看，以上海为首的长三角地区是氢能产业风险投资的主要聚集地，其中截至 2022 年 12 月，上海共计发生 31 起投融资事件，浙江、江苏分别发生 18 起和 16 起。而资金偏好于投向氢能产业发展的核心区域，也是经济较为发达的地区，氢能产业投资额前五的省市分别为北京、浙江、上海、四川和广东，其中北京以 20.16 亿元的投融资总额位列第一，占总披露金额的近 60%。

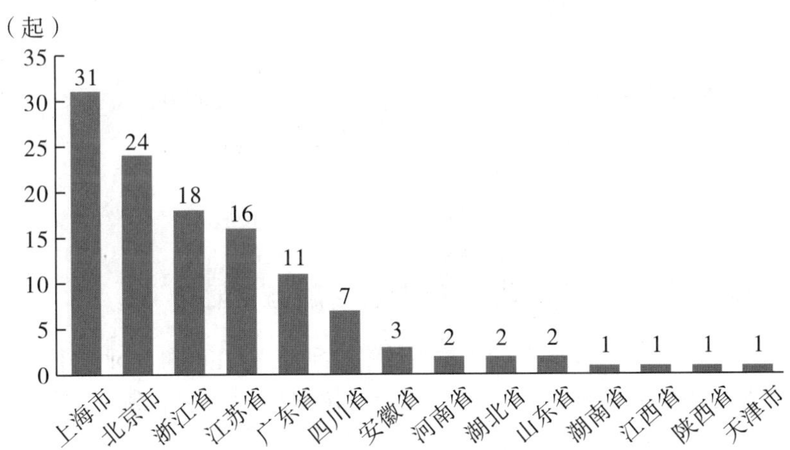

图 3－33　氢能产业投资区域（按频次统计，截至 2022 年 12 月）

资料来源：清科数据库。

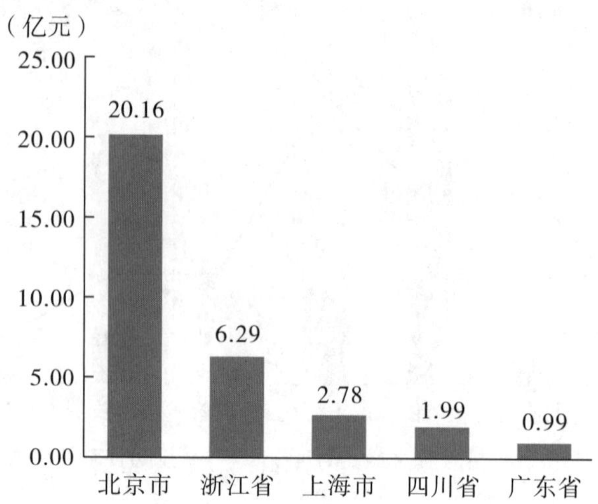

图 3－34　氢能产业投资金额前五区域

资料来源：清科数据库。

广东省共获得 11 项风险投资，其中深圳和广州是广东省氢能产业风险投资的重点区域，在投融资次数和金额上均领先于其他市区。

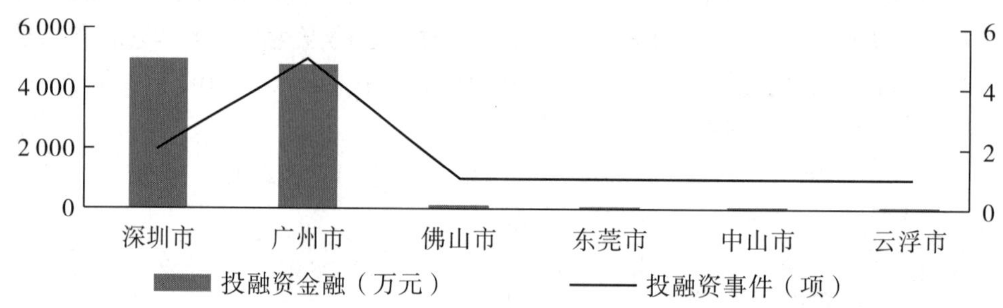

图 3－35　广东省氢能产业投融资状况

资料来源：清科数据库。

（四）产业投融资向下游集中，行业整合趋势初显

2022 年上半年，我国氢能产业股权融资事件主要集中在燃料电池等核心设备、材料、零件领域；产业资本投资主要集中在氢能综合、燃料电池材料、制氢、燃料电池系统方面，产业融资主要集中在燃料电池领域。

制氢主要以传统能源企业投资制氢为主；燃料电池的投资重点在材料和电池系统；氢能综合，主要以设立相关公司开展氢能产业布局或者投资氢能产业园为主。同时，龙头企业横纵向增扩自身业务，行业整合趋势初显。

表 3-14　2022 年上半年氢能产业股权融资事件产业链分布

氢能产业链	环节	产业资本投资	融资项目
制氢	制氢	首航高科、亿利洁能	
	制氢装备（电解水）		
储运氢	高压气态储运装备（含车载）		
	液氢储运装备	中石化资本、蜀道装备	中科富海
	固态储运装置		
加氢站	加氢站装备	中石化资本	上海舜华
燃料电池	燃料电池系统	华昌化工、一派氢能、雄韬股份、力源科技	华昌新能源、国鸿氢能、浙江氢途、东方氢能、律致新能源、新氢动力
	燃料电池电堆		骥种氢能、新研氢能
	BOP		氢蓝动力、伯肯节能、华润新能源、爱德曼氢能（膜电板）
	材料	华电重工（碳纸）、江苏泛亚、东岳硅材、斯迪克（质子交换膜）、氢晨科技（催化剂）、华熔科技（双极板）	通用氢能（碳纸）
整车制造		异辉科技	威驰腾
氢能综合		纳尔股份、德尔股份、金山能源、建投能源、威孚高科、洪涛股份	未势能源、国氢科技

资料来源：华宝证券。

注：燃料电池 BOP 包括空气供应系统、氢气循环系统、水热管理系统、控制系统等，核心产品分别为空压机、循环泵、增湿器和电子水泵等，是维持电堆持续稳定安全运行的关键。

二、氢能产业风险投资案例分析及评述

（一）案例分析：国氢科技以清晰规划和创新优势获资本青睐

国氢科技于 2017 年 5 月注册成立，位于北京市昌平区未来科学城南区国家电投集团创新基地，是由国家电投批准成立的氢能产业科技型企业。公司主要业务包括：氢燃料电池技术，制储氢关键技术，氢燃料电池动力系统等技术的研发和关键设备与材料部件制造。

公司按照“三步走”战略持续进行混改并计划最终在科创板上市，于2020年完成A轮融资，2021年完成A+轮融资。按照规划，公司在2023—2025年启动IPO计划。公司A轮和A+轮共融资13.3亿元，获得产业链下游、未来大场景应用方、产业基金以及国有投行等众多投资者的青睐。

公司具有多元化的优势：第一，核心技术优势。国氢科技目前在氢能源产业链涉足氢燃料电池研发、氢能动力系统集成、制储运技术研究、氢安全与检测检验技术研究环节。实现了催化剂、膜电极、扩散层、金属双极板、电堆组装、系统控制、空压机等关键技术、材料和部件的自主化，且关键技术指标均达到国际先进水平。第二，研发优势。公司拥有六个研发实验室，数十个实验间；覆盖氢燃料电池关键技术、制储氢关键技术、氢安全与检测技术等多个研发方向。2021年，国氢科技拥有授权专利数209个，主要集中于基本电气元件，共有126个。第三，股东背景资源优势。公司实际控制人国家电投集团是国内五大发电集团之一，是全球最大的可再生能源装机企业，可再生能源发电装机规模超1亿千瓦。公司大股东在可再生能源领域的优势，将有助于公司氢能业务的拓展和技术支持。

（二）氢能产业风险投资评述

1. 产业风险投资处于初期阶段，私人资本尚未充分入局

第一，投资周期相对较长，氢能项目从建设到实现商业化需要较长的回报周期，氢能的风险投资从初具规模至今仅有两起退出事件，并未呈现有效的投资回报；第二，投资集中在头部企业，氢能产业单笔投资金额提升明显，投资集中于少数产业链头部企业，且往往具有国资背景；第三，具有高投资、高风险特点，氢能产业链各环节成本较高，导致投资风险较高。因此，中国氢能领域投资主要来自央企和地方国企，以产业基金为主，投资主体较为单一，投资轮次靠前。

2. 产业链各环节投融资分布不均，燃料电池领域为投资重点

产业链下游燃料电池是目前获得资本市场融资的主要领域，氢燃料电池行业中电堆系统价值大，企业更容易做大规模，未来行业巨头大概率来自燃料电池、电堆和系统，在燃料电池汽车示范应用城市群建设和各项补贴政策的进一步推动下，我国燃料电池领域正逐步走向国产化，而相关企业将更容易获得投资者青睐。

3. 产业链上下游出现整合，企业创新能力成为决胜关键

氢能处于培育早期的产业，随着行业内竞争加剧，一方面，部分优势企业开始进行产业链整合，这将进一步有效降低全产业链成本，助力氢能产业商业化的实现；另一方面，具有自主创新能力的企业凭借核心技术和创新能力，吸引产业资本投入，构成良性循环，将在行业竞争中脱颖而出。

第五节　氢能产业发展趋势研判及对策建议

一、氢能产业发展趋势研判

（一）氢能产业将加速实现万亿产业规模目标

从国际形势来看，全球主要经济体在清洁能源领域竞争加剧，迫使我国将实现氢能等清洁能源发展作为稳固国际地位的重要手段；从政策角度来看，氢能中长期规划从上至下对产业发展提出具体要求，将加速产业发展进程；从市场角度来看，持续扩大的需求市场将引导各省市、企业与资本加速向氢能产业相关环节布局。总体来看，氢能产业将在未来的几十年间实现高效、高速、高水平发展。

（二）产业发展将以缓解氢能供需失衡为主线

我国能源供应和能源需求呈逆向分布，在资源上“西富东贫、北多南少”，在需求上则恰恰相反。因此，保障庞大的氢能需求和实现“氢经济”在于维持各区域氢能供给的稳定。因此，产业的发展一方面在能源高度需求区积极向上游拓展，开展就近化工副产氢气资源和沿海可再生能源开发利用；另一方面则积极开发大容量氢气储运技术，以构建完善的氢储运供应链。

（三）绿氢制取将是创新重点与投资热点

实现绿氢的规模化制取是氢能商业化应用的基础，也是发展氢能产业的初衷。我国长期依赖化石能源制氢，在 PEM 电解槽等核心技术上存在明显短板，总体成本较高。因此，实现绿氢制取技术研发和相关材料的国产化替代将是未来产业的创新重点。

根据《可再生氢 100 行动倡议》，2030 年全国可再生能源制氢电解槽装机规模将达到 100 吉瓦，具有广阔的发展空间。绿氢制取相较于中游加氢站、氢储运等基础设施建设领域，投资规模较小、周期短，易吸引除了国家及地方产业基金以外的私人投资者；在氢燃料电池材料与系统、整车集成等环节，未来资本仍会重点倾斜，但资本竞争也将加剧。因此，掌握绿氢制取核心技术，并拥有优质客户资源的企业将有望获得资本青睐。

（四）构建全国性氢能网络驱动集群效应

氢能产业布局与区域资源禀赋高度相关，且短期内氢能长距离、大规模储运的成本瓶颈依然存在。预计在产业发展初期阶段，各地将优先打造区域内产业生态，随着产业进一步成熟，区域之间通过输氢管道等基础设施，由近及远连接形成全国性网络。随着区域间协同发展的不断加强，氢能产业链分工协作也将进一步深化，各区域产业发展定位将更加明晰，集群效应也会不断涌现。

二、广东省氢能产业发展存在的问题

（一）产业链发展不均衡，制氢领域存在明显短板

第一，受到化工行业偏少和风光资源利用率不高等因素的制约，广东在低成本制氢、氢气储运、核心材料和关键零部件的自主化等方面还比较薄弱；第二，目前广东仍需依靠工业副产氢来保障氢源供应，而东莞、阳江、茂名等工业副产氢资源较多的地区到广州、佛山、深圳等用氢场景较多的地区存在一定距离，储运成本过高；第三，广东部分工业副产氢需要用于化工领域，导致氢气供应短缺。

（二）创新成果转化不足，应用端经济性尚未实现

第一，产业链整体尚处于研发投入阶段，研究成果转化率低，燃料电池核心材料与设备国产化替代率不足，交通领域的商业化成本仍处于较高水平；第二，氢能供应短缺导致部分地区氢气终端价格上涨，使得燃料电池汽车开发后的用氢成本高；第三，全球氢能技术和产业创新合作水平低。整体来看，在应用端的经济性并没有得到保证。

（三）区域间缺乏产业的良性互动，规模效益不显著

第一，各地区氢能产业发展不协调，产业匹配度不高；第二，深圳位于广东省的核心城市，氢能产业发展缓慢，未形成有效的引导；第三，珠三角地区未充分利用其作为港澳科技成果转化腹地的优势，缺乏长效的氢能科技创新联动机制，未能充分发挥港澳地区的科技创新能力，在氢能前沿研究、联合攻关上，内地与港澳在氢能领域的科技创新方面基本处于断开状态。

（四）资本吸引力不足，融资规模整体偏小且集中

一方面，由于广东省投融资体制尚不完善，资金来源单一，私人资本尚未充分入局，投资也主要向下游燃料电池的龙头企业倾斜。另一方面，广东省氢能产业中大型企业数量少也是资本吸引力不足的原因之一，缺乏龙头企业的引资作用，缺少资本关注度，因而陷入无法获得大额融资、企业无法成长的恶性循环。

三、政策建议

（一）加速提升绿氢制备水平，提高氢能供应链的经济性

应在解决氢能供应问题上“取长补短”。一方面，充分发挥地区在海上风电、太阳能光伏等领域的优势，引导政府补贴、企业创新和资本投入向电解水制氢技术、装备制造和能源转化等环节聚集；另一方面，推进高密度储氢装备制造，短期内加强高压气态储氢建设，长期布局低温液氢、低压固态储氢产业，从而降低氢能供应成本，提高氢能供应链的经济性。

（二）技术突破与成果转化两手抓，开拓氢能国际化市场

第一，以制氢、燃料电池的核心技术和装备攻关为研发重点，搭建以高校、科研院所、企业为研发核心的多层次多元化创新平台；第二，建立开放式的产业发展格局与创新格局，积极寻求国际合作和跨界合作，有效融入全球氢能产业链和创新链；第三，建立市场化的科技成果转化机制，明确企业作为创新的主体地位，促成研发端与应用端的有效对接。

（三）强化区域合作，以点带面重塑广东氢能产业格局

第一，加强内陆各市与港澳地区的政策协同，借鉴国内外氢能产业规划及布局经验，从上至下构建区域性政策、产业与企业的整体规划；第二，充分激发区域核心城市深圳的带头作用，加速示范项目落地，构建技术研发中心与人才引进和培育体系，将资源集中于电解水制氢设备领域；第三，充分发挥港澳高端人才团队的智力支撑与输出作用，通过加强跨区域技术交流和项目合作，将港澳人才的科研成果在珠三角地区实现成果转化。

（四）建立政府引导的投融资机制，注重龙头企业的培育与引进

第一，加快完善投融资体制机制，建立健全投融资监督管理制度，公开透明监督。第二，积极鼓励、引导金融机构和企业成立产业基金，从机构投资者、私人资本、国内大型企业等方面拓宽风投来源，扩大风投总量，并给予担保、贴息等政策扶持。第三，金融机构可针对氢能产业现金流及资产特征设计专属融资模式，并结合信用评价设计的融资额度和放款进度，提供优惠利率，降低融资成本。第四，注重龙头企业的培育与引进，支持具有核心技术和全产业链布局的企业做大做强，以税收优惠和补贴等政策、优越的产业发展环境吸引优质企业落户。

第四章　广东省电化学储能产业分析*

引　言

结合全球新能源发展需求和绿色可持续发展的战略，储能应运而生。纵观全球，中国自2011年国家“十二五”规划纲要中首次提到储能，历经近十年耕耘，已经处于全球储能第一梯队的国际地位。中国着力发展大型电化学储能项目，而美、欧、日、韩等国家和地区侧重户储市场。放眼国内，受益于政策扶持、投资支持和深厚的技术底蕴，广东省电化学储能产业已经处于全国领先位置。立足广东，在产业体系上，建成较为完备的产业链，培育了比亚迪、鹏辉能源等龙头企业；在空间布局上，广州、深圳引领核心技术突破创新，各地分担配套建设任务；在风险投资上，活跃积极的资本投资为电化学储能技术创新提供支持；未来，可以关注大容量电芯的储能系统演进方向，以及由主流锂电池技术与新兴钠电池技术发展动态。本章将基于国际视角，聚焦我国和广东省电化学储能发展现状、政策环境、空间分布、创投环境、发展趋势、发展问题与对策等角度展开讨论分析。

电化学储能是指通过化学元素做储能介质，将能量转化为在自然条件下较为稳定的存在形态并存储起来，以备在需要时再次释放的循环过程。电化学储能的技术特性决定其应用场景最为广泛，根据上游材料、中游核心部件及储能系统集成、下游应用场景的逻辑进行产业链划分，如图4-1所示。

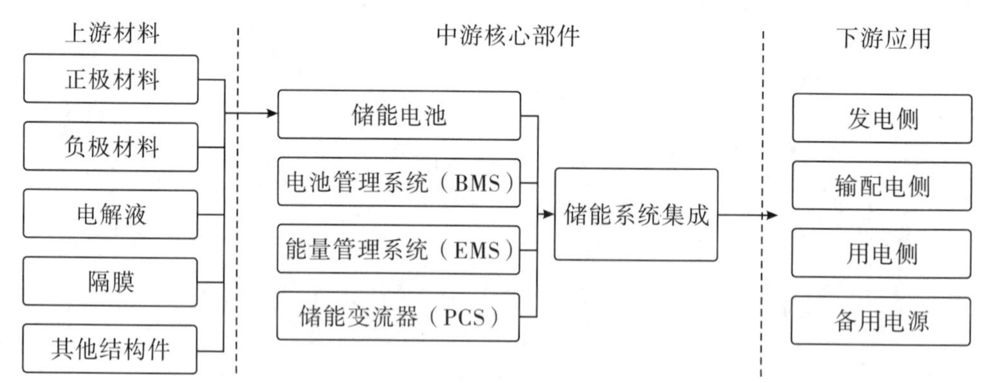

图4-1　电化学储能产业链全景图

资料来源：作者根据公开资料整理。

---

* 本章第一执笔人为暨南大学产业经济研究院郭宏。

中游核心部件中，电池是储能系统中最重要的构成部分；储能变流器（PCS）负责直流和交流的相互转换；电池管理系统（BMS）主要负责电池的监测、评估、保护和均衡监测；能量管理系统（EMS）负责数据采集、能量调度等。

第一节　电化学储能产业发展环境

一、电化学储能产业宏观环境

随着人类发展和资源环境的变化，一场新能源革命在全球掀起浪潮并迅速推进。为实现绿色发电，实施低碳转型，全球新能源发电比例将逐步提高。由于新能源发电的不稳定性、随机性、间歇性等缺点，极易产生供需错配，而储能可以有效解决新能源的消纳问题，维持电网稳定。世界主要国家都已经把发展储能产业作为国家战略，国际市场逐步展开储能制造业高点的竞争。

（一）能源结构向低碳转型，储能产业蓬勃发展

2011 年以来，随着全球能源结构快速向低碳形式发展，可再生能源装机规模迅速增长。美国推出了“储能大挑战（ESGC）”，率先进入 10 吉瓦时代；欧洲提出“电池联盟 2030”，各项技术研发和产业链打造任务正在有序部署。中国储能产业借“双碳”战略的东风，国家及地方政府密集出台了 300 多项与储能相关的政策，储能产业迎来了前所未有的关注和炙手可热的投资高潮。2020 年与 2016 年相比，全球电化学储能装机量增长了 7 倍。

图 4-2　2011—2021 年全球可再生能源累计装机量

资料来源：IRENA，国信证券经济研究所。

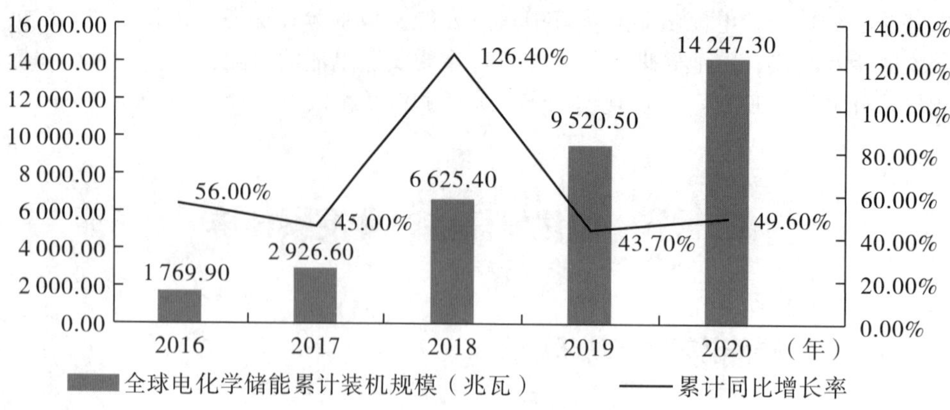

图 4－3　全球电化学储能装机量及增速

资料来源：Wind。

（二）抽水储能技术成熟占比高，电化学储能特点鲜明占比逐年提升

根据能量存储方式和技术路线的不同，储能可以分为热储能、电储能和氢储能三大类，其中电储能包括机械储能和电化学储能。

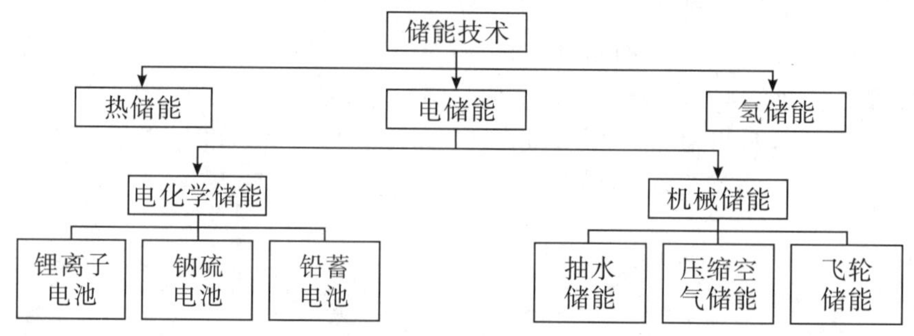

图 4－4　储能技术路线细分

资料来源：作者根据公开资料整理。

抽水储能在全球电力储能市场中累计装机量占比第一，但受制于地理位置限制及供电稳定性等因素制约，储能市场逐渐由抽水储能向电化学储能过渡。2021 年以前抽水储能装机量占比维持在 90% 左右以上，已属于较成熟阶段，但截至 2021 年底，抽水储能的累计装机规模占比降低到 86. 2%，2021 年新型储能占比达到 12. 2%，其中，锂离子电池占据绝对主导地位，装机规模占比超过 90%。

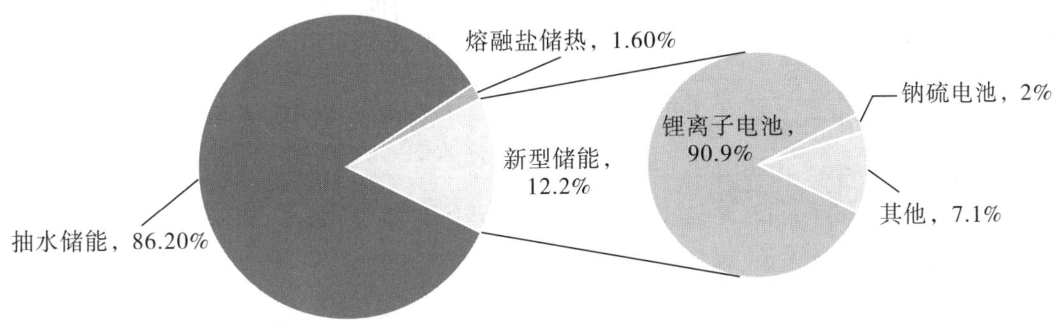

图 4-5　2021 年全球电力储能市场累计装机规模占比

资料来源：《储能产业研究白皮书 2022》。

（三）广东省是新型储能产业发展的重要区域

从国内区域来看，广东省处于抽水储能及电化学储能共同领先的地位。根据储能领跑者联盟（EESA）统计，2020 年全国共有 193 个储能项目处于施工安装、竣工验收阶段，其中广东省的储能项目共 32 个，规模总计约 50 万千瓦，位居全国第一。截至 2022 年，全国首个兆瓦级电池储能站在深圳顺利建成；广东佛山南海电网侧独立储能、广东梅州五华电网侧独立储能等多个项目落地实施，新型储能业务正以前所未有的"加速度"拓展。

二、电化学储能产业政策环境

储能是全球各国战略性新兴产业的重要组成部分，近年来全球各国一系列鼓励政策的加速出台，推动行业由示范化到产业化过渡。由于储能的发展与当地电网和电力市场的发展程度、当地经济增速密切相关，储能发展较好的国家和地区包括美国、中国、欧洲等。

（一）美国：高电价导致户用"光伏+储能"成本优势突出

联邦层面，激励政策可分为投资税抵免（ITC）和加速折旧（MACRS），主要针对私营单位投资的储能系统。各州也针对储能出台了相应的激励政策，其中以加利福尼亚州最为突出。自 2011 年起，储能被纳入加利福尼亚州自发电激励计划（SGIP）支持范围，先进储能系统可获得 2 美元/瓦的补贴。此外，加利福尼亚州通过制定政策，引导公用事业公司（IOU）部署储能项目。

表 4－1 美国主要州储能政策及补贴激励

政策名称	地区	时间	主要内容
项目补贴	马萨诸塞州	2014 年 1 月	支持构建储能市场结构，建立战略合作伙伴，支持电网侧、分布式、用户侧等不同规模的储能示范项目
	纽约州	2016 年 1 月	电池储能补贴 2 100 美元/千瓦，需求响应补贴 800 美元/千瓦
强制采购计划	加利福尼亚州	2016 年	将 1.3 吉瓦储能强制采购目标增加至 1.8 吉瓦
	俄勒冈州	2015 年 10 月	针对州内两大公用事业公司制定 2020 年 5 兆瓦时储能采购目标
自发电激励计划	加利福尼亚州	2011 年 9 月	宣布开始对独立的储能系统进行补贴，对先进储能系统按照 2 美元/瓦的标准补贴
		2017 年 5 月	改变补贴方式，按照完成情况、储能成本的下降程度，结合储能项目装机电量进行补贴

资料来源：新时代证券研究所。

美国居民电价显著高于工商业电价，非本土地区如阿拉斯加和夏威夷电价分别高达 23.56 美分/千瓦时和 31.16 美分/千瓦时。高电价地区的居民部署户用“光伏 + 储能”系统，可以有效降低用电成本。特斯拉和 Sunrun 等美国本土企业均推出了家用储能系统。

（二）中国：前期补贴推动重点项目建设，后期支持储能规模化发展

中国布局储能建设较早，引导政策不断出台。从全国来看，2011 年《中华人民共和国国民经济和社会发展第十二个五年规划》中首次提到储能，指导新能源及储能行业发展建设。2017 年五部委联合发布《关于促进储能技术与产业发展的指导意见》，明确了“十三五”和“十四五”时期储能发展“两步走”的战略。2019 年是国内储能发展变革较大的一年，随着新能源汽车的蓬勃发展，国家发改委、科技部等进一步提出加强先进储能技术研发和智能制造升级，明确了储能产业发展的具体任务和分工。2021 年 7 月，《关于加快推动新型储能发展的指导意见》提出，到 2025 年，新型储能由商业化初期步入规模化发展阶段，装机达到 30 吉瓦以上。2022 年 2 月，《“十四五”新型储能发展实施方案》指出，电化学储能技术性能进一步提升，系统成本降低 30% 以上。

表 4-2　国家储能相关政策和规划

颁布时间	政策名称	涉及储能的主要内容
2011 年 3 月	《中华人民共和国国民经济和社会发展第十二个五年规划》	首次提到储能，要求在“十二五”期间指导新能源、智能电网、储能行业的发展建设以及规划新能源重点建设项目
2017 年 9 月	《关于促进储能技术与产业发展的指导意见》	提出“两步走”战略：“十三五”期间，建成一批不同技术类型、不同应用场景的试点示范项目，探索一批可推广的商业模式；“十四五”期间，储能项目广泛应用，形成较为完整的产业体系，成为能源领域经济新增长点
2019 年 6 月	《贯彻落实〈关于促进储能技术与产业发展的指导意见〉2019—2020 年行动计划》	推进新能源汽车动力电池储能化应用、加快推进储能标准化，明确了储能产业发展的具体任务和分工
2021 年 7 月	《关于加快推动新型储能发展的指导意见》	到 2025 年，实现新型储能从商业化初期向规模化发展转变，装机规模达 30 吉瓦以上；到 2030 年，实现新型储能全面市场化发展，装机规模基本满足新型电力系统相应需求
2022 年 2 月	《“十四五”新型储能发展实施方案》	电化学储能技术性能进一步提升，系统成本降低 30% 以上，储能与电力系统各环节深度融合发展，基本满足构建新型电力系统需求

资料来源：作者根据政府公告整理。

从地方政府补贴来看，国内地方政府早在 2018 年开始出台补贴政策，2022 年各地方开始加大补贴力度，推动储能产业加速发展。国内较早针对储能出台补贴政策的有合肥和苏州。2018 年合肥针对符合政策要求的光伏储能系统，按储能实际充电量给予 1 元/千瓦时补贴。2021 年开始，山东、广东、江苏、浙江等地陆续出台了多项储能补贴政策，补贴力度大大提升，丰富了储能企业的盈利模式。

表 4-3　地方储能相关补贴政策

地区	颁布时间	政策重点内容
合肥	2018 年 9 月	光伏储能系统相关企业项目，对储能系统按实际充电量给予 1 元/千瓦时补贴
苏州	2019 年 4 月	针对储能项目，投运后按发电量（放电量）补贴 3 年，每千瓦时补贴业主单位 0.3 元
山东	2021 年 6 月	2021 年起，新增集中式风电、光伏发电项目原则上按照不低于装机容量 10% 配建或租赁储能设施；到 2025 年，风光储一体化基地力争建成投运容量 2 000 万千瓦左右

（续上表）

地区	颁布时间	政策重点内容
顺德	2022 年	购买储能设备，一次性补贴 10 万～30 万元不等
广州	2022 年	电补：削峰最高 5 元/度，填谷最高 2 元/度
浙江	2022 年	新型储能项目 2021 年起，按 200 元/千瓦、180 元/千瓦、170 元/千瓦，逐年退坡补贴

资料来源：作者根据各地政府公告整理。

从配储政策发展来看，2022 年以来国内配储政策密集出台，配储要求更高。多地普遍要求新建新能源项目储能容量原则上不低于新能源项目装机量的 10%，且储能时长 2 小时以上（即为 10%/2 小时）。对储能配比高、时间长的一体化项目给予优先支持。2022 年开始，部分地区新政策对于配储要求出现明显提升。目前，我国已有 40 个以上地区发布新能源配套建设储能的相关文件，且以 10%/2 小时较为常见，其中新疆、西藏配储比例远高于平均水平。此外，山东、河南最新政策显著提高了配储要求。

表 4－4　2021—2022 年中国各地区发布的新能源配储政策要求

地区	时间	政策名称	配储比例	配储时长
新疆	2022 年 3 月	《服务推进自治区大型风电光伏基地建设操作指引（1.0 版）》	25%	4 小时
西藏	2023 年 1 月	《关于促进西藏自治区光伏产业高质量发展的意见》	20%	4 小时
内蒙古	2022 年 12 月	《内蒙古发布支持新型储能发展若干政策（2022—2025 年）》	15%	2～4 小时
	2021 年 10 月	《关于自治区 2021 年保障性并网集中式风电、光伏发电项目优选结果的公示》	20%～30%	2 小时
山东	2021 年 11 月	《2021 年市场化并网项目名单的通知》	10%	2 小时
	2022 年 12 月	《2022 年市场化并网项目名单》	20%～40%	2～4 小时
河南	2021 年 6 月	《关于 2021 年风电、光伏发电项目建设有关事项的通知》	10% ～20%	2 小时
	2022 年 10 月	《关于下达 2022 年风电、光伏发电项目开发方案》	20% ～55%	2～4 小时
宁夏	2022 年 10 月	《宁夏回族自治区碳达峰实施方案》	10%	2 小时
陕西	2021 年 6 月	《陕西省新型储能建设方案（暂行）（征求意见稿）》	10%	2 小时

（续上表）

地区	时间	政策名称	配储比例	配储时长
甘肃	2021年5月	《关于“十四五”第一批风电、光伏发电项目开发建设有关事项的通知》	10%（河西五市）	2小时
辽宁	2021年12月	《全省风电建设规模增补方案》（公开征求意见）	15%	4小时
河北	2022年10月	《关于做好2022年风电、光伏发电开发建设有关事项的通知》	10%~15%	2小时
天津	2022年6月	《关于做好我市2022年风电、光伏发电项目开发建设有关工作》	10%（光伏）、15%（风电）	2小时
安徽	2022年3月	《关于征求2022年第一批次光伏发电和风电项目并网规模竞争性配置方案意见的函》	5%	2小时
上海	2022年1月	《金山海上风电场一期项目竞争配置工作方案》	20%（海风）	4小时
浙江	2021年12月	《杭州临安“十四五”光伏发电规划（2021—2025年）》	10%~20%	—
江苏	2022年3月	《关于开展2022年光伏发电市场化并网项目开发建设工作的通知》	8%~10%	2小时
广东	2022年7月	《肇庆市促进光伏项目发展若干措施（征求意见稿）》	10%	—
广西	2021年10月	《2021年市场化并网陆上风电、光伏发电及多能互补一体化项目建设方案的通知》	15%（光伏）、20%（风电）	2小时
贵州	2022年11月	《关于推动煤电新能源一体化发展的工作措施（征求意见稿）》	10%	2小时
海南	2022年1月	《关于开展2022年度海南省集中式光伏发电平价上网项目工作的通知》	10%	—

资料来源：ESCN中国储能网，北极星储能网，索比储能网，国海证券研究所。

（三）欧洲：市场化动力充足

欧洲同样是储能发展的热土，市场需求强劲。过去两年里，英国储能市场发展较快，连续两年位居欧洲储能新增规模首位。德国是全球最成熟的户用储能市场，而户用储能是德国储能市场的主要构成部分，据中关村储能产业技术联盟（CNESA）预计，到2022年德国户用储能配置比例高达70%。德国户用储能市场发展成熟的主要原因包括居民电价较高和政府补贴。

综上，我国储能产业布局较早，国家及地方政策自提出起不断完善，补贴力度也是逐年加大。我国早期大力发展抽水储能，目前抽水储能在国内已形成规模效应，技术成熟稳定，之后强调由较为成熟的抽水储能向新兴电化学储能转变，电化学储能可以弥补抽水储能地理位置受限、稳定性及灵活性等方面不足，这也顺应了市场需求和全球储能技术发展趋势。

三、电化学储能产业市场环境

储能正在成为当今许多国家用于推进碳中和目标进程的关键技术之一，即使面临新冠肺炎疫情和供应链短缺的双重压力，2021 年全球新型储能市场依然保持着高速增长态势。

（一）全球电力储能市场增速快，中美占据较大份额

全球储能装机规模快速增长，新增投运规模翻倍。2021 年，全球新增投运电力储能项目装机规模达 18.3 吉瓦，同比增长 185%，其中，以电化学储能为主的新型储能的新增投运规模最大，并且首次突破 10 吉瓦，达到 10.2 吉瓦，是 2020 年新增投运规模的 2.2 倍。美国、中国和欧洲引领全球储能市场的发展，三者合计占全球市场的 80%。

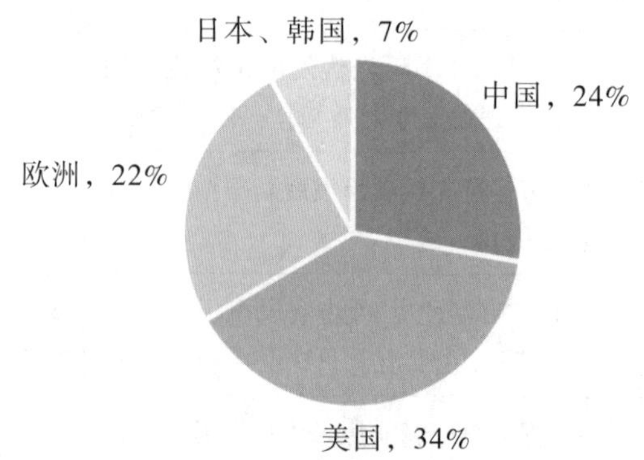

图 4－6　2021 年全球新增新型储能项目地区分布情况

资料来源：《储能产业研究白皮书 2022》。

（二）美国：全球最大的储能市场，户用储能持续性强

由于供应链电池采购短缺和涨价等问题造成部分项目建设延迟，在此压力下，2021 年的美国储能市场发展仍然创造了历史纪录，新增储能项目规模首次突破 3 吉瓦，是 2020 年同期的 2.5 倍，以光储项目、独立储能电站为主，与此同时，美国即将从百兆瓦级开启吉瓦级项目的新时代。

（三）中国：以大型储能应用为主，目前存在结构化的供需错配问题

目前国内储能市场需求旺盛，以大型储能应用为主。2021 年是国内储能从商业化初期到规模化发展的第一年，国家明确 2030 年 30 吉瓦储能装机目标。2021 年新增投运规模首次突破 2 吉瓦，是 2020 年同期的 1.6 倍，以新能源配置储能和独立储能应用为主。

目前国内低端供给过剩，高端供给不足。如储能电池环节，现在国内大型储能项目招标都要求 280 安时电芯，但事实上目前有 280 安时电芯量产能力的公司只有几家，比如宁德时代、亿纬锂能、鹏辉能源、赣锋锂业等。目前国内 280 安时大型储能产能只有 26 吉瓦时，而国内 2022 年大型储能需求达到 40 吉瓦时，2023 年预计要到 70 吉瓦时。从这个需求来说，280 安时电芯现在处于供不应求的状态，短期内可以重点关注企业的高端电芯研发生产能力。

广东省有非常庞大的新能源用户群体，如在沿海地区建设的海上风电场，以及用于新能源汽车充电的充电桩，都需要配备相应的储能设施，省内极具创新活力的土壤适合电化学储能产业发展。

（四）欧洲：户用储能市场表现强劲

欧洲，以户用储能为主。储能市场自 2016 年以来，装机规模一直在持续增长，并且呈现快速增长态势。2021 年，欧洲新增投运规模达 2.2 吉瓦，户用储能市场表现强劲，规模突破 1 吉瓦。其中，德国依然占据该领域绝对主导地位，新增投运装机的 92% 来自户用储能，累计安装量已经达到 43 万套。此外，意大利、奥地利、英国、瑞士等地区的户用储能市场正在崛起，短期内市场规模将会不断攀升，保持高速增长。

综上，目前全球储能市场环境为海外户用储能与国内大型储能共同加速发展局面。中国大型储能渗透率为 10%，而户用储能渗透率为 5%；海外以户用储能为主，2021 年美国用户端储能装机量增长 67%，但是商业储能以及工业储能减少 24%。

第二节　电化学储能产业链 SCP 范式研究

一、电化学储能产业发展概况

中国电化学储能市场增长快速。根据 CNESA 全球储能项目库的不完全统计，截至 2021 年底，中国已投运电力储能项目累计装机规模 46.1 吉瓦，同比增长 30%。市场增量主要来自新型储能。2018 年，中国电化学储能累计装机量首次突破 1 000 兆瓦，达到 1 072.7 兆瓦，同比增长 175.2%；随后保持高增长率持续增长，2020 年累计装机量是 2016 年的 13 倍。

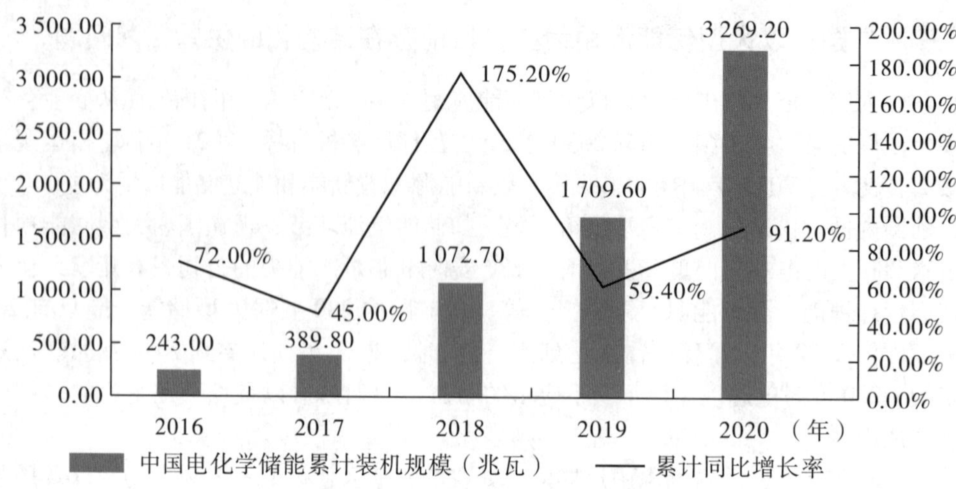

图4－7 中国电化学储能累计装机规模及增速

资料来源：Wind。

电化学储能产业链可分为上游材料、中游核心部件及下游应用。产业链上游主要为电池原材料，包括正极材料、负极材料、电解液、隔膜等。产业链中游主要为电化学储能系统，主要由储能电池、电池管理系统（BMS）、能量管理系统（EMS）、储能变流器（PCS）及系统集成。产业链下游主要为不同应用场景的运维服务等，如储能可用于电力系统的发电侧、电网侧、用户侧，实现调峰调频、减少弃光弃风、缓解电网阻塞、峰谷价差套利、容量电费管理等功能；其他应用场景还包括通信基站、数据中心等的备用电源，以及为机器人系统供电，保障高性能武器装备的稳定运行等。

路线选择上，锂电池成为电化学储能赛道的主流技术，电池正在兴起，多家企业半固态电池产品的推出将加速新业态、新生态的形成。锂钠行业将继续在标准制定、消防监管、质量管控、管理回收等方面不断进步，数字化、智能化技术也会改变锂钠储能产业的各个环节。

从整个产业链来看，处于中游的储能电池和储能系统集成商有较强议价能力。上游正极材料、负极材料、隔膜和电解液等企业，整体上能够保证原材料供应充足，供应商对储能电池产业的议价能力相对较弱；下游主要是电力系统市场，市场参与者众多，议价空间不大。而中游的企业由于其高技术性和高进入壁垒，议价能力较强。同时，广东省制造业产业链完备、发展迅速，有着电化学储能产业链全覆盖的国内领先地位，同时对于能源的需求也非常大，是我国电化学储能发展的“主战场”。

二、电化学储能产业链市场结构

（一）产业链上游市场结构

储能产业链上游主要为储能电池原材料，包括正极材料、负极材料、电解液以及隔膜等。正极材料市场整体集中度相对较高，以锂离子电池技术为主。目前电化学储能主流技术储能运用较多的为磷酸铁锂和三元材料，2021 年占比分别为 41.6% 和 38.6%。国内磷酸铁锂厂商 2022 年第一季度 CR3 高达 52.0%，而三元正极材料市场 2022 年 CR3 有所下降，为 40%。未来随着技术进一步成熟，集中度有提高的趋势。

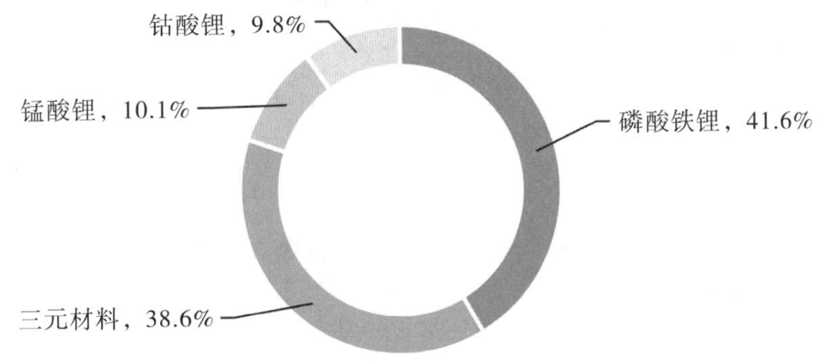

图 4-8　2021 年中国锂电池正极材料市场结构

资料来源：中商情报网。

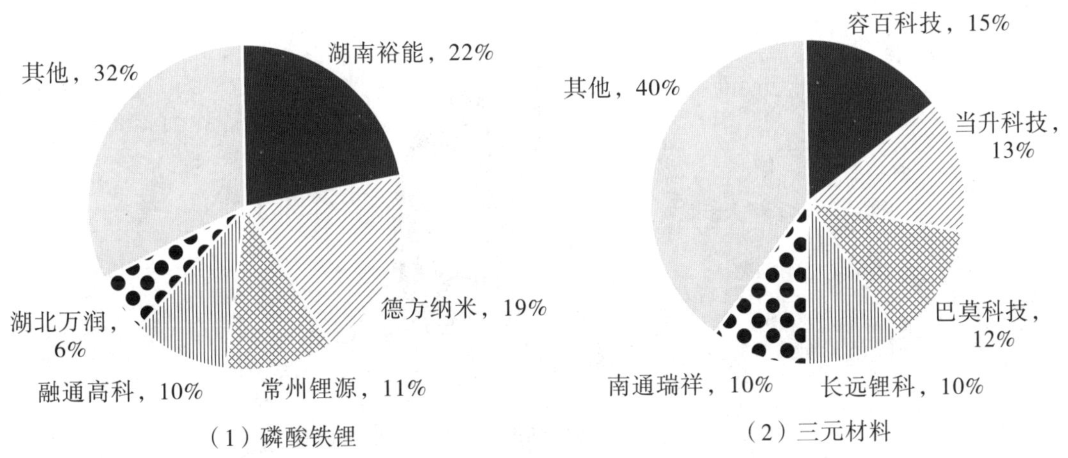

图 4-9　2022 年第一季度正极材料主要厂商市场份额对比

资料来源：中商情报网。

2021 年负极材料 CR5 达 80%，龙头企业市占率高。负极材料主要影响锂离子电池的效率、循环性能等。主要产品包括天然石墨负极材料、人造石墨负极材料、硅基等新型负极材料。贝特瑞、璞泰来和杉杉股份在行业中一直处于头部地位，2021 年占比分别为 26%、15%、15%，其中增长最为迅速的贝特瑞，积极进行产能扩张，市占率提升较为明显。

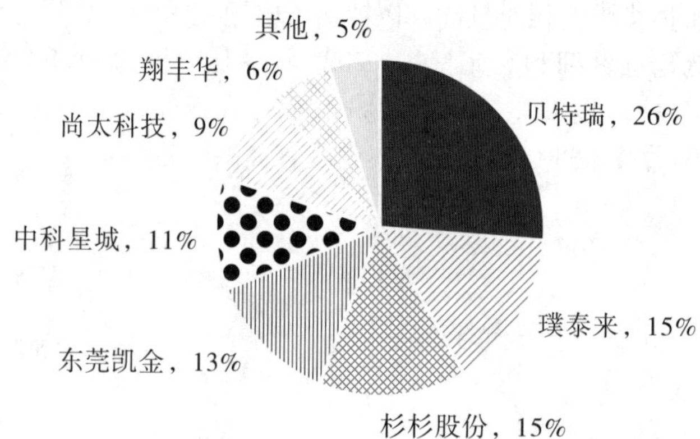

图4-10 2021年中国负极材料竞争格局

资料来源：中商情报网。

隔膜市场CR3达60%，市场寡头垄断格局明显。电池中的正负极之间会有化学反应，会产生电流和热量，隔膜主要的作用是将电池的正负极隔离开来。隔膜市场逐步形成“一超+二强+多小”的格局，2022年一季度市占率前三的企业为恩捷股份、星源材质和中材科技，市场份额占比分别为38.21%、12.86%、9%。

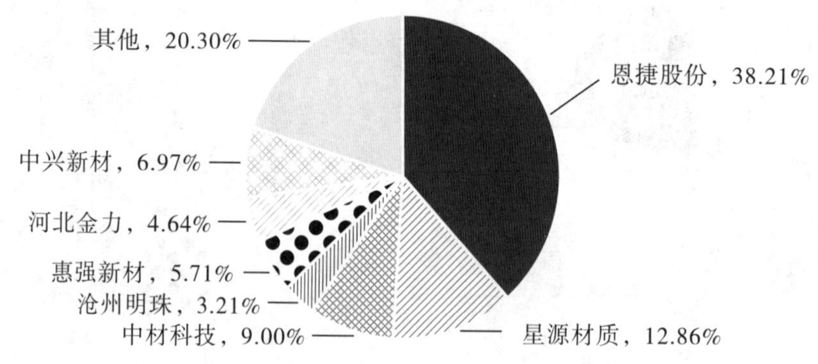

图4-11 2022年第一季度中国隔膜企业市占率

资料来源：中商情报网。

电解液市场集中度高，中游电池企业加速一体化布局，涉足电解液业务。电解液的主要作用是在电池内部正负极之间形成良好的离子导电通道。从图4-12中可以看出，2021年国内电解液市场集中度较高，CR3达55%。其中，头部企业天赐材料占比27%，新宙邦占比15%，同时经营正极材料、负极材料和电解液的杉杉股份占比7%。动力电池头部企业比亚迪，加速向上游进行垂直一体化布局，在电解液市场占有6%的份额。

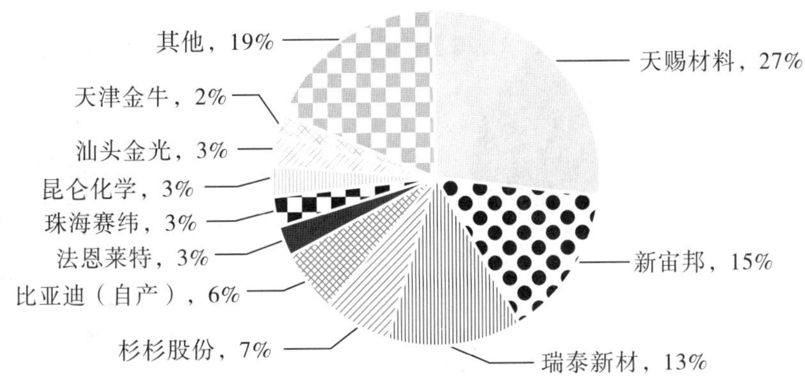

图4－12　2021年中国锂离子电池电解液市场竞争格局

资料来源：中商情报网。

（二）产业链中游市场结构

电化学储能产业的中游，主要是由储能电池及核心部件集成的储能系统。其中，电池成本占比60%；其次是PCS成本占比20%，EMS成本占比10%，BMS成本占比5%，其他为5%。

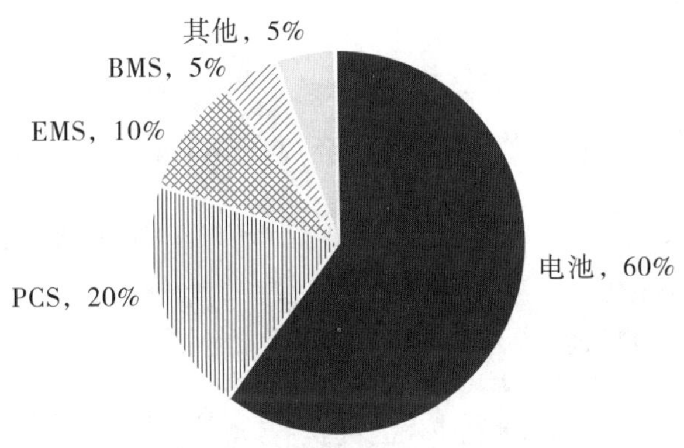

图4－13　储能系统成本构成

资料来源：Wind。

储能电池全球CR3达到69%，中国企业宁德时代市占率较高。储能电池是储能系统成本中占比最大的部分，也是核心技术环节。但相较于动力电池行业，储能电池行业目前尚处于商业化初期阶段。新型储能电池市场中，2021年以宁德时代为代表的中国锂电厂商出货领先，三星SDI和LGES等韩系锂电大厂紧随其后，市场份额分别为27.9%、14.2%及12.7%。从国内市场来看，宁德时代和比亚迪分别占比55%和21%，头部效应较为明显。

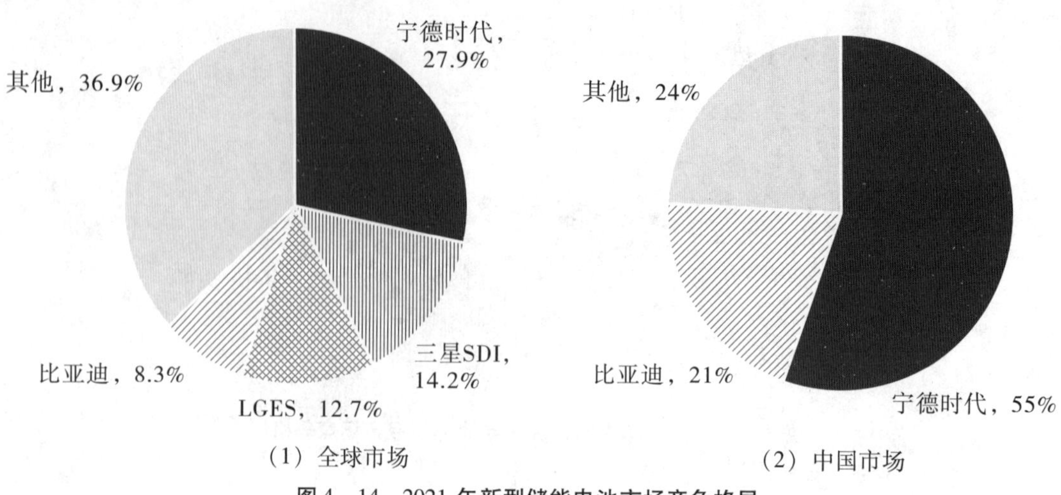

图4-14 2021年新型储能电池市场竞争格局

资料来源：作者根据公开资料整理。

PCS① 国内市场较为集中，2020年行业CR3为43%。由于储能PCS与光伏逆变器技术同源，竞争者从其他行业切入的壁垒较低。2020年国内市占率前三的企业分别为阳光电源、科华数据、索英电气。2021年全球光伏逆变器出货量排名前十的企业中有6家中国企业，随着更多的光伏逆变器企业拓展储能PCS业务，未来行业竞争程度或将提高。

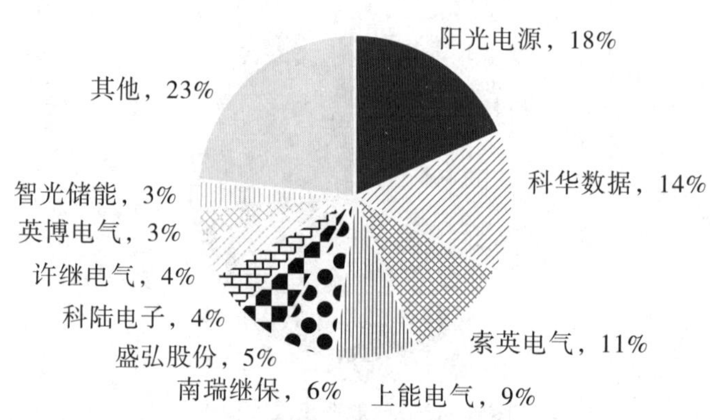

图4-15 2020年国内储能PCS企业市场份额

资料来源：CNESA，头豹研究所，前瞻产业研究院，国金证券研究所。

BMS市场集中度较高，主要厂商为储能电池企业。BMS的作用是保障电池正常运行，行业壁垒为电池数据和算法技术。2020年国内BMS出货量前五名厂商合计市占率54.3%，排名前三的企业分别为宁德时代、比亚迪以及特斯拉。由于储能电池系统未来趋向于高电压、大电流、深循环、大容量电芯，因此储能BMS技术将向结构更复杂、容错率更高、

① PCS是连接储能电池系统和电网双向电流的可控转换装置。

信息采集精确度更高、数据处理能力更强的方向发展。由于 BMS 需与电芯参数呈对应的关系，因此长远来看，仅做 BMS 的厂商市场空间不大，市场最终可能形成“电池厂商 + 新型储能集成商”为主的竞争格局。

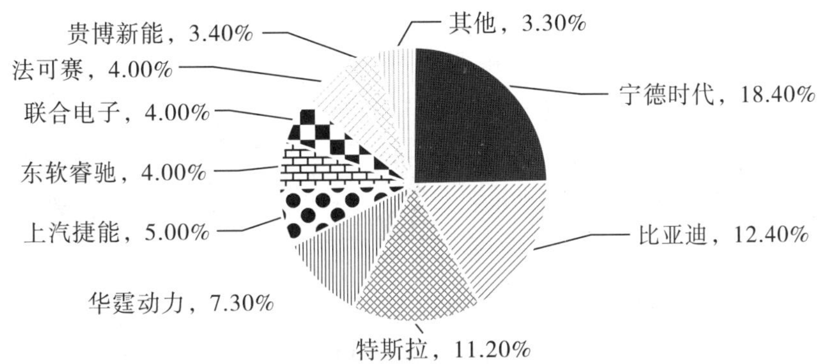

图 4 - 16　2020 年国内 BMS 市场出货量 Top10 占比构成

资料来源：国金证券研究所。

EMS 供应商主要为电力装备提供商或系统集成商，行业格局相对分散。2021 年 EMS 主要厂商排名前五的分别为：三星 SDI、LGES、特斯拉、宁德时代、比亚迪。

系统集成领域龙头企业出货量领先，市场集中度分布较均匀。储能系统集成需要完成电池组、BMS、PCS 等设备选型以及集成，实现释放系统性能最大化。2021 年，中国储能系统集成商出货量排名前五的是：海博思创、电工时代、新源智储、阳光电源、科华数据，出货量分别为 750 兆瓦时、650 兆瓦时、580 兆瓦时、580 兆瓦时和 400 兆瓦时。

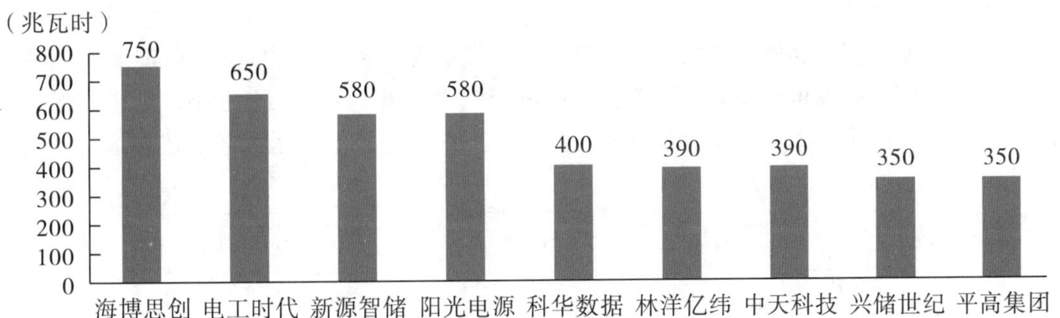

图 4 - 17　中国储能系统集成商 2021 年度国内市场储能系统出货量

资料来源：国际能源网。

（三）产业链下游市场结构

受益于风、光发电设备装机量不断增加，下游发电侧储能装机占比大幅提升。电化学储能产业链下游的应用场景主要为发电侧、电网侧和用户侧的电力系统储能，2018—2020

年期间，我国储能发电侧装机量不断增长，由 28.1% 提升至 60.2%，而用户侧的装机份额呈现下降趋势。预计 2022 年发电侧装机份额将上升至 72.0%，电网侧装机份额达 27.4%，用户侧装机份额将降至 0.6%。

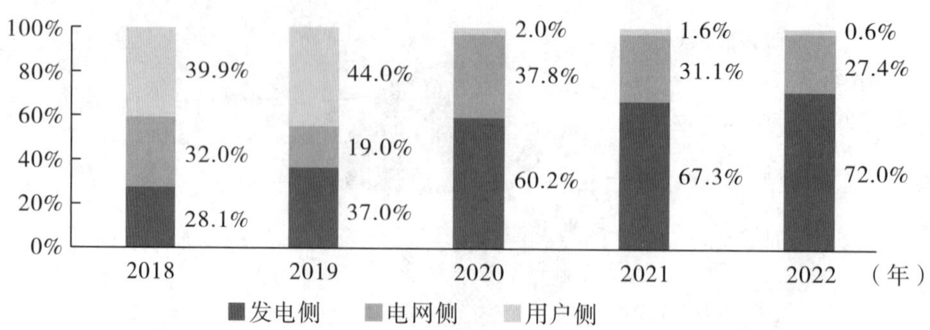

图 4－18　2018—2022 年中国电化学储能下游应用领域装机占比构成

资料来源：中商情报网。

综上，可以看出，在新兴电化学储能领域，以宁德时代、比亚迪及阳光电源等为代表的中国厂商在各个细分环节已占据较大市场份额，随着“十四五”期间新型储能产业发展的提速，国内厂商在此变革期有望占据先机。

三、电化学储能产业链市场行为

（一）商业模式差异化

电化学储能产品应用场景广泛，适用于整个电力系统的多维角度，但商业模式存在差异。其中，发电侧对储能的需求场景类型较多，包括火电联合调频、新能源配套的消纳及输出、电力调峰、可再生能源并网等；电网侧储能主要用于缓解电网阻塞、延缓输配电设备扩容升级等；用户侧储能主要包括便携储能、户用储能、新能源汽车充电桩等。

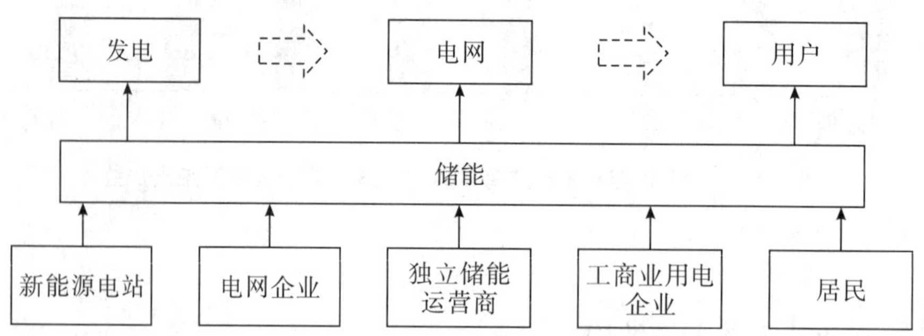

图 4－19　储能在电力系统中的应用

资料来源：新时代证券研究所。

发电侧主打大型储能项目，形成“风电/光伏+储能”的优化方案。光伏、风电等新能源具有波动性、间歇性等特性，属于不稳定输出的电源。电网为避免不稳定会限制部分新能源的放电，从而引发了弃风、弃光现象。如表4-5所示，储能配合新能源电站已有大量成熟案例，我国首个风光储输示范工程位于河北省，每年可以提升200小时电站利用时间数，有效解决了新能源的消纳问题。

表4-5 新能源电站配套储能案例

项目名称	并网时间（年）	新能源装机	储能装机
风光储输示范工程（一期）	2011	100兆瓦风电，40兆瓦光伏	20兆瓦/83.5兆瓦时
辽宁卧牛石风电场示范电站	2013	49.5兆瓦风电	5兆瓦/10兆瓦时
风光储输示范工程（二期）	2015	400兆瓦风电，60兆瓦光伏	20兆瓦/95兆瓦时
青海共和光伏发电储能项目	2018	20兆瓦光伏	16兆瓦/64兆瓦时
鲁能集团示范工程	2019	200兆瓦光伏，400兆瓦风电	50兆瓦/100兆瓦时

资料来源：根据公开资料整理。

电网侧储能以辅助服务为主，加强了电网供电的安全性。电化学储能技术施工周期短，调节速率快，可以有效快速地填补国内调峰调频电源容量的空缺。随着新能源发电装机规模的提升，电网的调峰和调频辅助服务需求也随之提升，电网侧配置储能有利于保障电网供电安全。

用户侧领域，应用场景众多。便携式储能是一种替代传统小型燃油发电机的电源系统，有大容量、大功率、安全便携的特点，可提供稳定的交流/直流电压输出，电池容量在100~3 000瓦时，适用于应急救灾、医疗抢险、户外作业等。充电桩领域，用电高峰期“充电桩+储能”的设备组合可以缓解集中充电带来的负荷压力。

综上储能电站运营主要商业模式总结为以下三点：发电侧储能，目前以风光新能源配建为主。具体为：①可转为独立储能（共享）；②可与所配建的电源视为一个整体；③同一储能主体可以按照部分容量独立、部分容量联合两种方式同时参与电力市场。电网侧储能，主要通过两种途径获得收益：①参与中长期市场与现货市场，通过电力交易发挥移峰填谷和顶峰发电作用；②提供电力辅助服务（调峰、调频、电压支持、备用容量等）。用户侧储能，主要是通过峰谷价差获取收益。

（二）产能扩张

上游储能电池材料头部企业积极投资扩产，但2020年扩产动力出现回落。从图4-20国内四大主要电池材料企业总的资本支出来看，行业投资扩产的脚步在2020年有明显放缓，随后逐步回升，电池材料行业的投资扩产仍在稳步进行中。与大趋势有所不同的是，广东省电池材料的龙头企业德方纳米在2020年上半年的资本支出逆势增长，投资行动相对频繁。

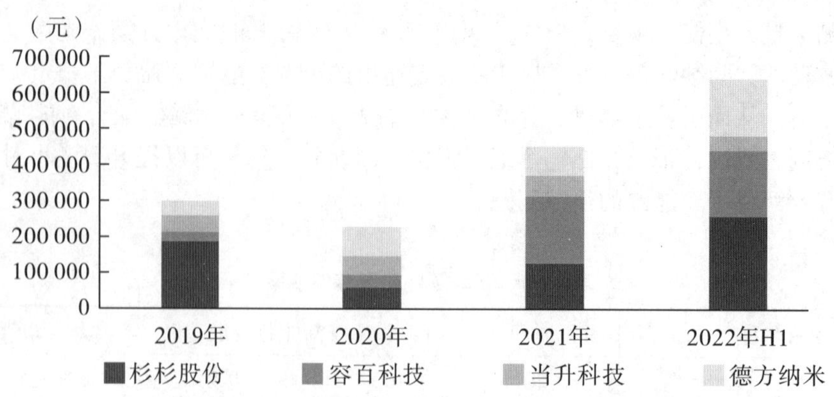

图 4-20　2019—2022 年 H1 电池材料主要企业资本支出情况

资料来源：Wind。

2021 年储能电池头部企业纷纷扩产，储能市场规模效应显现。2022 年 9 月，据宁德时代官方消息，厦门时代新能源电池产业基地项目正式开工，主要建设动力电池及储能电池生产线，投入 130 亿元。据 GGII 不完全统计，2021 年至 2022 年，亿纬锂能至少披露了 5 个规模较大的储能电池投资项目或建设项目，投资金额合计不低于 665.21 亿元。而宁德时代和亿纬锂能在储能领域的产能扩张只是行业"扩产潮"的缩影。仅 2022 年一年内，国内有 26 个与储能电池及动力电池生产制造有关的扩产项目公布，投资额合计将超 2 900 亿元，产能合计达 820 吉瓦时，万亿储能市场规模效应初显。

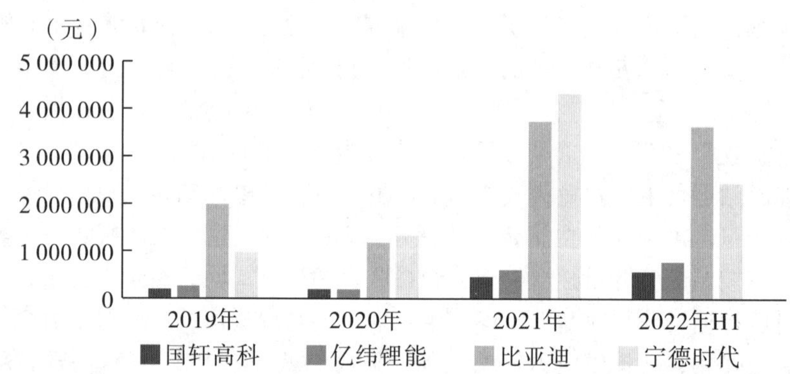

图 4-21　2019—2022 年 H1 国内主要储能电池企业资本支出情况

资料来源：Wind，GGII。

（三）定价行为

动力电池技术逐渐发展成熟，推动储能电池价格下降。目前我国磷酸铁锂电池储能电站建设成本全球领先，2021 年我国磷酸铁锂电池储能中标价格已下降至 1.2 ~ 1.7 元/瓦时。根据 BNEF（彭博新能源财经）测算，2022 年全球电化学储能 EPC 成本约为 261 美元/千瓦时（约 1.66 元/瓦时），预计 2025 年才能降至我国 2021 年同等水平。随着新能源汽车动力电池产业链的成熟与产能过剩，未来将进一步推动储能电站成本下降。我国新能源汽车市场自 2014 年开始爆发，按照 4 ~6 年的电池寿命，首批新能源汽车动力电池开始进入批量退役，而储能将成为退役动力电池的重要应用方向。

（四）研发行为

电化学储能行业整体注重研发投入，企业研发投入占比较高。从表 4 –6 我们可以看到，大部分企业的研发费用逐年递增，占营业总收入的比例也较为稳定，但上游正极材料企业研发投入占比从 2022 年开始有所回落，这与我国锂电池技术的成熟和产能的饱和高度相关。中游储能电池市场需求更新换代快，导致竞争激烈，故研发尤为重要。

表 4 –6　电化学储能产业链各环节上市公司研发情况

产业链环节	代表企业	2021 年		2022 年 Q3	
		费用（亿元）	占比（%）	费用（亿元）	占比（%）
上游—正极材料	德方纳米	1. 64	3. 38	3. 36	2. 33
	容百科技	3. 60	3. 50	4. 00	2. 08
上游—负极材料	贝特瑞	5. 91	5. 64	8. 88	5. 05
	璞泰来	5. 43	6. 03	6. 41	5. 61
中游—储能电池	宁德时代	76. 91	5. 90	105. 77	5. 03
	比亚迪	106. 3	4. 92	108. 70	4. 06
中游—BMS	国轩高科	11. 67	11. 3	10. 39	7. 20

资料来源：Wind。

四、电化学储能产业链市场绩效分析

（一）价值链：价值分布不均，主要集中在储能系统及集成环节

储能价值链上游指电池组原材料，中游指储能电池及系统集成，下游指储能系统的安装和运营。根据中证储能产业成分指数，以国内主要上市公司作为分类依据，结合各个公司 2022 年 Q3 的毛利率，绘制图 4 –22 价值链。储能电池厂商、储能变流器及 BMS、EMS 厂商毛利率较高，为 15%～30%，市场前景较为广阔。

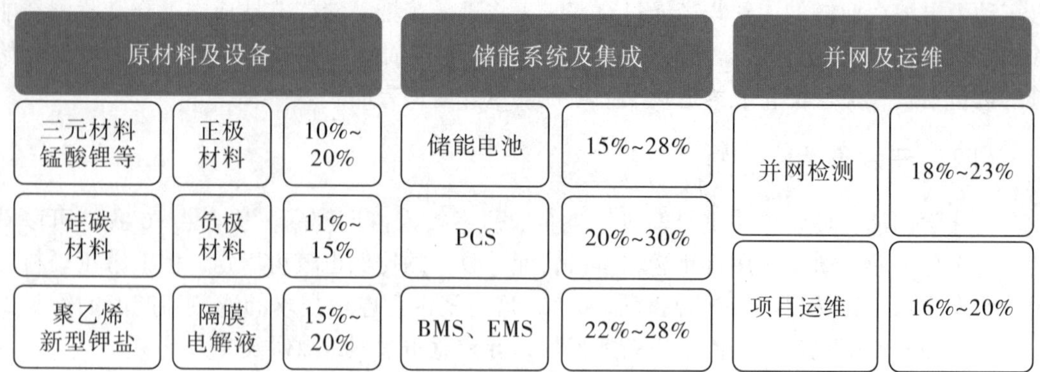

图 4-22 储能系统核心组成价值链

资料来源：Wind。

（二）盈利能力：产品成本有望逐步下降，企业盈利能力稳步提升

正极材料企业毛利率受锂矿价格波动影响大，2023 年预计波动减小盈利企稳。以广东省正极材料龙头企业德方纳米为例，2022 年三季度相比于 2021 年，毛利率下降 6.61%。随着原材料锂盐价格暴涨，正极材料企业的毛利率下降幅度较大。但 2023 年原材料价格冲高回落后趋于平稳，储能电池需求增加以及产能利用率提高，预计正极材料企业盈利将趋于稳定。

表 4-7 电化学储能上游主要上市公司盈利对比

环节	企业	2021 年			2022 年三季度		
		营业总收入（亿元）	销售毛利率（%）	销售净利率（%）	营业总收入（亿元）	销售毛利率（%）	销售净利率（%）
正极材料	德方纳米	48.42	28.85	16.61	144.16	22.24	12.76
	容百科技	102.59	15.34	8.85	192.80	10.05	4.77
	当升科技	82.58	18.24	13.21	140.87	17.66	10.49
负极材料	杉杉股份	206.99	25.03	17.25	158.41	25.62	14.60
	贝特瑞	104.91	25.02	13.73	175.68	17.34	7.65
	璞泰来	89.96	35.65	19.82	114.14	36.38	21.45
隔膜	恩捷股份	79.82	49.86	36.17	92.80	49.66	36.67
	星源材质	18.61	37.80	15.33	20.93	45.02	29.32
电解液	天赐材料	110.91	34.98	20.80	164.29	40.50	27.11
	新宙邦	69.51	35.49	19.63	73.29	32.72	20.50

资料来源：Wind。

负极材料企业成本转稳定，客户订单增加推动企业扩产增收。如表4－7所示，2022年前三季度负极材料头部企业中盈利能力最强的是璞泰来，毛利率为36.38%，这主要受益于2020年内蒙古兴丰项目投产，未来石墨化加工内供比例可达50%以上，进而可节省大量成本并提高盈利能力。未来石墨价格趋于平稳，叠加储能装机量2023年放量增长，各企业订单均有增加，预计产量将有较大幅度的增长。

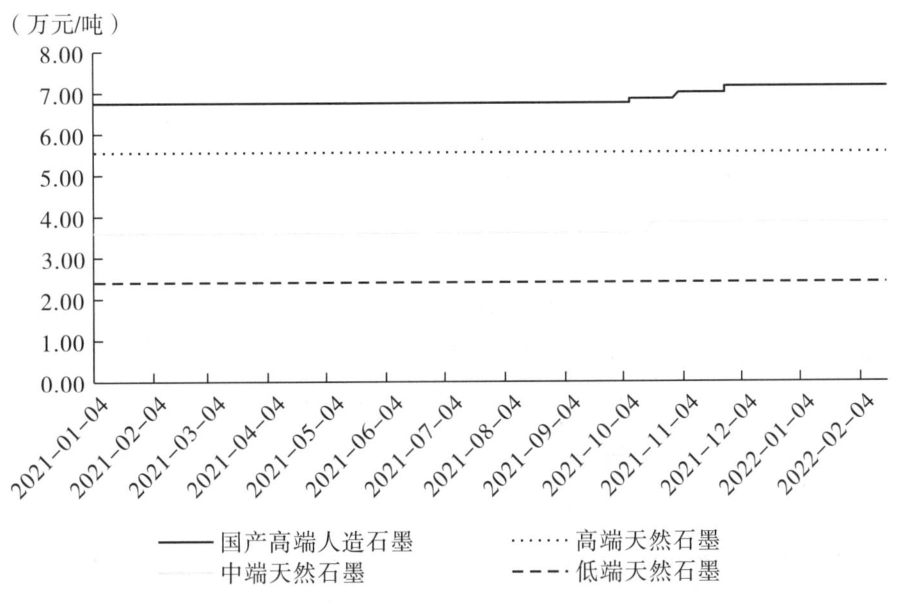

图4－23　负极材料价格走势

资料来源：Wind。

隔膜行业龙头企业毛利率较高，广东省企业表现亮眼。如表4－7中所示，2022年三季度隔膜行业龙头企业星源材质的毛利率上升幅度较大，恩捷股份虽然毛利率变化较小，但总体都维持在45%以上的高位。广东省隔膜行业龙头星源材质，之前主攻干法隔膜，但相对来说，干法隔膜市场规模较小、竞争更激烈，随着星源材质开始切入湿法隔膜市场，其2022年毛利率、净利率均有大幅的上涨。

电解液龙头企业盈利有升有降。从广东省行业龙头新宙邦、天赐材料的毛利率变化来看，2022年天赐材料毛利率上升，而新宙邦毛利率下降。相比较而言，新宙邦的毛利率比较稳定，一直维持在30%～40%的区间，而天赐材料由于产品价格弹性较大，毛利率波动相对较大。

储能电池企业营收高，头部企业盈利能力较第二梯队企业更强。宁德时代和比亚迪在2022年三季度均突破2 000亿元营业总收入大关，盈利能力较强。头部企业营收占绝对优势且毛利率较为稳定，亿纬锂能等第二梯队企业总体营收体量较小，毛利率波动较大。

表 4-8 电化学储能中游主要上市公司盈利对比

环节	企业	2021 年			2022 年三季度		
		营业总收入（亿元）	销售毛利率（%）	销售净利率（%）	营业总收入（亿元）	销售毛利率（%）	销售净利率（%）
储能电池	比亚迪	2161.42	13.02	1.84	2676.88	15.89	3.73
	宁德时代	1303.56	26.28	13.70	2103.40	18.95	9.33
	亿纬锂能	169.00	21.57	18.64	242.83	15.86	10.95
PCS	阳光电源	241.37	22.25	7.06	222.24	25.36	9.58
	科华数据	48.66	29.21	9.22	36.43	30.58	8.26
BMS	国轩高科	103.56	18.61	0.74	144.26	14.12	1.32
EMS	国电南瑞	424.11	26.88	14.25	256.16	28.27	15.20
	华自科技	22.68	25.29	2.00	13.21	22.95	-5.71
系统集成	南都电源	118.48	4.24	-13.85	84.86	9.27	6.77
	科陆电子	31.98	28.97	-20.81	20.95	27.21	-5.95

资料来源：Wind。

PCS 环节头部企业优势明显。阳光电源 2019 年至 2022 年国内份额占比维持第一，领先优势较大，2022 年三季度，阳光电源营业收入比腰部企业科华数据高出 5 倍，毛利率处于行业较高水平。

BMS 厂商 2022 年营业收入高速增长，但毛利率与净利率相差较大。BMS 代表企业国轩高科 2022 年三季度营业收入比上年全年高出近 41 亿元，发展前景广阔。

EMS 厂商毛利率水平较高，但净利率低。国内储能 EMS 相关厂商主要为国网系公司，如国电南瑞、华自科技等，该环节上市公司毛利率较为稳定，维持在 25% 左右。但 2022 年三季度华自科技净利率为 -5.71%，盈利水平较差。

储能系统集成厂商营收能力差异较大。如表 4-8，南都电源 2021 年和 2022 年三季度毛利率均低于科陆电子，主要是由于其进行业务剥离，主攻国内大型储能市场。科陆电子营收规模远小于南都电源，且盈利不稳定，2022 年三季度销售净利率为 -5.95%。

（三）创新：钠离子电池优势渐显，未来或将跻身主流技术路径

电化学储能产业最重要的创新在于电池技术的革新，未来钠离子电池或将占据重要市场地位。目前各类电化学储能技术中，主流锂离子电池累计规模最大，但锂矿资源稀缺，价格涨幅过大且性能上存在一些弊端。钠元素在地壳资源中占比为 2.3%，位居所有元素中第六位，显著高于锂元素的 0.0 017%。目前全球探明的可供开采的锂资源储量仅能满足 14.8 亿辆电动汽车，随着全球电动化加快，锂资源短缺压力将进一步体现。

根据 CNESA 数据，截至 2018 年底，全球锂电池储能累计装机 5.71 吉瓦，占电化学

储能累计装机的94.7%，此后便呈现出市场占有率逐年递减的趋势。锂离子电池在储能的应用上，以磷酸铁锂电池为主流。钠、锂离子电池原理相似，本质都是在充放电过程中由钠离子或锂离子在正负极间嵌入脱出实现电荷转移。从材料体系来看，两种电池除了隔膜以外，其他各材料成分均有明显变化，特别是正极和负极材料变化明显（见表4－9）。

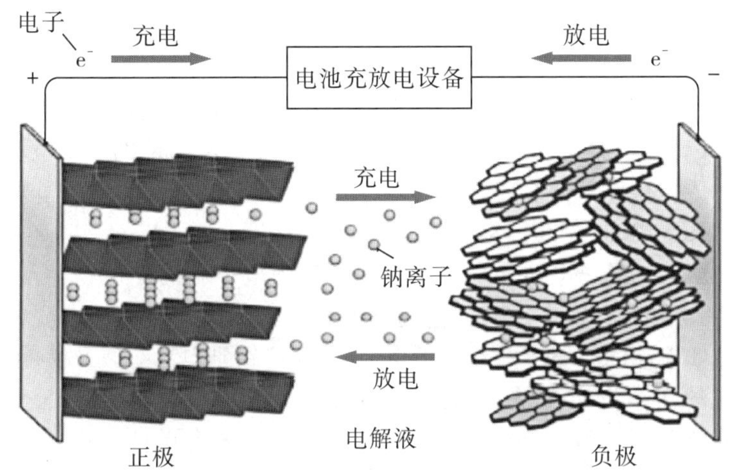

图4－24　钠离子电池工作原理

资料来源：张鼎，赵小敏，徐守冬，等．室温钠离子电池的研究进展［J］．新材料产业，2017（3）：60－65.

表4－9　钠离子电池及锂离子电池材料体系对比

材料	锂离子电池	钠离子电池
正极材料	磷酸铁锂、三元材料等	铁锰铜/镍三元、磷酸体系、硫酸体系
负极材料	石墨	碳类材料、金属氧化物
电解液	六氟磷酸锂（溶质）	六氟磷酸钠（溶质）
隔膜	无变化	无变化
集流体	铜箔	铝箔

资料来源：中科海钠官网。

钠离子电池具有如下三大优势，使其有可能替代锂离子电池成为储能市场“新宠”。一是成本低，钠盐成本远低于锂盐。金属钠价格为1.9万元/吨、碳酸钠价格为0.3万元/吨，显著低于298万元/吨的金属锂、48.4万元/吨的碳酸锂。钠离子电池用铝箔替换铜箔，铝箔价格约为铜箔的三分之一。负极材料方面，石墨负极更换为无烟煤降低了成本。根据中科海钠数据，钠离子电池材料成本约0.37元/瓦时，显著优于磷酸铁锂和三元锂电池体系。

二是安全性高。钠离子电池内阻高，短路时电路中电流更低，瞬间发热更少。钠离子电池经历短路、针刺、挤压等测试后，无起火、无爆炸。锂离子电池存在过放电的问题，会造成铜箔等集流体溶解、电池容量不可逆衰减等问题。而钠离子电池无过放电情况，正极可以放电至0V而不影响后续使用，同时，钠离子电池在热失控时容易钝化失活，因此安全测试表现更优。

三是低温性能好。钠离子电导率高，低温时电解液黏度比锂离子更低，电池整体性能更为优异。钠离子电池正常工作温度范围在-40℃~80℃，部分产品在-20℃下容量保持率能够达到88%，显著优于磷酸铁锂60%~70%左右的容量保持率。

当然，钠离子电池也存在劣势：循环寿命短、能量密度尚有改善空间。钠离子电池现在整体循环寿命在2 000次左右，相较于部分用于储能领域的循环寿命超5 000次的磷酸铁锂电池仍有一定差距。国内企业里，中科海钠等企业初步实现钠离子电池量产，宁德时代、鹏辉能源、传艺科技等企业也在积极推进钠离子电池产业布局。国外企业中，英国Faradion、美国Natron Energy等也在加速推进量产进程。

根据以上性质，钠离子电池未来主要应用场景为电车和储能市场，预计2025年钠电储能需求达27.8吉瓦时。未来钠离子电池技术将主要应用于对能量密度要求较低，但对成本敏感的领域如电动两轮车（替代铅酸电池）、A00级别电动车以及储能领域。据测算，全球钠离子电池的需求量有望从2023年3.6吉瓦时增长至2025年65.8吉瓦时，预计2025年钠电储能领域渗透率达9%，钠电储能需求达27.8吉瓦时，成长空间大。

表4-10 钠离子电池及锂离子电池材料体系对比

		2021年	2022年E	2023年E	2024年E	2025年E
全球电动两轮车	销量（万辆）	6 560	7 400	8 140	8 954	9 849
	渗透率	—	—	2%	10%	20%
钠电两轮车需求（吉瓦时）		—	—	1.2	6.4	14.2
全球电动车销量（万辆）		658	1 074	1 396	1 745	2 182
其中：A00级电动车销量（万辆）		123	167	217	271	339
A00级电动车涉透率		—	—	2%	10%	20%
钠电电动车需求（吉瓦时）		—	—	1.5	9.5	23.7
全球储能	需求量（吉瓦时）	33.9	73.3	133.2	208	309.3
	渗透率	—	—	0.70%	3%	9%
钠电储能需求（吉瓦时）		—	—	0.9	6.2	27.8
钠电需求合计（吉瓦时）		—	—	3.6	22.1	65.7
YoY		—	—	—	512%	196%

资料来源：华金证券。

第三节 电化学储能产业空间布局

一、我国电化学储能产业集群概况

从全国产业集群来看，我国电化学储能相关企业主要集中在华南、华东地区。从图4－25中可以看出，储能行业相关企业分布最为集中的是广东地区，共有12 415家储能相关企业，江苏地区有8 499家相关企业，位居全国第二；湖南、浙江、北京、山东等省市储能企业发展蓬勃。

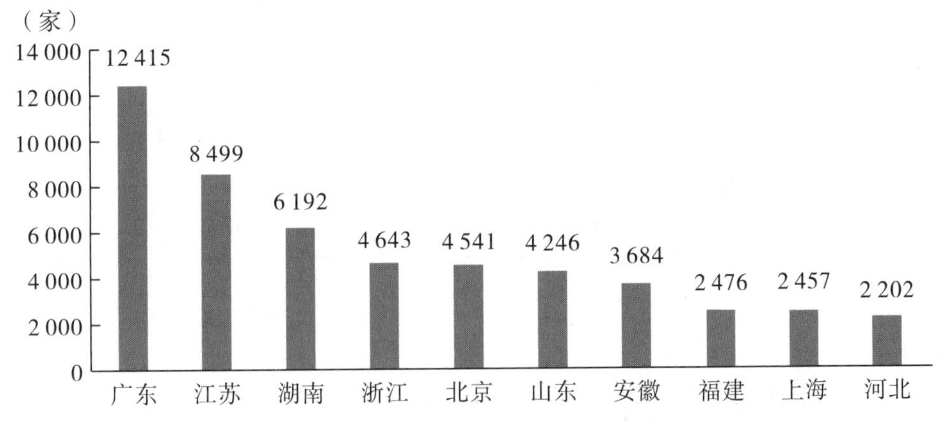

图4－25 中国储能相关企业地域分布 Top10

资料来源：天眼查。

从表4－11储能产业链代表性企业分布情况来看，广东代表性企业较多，覆盖储能电池全产业链。同时部分区域在电化学储能产业链中有代表性企业，广东主要为储能电池以及EMS产品企业，如鹏辉能源、比亚迪、亿纬锂能等；福建省的宁德时代为电池龙头企业；上海市有BMS代表企业派能科技；江苏省有EMS企业国电南瑞；安徽省有电池代表企业国轩高科等。

表4－11 2022年中国储能产业链代表性企业区域分布

省市	环节	代表性企业
广东	电池	比亚迪、亿纬锂能、鹏辉能源、欣旺达
	EMS	科陆电子
	下游应用	深圳能源

（续上表）

省市	环节	代表性企业
江苏	电池	中天科技、海基新能源
	EMS	国电南瑞
	BMS	高特电子
福建	电池	宁德时代
江西	电池	赣锋锂业
浙江	上游材料	杉杉股份
	电池	南都电源、天能股份
上海	BMS	派能科技
安徽	电池	国轩高科
	EMS	阳光电源
北京	下游应用	国家电投、国家电力、京能集团
四川	上游材料	贝特瑞
河南	EMS	许继电气

资料来源：天眼查。

二、广东省电化学储能产业集群概况

广东省具备深厚电池技术底蕴，目前已经形成了广州、深圳、东莞、惠州电化学储能产业集聚区，主要覆盖了上游电池材料、中游储能电池以及各类核心部件生产环节。天眼查数据显示，深圳储能企业数量位居广东省第一，有 6 650 家相关企业，广州紧随其后排名第二，是广东省储能产业的核心集聚区。广东省的电化学储能产业有着深厚的发展基础，这与广东省动力电池产业的深厚积淀密不可分，二者在很多技术和资源上有着共通性。因此广东省内产业链配套相对完整，诞生了一批行业龙头，在全国电化学储能产业发展道路上扮演着重要角色。

各城市在不同的产业链环节发挥作用，共同打造电化学储能产业聚集高地。上游材料环节主要分布在深圳、佛山；中游储能电池环节主要分布在深圳、广州；惠州在上游材料和中游电池均有相关企业布局但相对较少。

三、广东省重点城市电化学储能产业发展概况

广东省各城市在电化学储能发展环节侧重点不同，深圳和广州引领整个广东省的电化学储能产业建设。

表 4－12　广东省重点城市电化学储能产业链代表企业空间布局概况

城市	产业链位置	代表性企业
深圳	上游	新宙邦（总部）、深圳天骄（总部）、贝特瑞（总部）、德方纳米（总部）、星源材质（总部）、中兴创新（总部）、深圳金润、深圳翔丰华
	中游	比亚迪、比克、天劲新能源、天臣新能源、欣旺达、深圳塔菲尔、恒创睿能、格林美
广州	上游	天赐材料、广州鸿森、广州锂宝
	中游	鹏辉能源（总部）、广州智光储能科技、广州储能纪元科技、欣旺达电子、广东领航国创储能科技、南方电网调峰调频（广东）储能科技
惠州	上游	惠州市宙邦化工、惠州天骄、惠州贝特瑞
	中游	惠州比亚迪、惠州欣旺达、亿伟锂能、德赛电池
东莞	上游	东莞天丰、东莞凯金、东莞金卡本、东莞中兴创新、杉杉股份（东莞）、东莞卓高
	中游	东莞振华、创明新能源、东莞塔菲尔、东莞市三牛能源科技、广东锦锂储能科技、中创储能（广东）进出口、中科储能（东莞）科技、广东迪度新能源
佛山	上游	佛山德方纳米、佛山金辉高科
	中游	佛山天劲、佛山邦普循环
珠海	上游	珠海赛纬
	中游	珠海银隆、珠海鹏辉、珠海恩捷
江门	上游	江门科恒
	中游	江门康普质、江门芳源环保
汕头	中游	汕头光华科技
中山	中游	中山中炬再生

资料来源：天眼查。

（一）广州：老牌工业城市注入新动力

广州作为老牌工业城市，凭借扎实的传统制造业基础迅速拓展储能新业务。广州的电化学储能产业主要依托于化工等传统制造业企业来进行发展，如上游有天赐材料，中游有鹏辉能源及下游南方电网等龙头企业，未来随着独立储能参与电力市场机制的落地发展，将会有快速的发展。

（二）深圳：动力电池技术储备深厚，电化学储能供应链完善

深圳在电化学储能领域是广东省的“排头兵”。由于动力电池和储能电池技术上存在互通性，所以深圳很多企业在生产电池方面有一定的先发优势，培养了比亚迪、欣旺达等优秀企业。深圳是广东省内电化学储能全产业链企业最为完善的城市，深圳企业在产业链各环节

的布局均衡，产业链的上游有龙头企业总部，如新宙邦、德方纳米、贝特瑞，中游坐拥比亚迪、比克等，在龙头企业的引领下，深圳的电化学储能产业已形成集聚发展的领先优势。

除了上述的两个城市之外，广东省内其他城市在电化学储能产业方面也有一定的发展，东莞和深圳一样都是传统消费电子生产基地，孕育出了东莞卓高、东莞凯金等宁德时代稳定合作企业；惠州毗邻深圳，帮助深圳企业缓解土地空间压力，吸引了新宙邦、贝特瑞、比亚迪等一批深圳企业在惠州设厂；佛山和珠海均有电池材料企业；此外，肇庆是我国抽水储能建设的重点城市。

第四节　电化学储能产业风险投资分析

一、电化学储能产业投资概况

广东省电化学储能产业发展迅速，2022 年创业投资金额及机构数量较 2021 年均翻倍增长。在 2013—2022 这九年之间，参与广东省代表性城市电化学储能产业创业投资的机构总共有 558 家，其中 2017 年与 2022 年创股活跃度较高。2019 年底新冠肺炎疫情的暴发，也致使中国资本市场进入了寒冬，2021 年投资金额出现断崖式下跌。直到 2022 年，电化学储能产业投资机构数量达到最高值 169 家，融资金额也达到了近十年的峰值 140.98 亿元。

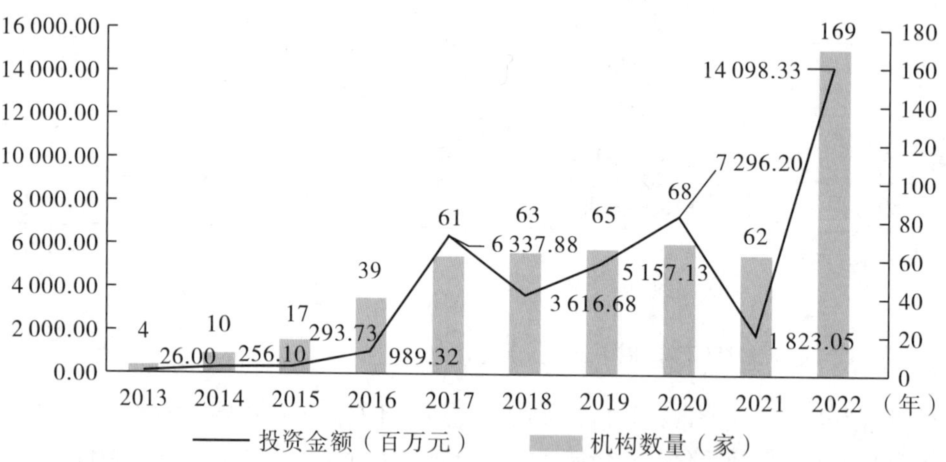

图 4－26　2013—2022 年广东省代表性城市电化学储能产业创业投资机构统计

资料来源：清科私募通。

注：广东省代表性城市包括广州市、深圳市、珠海市、佛山市、惠州市、东莞市、中山市、江门市、肇庆市。下同。

从投资轮次来看，机构参与数量最多的轮次是 A 轮，投资金额最多的是 B 轮。整体来看投资情况符合客观规律，一般种子轮的企业尚处开端，机构很难涉及。从天使轮开始，机构介入明显增多。A/B 轮企业的商业模式相对成熟，有持续收入和较为稳定的客户，故投资金额较高。

表 4－13　参与广东省代表性城市电化学储能产业创业投资的机构投资轮次分析（截至 2022 年）

	种子轮	天使轮	Pre-A	A	B	C	Pre-IPO
案例数量（个）	2	22	32	117	76	60	18
企业数量（家）	2	9	7	30	7	14	4
机构数量（家）	2	16	26	102	54	46	15
投资金额（百万元）	—	105	40.7	1 760.64	24 939.64	1 332.15	210

资料来源：清科私募通。

二、电化学储能产业链风险投资分析

产业链中锂电池环节最受投资者青睐，融资金额最高。广东省代表性城市电化学储能产业创业融资的企业涉及产业链各个环节，2022 年核心环节锂电池投资金额占 77%。广东省相关融资企业涉及的产业环节主要有正极材料、负极材料、隔膜、电解液、电池管理以及储能电池（主要技术路线为锂电池）。

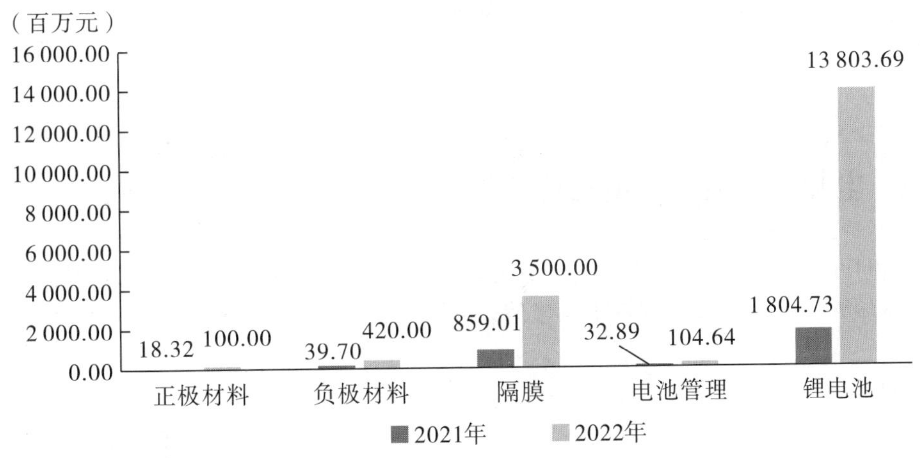

图 4－27　广东省代表性城市电化学储能产业各环节投资额度

资料来源：清科私募通。

如图 4－27 中所示，锂电池所吸引的累计投资金额最多，超 138 亿元，其次是隔膜行业，2022 年私募投资金额达 35 亿元，是 2021 年的 4 倍。这两个产业环节都需要较大的固定资本投入，推动技术的快速发展和迭代。

根据表 4－14 中主要投资案例，从地理位置来看，融资企业多集中在深圳和广州；从融资企业类型来看，储能电池相关企业占到一半以上。从融资轮次来看，有一半的企业处于A轮融资阶段，并且融资进展较快，其中主营便携式储能的长芽科技以及主营动力电池和储能电池的广汽埃安在一年内完成两轮融资。从融资金额，储能电池环节的广汽埃安受到多家机构的关注，在A轮和Pre-A轮共计获得人保资本、深创投、南方电网等56家机构投资者的青睐，A轮融资总额182.94亿元，目前全部投资者已完成签约付款；融资金额排名第二的为巨湾技研，尽管成立不足两年，但已经完成两轮融资，A轮融资近10亿元，公司本轮融资完成后将强化极速充电动力电池和下一代储能器研发制造。

表4-14　2022年广东省代表性城市电化学储能产业主要融资案例

环节	融资企业	投资机构	融资轮次	融资金额
储能技术	华美兴泰（深圳）	前海母基金、卓源资本	B轮	未披露
储能PCS	深源技术（深圳）	聚合资本	天使轮	千万级
便携式储能	长芽科技（深圳）	力合科创、大米创投	A轮	数千万元
		凯盈资本、朗科投资	天使轮	数千万元
储能电池	巨湾技研（广州）	腾讯资本、瀚晖资本	A轮	近10亿元
	中和储能（深圳）	隐山资本、红杉中国种子基金	种子轮	近千万元
	高能时代（佛山）	同创伟业、中金资本、欣旺达	A轮	超5 000万元
智慧储能	广汽埃安（广州）	人保资本、国调基金、深创投	A轮	182.94亿元
		中国诚通、南方电网、广州产投	Pre-A轮	25.66亿元
充电换电	车库电桩（深圳）	粤高速A	战略融资	亿级人民币

资料来源：天眼查。

三、电化学储能产业链投资绩效分析

退出时间方面，2021年机构退出最为集中。如图4-28中所示，2021年，机构退出行为明显频繁，退出次数达到近十年峰值，共87次。

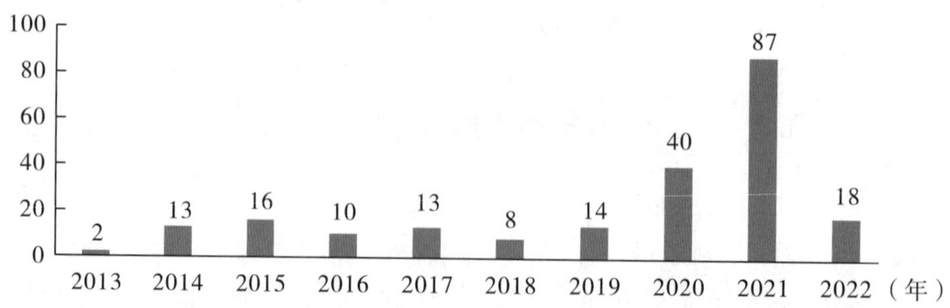

图4-28　2013—2022年广东省代表性城市电化学储能产业创投机构退出次数统计

资料来源：清科私募通。

退出方式方面，IPO 为主要退出方式。从图 4－29 中退出方式来看，IPO 是创投机构的主要退出方式，其次为股权转让。

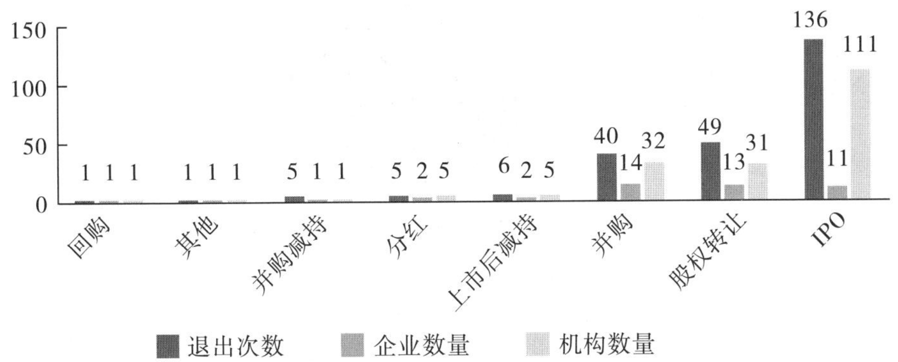

图 4－29　2013—2022 年广东省代表性城市电化学储能产业创投机构退出方式统计

资料来源：清科私募通。

投资回报方面，各年份的投资回报差异较大，呈现出周期性规律。从图 4－30 中可知，2019 年的投资回报倍数最高，高达 9.85 倍，而最低的 2014 年只有 1.11 倍。2019 年达到投资回报高峰后，2020 年和 2021 年下降幅度较大，2022 年广东省代表性城市电化学储能产业加速发展，投资回报丰厚。

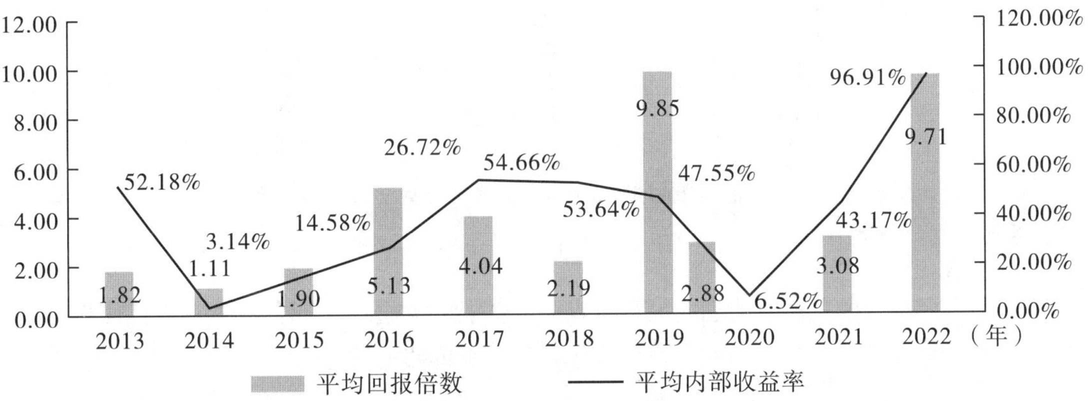

图 4－30　2013—2022 年广东省代表性城市电化学储能产业创投机构投资回报统计

资料来源：清科私募通。

储能技术创新方面，中国走在全球前列。截至 2021 年 8 月，中国储能电池专利申请量占全球储能电池专利总申请量的 67.56%。排名第二的美国储能电池专利申请量占比仅为 6.19%，与排名第一的中国差距较大。

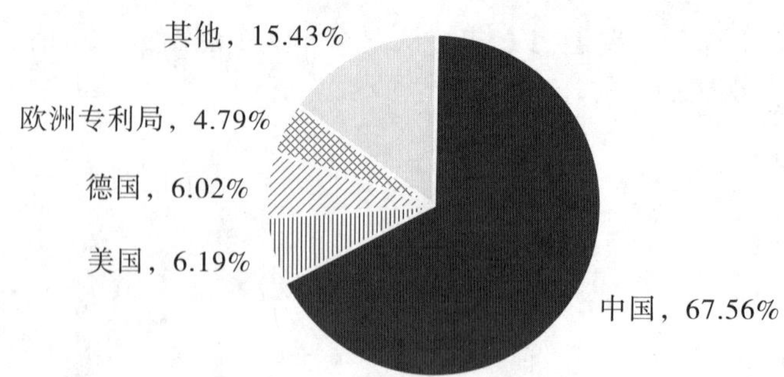

4－31 全球储能电池专利来源分布情况（截至2021年8月）

资料来源：前瞻产业研究院。

从国内来看，广东省为中国当前申请储能电池专利数量最多的省份，截至2021年8月，累计储能电池专利申请数量高达2 347项。江苏、北京、上海、浙江申请储能电池专利数量均超过1 000项。

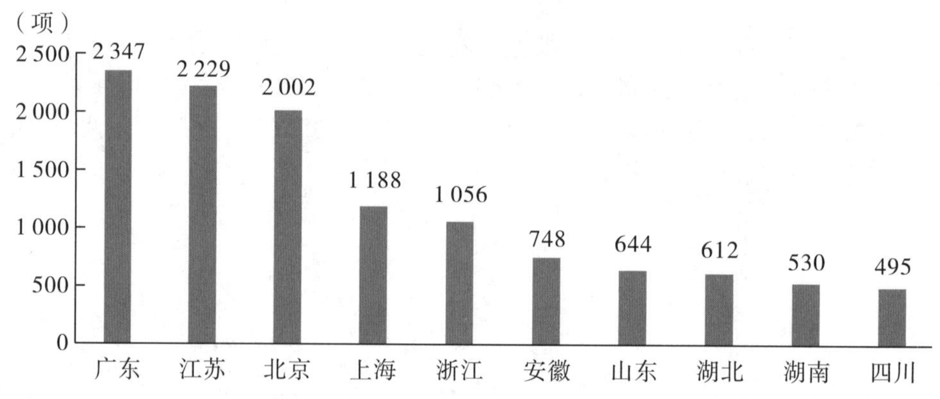

图4－32 储能电池申请专利Top10省市（截至2021年8月）

资料来源：前瞻产业研究院。

综上，广东省电化学储能创业投资重点关注储能电池企业。资金的大力支持使得广东省的储能电池专利数量在全国处于第一的位置，投资成效显著。

第五节 电化学储能产业发展趋势研判及对策建议

一、电化学储能产业发展趋势研判

（一）乘新能源之风，电化学储能将高速发展

全球储能发展的核心驱动力在于可再生能源发电量增长，以及随之增加的电力系统不

稳定性，催生对储能等灵活性资源的需求。预期 2023 年全球光伏需求有望同比增长 40%~50% 至近 350 吉瓦，2023 年中国风电装机量将达到 70~80 吉瓦，同比增长约 30%~40%，驱动全球储能配置需求。根据国内已出台政策配备比例要求，按照新能源 10%~20% 的比例配备储能，我国储能产业将是一个万亿级的战略新兴市场。

（二）海外高电价推动户储市场加速增长，相关产品出口或将放量

多国的数据显示，储能行业新装机潮正在全世界范围内爆发。欧洲户储市场呈现快速增长，根据 GGII，2022 年全球户用储能装机有望突破 15 吉瓦时，同比增长 134% 以上。此外，海外电价成本高也将推动国内户用和便携式储能产品出口。以海外户用储能为例，海外发达国家居民电价是国内的 2~3 倍，高昂的电价将驱动海外户储需求爆发和国内产品出口。

（三）电化学储能未来盈利模式趋于多元化

由于短时间内快速充放电，影响电池寿命，所以火电联合调频逐渐成为储能应用端的重要形式。2022 年以来，国家发布多条电力市场及储能行业重磅政策，明确储能向市场化运营方向发展。在此背景下，2022 年更多地方将会针对储能参与本地区电力容量市场、辅助服务市场出台配套政策和落地细则。预计未来，示范省份将形成“谁提供，谁获利；谁受益、谁承担”的市场化原则。

（四）钠离子电池优势显现，未来或将跻身主流技术路径

主流锂电池技术存在不足，新兴钠电池技术有望补足市场需求。2021 年中以来锂价飙升，成本大幅提升，给产业链盈利带来压力，从而企业寻求新材料体系进行突破。钠电池因为天然的成本优势而成为首选，大规模量产后成本有望降低至 0.5 元/瓦时，同时国内碳酸钠对应供给充足，供应链更为安全。

二、广东省电化学储能产业发展存在的问题

（一）大型储能电站安全问题不容忽视

电化学储能电站安全运行为根本要求。2018 年至今，韩国储能行业发生 23 起严重火灾；2019 年，美国亚利桑那州 APS 公司的储能电站发生燃爆；2021 年，北京南四环发生磷酸铁锂电池储能电站火灾和爆炸，是近年国内储能电站发生的最严重的事故。目前电化学储能电站发生事故主要包括火灾、爆炸、中毒、触电等。频发的事故给高速发展的储能行业敲响了警钟，虽然目前广东省内暂未发生安全事故，但储能运行安全仍是最为严峻的问题，需要重点关注。

（二）部分领域依赖进口，供应链安全待加强

目前国内大容量电芯以及储能变流器的上游原材料 IGBT 主要依赖进口，国产产品工艺

层面与世界领先水平仍有差距。近年来，我国企业通过加强研发投入，不断提升产品竞争力和定制化程度，储能电池龙头企宁德时代已推出280安时长循环、大容量电芯的储能电池。

（三）投资侧重明显，相关企业空间分布过于集中

根据前文分析，广东省内被投公司多为锂电池企业，且企业区位分布主要在深圳和广州。目前广东省电化学储能产业链风险投资有近八成投资于锂电池相关企业，不利于全产业链均衡发展。空间分布上主要以深圳和广州为主，随着电化学储能走向产业化发展阶段，建厂用地、资源配套等问题将凸显。

（四）当前电力市场和储能价格机制尚不健全，补贴为盈利主要来源

从2021年来看，尽管我国以及广东省多部门鼓励储能参与削峰填谷、电力辅助服务、调频等，但是由于缺乏明确的市场化机制和价格机制，储能参与市场交易、结算、调度、并网等的价格规则尚不明确。补贴被视为提升储能投资积极性的重要手段，但目前储能补贴目的不尽相同，有的政策出发点是地方为了招商引资，吸引相关企业投资落地；还有些补贴政策仅适用于街道和工业园区范围。整体来看，储能行业的补贴较为分散，且数量和金额较少。

三、政策建议

基于储能技术的快速发展、电价体制改革的不断深入以及电力市场的不断完善，为促进我国及广东省电化学储能行业有序健康发展，提出以下建议：

（一）落实国家政策，并出台匹配地方特点的安全管理政策

综合考虑电化学储能多重价值与广东省能源电力发展全局，建议政府主管部门重视安全问题，落实好国家政策并出台配套地方特点的规划管理政策。2022年5月国家能源局综合司发布《关于加强电化学储能电站安全管理的通知》，提出高度重视电化学储能电站安全管理，加强电站规划设计安全管理的相关要求。应严格电站施工验收、并网验收，加强电化学储能电站运行维护安全管理，要定期开展主要设备设施及系统的检查，规范电站、电池的退役管理等要求。

（二）加强风险投资联动，促进高端产品研发

积极鼓励投资机构重点关注电化学储能核心技术环节企业，做好钠电池重点企业及大容量电芯企业的创新支持工作。广东省内有多家优秀的已上市企业提早布局了钠离子电池，如广州的鹏辉能源和深圳的传艺科技。同时，广东省内优质企业德赛电池2022年公告表明：公司储能电芯一期项目产品规划中有280安时电芯产品，明年二季度有望量产。电化学储能行业的核心环节在于电池技术的迭代更新，从广东省电化学储能行业的创业投资情况可以看出，投资机构非常重视电池技术方面的投资，同时也获得了良好的投资回报。

（三）巩固广州、深圳的“中心”竞争力，加强与周边城市的合作

广东省在全国范围内打造了最完善的电化学储能产业链集聚区域，并且相关专利数量位于全国领先地位。未来应加强广州、深圳与周边城市的联动，实现“老带新”的技术输出辐射圈。同时，应充分利用周边城市的劳动力及土地优势，强化电化学储能技术研发及产品开发，并结合周边地区独具特色的产业基础，运用好本地渠道，进行符合当地情况的电化学储能产品市场布局。

（四）电改加速推进的背景下，不断完善市场化运行机制

目前储能盈利模式单一，市场化机制尚未形成。结合国外电化学储能发展经验以及我国实际情况，尽快明确储能应用的主体定位和市场准入条件，建立反映不同服务品质与价值的市场机制，以市场化机制引导储能产业发展。新一轮电化学储能发展周期内，应鼓励和引导多元化主体参与，形成利益共享的分担机制和产业格局，共同促进电化学储能行业健康发展。

第五章 广东省云计算产业分析*

引 言

云计算是新基建的关键支撑技术，是推动实体经济数字化发展的重要催化剂。近年来，我国云计算产业发展迅速，得益于国家政策的支持和政府的高度重视，广东省已发展成为国内三大云计算产业集聚区之一，具备规模效应。在产业体系上，初步形成涵盖软硬件、IT 基础设备和云服务平台、云应用平台等主要环节的产业链；在空间布局上，广深两地作为云计算产业建设的中心城市和核心引擎，辐射带动周边城市布局云计算；在风险投资上，投资规模波动上升，带动产业链上游芯片领域投资热度的增加；在产业环节上，还存在芯片等领域核心技术上的短板。本章将从发展环境、空间布局及投资环境、市场结构、市场绩效等方面入手，分析我国和广东省云计算产业的发展趋势和存在的突出问题。

云计算是一种按使用量付费的模式，该模式依托分布式资源管理和虚拟化等多种技术，通过互联网向外部用户交付具有可扩展性和弹性的 IT 能力，用户可以随时随地、便捷地、按需地从可配置计算资源共享池中获取计算、存储、网络等各类资源。目前，我国云计算产业可分为上游核心硬件（芯片和内存等）、中游 IT 基础设施提供商（数据库、服务器、存储器等）、下游云服务厂商三部分，如图 5-1 所示。其中，云服务厂商按服务类型分类，可分为 IaaS（基础设施即服务）、PaaS（平台即服务）和 SaaS（软件即服务）；按照部署模型分类，云计算又可分为面向机构内部提供服务的私有云（Private Cloud），面向公众使用的公有云（Public Cloud），以及二者相结合的混合云（Hybrid Cloud）等。

---

* 本章第一执笔人为暨南大学产业经济研究院赵维蕊。

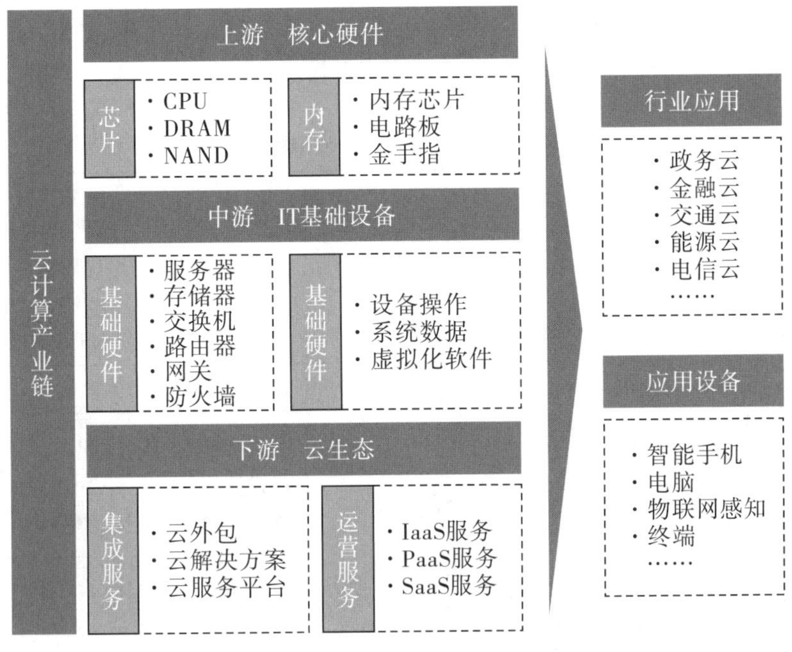

图 5－1　云计算产业链结构全景

第一节　云计算产业发展环境

一、云计算产业宏观环境

纵观全球，中国、美国、欧盟、日本等国家和地区均把云计算作为国家层面战略大力发展，其中，美国凭借先发优势和坚实的信息技术基础，云计算产业规模和技术水平均处于世界领先地位。中国云计算产业虽然起步较晚，但市场前景广阔，得益于我国新基建政策以及数字化建设的发展，未来我国云计算产业将有更大的发展空间。广东省已形成云计算产业集聚，产业规模全国领先，但在核心技术、产业体系建设等方面仍存在短板。

（一）美国：云计算战略先行者

美国布局云计算产业较早，凭借先进的信息技术和完善的 IT 基础设备，已形成完整且成熟的云计算产业链，是全球云计算市场上规模最大的国家。根据 Gartner 预测，美国企业的上云率已经达到 85% 以上。在产业体系上，美国在产业链各环节均有头部企业布局，亚马逊、微软、谷歌、IBM、Salesforce、Oracle 等云服务企业占全球市场份额近 50%；在底层技术上，服务器虚拟化、存储技术、网络技术（SDN）等领先全球。

（二）中国：云计算的后起之秀

中国云计算产业起步较晚，在核心技术、产业体系建设、市场渗透率等方面均落后于美国，但中国市场广阔，受益于国家政策和市场环境的支持，近年来中国云计算市场奋起直追，是全球云计算市场上发展最快的国家之一。

表5－1　中美云计算产业发展概况比较

比较层次	中国	美国
市场规模	2021年云计算市场规模达3 229亿元，发展潜力巨大	是全球云计算市场规模最大的国家
云服务模式	IaaS占主流	以利润率更高的PaaS和SaaS为主
企业上云率	约30%，传统行业上云率仅为20%	企业上云率达85%以上
技术水平	在计算能力、安全技术、数据库、Serverless等领域领先，但在核心技术上仍存在短板	在服务器虚拟化、SDN、存储技术、分布式计算、OS、开发语言和平台等核心技术上构建了技术优势
产业链生态	初步形成涵盖软硬件、IT基础设备和云服务厂商的产业链，在上游芯片环节仍有缺位	形成完整且成熟的云计算产业链，产业链各环节均有头部企业布局
产业政策	近年来云计算相关政策更加明确和细化，重点在于鼓励云计算相关技术研发、推动云计算与传统行业的融合发展等	先后推出“云优先”“云敏捷”战略，从基础设施建设、标准制定、鼓励创新、生态搭建等方面促进云计算发展

资料来源：根据公开资料整理。

2020年，疫情推动中国企业数字化转型加速，云办公、云教育、云医疗等领域需求爆发式增长，加速了国内云计算的渗透。新基建提出的“加快5G网络、数据中心等基础设施建设”，为云计算的发展奠定了政策端的基调，《“十四五”数字经济发展规划》提出的大力推进产业数字化转型、加快推动数字产业化等任务，为云计算增添新的发展动力。2022年2月，“东数西算”工程正式全面启动，云计算是“东数西算”工程算力输出的重要载体，上游云设备与中游IDC（互联网数据中心）厂商直接受益于数据中心的建设规划，同时，产业链成本降低将传导至终端刺激上云意愿，并带动中国云计算产业规模的进一步扩大。

（三）广东省：中国云计算市场的领先者

广东省云计算产业规模位居全国前列，形成具备国内竞争力的产业集群，华为、腾讯等龙头企业初具国际竞争力。在国家和各级政府政策的指导下，广东省云计算产业规模逐年上升，广东省云计算专利申请量位居全国榜首，企业上云率处于国内领先地位。但广东省仍存在云计算产业体系建设不完善、关键技术发展受到制约等问题。

二、云计算产业政策环境

（一）美国：政策多维发力，数据安全和隐私保护政策完善

美国政府于2009年开始制定云计算相关政策，强调将政府采购作为支持云计算产业发展的重要抓手，并于2011年制定了“云优先”政策，引导企业优先使用云解决方案，2018年又发布了“云敏捷”战略，推动机构使用更智能的云解决方案。近年来，美国政府制定的一系列政策在云计算多个维度上发力，包括致力于推动云计算产业链的协调发展、积极培育市场活力，发挥政府采购作用、制定云计算服务标准、鼓励云计算技术创新等。

此外，美国在数据安全、知识产权保护等方面的政策较为完善，《消费者隐私权利法案》明确规定用户拥有数据的所有权，《自由法案》规定国安局索取个人或组织的相关数据时必须确定其存在恐怖活动的嫌疑。美国政府规定只有获得FedRAMP认证的云服务厂商才可服务政府部门，这能有效避免政府的数据被不当窃取。

（二）中国：政策朝精细化和明确化发展，数据安全问题开始受到重视

云计算产业从“十二五”期间开始成为国家重点发展任务，科技部发布了《中国云科技发展“十二五”专项规划》。2015年发布的《国务院关于促进云计算创新发展培育信息产业新业态的意见》，标志着云计算正式成为国家级战略规划产业。近年来，中国云计算产业更是受到各级政府的高度重视和国家产业政策的重点支持，相关政策更加明确和细化，重点在于鼓励云计算相关技术研发、推动云计算与传统行业的融合发展、规范云计算行业发展、提升云计算产业规模并优化产业布局等。《中华人民共和国国民经济和社会发展第十四个五年规划和2035年远景目标纲要》《“十四五”数字经济发展规划》《“十四五”软件和信息技术服务业发展规划》等政策文件均强调云计算产业是数字经济发展的重点产业，致力于促进云计算与实体经济融合发展，推动传统行业转型升级。

云计算带来算力提升的同时，背后的数据安全问题也值得关注。过去，我国在云安全问题上的重视程度不足，与美国等国家相比，缺少云安全相关的风险管控标准和规范。2019年，国务院发布《云计算服务安全评估办法》，对云服务的评估内容、评估有效年限进行规范，“十四五”规划把云安全列为重点工作之一，与“云”相关的安全问题也开始受到重视。

（三）广东省：致力于加快企业上云步伐，推进云计算技术研究

近年来，国家频繁发布云计算相关产业政策，广东省也加大行动力度，其政策主要服务于打造云计算数据中心、推动金融科技服务等领域上云、加快传统行业的上云步伐和加快云计算技术突破等，相关政策也从总体法规到细分领域得到不断推进完善。2014年广东省发布首部《广东省云计算发展规划（2014—2020年）》，从总体上提出广东省云计算建设目标。2017年广州市发布《广州市战略性新兴产业第十三个五年发展规划（2016—

2020 年)》，提出培育云计算领军企业并在广州建设产业集聚区。近几年，广东省云计算相关政策更多涉及细分领域，提出加快各行各业的上云步伐、开展云计算技术研究等。2021 年发布的《广东省人民政府关于加快数字化发展的意见》中提到，在云计算等领域开展基础理论、核心算法及关键共性技术研究；《广东省发展软件与信息服务战略性支柱产业集群行动计划（2021—2025 年）》鼓励传统工业软件向云化转变；《广州市工业化和信息化发展“十四五”规划》提出培育发展具有核心竞争力的云计算技术和产品。

三、云计算产业市场环境

当前中国云计算市场主要存在以下供需特征：①在应用场景上，我国的云计算应用场景不断丰富，传统行业成为当前云计算市场的主要增长驱动力，其中，政务云市场高速增长；②在服务类型上，我国仍以 IaaS 为主导，但逐渐呈现出从 IaaS 向 SaaS 延伸的发展趋势；③在商业模式上，公有云是当前企业主要部署模式，混合云兼具公有云灵活性和成本效益以及私有云安全性的优势，未来更能满足用户需求。而广东省作为我国云计算三大产业集聚区之一，在企业布局、技术创新等方面走在全国前列。在云计算市场渗透率低、产业规模高速增长、应用场景不断拓展等市场环境下，广东省云计算产业的发展潜力巨大，同时，多样化的服务类型和商业发展模式助力企业加速切入云计算细分领域新赛道，助推云计算核心技术的突破和企业的高质量发展。

（一）数字化转型需求上升，产业规模高速增长

受益于新基建等政策和企业数字化转型需求上升，近年来我国云计算市场保持高速增长，增速均高于 30%，是全球云计算市场增速最高的国家之一。据中国信息通信研究院统计，2021 年我国云计算整体市场规模达到 3 229 亿元，同比增长 54.42%。

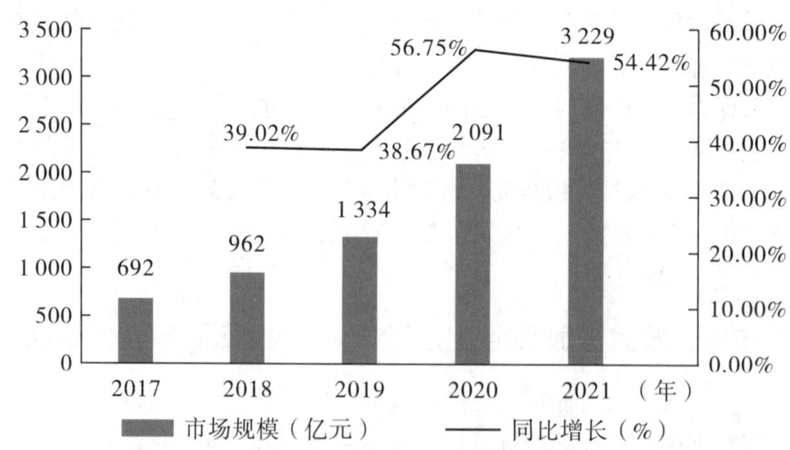

图 5－2　2017—2021 年中国云计算市场规模及同比增速

资料来源：中国信息通信研究院。

（二）渗透率低于全球水平，我国云计算发展空间巨大

随着云计算迅速发展以及各行业上云用云，全球云计算市场渗透率逐年上升，根据 Gartner 统计，全球云计算市场渗透率从 2015 年的 4.3% 上升至 2021 年的 15.3%。中国信息通信研究院数据显示，2020 年我国云计算渗透率仅为 4%，远低于全球水平，这表明我国云计算市场仍然有很大的发展空间。

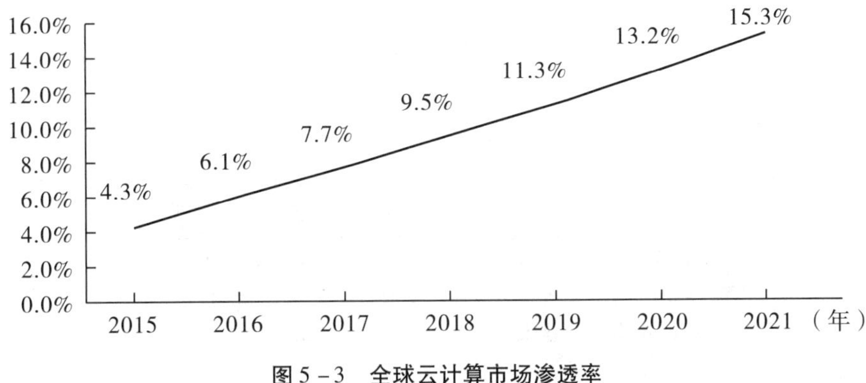

图 5-3　全球云计算市场渗透率

资料来源：Gartner。

（三）公有云仍是市场主流，混合云成未来发展趋势

根据云计算部署模式分类，近年来我国公有云占比逐渐扩大，2021 年市场规模达 2 181 亿元，占整个中国云计算市场规模的 67.54%。此外，混合云等多云部署模式兼具私有云安全性以及公有云快速扩展弹性和低成本的优点，正迅速成长成为云计算的主要发展模式和方向，据 IDC 调查统计，73% 的受访企业表明混合云模式更能满足其发展需求。

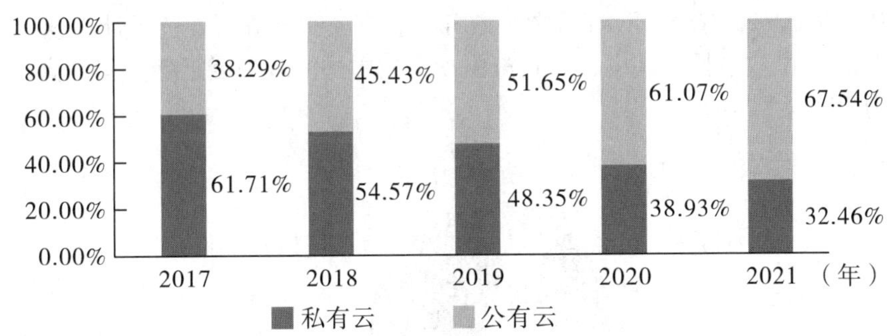

图 5-4　2017—2021 年中国云计算细分市场份额占比

资料来源：中国信息通信研究院。

（四）IaaS 服务模式为主，PaaS 和 SaaS 模式崛起

全球云计算市场以 SaaS 服务模式为主，而在我国 IaaS 服务模式所占比重最大，2021 年我国公有云 IaaS 市场规模占总体规模接近四分之三。PaaS 市场规模在近四年增速最快，2021 年 PaaS 市场规模达 196 亿元，同比增长 90. 66%。这表明，我国云计算市场正从以 IaaS 为主导的模式向利润率更高的 PaaS 和 SaaS 模式转变。

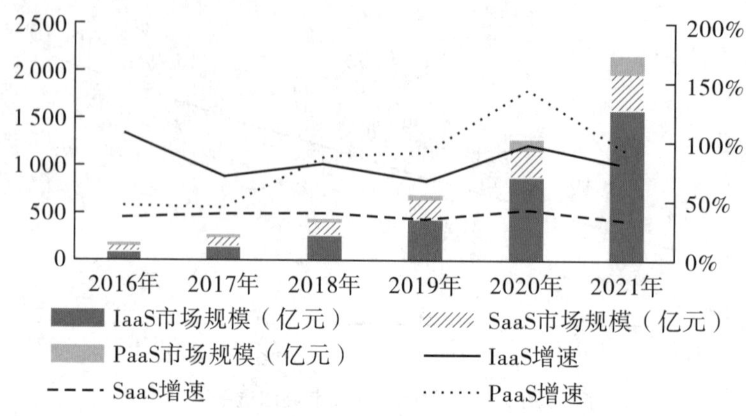

图 5－5　中国公有云细分市场规模及增速

资料来源：中国信息通信研究院。

（五）云计算市场持续增长，向传统行业加速渗透

当前，中国云计算的主要用户集中在互联网、政府、金融、工业、医疗、交通等领域，但各行业对云计算的应用深度参差不齐。互联网和信息化服务业基于自身的 IT 优势，已实现云计算的深化应用；政府以及金融、交通、医疗等传统行业在“十四五”规划的推动下，加快了上云用云的步伐。总体上，中国云计算应用领域呈现出从互联网向传统行业渗透的趋势。根据 Frost & Sullivan 数据，政务、教育、制造等行业的云计算规模在 2017—2021 年间保持双位数增长，其中，在政策驱动下，中国的政务云近年来实现高增长，2021 年占比约为 29%。

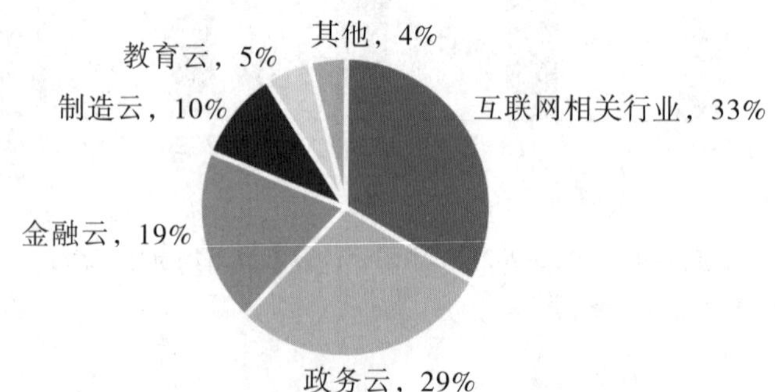

图 5－6　2021 年中国云计算应用行业分布

资料来源：Frost & Sullivan。

第二节 云计算产业链SCP范式研究

一、云计算产业发展概况

我国云计算产业发展迅速，市场规模高速增长，已成为我国数字化转型的重要基础设施之一。从整体产业链视角来看，全国以及广东省已形成相对较为完整的产业体系，但上游芯片领域仍高度依赖进口，中游服务器等网络设备基本实现国产化配套，下游云服务厂商初具国际化竞争力，头部云计算厂商竞争激烈。广东省云计算产业呈现出超前发展的态势，是我国三大云计算产业集聚地区之一，是中国云计算专利申请数最多的省份，且云计算存续和在业企业数量仅次于北京，孕育出华为、腾讯等龙头企业和金蝶、中兴、深信服等创新型企业。

二、云计算产业链市场结构

云计算产业链上游服务器芯片和存储芯片主要依赖国外进口，我国在该领域技术欠缺；中游最核心的设备是服务器，呈现出寡头垄断的竞争格局，国内五大厂商市场份额保持基本稳定；下游公有云IaaS，市场呈现一超多强的格局，运营商凭借国资背景在政务云领域发展迅速，其他头部云计算厂商市场份额遭到一定的挤压。

（一）上游：芯片市场集中度较高，90%芯片依赖进口

1. 服务器芯片

按照所采用的指令集架构，服务器芯片主要有X86架构和ARM架构（如表5-2所示）。2018年以前，服务器芯片基本都是X86架构，占据全球服务器99%以上的份额；2022年二季度，采用ARM架构服务器的市场份额提升至7.1%。

表5-2 X86架构服务器芯片与ARM架构服务器芯片简介

上游原材料	分类	特点	国内外重点企业
服务器芯片	X86	性能高，速度快，是目前服务器CPU的主流架构	英特尔、AMD
	ARM	低功耗、低成本	亚马逊、微软、谷歌、阿里巴巴、腾讯

资料来源：根据公开资料整理。

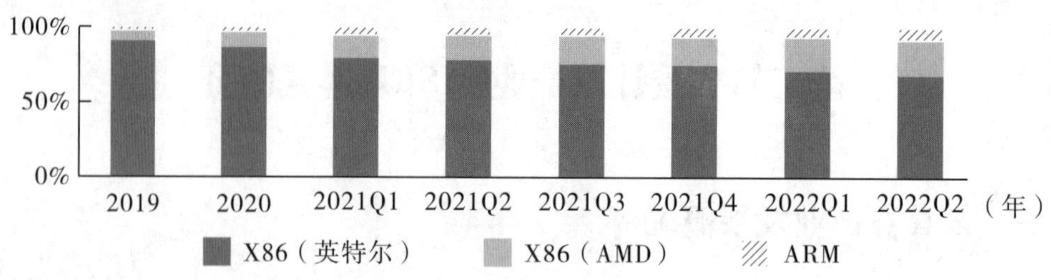

图 5－7 2019—2022 年 Q2 全球服务器芯片出货量占比

资料来源：Omedia。

在 X86 架构领域，英特尔和 AMD 是全球服务器处理芯片的绝对领导者。AMD 公司凭借技术性突破，市场份额不断上升，根据 Mercury Research 统计，2022 年第三季度，英特尔在全球 X86 服务器芯片的市场份额从 2021 年的 89.8% 降至 82.5%。在 ARM 架构领域，华为、飞腾、高通、亚马逊是主要参与者。在云计算应用场景里，ARM 服务器芯片的低功耗和低成本是其最大的优势，近年来全球 ARM 服务器芯片的出货量占比有所提升。

2. 存储芯片

存储芯片，又称为半导体存储器，是电子系统中负责存储数据的核心部件。DRAM 和 NAND Flash 是目前世界主流的两类存储芯片，占据存储芯片市场 95% 以上的份额。

主流存储芯片 DRAM 市场基本被韩国的三星电子、SK 海力士和美国的美光科技三家巨头控制，2021 年总销售额高达市场总额的 94.1%。长鑫存储是国内目前唯一实现自主生产的 DRAM 厂商，已成功量产 19nm 工艺的 DDR4 和 LPDDR4。

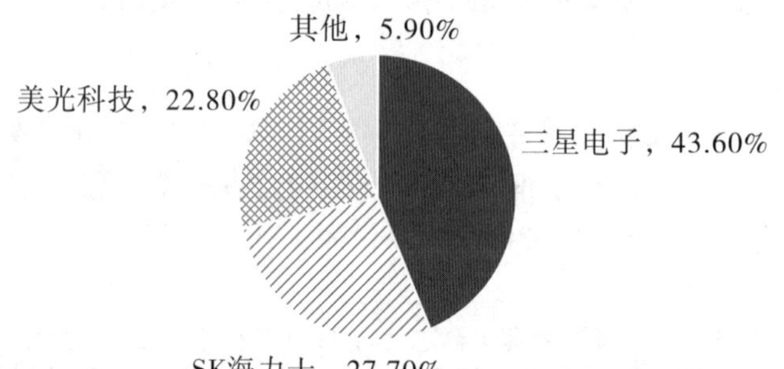

图 5－8 2021 年全球 DRAM 厂商市场竞争格局

资料来源：IC Insights。

NAND Flash 市场则形成由三星、铠侠、西部数据、美光、海力士、英特尔组成的较为稳定的市场竞争格局。我国的长鑫存储是为数不多拥有量产相关产品的能力和技术的公司，截至 2022 年底已实现 128 层 3D NAND 量产。

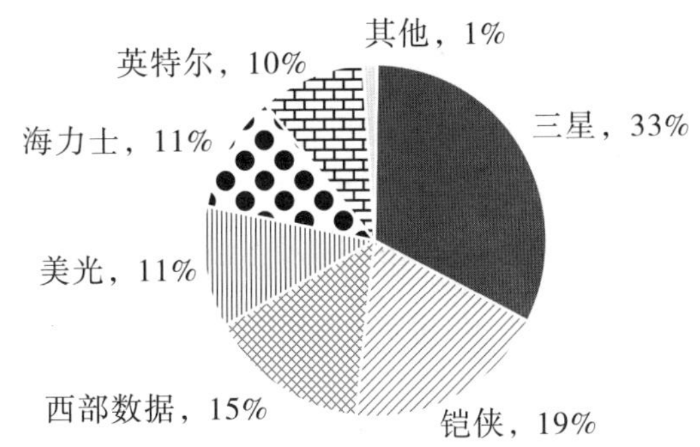

图 5－9 2021 年全球 NAND Flash 厂商市场竞争格局

资料来源：中商产业研究院。

（二）中游：中国服务器市场呈现寡头垄断的竞争格局

我国服务器市场份额排名前五的厂商是浪潮、新华三、戴尔、联想和华为，2021 年市占率总和约为 70%，市场竞争格局较为稳定。值得注意的是，由于英特尔 X86 芯片供应受限，华为 2021 年末被迫出售 X86 服务器业务，但仍保留 ARM 服务器业务，此部分使用华为自研的鲲鹏芯片，华为的服务器业务市占率也因此从 2020 年的 19.2% 下降至 2021 年的 6.6%，同比下降 65.63%。

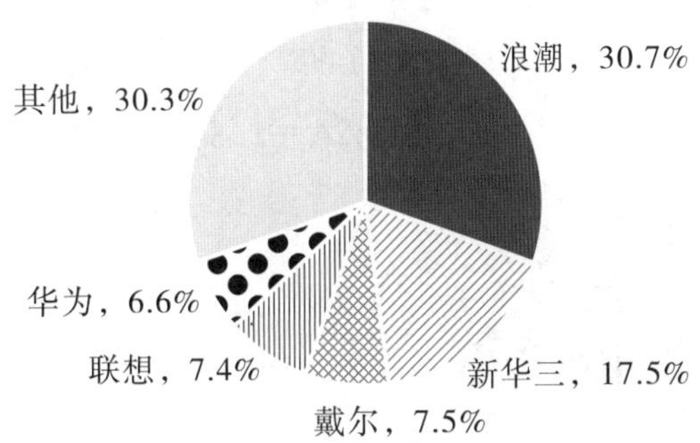

图 5－10 2021 年中国服务器市场份额

资料来源：IDC 咨询。

（三）下游：中国云服务厂商呈现一超多强的竞争格局

凭借庞大的规模和产品的优越性，阿里云一直在中国市场占据领先的地位，2021 年占总市场份额 34.3%，市场份额排名第二至第五位的企业分别是天翼云、腾讯云、华为云、移动云，所占份额差距并不明显。根据中国信息通信研究院的数据计算可得，2021 年中国公有云 IaaS 市场 CR3 达到 60%，CR5 达到 78%，表明市场集中度高，且头部企业竞争较为激烈。

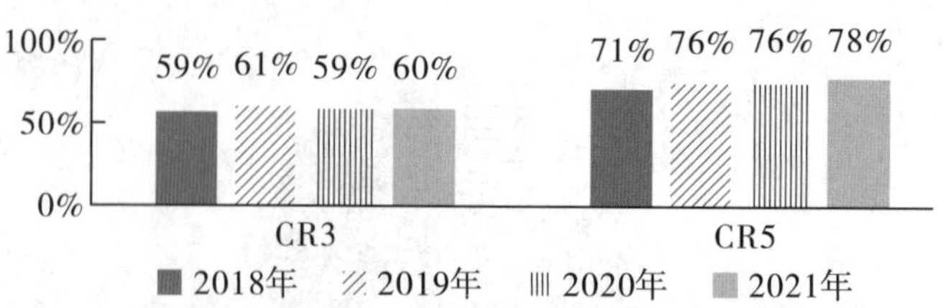

图 5 - 11　2018—2021 年中国公有云 IaaS 市场集中度

资料来源：中国信息通信研究院。

2022 年上半年，在竞争对手激烈的攻击下，公有云 IaaS 市场份额排名前五厂商的 CR5 略微下降，但仍维持在 70% 以上。根据 IDC 数据，前五名厂商的排名发生变化，华为云以 11% 的市场份额略超天翼云跃居第二，如图 5 - 12 所示。在云计算产业整体增速趋于平稳后，云巨头的争夺正愈趋白热化。凭借国资背景吸引政企客户以及丰厚的硬件资源（IT 基础设备中的宽带、数据中心机房等），三大运营商云计算业务发展迅速。

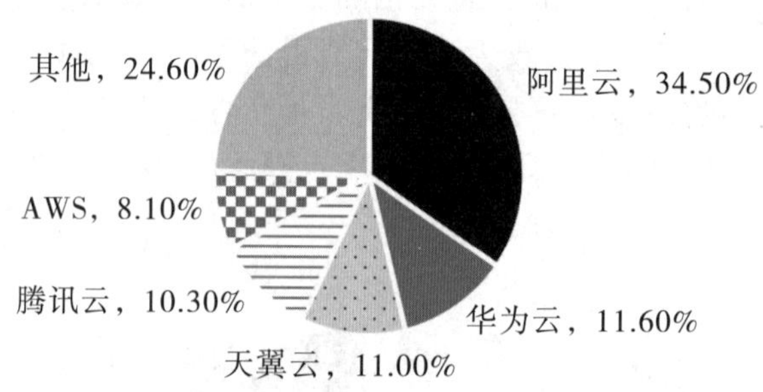

5 - 12　2022 上半年中国公有云 IaaS 厂商市场份额占比

资料来源：IDC。

三、云计算产业链市场行为

云计算市场中的参与者主要通过兼并收购、研发创新、海外扩张、产品差异化、行业壁垒等行为提升企业的市场份额和市场竞争力，以期获取超额利润。

（一）兼并收购：集中体现为下游云服务厂商前向一体化发展

近年来，云计算行业兼并收购案例频发，大部分兼并收购是前向一体化类型，2022 年首都在线并购中嘉和信 60% 股权，为前向一体化发展，此次并购的目的在于增强公司在 IDC 业务的地位，形成规模效应，如表 5 - 3 所示。

表 5－3　2020—2022 年中国云计算兼并收购案例

时间	收购方	被收购方	兼并重组类型
2022 年 6 月 21 日	首都在线	中嘉和信	前向一体化
2022 年 3 月 21 日	字节跳动	黑帕云	前向一体化
2021 年 7 月 19 日	世纪互联	时速云	后向一体化
2021 年 7 月 19 日	民生教育	小爱智能	前向一体化
2021 年 2 月 10 日	用友网络	大易	横向扩张
2020 年 10 月 28 日	百度	华录易云	横向扩张

资料来源：根据公开资料整理。

（二）研发创新

技术研发是云计算产业发展的关键，云服务头部厂商都十分重视研发创新，力求实现核心技术的攻坚，突破云计算产业链上游芯片被“卡脖子”的局面。具体体现在：

（1）华为坚持每年将 10% 以上的销售收入用于对云、人工智能等技术的研究与开发，近十年累计投入的研发费用超过 8 450 亿元。2021 年华为研发费用支出为 1 427 亿元，约占全年收入的 22.4%，同比上升 6.5 个百分点；从事研究与开发的人员超 10 万人，约占公司总人数的 54.8%。2019 年初华为发布基于 ARM 架构自主研发设计的服务器芯片——鲲鹏 920，一定程度上改变了中国服务器底层芯片“卡脖子”的局面。

（2）阿里集团 2022 年的研发投入总额高达 1 200 亿元。2021 年，阿里发布基于 ARM 架构自研的服务器芯片——倚天 710，据测试，搭载倚天 710 芯片的阿里云单位算力功耗降低 60%，算力性价比提升超 30%，目前已实现大规模部署。

（3）腾讯 2022 年前三季度研发投入达 455 亿元，同比增长 20%，主要用于芯片、服务器、操作系统、数据库等设备的研发，打造了自研芯片、自研星星海服务器等底层基础设施。

（三）海外扩张：国内市场增速放缓，出海成云计算厂商的必选项

当前国内云计算市场增速放缓，互联网领域上云量趋于饱和，传统行业企业受经济低迷的影响上云意愿不强，政府成为云计算市场的主要增量，但出于数据安全和政策的考虑，其更偏向于选择拥有国资背景的运营商。在这样的背景下，许多云计算厂商选择扩张海外市场。与竞争激烈的国内市场相比，海外云计算市场空间广阔，增长潜力巨大。头部云服务厂商海外扩张具体情况如下：

（1）阿里云于 2021 年底新开设韩国、泰国数据中心，在 2022 年国际云峰会上宣布继续加快海外布局，并计划未来三年投入 70 亿元建设国际本地化生态，增设 6 个海外服务中心。

（2）腾讯云发布出海“3＋1”战略和解决方案，截至 2022 年底，腾讯云在全球范围内运营的可用区已达到 71 个，覆盖 27 个地理区域。

（3）华为云则凭借20多年的海外运营经验推进海外云计算业务，即将在印度尼西亚、爱尔兰开服，到2022年底，华为云将布局全球29个区域、75可用区，覆盖170多个国家和地区。

表5-4　阿里云、腾讯云和华为云海外扩张情况汇总

<table>
<tr><th></th><th>海外扩张规划</th><th>海外布局</th><th>海外商业重心</th></tr>
<tr><td>阿里云</td><td>未来三年投入70亿元建设国际本地化生态，并增设6个海外服务中心</td><td>85个可用区，服务覆盖全球200多个国家和地区</td><td rowspan="3">东南亚</td></tr>
<tr><td>腾讯云</td><td>“3+1”战略</td><td>可用区达到71个，共覆盖27个地理区域</td></tr>
<tr><td>华为云</td><td>即将在印度尼西亚、爱尔兰开服</td><td>到2022年底将布局全球29个区域、75个可用区，覆盖170多个国家和地区</td></tr>
</table>

资料来源：根据公开资料整理。

（四）产品差异化：云计算厂商加速布局PaaS和SaaS

过去，国内的云计算厂商专注于同质化程度高、盈利能力低的IaaS业务，而毛利率分别高达50%、70%的PaaS和SaaS业务却发展缓慢。近两年，拥有国资背景的三大运营商在政企领域拿下多个IaaS云建设项目，挤压互联网企业和传统IT企业的生存空间，倒逼他们转向PaaS和SaaS业务发力。

阿里云旗下的办公协同平台钉钉于2020年底推出PaaS平台——宜搭。腾讯云2021年联合微信推出了低代码平台——微搭。华为云也在重视PaaS能力的建设，其在去年推出了开天aPaaS产品和低代码平台AppCube。借鉴国外云厂商发展经验来看，PaaS、SaaS转型或将助力互联网厂商形成差异化竞争力。

表5-5　阿里云、腾讯云、华为云产品选择

	阿里云	腾讯云	华为云
PaaS战略	钉钉明确PaaS定位	把资源集中于PaaS领域	一切皆服务
核心PaaS产品	钉钉	应用云渲染等	开天aPaaS
低代码平台	宜搭、钉钉低代码生态	微搭	AppCube

资料来源：根据公开资料整理。

（五）行业壁垒：规模效应降低云服务企业边际成本

规模效应是云服务企业市场结构呈现头部化的最主要驱动因素。规模效应的优势主要体现在：①降低边际成本。云计算IaaS厂商同质化强，竞争关键在于规模效应，头部云计算厂商在拥有众多客户的基础下，单位成本降低，进而提供更加优质、价格更合理的产品服务，形成积极的业务循环；②构筑行业壁垒。客户出于安全等原因通常会考虑选择单一供应商作为其主要云服务提供商，此时拥有更多客户、在数据安全上做得更好的云计算厂商通常更容易扩大市场份额，形成行业壁垒。

四、云计算产业链市场绩效

云计算产业的市场结构和市场行为一定程度上影响了企业的市场绩效，在盈利能力上，运营商凭借政务云业务飞速发展，IaaS 为主的市场格局降低云计算巨头的盈利能力；在价值链分布上，市场垄断程度较高的企业往往能挤占更多的利润；在创新能力上，随着企业研发投入增加，云计算相关发明专利呈上升趋势。

（一）盈利能力：IaaS 模式利润率低，运营商凭政务云强势崛起

营收方面，中国云计算市场规模持续增长，带动云计算厂商营收上升，且近年来政务云领域发展迅速，运营商凭借国资背景斩获多个政府订单。下面选取 2021 年国内市场份额排名前五的云计算企业（阿里云、腾讯云、天翼云、移动云和华为云），对比分析其营收变动情况，如图 5 - 13 所示。以抵销跨分部交易后口径计算（扣除来自为其他阿里巴巴业务提供服务的收入），阿里云营收规模从 2015 财年的 12.71 亿元，增长到 2022 财年的 745.68 亿元，8 年约增长 57 倍。华为云 2021 年营业收入达 201 亿元，同比增长 34%。凭借政务云业务的蓬勃发展，电信运营商的云计算收入翻番。天翼云 2021 年收入达到 279 亿元，同比增长 102%，移动云收入达到 242 亿元，同比增长 163%。云计算巨头营收增速回落，运营商云服务收入则高速增长，客户结构的变化（政务云成当前云计算市场主要增长点）是导致此次市场竞争格局变化的重要原因。

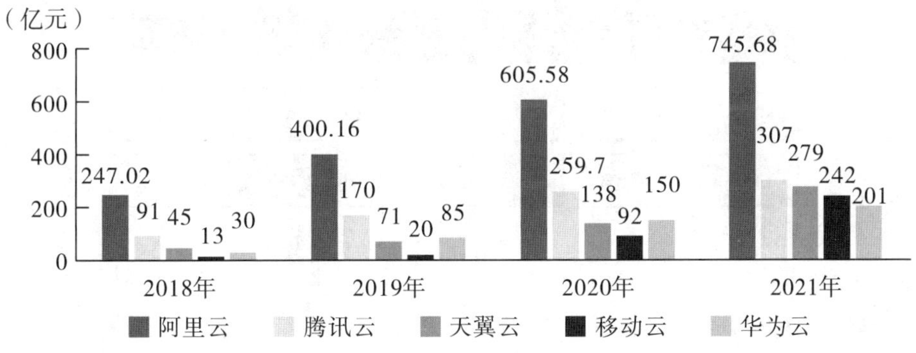

图 5 - 13 头部云计算企业 2018—2021 年营收比较

资料来源：各企业年报，中商产业研究院。

注：阿里云以财年（上一年的 4 月 1 日至当年的 3 月 31 日）进行会计核算，此处为统一口径，将 2019 财年（2018 年 4 月 1 日至 2019 年 3 月 31 日）阿里云营收统一为上一年的 2018 年营收，以此类推。

利润方面，IaaS 底层标准化程度高，毛利率仅为 10% ~15%，相比而言，PaaS 和 SaaS 的毛利率可高达 50% ~70%。目前国内云服务模式仍以 IaaS 为主，产品同质化明显，云计算厂商为获取更大的市场份额均实施低价策略，叠加初始投入成本巨大，这是导致大部分云计算厂商盈利能力不强的主要原因。国内市场份额排名第一的阿里云 2022 财年（2021 年 4 月 1 日—2022 年 3 月 31 日）才首次实现盈利，经营利润（EBITDA 利润）达 11.46 亿元。据不完全披露数据统计，其他云计算厂商在利润上均有不同程度的亏损。云计算上市企业 UCloud（优刻得）2020 年和 2021 年期间净利润分别为 -3.43 亿元和 -6 亿元。

（二）价值链：中上游行业挤占下游利润空间

产业链条上的价值链分布与该行业的市场结构密切相关，产业链上游 CPU、存储芯片的市场垄断程度较高，技术较为复杂，挤占了大部分利润空间；产业链中游服务器市场的垄断程度也较高，毛利率高达 30% ~70%，垄断程度较低的网络设备、光模块、数据中心毛利率也较低，在 10% ~40% 左右；产业链下游云计算厂商，公有云产品同质化严重，市场竞争激烈，整体毛利率低于私有云和混合云。

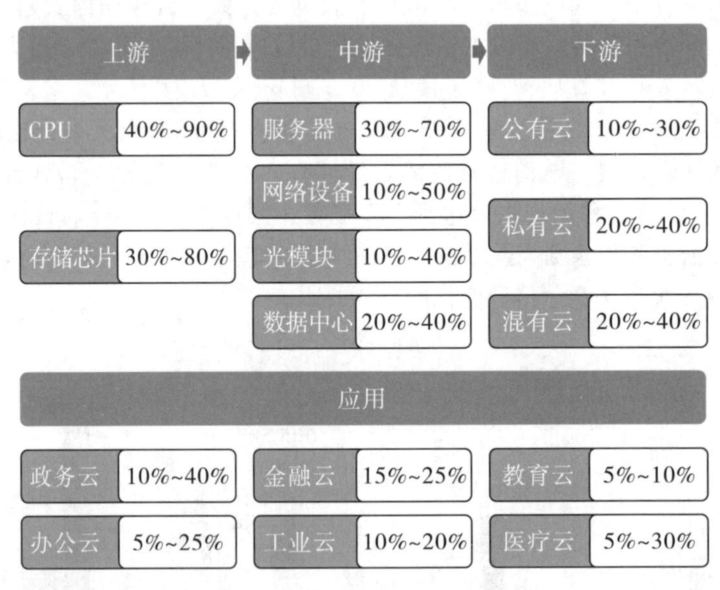

图 5 -14　中国云计算产业价值链分布

资料来源：前瞻产业研究院。

注：上述毛利率区间以行业代表性上市公司 2021 年毛利率填列。

（三）创新：云计算专利波动上升，产业集聚区研发实力强

得益于国家和各级政府政策的大力支持以及云计算领域研发投入的增加，我国云计算技术相关发明专利申请量近年来波动上升。据上海市知识产权信息服务平台数据，截至 2022 年 12 月底，中国云计算技术相关专利共 72 510 项，其中发明专利 48 146 项，占比

66.40%。从申请趋势来看，如图5－15所示，2012—2021年我国云计算技术相关专利申请量逐年上升。

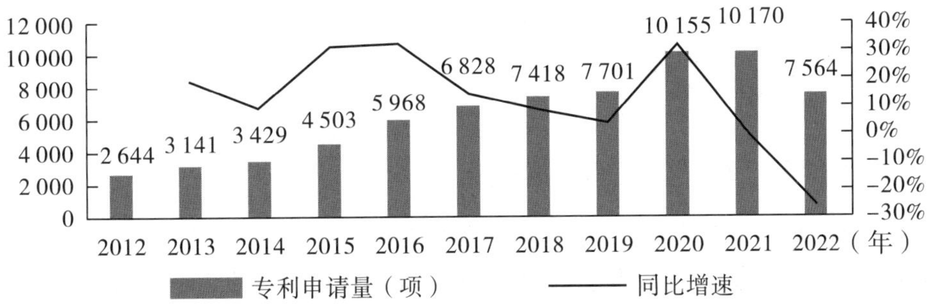

图5－15　2012—2022年中国云计算技术专利申请趋势

资料来源：上海市知识产权信息服务平台。

从专利申请地域分布来看，云计算产业较为发达的地区专利申请量也较高。如图5－16所示，形成云计算产业集聚的广东省是中国申请云计算技术专利数量最多的省份，累计高达13 043项，占比19.53%；其次是位于京津冀云计算产业集聚区的北京和位于长三角云计算产业集聚区的江苏，专利申请量分别为10 791项和7 996项，占总申请量的16.16%和11.97%。

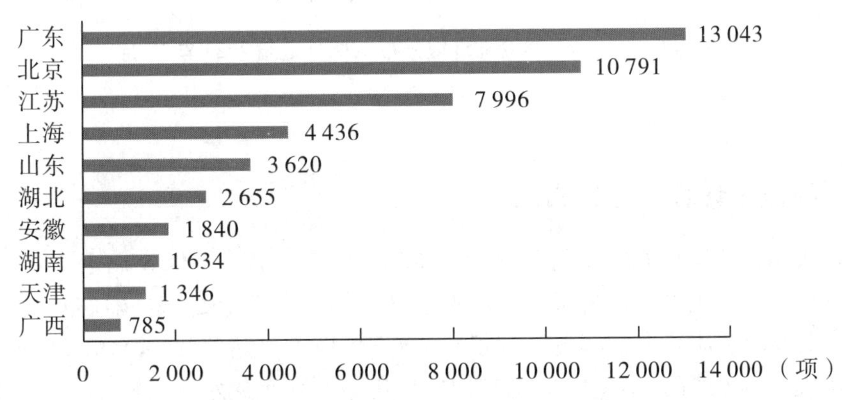

图5－16　中国云计算技术专利申请前十省市（截至2022年12月）

资料来源：上海市知识产权信息服务平台。

第三节　云计算产业空间布局

一、我国云计算产业空间布局

（一）我国云计算产业空间发展概况

我国云计算企业分布较为集中，主要分布在珠三角、长三角、京津冀等地区。根据企查查数据，截至2022年12月，云计算行业企业存续和在业数量共368 189家，北京云计算企业数量最多（78 438家），企业数量占比21.30%；广东省企业数量次之（36 796家），占比约9.99%；再次是浙江省20 702家，均集中在经济及互联网产业相对较为发达地区。

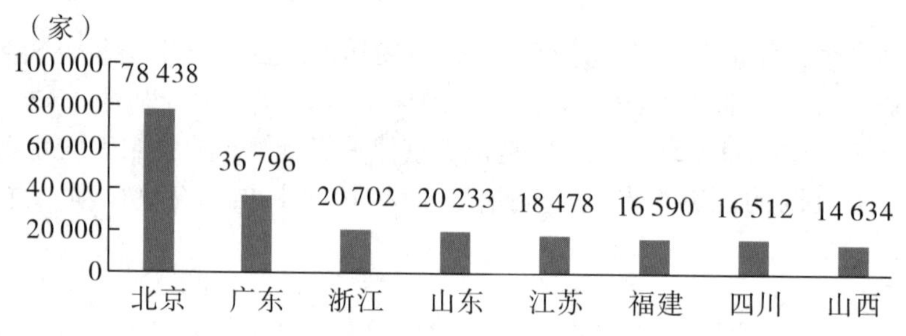

图5-17　我国云计算企业地域分布Top8（截至2022年12月）

资料来源：企查查。

（二）我国云计算产业链布局

目前，我国云计算相关产业链上游服务器芯片的企业较少，90%以上依靠国外进口。目前我国有华为、阿里巴巴这两家大型企业近两年在ARM架构的服务器芯片上有所突破，X86架构的服务器芯片几乎全部由英特尔和AMD供应。存储芯片中NOR Flash已基本实现国产化替代，但国产的NAND Flash和DRAM仍与国际领先水平有不小差距。DRAM芯片主要是合肥长鑫存储进行布局，是大陆首家DRAM IDM厂商；NAND芯片主要是武汉长江存储进行布局。云计算产业链中游的服务器、存储、网络设备等基本实现国产供给。因此，本部分将重点分析中游服务器供应商、光模块企业以及数据中心在我国的空间布局。

1. 服务器供应商空间布局

中国服务器企业主要分布在东部沿海发达地区，与珠三角、长三角、京津冀地带集聚的上游芯片和下游云计算等企业形成集群效应。据企查查数据，截至2022年12月，中国服务器企业共18 262家，分布最集中的省份是广东省（5 736家），中国31.40%服务器企业分布于此，其次是山东省（1 223家）和安徽省（1 205家），占比分别为6.70%、6.60%，其余省份服务器企业相对较少。

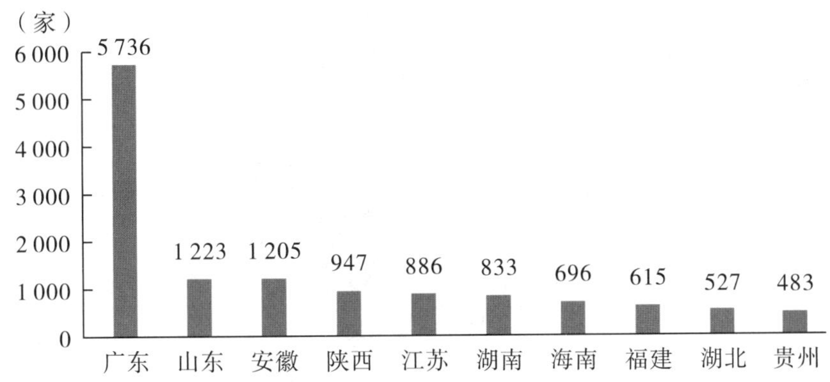

图 5－18　中国服务器企业地域分布 Top10（截至 2022 年 12 月）

资料来源：企查查。

2. 光模块企业空间布局

我国光模块企业分布较为集中，多聚集在我国东部及中部地区。据企查查数据，截至 2022 年 12 月，我国共有光模块相关企业 9 865 家，其中广东省在制造业和高科技产品方面具有优势，共 7 435 家光模块企业分布于此，占比 75.37%。此外，湖北地区有我国著名的“光谷”，因此，湖北省及同属长江沿线的四川省、江苏省、浙江省和上海市也分布了部分光模块企业。

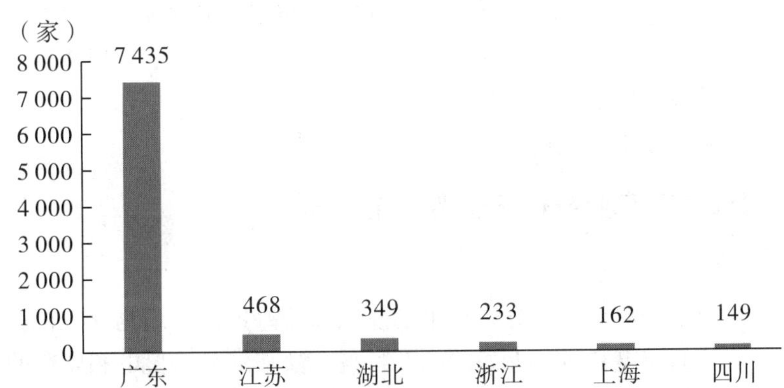

图 5－19　中国光模块企业地区分布（截至 2022 年 12 月）

资料来源：企查查。

3. 数据中心空间布局

我国东部地区地价、电费和宽带成本高，目前大部分数据中心集中在东部地区；相比之下，西部地区地价低但数据中心覆盖率小，大量电力和宽带因缺少用户而造成浪费。如图 5－20 所示，截至 2021 年底，东部地区（北京及周边、上海及周边、广州深圳及周边地区）IDC 资源占比分别为 23.3%、16.4%、13.7%，合计 65.3%；中西部及东北地区合计占比不超过三成。

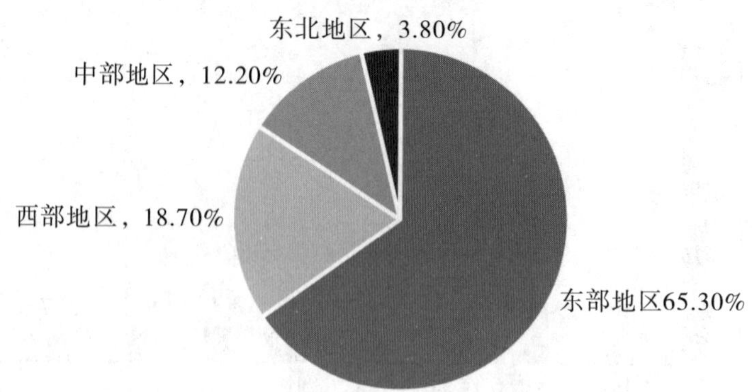

图5-20 我国IDC空间布局（截至2021年底）

资料来源：中商产业研究院。

从2021年开始，互联网巨头就开始加速布局中西部地区，具体表现在：①腾讯计划打造西南地区腾讯公司的第一个Tbase园区，整体建成后将具备20万台服务器的运算存储能力。②阿里云披露，在“东数西算”京津冀、内蒙古等枢纽节点均设有数据中心。③华为也表示，未来60%～80%的数据中心将在西部地区布局，2021年9月贵安华为云数据中心一期正式投入使用。④字节跳动首个已交付使用数据中心坐落在怀来官厅湖新媒体产业园，并正在加强西部数据中心人才培养和招聘。⑤UCloud已在内蒙古乌兰察布集宁大数据产业园布局云计算中心。

随着“东数西算”政策的推行，未来将会有更多的数据中心西迁。“东数西算”工程规划建设8个国家算力枢纽节点和10个国家数据中心集群，其中计划在内蒙古西部、贵州、甘肃、宁夏这四个地区建设四个数据中心集群，分别是和林格尔数据中心集群、贵安数据中心集群、庆阳数据中心集群和中卫数据中心集群。

（三）我国云计算产业链代表企业的空间布局

1. 上游存储芯片代表企业空间布局

上游存储芯片的代表厂商主要分布在中部及东部沿海地区，包括北京的兆易创新、天津的中环股份、江苏的长电科技、上海的中芯科技、浙江的晶盛机电和广东的深科技等。

表5-6 中国存储芯片代表企业空间布局

主要分布省市	代表企业
北京市	北京君正、兆易创新
天津市	中环股份
江苏省	长电科技、太极实业、通富微电、晶方科技
上海市	中芯科技、普冉股份、聚辰股份、沪硅产业、上海新阳、澜起科技

（续上表）

主要分布省市	代表企业
浙江省	立昂微、江丰电子、晶盛机电、长川科技
广东省	深科技、三环集团、深南电路、华特气体、容大感光、兴森科技

资料来源：根据公开资料整理。

2. 中游服务器、光模块代表企业空间布局

服务器代表企业主要分布在华南地区、华北地区等地，广东省服务器生产代表企业包括中国长城、五舟科技、神州数码等；华北地区的服务器代表企业包括浪潮信息、中科曙光以及太速科技等。光模块代表企业在东部沿海地区以及中部地区均有布局，包括广东的特发信息和九联科技、浙江的博创科技、四川的新易盛等。

表 5－7　中国服务器、光模块代表企业空间布局

主要分布省市	代表企业
北京市	（服务器）太速科技、同方股份、东土科技、正昱科技、凌炫科技、富士通、金品科技、天华星航、航天联志
天津市	（服务器）中科曙光
山东省	（光模块）中际旭创 （服务器）浪潮信息
江苏省	（光模块）亨通光电、中天科技
上海市	（光模块）剑桥科技
浙江省	（光模块）博创科技
四川省	（服务器）网烁信息 （光模块）新易盛
广东省	（服务器）中国长城、五舟科技、云海麒麟、神州数码、中兴通讯、天翱信息、深信服等 （光模块）特发信息、九联科技

资料来源：根据公开资料整理。

3. 下游云计算代表企业空间布局

从云计算代表企业来看，北京、上海、深圳、杭州云计算代表企业较多。北京地区代表企业包括三大运营商、百度、金山云等；上海地区包括网宿科技、优刻得、宝信软件等，杭州包括阿里云、新华三等；深圳地区包括腾讯、华为、深信服、金蝶等。

表 5－8 中国云计算代表企业空间布局

主要分布省市	代表企业
北京市	百度、金山云、移动云、天翼云、沃云、超图软件、京东智联云、用友网络、光环新网、紫光集团、易捷行云、世纪互联、青云、首都在线
上海市	网宿科技、优刻得、有孚网络、宝信软件
杭州市	阿里云、新华三、网易云
广东省	腾讯云、华为云、深信服、金蝶等

资料来源：根据公开资料整理。

二、广东省云计算产业空间布局

（一）广东省云计算产业的空间地位

在空间布局上，京津冀、长三角和珠三角是我国云计算产业最为集聚的三大区域。对比长三角和京津冀地区，广东省在云计算产业的发展上有其优点与不足。具体体现在：

（1）在产业链方面，三个地区均已初步形成涵盖软硬件、基础设备、云服务平台等主要环节的产业链，京津冀地区云计算企业数量相对领先，汇聚了三大运营商、百度云、金山云等多家云计算代表企业。

（2）在核心技术攻关上，广东省龙头企业的引领作用不明显，上游芯片市场发展缓慢，成立于2017年的广州粤芯半导体是广东省发展较好的芯片制造企业，芯片设计曾75%来自深圳华为海思，但目前被美国打压致发展受阻；相比之下，长三角地区的芯片市场发展更为迅速，已形成包括CPU、GPU、存储芯片等的设计、制造、封装测试一揽子解决方案的产业集群。

（二）广东省云计算产业空间发展概况

广东省以广州、深圳两个“中国软件名城”为中心发展云计算等信息技术与创新产业，产业集聚形成，产业规模领先，集聚一批云计算领域龙头企业并培育出一批高新技术企业，对经济社会各领域的支撑带动作用日益明显。据企查查的数据，截至2022年12月广东省云计算存续和在业企业共34 838家，其中深圳市云计算企业占比超半数，共22 320家；广州市次之（4 605家），占比13.22%。

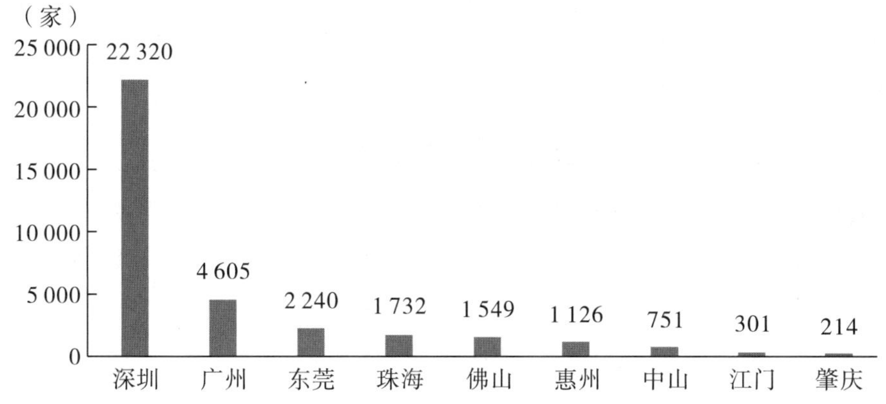

图 5－21　广东省云计算企业地域分布（截至 2022 年 12 月）

资料来源：企查查。

（三）广东省云计算产业链布局

1. 服务器供应商空间布局

据企查查数据，截至 2022 年 12 月，2022 年广东省新增 428 家服务器相关企业，服务器企业总数达到 5 448 家（包括 18 家上市企业），其中深圳市以 4 232 家服务器相关企业的绝对优势排名第一，占比约 78%，包括华为、联想集团等服务器行业的领先企业，以及中国长城等上市企业；排名第二的广州市仅 668 家服务器相关企业，包括五舟科技等上市企业。

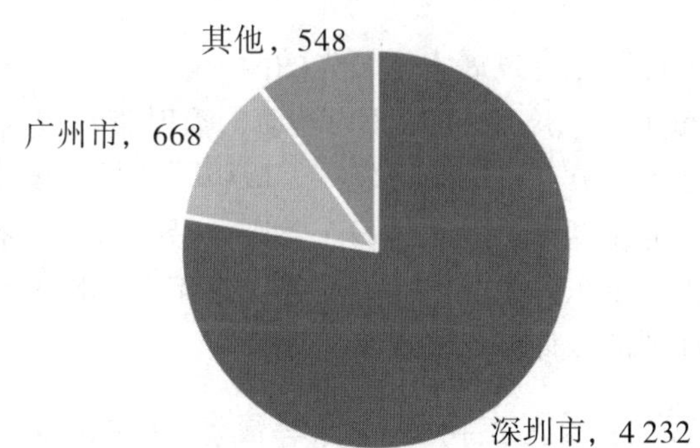

图 5－22　广东省服务器厂商空间布局（截至 2022 年 12 月）

资料来源：企查查。

2. 网络设备厂商空间布局

据企查查数据，截至 2022 年 12 月，广东省存续和在业的网络设备相关企业共 404 856 家，其中，深圳市 170 196 家，广州市 149 883 家，广深两市网络设备企业合计占比约 79.06%。网络设备包括路由器、交换机和网关等。中国路由器的市场呈现出一家独大的竞争格局，深圳的华为（80%）和中兴（5%）基本垄断了整个中国路由器市场。中国以太网交换机市场呈现寡头竞争格局，根据IDC数据，2022年华为以太网交换机以36.6%的市场份额，再次夺得国内企业网市场份额第一的宝座。

（四）广东省云计算产业链重点企业的空间布局

广东省云计算产业链上中下游的代表企业均集中分布在深圳和广州这两个城市。云计算代表企业如腾讯云、华为云、深信服、金蝶均分布在深圳，而品高股份则分布在广州；服务器供应商华为、中兴通讯、深信服等代表企业分布在深圳，五舟科技等上市企业则落户广州。

表5-9 广东省云计算产业链重点企业空间布局

主要分布区域	代表企业
广州市	（服务器）五舟科技等 （云计算）品高股份
深圳市	（服务器）华为、中兴通讯、深信服、中国长城等 （云计算）腾讯云、华为云、深信服、金蝶等 （网络设备）中国长城、华为、中兴科技

资料来源：根据公开资料整理。

三、广东省重点城市云计算产业发展概况

广州和深圳是全国云计算综合发展水平领先的两个城市，广东省云计算产业链条上的相关代表企业大部分分布于此，广深两市双城联动，辐射带动周边城市云计算产业的发展。例如，佛山凭借其电子商务产业的迅速发展，吸引了一批发展垂直领域云计算应用的企业落户于此，如京东云电子商务产业项目；东莞则凭借毗邻深圳的地理位置以及相对低廉的土地成本，承接华为、京东等企业的产业转移，近年来当地云计算市场发展迅速。本部分将重点分析广州和深圳的云计算产业发展概况。

（一）广州：规划产业园区支持云计算等高新技术企业发展

2022年7月，广州市工业和信息化局发布《广州市推进软件园高质量发展五年行动计划（2022—2026年）》，计划指出按照"一区一特色"原则发展各区软件园，其中天河区的天河软件园和广州软件谷发展大数据、人工智能、区块链、元宇宙等领域；海珠区以琶洲片区为中心发展互联网与云计算等领域；白云区以白云湖数字科技城为重点区域发展云计算、人工智能等领域；越秀区以黄花岗科技园人工智能产业园等区域为重点发展新一代信息技术、云计算等领域。

天河软件园内云计算产业发展基础较好，天河智慧城定位于省级高新技术产业开发

区，引进了一批高新技术企业。其中的宏太智慧谷是华南地区首个云产业基地，目前已入驻 230 多家人工智能、云计算、大数据及相关企业，包括北明软件、中长康达等 IT 解决方案及云计算服务龙头企业，累计孵化高新企业 65 家，辐射和带动信息技术产业集聚发展，形成良好的产业创业创新氛围。

（二）深圳：云计算企业聚集地，致力于塑造良好产业发展环境

深圳高度重视云计算、大数据技术和应用的发展，把云计算、大数据产业作为新一代信息技术产业和战略性新兴产业的重要内容，全力推进技术研发、应用和产业化发展，出台一系列相关政策和措施，营造了良好的产业发展环境。深圳是国家首批云计算服务创新发展试点示范城市之一，一半以上的云计算企业分布在深圳，据企查查数据，截至 2022 年 12 月，深圳共有 22 320 家云计算相关企业。华为、腾讯等云计算龙头企业和中兴、深信服等创新型企业均布局深圳，国家超级计算深圳中心是世界最早布局云计算、大数据的超算中心之一。

第四节　云计算产业风险投资分析

一、云计算产业风险投资概况

云计算作为数字化发展的重要信息技术之一，近年来由于利好政策持续加码，越来越多的投资机构也把资金投向该领域。投资规模上，我国云计算产业投资规模较大且稳步上升；投资细分领域上，SaaS 更受资本青睐；投资阶段上，投资机构偏向选择资本回报率更加稳定的扩张期和成熟期企业；投资区域上，形成产业集聚的区域更受资本关注；投资环节上，机构投资资金更青睐产业链上、下游领域。

（一）投资环境优化，云计算投资规模波动上升

云计算作为数字经济时代的新型信息基础设施，是数字经济的重要引擎。近年来，我国云计算产业发展速度较快，投资热情持续高涨。如图 5 – 23 所示，从投资规模来看，我国云计算投资金额总体上呈波动上升趋势，2022 年投资规模达 762. 84 亿元，同比增长 10. 30%，增速较 2021 年下降近 25 个百分点，主要是随着国内疫情得到有效控制，在线需求有所减弱，云计算投资增速随之放缓。从投资数量来看，2012—2022 年我国云计算投资个数呈现先升后降的趋势，2022 年共 970 个投资案例，较 2021 年减少 1 052 个，同比下降 52%，但投资规模不降反升，表明单个投资项目的平均投资金额增加，资金流向更加优质的企业，投资门槛也呈逐步上升的趋势。

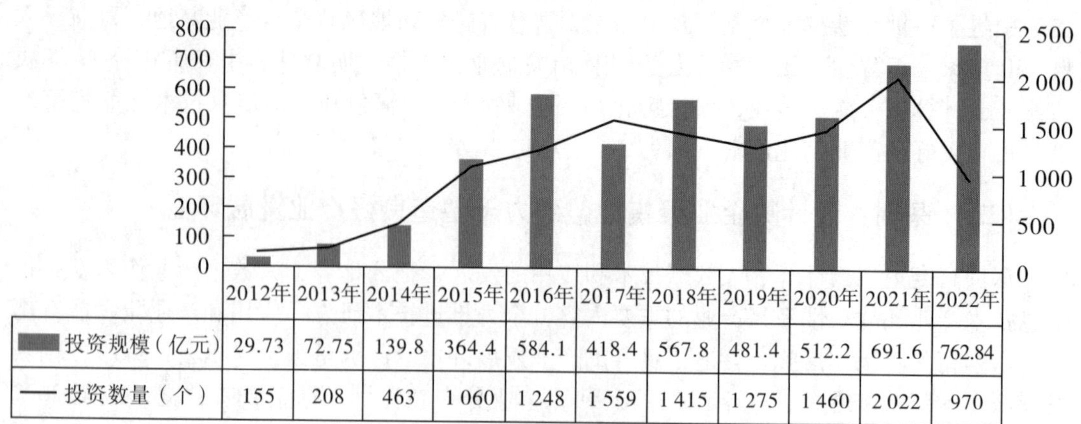

	2012年	2013年	2014年	2015年	2016年	2017年	2018年	2019年	2020年	2021年	2022年
投资规模（亿元）	29.73	72.75	139.8	364.4	584.1	418.4	567.8	481.4	512.2	691.6	762.84
投资数量（个）	155	208	463	1 060	1 248	1 559	1 415	1 275	1 460	2 022	970

图 5－23　2012—2022 年全国云计算投资规模及数量

资料来源：清科私募通。

（二）SaaS 发展前景广阔，是最受青睐投资领域

从云计算投资各细分领域来看，如图 5－24 所示，SaaS 是近年来最受国内投资机构青睐的云计算投资领域，2022 年投资规模占比约为 97.40%，投资金额高达 642 亿元，投资事件共 426 个。伴随全球企业云化、数字化进程持续推进，SaaS 赛道仍将是未来 5—10 年全球科技领域最值得关注的产业方向之一。

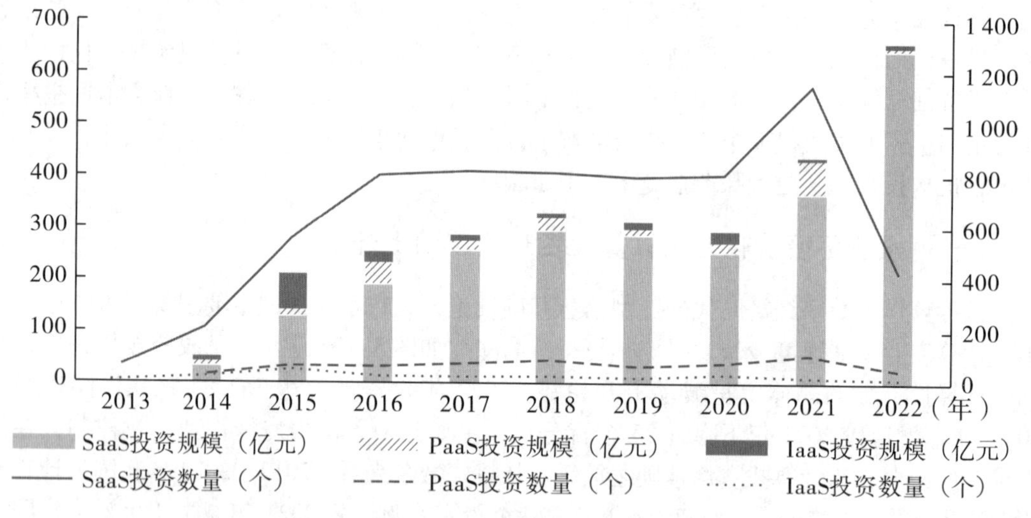

图 5－24　云计算细分领域投资规模及数量

资料来源：清科私募通。

（三）机构持谨慎态度，投资偏向扩张期和成熟期企业

从近三年各投资阶段的投资金额来看，处于扩张期和成熟期的云计算企业吸收投资金

额较多，分别为698亿元和983亿元，占近三年总投资金额的35.38%和49.82%，可见，出于规避风险以及对资本回报等因素的考虑，投资人对初创企业的态度维持谨慎，更偏向于投资已明显呈现出增长趋势的扩张期企业和投资风险较低、确定性较高的成熟期企业。

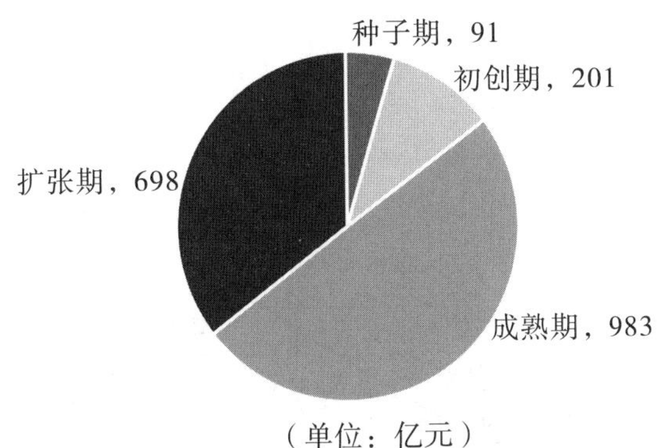

图5-25　近三年全国云计算产业各投资阶段投资金额

资料来源：清科数据库。

（四）产业集聚区基础扎实，更受资本青睐

我国发达城市的投资数量领跑全国，其中北京市投资数量最多，上海市和广东省投资数量次之，全国共有四个省市投资数量超千例，排名靠前的省市均位于我国三大云计算产业集聚区内，可见形成产业集聚的地方产业基础扎实，更受到创业投资资本的青睐。

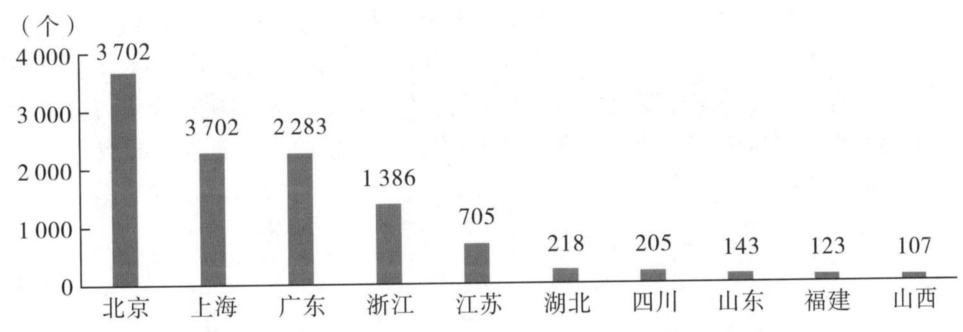

图5-26　全国云计算产业创业投资累计案例量Top10（截至2022年）

资料来源：清科数据库。

（五）云计算产业发展迅速，带动产业链各环节投资波动上升

据本章前部分的分析，云计算产业链可分为上游芯片等核心硬件、中游服务器等IT基础设备以及下游云服务厂商。根据其具体内容和清科私募通数据库分类，下面将云计算产业链上游定义为芯片领域，中游定义为云服务领域，下游定义为大数据领域，以此进行

数据分析解读。

从投资案例数来看，产业链各环节投资数量保持高度一致的变化趋势。近年来，云计算产业发展迅速，上游芯片领域、中游云服务领域、下游大数据领域的投资数量在2018—2022年保持波动上升趋势，这表明在云计算行业高景气度的情况下，产业链各环节的投资顺势增加。

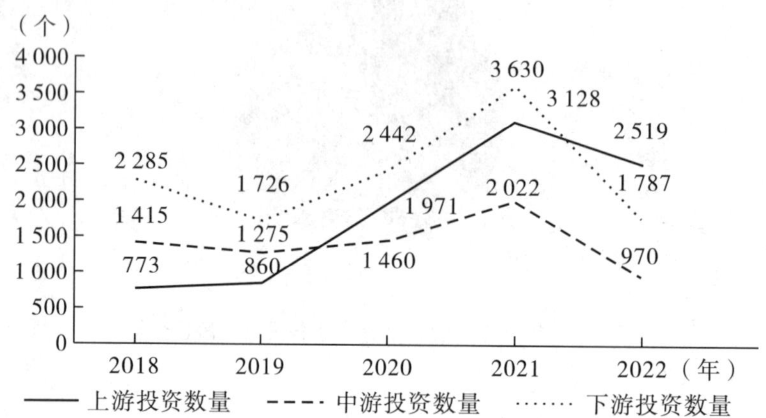

图5-27 全国云计算产业链各环节投资案例数

资料来源：清科私募通。

（六）云计算产业链投资主要集中在上游和下游领域

从2013—2022年这十年云计算各产业链环节的投资规模来看，产业链上游芯片领域和产业链下游大数据领域更受投资资金青睐。上游芯片领域处于整个产业链的开端，这一行业的企业掌握着核心技术，有较高的技术壁垒和行业壁垒，因此利润相对丰厚、竞争相对缓和，同时也能够在一定程度上影响中下游行业的发展，在吸引机构投资资金上更具竞争力。下游大数据领域的相关支持政策日渐完善，迎来新的发展机遇，导致下游需求旺盛，更受投资者青睐。

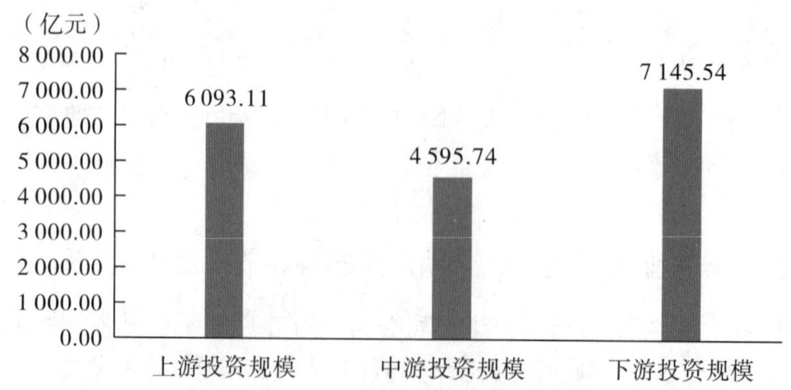

图5-28 2013—2022年我国云计算产业各环节投资规模

资料来源：清科私募通。

二、云计算产业链风险投资绩效分析

（一）退出集中于云计算产业集聚区，投资回报可观

据清科私募通统计，2018—2022 年全国云计算领域退出次数共 822 次，主要发生在云计算产业链集聚区，其中上海、北京、浙江和广东的退出次数分别为 177 次、144 次、138 次和 113 次，占全国总退出次数的 70%。全国云计算退出事件平均回报倍数为 6.3，其中浙江最高，达到 13.24 倍，上海次之，为 6.61 倍。全国平均内部收益率为 53.53%，其中，上海市平均内部收益率最高，达到 127.33%，浙江和广东分别排名第二和第三，平均内部收益率分别为 63.71% 和 45.00%。上述数据表明，我国云计算产业投资均能获得较高的收益率。

表 5-10　2018—2022 年全国及重点省市云计算产业退出事件统计

地区	退出次数	平均回报倍数	平均内部收益率（%）	回报金额（亿元）
全国	822	6.30	53.53	1 373.56
上海	177	6.61	127.33	479.40
北京	144	4.63	12.02	97.38
浙江	138	13.24	63.71	345.95
广东	113	3.31	45.00	108.97
江苏	83	2.09	9.81	140.28

资料来源：清科私募通。

（二）云计算产业链投资热度高，上、下游领域退出次数较多

从云计算产业链各环节来看，2018—2022 年下游大数据领域退出次数最多，达 1 226 次，占全产业链退出总数的 39.70%，上游芯片领域和中游云服务领域退出次数分别为 1 040 次和 822 次，占比分别为 33.68% 和 26.62%。产业链各环节投资退出次数均较多，一定程度上印证了投资机构对云计算产业的投资热情高涨。

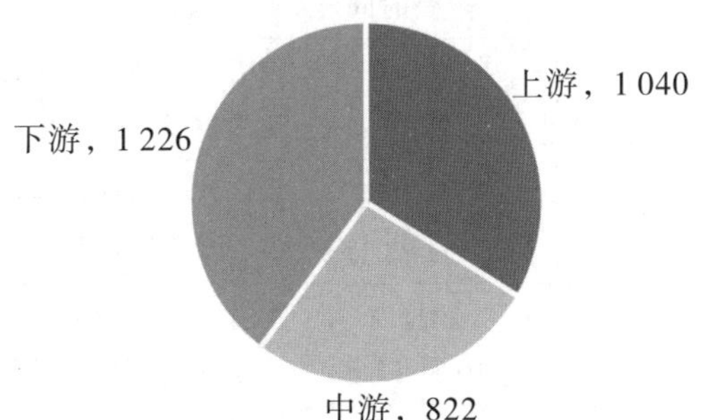

图 5-29　2018—2022 年云计算产业链各环节退出次数

资料来源：清科私募通。

(三) IPO 回报率最高，成为云计算风险投资主要退出方式

投资机构常用的退出方式包括 IPO、股权转让、并购、回购和上市后减持等，其中，IPO 退出是我国风险投资中回报率最高的变现方式，是投资机构退出投资最理想的选择。云计算产业链各环节中 IPO 均为使用次数最多的退出方式，这表明我国云计算领域投资成功退出的案例较多，且大部分投资能获得较高的投资回报率。

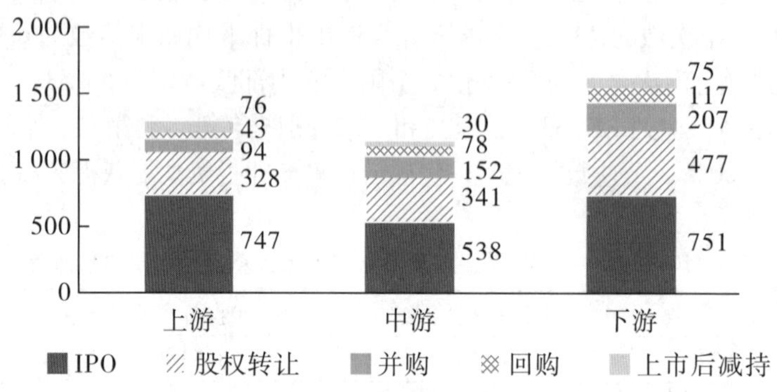

图 5-30 云计算产业链各环节退出方式（截至 2022 年 12 月）

资料来源：清科私募通。

(四) 垂直式 SaaS 获投资机构资本青睐

云计算 SaaS 领域行业市场空间巨大，专注于垂直细分领域的 SaaS 更加受到资本的青睐。表格 5-11 列举了 2021—2022 年国内云计算领域部分重大投融资事件，可以看出，领健、释普科技、云徙科技、神州云合、碳阻迹等被投企业均创新推出了面向不同行业、不同领域的 SaaS 服务应用，加速餐饮行业、医药行业、服装行业等传统行业企业的上云步伐，还有部分企业如卡伦特、谐云科技等则深耕云计算底层技术，研发出云原生等新一代云计算架构技术。

表 5-11 2021—2022 年国内云计算领域部分重大投融资事件

企业	投资方	融资时间	创新绩效
领健	Investcorp、经纬创投、盛业资本等	2021 年 6 月 23 日	提升 e 看牙口腔 SaaS 软件、e 看牙商城、领健悦容医美 SaaS 软件的产品力
释普科技	经纬创投、TSVC、明势资本、凯泰资本等	2021 年 7 月 27 日	推出 SaaS 新品——SciOne Guardian 释普·监控保，致力于运行稳定的物联网监控
云徙科技	凯欣资本、襄禾资本、红杉中国、腾讯投资等	2021 年 10 月 15 日	2021 年推出云徙企业级数字中台 PaaS 5.0，还发布面向零售连锁行业的 SaaS 服务“数盈”
神州云合	嘉实投资、麦星投资、北京卓瑜、IDG 资本、红杉中国	2021 年 10 月 11 日	推出一站式纳税自动申报 SaaS 平台——财云通，并已迭代至 2.0 版本

（续上表）

企业	投资方	融资时间	创新绩效
卡伦特	高瓴、纪源资本	2021 年 10 月 18 日	自主研发了云原生 CAD 智能设计软件的几何引擎
谐云科技	深创投、阿里巴巴、永禧永亿投资等	2022 年 1 月 11 日	更新迭代出了 DevOps、微服务、边缘计算、中间件、云可观测等全栈云原生产品和服务
碳阻迹	红杉中国、经纬创投、高瓴	2022 年 8 月 1 日	推出自主研发的一站式碳管理 SaaS 平台——碳云，实现碳的数据化、可视化、价值化

资料来源：清科数据库。

三、广东省云计算产业风险投资概况

（一）云计算产业发展迅速，但投资规模在后疫情时代下降

广东省是云计算产业发展最早、最迅速的地区之一，2012—2021 年云计算投资规模波动上升并在 2021 年达到峰值 234.13 亿元，广东省云计算产业发展相对较为完善，2020 年和 2021 年在疫情推动下企业加速上云，云计算投资规模随之高速增长，2022 年在国内疫情得到有效控制、数字化转型政策红利尚未完全释放的情况下，广东省云计算产业投资机会下降，投资金额随之回落。

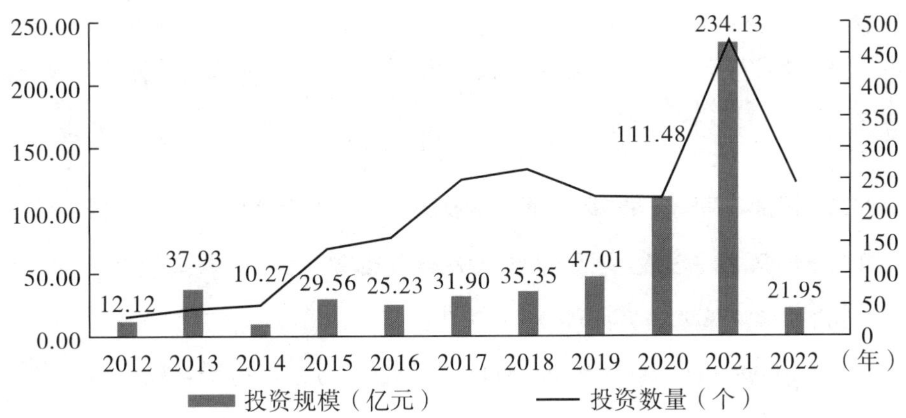

图 5－31　2012—2022 年广东省云计算投资规模及数量

资料来源：清科私募通。

（二）SaaS 成最受青睐投资领域

从云计算投资细分领域来看，与全国保持一致，广东省云计算投资主要集中在 SaaS

领域，2021 年 SaaS 投资规模达到峰值，投资金额高达 207. 84 亿元。SaaS 领域迎来投资热潮，主要是因为目前各行各业都在进行数字化转型，于云计算企业而言，SaaS 的利润率更高、成长空间更广；于消费企业而言，SaaS 更契合中小企业的数字化转型需求。

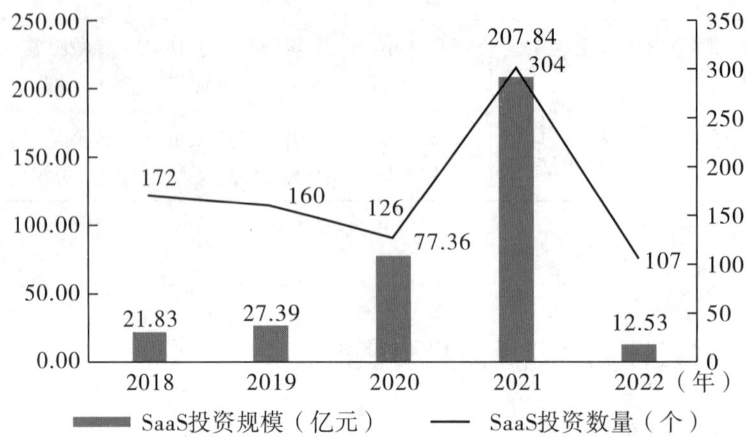

图 5 - 32　2018—2022 年广东省云计算 SaaS 领域投资规模及数量

资料来源：清科私募通。

（三）投资资金从下游大数据领域逐渐流向上游芯片领域

目前我国云计算产业高速发展，但上游芯片“卡脖子”的现象仍然存在，广东省的芯片行业发展远远滞后于长三角地区，为进一步完善云计算产业链，提高广东省云计算产业在中国的竞争力，投资更多流向上游芯片领域。2022 年上游芯片领域投资金额共 122. 12 亿元，占比高达 69. 79%，近五年复合增长率为 59. 71%，以期改善广东省上游芯片市场发展较为缓慢的现实情况。

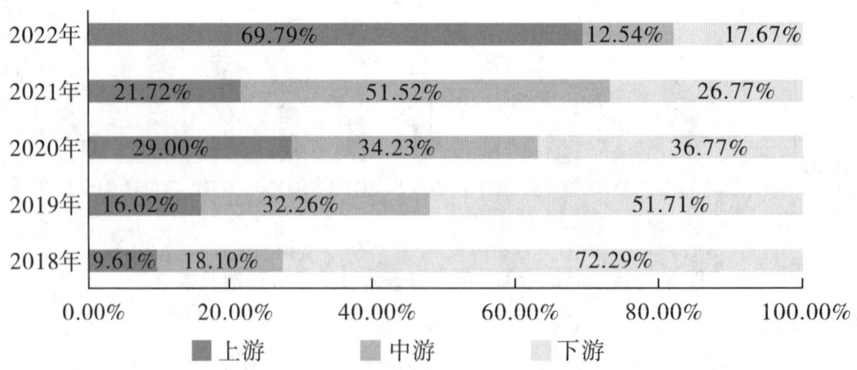

图 5 - 33　2018—2022 年广东省云计算产业链各环节投资分布

资料来源：清科私募通。

（四）云计算产业投资回报丰厚

广东省云计算产业风险投资退出事件集中发生在近5年。退出方式以IPO为主，占比达45.40%，平均回报倍数为3.79倍；上市后减持的退出次数虽然只有4次，但其平均回报倍数最高，达14.21。

表5-12　广东省云计算退出事件统计（截至2022年底）

	数量	与总数量比	平均回报倍数	平均内部收益率	回报金额（亿元）
IPO	74	45.40%	3.79	73.87	115.69
股权转让	47	28.83%	3.38	23.11	11.10
回购	19	11.66%	1.55	10.82	4.19
并购	13	7.98%	4.47	45.76	37.86
上市后减持	4	2.45%	14.21	1.72	9.31
其他	3	1.84%	1.1	9.36	1.14
分红	2	1.23%	0.11	-48.28	0.05
并购减持	1	0.61%	0.47	-19.34	0.14

资料来源：清科私募通。

（五）上游芯片环节投资回报位居第一

广东省云计算产业链上游芯片领域投资次数最多，达253次，其投资回报金额和投资回报倍数在广东省云计算产业链各环节中同样位居第一，分别高达247.13亿元和5.93倍。

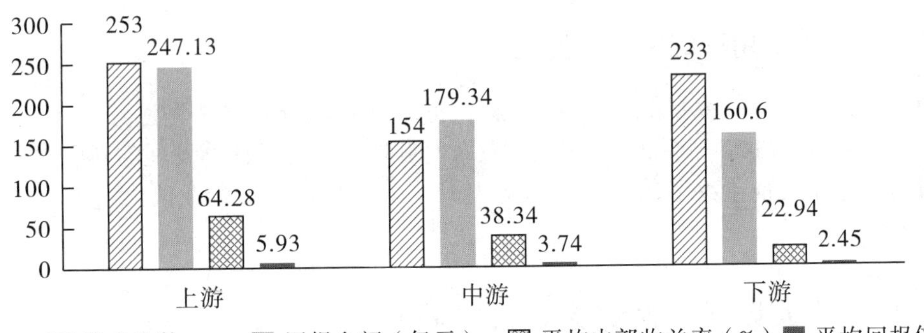

图5-34　2012—2022年广东省云计算产业链各环节退出回报概况

资料来源：清科私募通。

第五节 云计算产业发展趋势研判及对策建议

一、云计算产业发展趋势研判

（一）云计算产业将继续保持高速增长

从政策角度看，新基建政策和企业数字化转型推动云计算产业发展；从市场环境看，目前我国云计算市场规模增速居全球第一，但市场渗透率仍较低，传统行业企业上云率不足，未来云计算产业的市场空间仍然十分广阔。

（二）SaaS 将成为主流云计算服务类型，并与 IaaS 和 PaaS 融合发展

伴随着中小企业上云需求增多，企业更加青睐于使用便捷、灵活的 SaaS 产品。SaaS 市场快速发展，资本对 SaaS 的投资热情高涨，未来中国云计算产品市场结构将发生变化，IaaS 在国内的市场份额将会被利润率更高的 SaaS 挤压。此外，从已获得融资的企业和市场发展趋势来看，垂直型 SaaS（即为特定行业提供专业服务，如电商 SaaS、餐饮 SaaS 等）成为资本的追逐热点，未来随着成熟企业数量的不断增长，企业需要更加专业的 SaaS 服务来完成更深层次的数字化转型，促使 SaaS 服务企业搭建更专业的业务模式，发展垂直型 SaaS 业务。

（三）混合云将是企业云服务的常见模式

公有云是我国目前市场上最主要的部署模型，混合云即具有私有云安全性的特征，又能满足用户低成本投入的需求，因此越来越受到用户的青睐。随着越来越多企业开始向“云”迁移，以及用户存在不同类型的业务系统和应用场景，混合云模式能更好地适应企业对 IT 的多元化需求。IDC 预测，未来三年混合云将占据整个云市场 67% 的份额。

（四）云计算应用领域更加多元化

目前，云计算作为一种新的 IT 基础设施，正从互联网行业渗透进医疗卫生、工业、教育、能源、金融、旅游等传统行业领域以及政府领域，成为云计算发展的新引擎。未来随着政策的实施以及企业数字化转型需求的上升，云计算在各行各业的渗透率将进一步扩大。

二、广东省云计算产业发展存在的问题

广东省云计算产业发展迅速，但现阶段发展仍存在一定的短板，具体而言：

（一）产业体系尚不完善，上游芯片领域发展缓慢

服务器芯片和存储芯片目前仍大部分依赖进口，且广东省芯片市场的发展远远滞后于

长三角地区。深圳华为的芯片设计业务遭受美国制裁，广州粤芯半导体是目前广东省唯一实现 12nm 芯片量产的企业，较长三角地区的中芯国际等企业仍有很大的差距。

（二）云计算产业发展仍落后于发达国家

美国在存储技术、分布式计算、服务器虚拟化、网络技术（SDN）等核心技术上处于世界领先地位，广东省云计算企业在计算能力、数据库等领域有一定的技术突破，但在核心技术上仍落后于世界先进水平。

（三）传统行业上云率低，与国外发达国家相比差距大

由于对云计算技术缺乏了解，存在数据安全无法保障、上云成本高等问题，数量庞大的非互联网企业、中小微企业的上云意愿不足，工业、交通等传统行业上云率低，仅为 20% 左右，而美国企业云计算覆盖率达 85% 以上，欧盟地区的上云率也达到了 70%。

（四）推进云计算产业发展的协调机制尚不健全

广东省云计算相关企业主要分布在广州和深圳两个城市，对周边城市的辐射带动效益尚不明显，导致周边城市的云计算产业发展缓慢，未能实现区域间的优势互补。

（五）对云计算信息安全问题重视程度不足

云计算行业的健康发展，信息安全是基本保障，但目前部分云计算基础平台仍存在信息泄露、数据越权访问等安全漏洞。广东省在云计算信息安全问题上的重视程度不足，缺乏规范的云计算安全管理标准体系，与云安全相关的法律法规尚未健全。

三、政策建议

（一）加强区域合作，优化云计算产业链相关企业在广东省的布局

第一，贯彻实施“东数西算”工程，推动云计算和 IDC 厂商在国内中西部的布局，解决区域发展不平衡、资源利用率低等问题，有效降低云计算厂商的资源投入成本；第二，政策鼓励广东省与长三角地区芯片企业合作，引导优质芯片企业在广东省建厂，改善广东省芯片企业布局不均衡的问题。

（二）集中力量提升我国云计算关键核心技术自主可控能力

第一，通过国家指导、政策支持等方式，集中力量提升我国云计算关键核心技术的自主控制能力；第二，积极推动政产学研合作，促进政府、企业、学校合作交流，发挥其在技术攻关、成果转化上的不同作用，推动云计算软硬件核心技术的突破与升级；第三，加大对广东省云计算核心技术环节企业的投资支持力度，引导其加大技术研发投入，努力突破关键核心技术，促进产业发展自主可控。

（三）加强政策支持培育数字化人才，鼓励企业云转型

第一，充分发挥政府作用，加强政策支持，因地制宜构建企业数字化转型生态，推动云计算厂商与传统企业的有序对接，建立完善配套支撑服务体系，加快企业上云步伐；第二，培育数字化人才，为企业上云用云提供人才支持，支撑企业云转型的落地与实现。

（四）大力培育云计算龙头企业，推动各区域协同发展

加大力度扶持培育一批技术水平高、综合业务能力强的云计算龙头企业，带动产业链上下游企业联动发展，并通过技术交流、产业转移等方式，加强区域合作，发挥各区域的独特优势，推动各区域协同发展。

（五）加强安全建设，提升云计算安全水平

加强国家和各级政府对云计算安全问题的重视，从建立国家信息安全标准、引入新兴安全技术等方面入手，建立健全云计算安全领域的相关法律法规，加快云计算安全标准体系的设计研究，大力扶持新兴云安全技术的研发，助力云计算产业健康有序发展。

第六章　广东省扩展现实产业分析*

引　言

随着5G商用普及加快，5G的高速率让XR设备在画质清晰度、沉浸式体验等方面有了相当进步。疫情防控期间，利用VR技术云看展、云旅游也成为新潮流，国内XR产业在行业应用场景下蓬勃发展，广东省的XR相关企业也纷纷朝着新风口大步迈进。从产业环境来看，广东省形成了省—市—区多层次、多方位政策体系；从产业体系来看，广东省在各产业链细分环节均有完善布局，不仅企业数居全国第一，引领全国发展，且各细分领域均具有龙头企业；从产业空间布局来看，深圳、广州引领发展，同时辐射周边城市；从风险投资来看，广东省吸引了大量机构进行投融资，规模和效益十分可观；未来，广东省仍需加强顶层设计，对产业链进行全方位发力，推动XR产业的进一步发展。本章将在全球、全国以及区域等视角下，介绍全国及广东省XR产业发展现状、政策环境、产业链结构、空间布局、投融资情况等，以期为广东省XR产业未来进一步的发展提供一定启示。

扩展现实（Extended Reality，XR）是指通过以计算机为核心的现代高科技手段营造真实、虚拟组合的数字化环境，以及新型人机交互方式，为体验者带来虚拟世界与现实世界之间无缝转换的沉浸感，是虚拟现实（Virtual Reality，VR）、增强现实（Augmented Reality，AR）、混合现实（Mixed Reality，MR）等多种沉浸式技术（Immersive Technology）的统称。VR和AR是XR概念的主体，MR则介于VR与AR之间，且在大多数情况下，AR/VR指的就是XR。表6－1展示了三种技术的区别。

表6－1　AR、VR、MR之间的区别

	XR		
	AR	VR	MR
沉浸环境	现实世界是感知的中心	纯粹的虚拟世界掩盖了真实的环境	真实元素和虚拟元素相结合
用户与虚拟世界的互动	有限或者根本不可能	仅与虚拟世界互动	就像与现实世界互动一样
使用要求	手机/电脑/AR设备	VR设备	MR设备

资料来源：根据公开资料整理。

* 本章第一执笔人为暨南大学产业经济研究院王可雯。

XR 产业包含硬件、软件、代工以及内容四大产业链环节，每个环节又包含多个子环节。整个 XR 产业链环节众多，且各环节相互交融环环相扣，XR 产业整体的发展融合需要各个产业链环节和生态的协同成长。表 6－2 展示了 XR 产业链结构。

表 6－2　XR 产业链结构

上游					中游	下游		应用	
硬件			软件		代工	内容			
核心器件	感知交互	配套外设	系统软件	开发工具	终端	制作	分发	消费级	企业级
芯片、传感器、光学器件、显示器件、存储、电池	空间定位、手势交互、眼动追踪、全身动捕、语音交互、脑机交互	全景设备、体感设备、操控设备、3D 设备	操作系统、用户界面……	开发引擎、SDK、3D 建模、渲染处理	分体式、一体机	游戏、影视、社交……	线下渠道分发平台	竞技娱乐 影视直播 社交购物 旅游 元宇宙	医疗健康 教育培训 工业制造 广告营销 军事安防 展示展览
					ODM、OEM				

资料来源：根据公开资料整理。

第一节　扩展现实产业发展环境

一、XR 产业宏观环境

XR 产业宏观环境整体向好，产业加速发展，行业应用新场景、新模式、新业态层出不穷，工业、文化、教育等领域典型案例亮点频出，呈现多点开花的良好发展态势。

（一）新冠肺炎疫情成为发展 XR 产业的重大契机

2019 年底新冠肺炎疫情暴发，为防止疫情扩散，人们不得不进行物理隔离，这使得人们的交流环境从实体场所转向虚拟空间。《毕马威 2020 科技行业创新》报告显示，新冠肺炎疫情开创了远程办公和远程消费者互动的新时代，几乎所有企业都加大了对 XR 的投入，其中 36% 的企业将投资额提升 1% ～19%；21% 的企业将投资额提升 20% ～39%；14% 的企业甚至将投资力度增加了 40% 以上。

（二）"元宇宙"概念进一步引爆市场

2021 年 3 月，Roblox 的上市让元宇宙（Metaverse）概念引爆市场，上市首日近 400 亿美元市值彻底打开了"元宇宙"行业的想象空间，"元宇宙"的核心要素是基于 XR 数字化技术将现实世界虚拟化。自此，海内外巨头纷纷入场，其中包含在互联网初期就参与研发 VR、AR 等技术的"老牌"企业，如微软和百度，也包含迅速占领元宇宙概念的后起之秀，如网易和字节跳动。2021 年 8 月，字节跳动收购 Pico，引发市场热议。2021 年 10 月，Facebook CEO 扎克伯格宣布公司改名为 Meta，并宣布投资 150 亿美元扶持元宇宙内容创作，此举彻底引爆元宇宙。至此，元宇宙这一概念风靡全球。

（三）市场格局：中美日是最大的 XR 产品单一市场

从目前发展来看，中国、美国和日本是除欧洲外最大的 XR 产品单一市场，也是全球 XR 产业竞争的主要参与国。根据 Digi – Capital 公司预测，到 2023 年 XR 在欧洲以外最大的单一市场可能是中国、美国、日本、韩国和印度。这五个国家可以带动全球 XR 市场四分之三左右的收入。

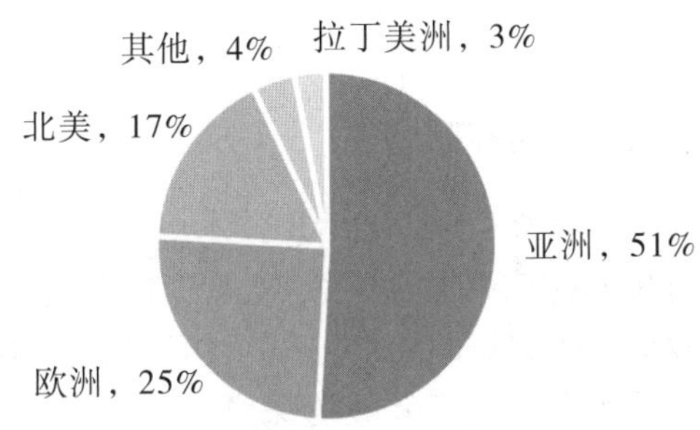

图 6 – 1　Digi – Capital 预测 2023 年全球 XR 市场分布情况

资料来源：Digi – Capital。

二、XR 产业政策环境

（一）国外：日本侧重内容，美国侧重技术

在日本，政府对于 XR 产业的支持集中在内容应用方面，且日本对于 XR 内容应用方面的重视并不局限于国家，地方政府也出台了一系列政策以支持 XR 产业发展。

表 6 – 3　日本 XR 产业政策汇总

发布时间	文件名称	政策性质
2015 年	《应对第四次工业革命的方向》	推广应用政策
2017 年	《日本数据驱动型社会相关的基础设施发展报告书》	产业战略规划
2019 年	《朝着“新时代世博会”的方向迈进》	推广应用政策
2020 年	《平成 30 年度经济产业省年报》	产业战略规划
2020 年	《国内外综合经济增长战略》	产业战略规划
2021 年	《未来海外产业人力资源合作的方向》	推广应用政策

资料来源：根据公开资料整理。

在美国，产业发展的领导者虽然以大型企业为主，但是美国也有支持 XR 产业发展的政策。2020 年 10 月，美国白宫发布的《关键与新兴技术国家战略》明确提出要保护美国技术优势，美国对于 XR 产业发展的扶持也主要体现在对 XR 技术的支持上。早在 2013 年，美国就发起了一项《确定潜在的研发重点领域的战略规划》，并设立 640 万美元的奖项用于奖励那些利用 VR 或 AR 技术开发用户互动交流界面的团队。而在 2020 年，美国商务部（DOC）和国家标准与技术研究所（NIST）又发起了《NIST 公共安全创新加速器计划（增强现实）》资助计划。同年，国防部发布的《5G 技术实施方案》中也提出要加强 5G 基础设施建设，加快 5G 技术的应用。而由美国国家基金会资助的美国种子基金会在 2021 年提出了《小型企业创新研究（SBIR）计划》和《小型企业技术转让（STTR）计划》，这两项计划提出要支持在硬件、软件、光学及显示器等领域处于早期研发阶段的 XR 小型企业发展。

（二）国内：政策密集，覆盖内容广

虚拟现实作为元宇宙的初级核心载体，自 VR 技术诞生以来，我国就对其保持高度关注。“十四五”规划纲要将虚拟现实和增强现实列入“建设数字中国”数字经济重点产业，并且对各产业链环节做了比较细致的要求。2021 年以来，我国更是出台了一系列虚拟现实相关政策，以加快虚拟现实在我国各领域的深度应用，2021 年至 2022 年上半年，我国国家层面出台的 XR 行业政策共计 49 条，地方层面出台的 XR 行业政策共计 469 条。从政策细分领域来看，整体产业、教育培训、文化旅游、商贸、医疗健康和工业生产是文件出台相对密集的领域。

从产业政策上来看，相较于美国通过各类基金支持技术发展，中日两国对于 XR 产业的政策支持更加直接，对于产业发展方向更加明确。而相较于日本的政策，中国的产业支持政策更加密集，涉及的领域更加全面，内容也更加丰富。

表 6-4 国家层面产业政策汇总

发布日期	文件名称	政策性质
2021 年 2 月	《关于加强网络直播规范管理工作的指导意见》	法规标准政策
2021 年 3 月	《“双千兆”网络协同发展行动计划（2021—2023 年）》	推广应用政策
2021 年 5 月	《关于发布“5G + 工业互联网”十个典型应用场景和五个重点行业实践情况的通知》	推广应用政策
2021 年 7 月	《5G 应用“扬帆”行动计划（2021—2023 年）》	推广应用政策
2021 年 9 月	《关于颁布集成电路工程技术人员等 7 个国家职业技术技能标准的通知》	法规标准政策
2021 年 10 月	《关于推广“十三五”时期产业转型升级示范区典型经验做法的通知》	推广应用政策
2021 年 10 月	《关于推动生活性服务业补短板上水平提高人民生活品质若干意见的通知》	推广应用政策
2022 年 1 月	《关于印发“十四五”数字经济发展规划的通知》	产业战略规划

（续上表）

发布日期	文件名称	政策性质
2022 年 4 月	《关于进一步释放消费潜力促进消费持续恢复的意见》	推广应用政策
2022 年 5 月	《关于推动外贸保稳提质的意见》	推广应用政策
2022 年 10 月	《鼓励外商投资产业目录（2022 年版）》	推广应用政策
2022 年 11 月	《虚拟现实与行业应用融合发展行动计划（2022—2026 年）》	产业战略规划

资料来源：根据公开资料整理。

（三）广东省：应用与服务两手抓

广东省各地方政府也纷纷出台政策，主抓应用与服务环节。一方面，鼓励虚拟现实技术与医疗健康、工业生产、教育培训、商贸业务和文化娱乐等传统领域融合发展，释放传统行业创新活力。另一方面，综合利用 5G、人工智能、超高清视频和云计算等新一代信息技术，推进“新一代信息技术 + VR”产业协同发展，催生出“5G + VR”“AI + VR”“超高清视频 + VR”等特色产业，全面推动社会智能化发展。

表 6 – 5　广东省产业政策汇总

发布日期	文件名称	政策性质
2021 年 5 月	《广东省人民政府关于加快数字化发展的意见》	产业战略规划
2021 年 6 月	《深圳市工业和信息化局关于发布 2022 年新一代信息技术产业扶持计划申请指南的通知》	推广应用政策
2021 年 7 月	《广东省制造业数字化转型实施方案（2021—2025 年）》	产业战略规划
2022 年 1 月	《广州市超高清视频产业发展行动计划（2021—2023 年）》	推广应用政策
2022 年 4 月	《关于印发广州市战略性新兴产业发展“十四五”规划的通知》	产业战略规划
2022 年 4 月	《广州市黄埔区、广州开发区促进元宇宙创新发展办法》	推广应用政策
2022 年 10 月	《深圳市推动软件产业高质量发展的若干措施》	推广应用政策

资料来源：根据公开资料整理。

三、XR 产业市场环境

（一）全球 XR 产业市场需求：突破行业拐点，或迎来爆发增长

大量用户和内容生态是 VR/AR 设备快速放量的关键。根据 VR 陀螺数据，2021 年全球 VR 头戴显示器（以下简称头显）出货量达到 1 110 万台，同比增长 65.7%，硬件设备突破 1 000 万台为行业重大拐点，且 2023 年左右多款 VR 头显即将面市，产品性能跃升，

因此 VR 陀螺预计 2023 年全球 VR 头显出货量有望达到 2 175 亿台。此外，2021 年全球 AR 眼镜出货量为 57 万台，较 2020 年增长 42.5%，预计 2023 年全球出货量为 96 万台。当前 AR 眼镜仍集中在 B 端市场，成本高、终端价格高，难以取得大规模的销量，未来随着 AR 眼镜在光学、显示的突破，预计 2025 年开始进入消费级市场。

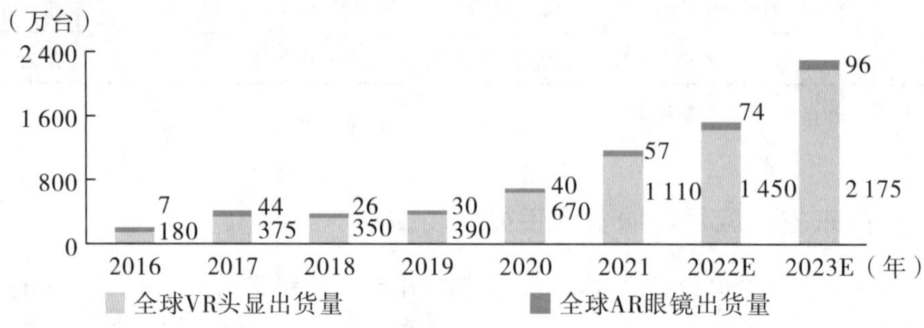

图 6-2 全球 VR 头显、AR 眼镜出货量

资料来源：VR 陀螺。

（二）国内 XR 产业市场需求：成长快速，优秀品牌涌现

国内 VR 市场快速成长，优秀品牌开始涌现，Pico 新品发布将进一步扩大国内市场规模。自 2021 年 Q2 以来，随着爱奇艺、华为、大朋等国内厂商相继发布 VR 头显，季度设备出货量持续上升。根据 Wellsenn XR 数据，截至 2022 年 Q2，国内 VR 出货量达 29.7 万台，继续保持环比增长态势。考虑 Pico 新品亮点突出，市场期待较高，预计国内 VR 市场将保持高速成长态势。

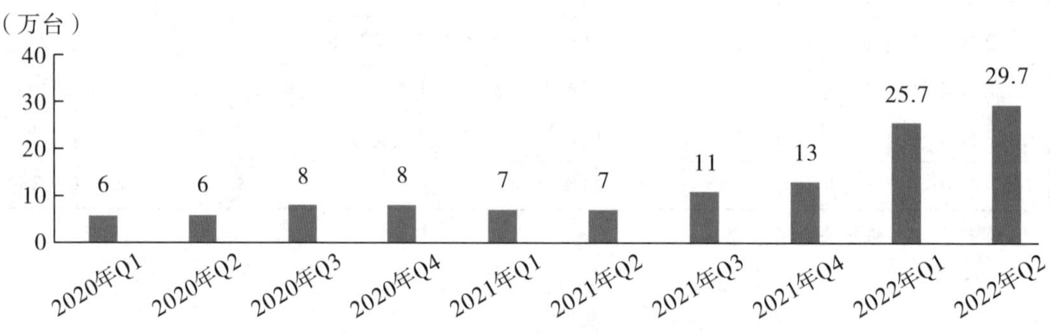

图 6-3 中国 VR 设备季度出货量

资料来源：Wellsenn XR。

（三）产业发展现状：硬件和应用占主导，产业链相关国产公司核心竞争力提升

在虚拟现实的热潮下，国内 XR 相关产业链配套也日渐成熟。从产业结构来看，当前国内 XR 产业主要由硬件和应用占据主导地位，硬件和应用占比呈波动上升趋势，2022 年两者

共占78%，软件和内容所占比重逐渐减少，2021年共占25%，2022年进一步减少为22%。

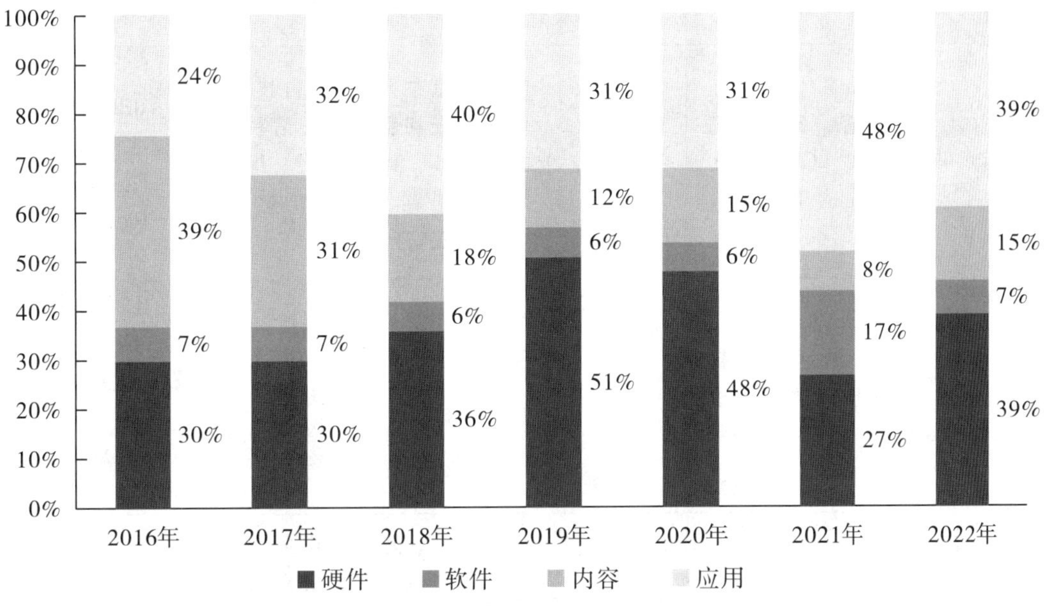

图6-4　中国虚拟现实产业结构

资料来源：睿兽分析数据库，创业邦研究中心。

随着国产品牌XR设备出货量的提升，以及上游中国厂商在光学、显示等方面的技术和产线优势增强，XR产业链上的相关国产公司的核心竞争力提升，重点公司如表6-6所示。

表6-6　国内外XR硬件重点公司梳理

环节	海外上市公司	国内H股、台股上市公司	国内A股上市公司	非上市公司
整机设计	Meta、苹果、索尼、爱奇艺	H股：小米集团 台股：HTC	**创维数字**	国内：**字节跳动**、华为、大朋、NOLO、Arpara
代工组装	—	台股：广达集团、和硕	**歌尔股份、立讯精密**、欣旺达、闻泰科技	国内：龙旗科技
光学模组及零部件	3M、Kopin	H股：**舜宇光学科技**、丘钛科技 台股：大立光电、**玉晶光电、扬明光学**	**歌尔股份**、**三利谱**、冠石科技、欧菲光、**兆威机电**、**杰普特**	国内：惠牛科技、耐德佳、鸿蚁光电

（续上表）

环节		海外上市公司	国内H股、台股上市公司	国内A股上市公司	非上市公司
微显示屏		**夏普**、**索尼**、三星、LGD、JDI、eMagin、Kopin	台股：友达光电	**京东方**、TCL **科技**、**隆利科技**、长信科技、鸿利智汇、维信诺、**华灿光电**、**三安光电**	国内：JBD、视涯科技、国兆光电、湖畔光电、昆山梦显 海外：Plessey
感知交互	解决方案	**高通**、**苹果**、Meta、**索尼**、**微软**、**谷歌**、Tobii	—	科大讯飞	国内：七鑫易维、云知声、诺亦腾、傲意科技、凌感科技 海外：OptiTrack、Ultraleap、Xsens、Thalmic
	摄像头模组	索尼、夏普	H股：**舜宇光学科技** 台股：大立光电、扬明光学、玉晶光电	**欧菲光**、歌尔股份、联创电子、韦尔股份、水晶光电、美迪凯、闻泰科技、蓝特光学、昆山丘钛微电子、高伟电子、力鼎光电、联合光电、五方光电	国内：金国光
	传感器模组	意法半导体、德州仪器、TDK、威世科技	—	韦尔股份、艾睿光电、蓝思科技、敏芯股份	国内：纵慧芯光、水木智芯 海外：博世
	声学模组	苹果、谷歌、三星、索尼、楼氏电子、飞利浦	H股：瑞声科技	歌尔股份、立讯精密、国光电器	—
主控SoC芯片		**高通**、**三星**	台股：**台积电**	**瑞芯微**、全志科技	华为海思
其他结构件		—	—	东山精密、蓝思科技、信维通信、长盈精密、领益智造、科森科技、安洁科技、中石科技	—

资料来源：光大证券研究所。

注：加粗字体为所在领域的细分龙头/主要供应商。

第二节　扩展现实产业链 SCP 范式研究

一、XR 产业发展概况

XR 市场规模呈现高速发展态势。根据 IDC 数据，2021 年全球 VR/AR 市场规模近 200 亿美元，并有望在 2024 年增至 728 亿美元，年复合增长率维持在 50% 以上水平。但当前 XR 市场整体规模相对较小，同时面临内容生态不完善、基础硬件价格高、用户习惯需培养等众多问题，未来随着元宇宙兴起、资本回暖及终端用户对 VR/AR 接受度的提升，市场规模有望持续攀升。

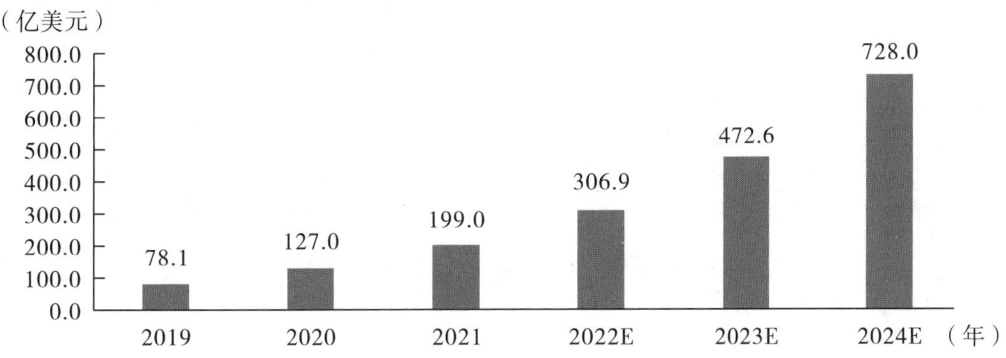

图 6－5　2019—2024 年全球 VR/AR 市场规模及预测

资料来源：IDC。

中国互联网协会数据显示，包括硬件、软件、内容及服务在内的中国 AR 市场收入在 2022 年可达到 479 亿元人民币，规模约为 VR 市场的六成，但到 2024 年，AR 市场收入预计达1 605 亿元，将超过 VR 市场的 1 394 亿元。

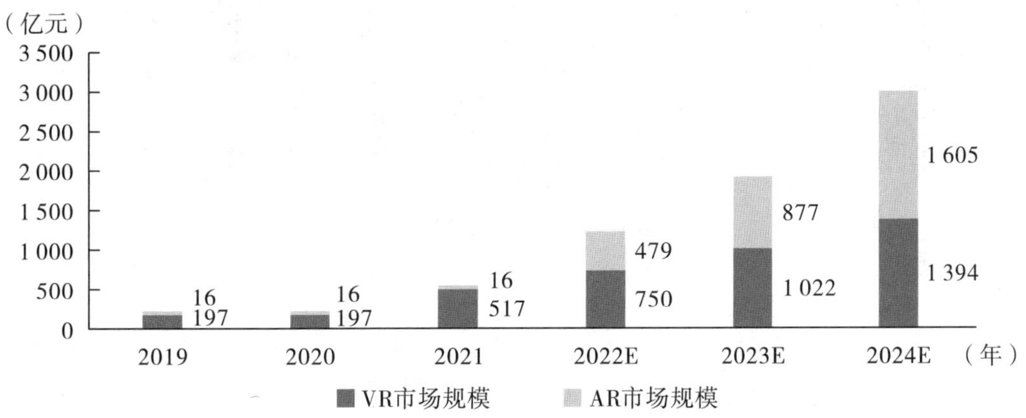

图 6－6　2019—2024 年中国 VR 及 AR 产业整体市场规模

资料来源：中国互联网协会，创业邦研究中心。

（一）XR 硬件的市场空间：AR/VR 头盔将迎来爆发增长，网民渗透率高

中国的 AR/VR 头盔产量 2026 年有望达到 5 737 万台，2022—2026 年年均增长率达 53.4%；相应地，2022—2026 年 AR/VR 头盔在中国网民中的渗透率从 1.0%，预期将提高到 4.5%。中国的 AR/VR 市场有望强劲增长主要得益于：中国用户接纳程度高，AR/VR 发展的早期阶段，中国市场就一直在发展；中国 AR/VR 设备配套产业链的供应商技术完备，受到跨国技术公司的重视。

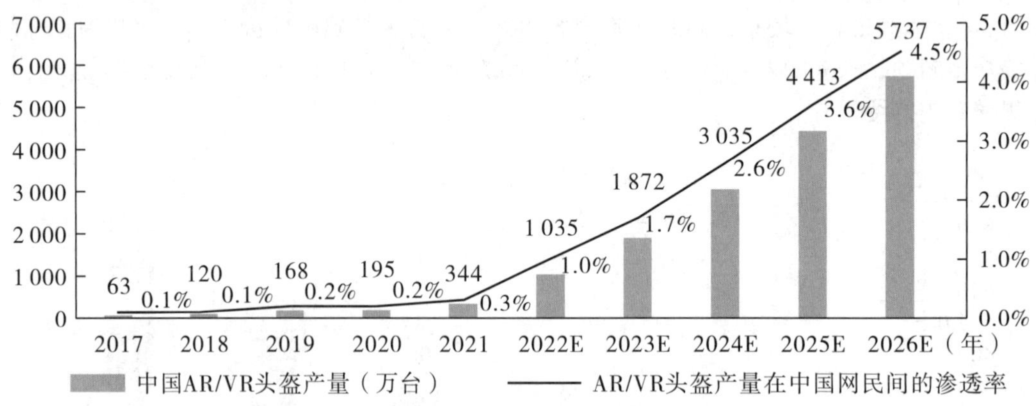

图 6－7　中国 AR/XR 头盔产量及网民间渗透率

资料来源：艾瑞咨询。

（二）XR 内容的市场空间：市场前景广阔，目前以游戏、娱乐为主

AR/VR 内容市场 2021 年销售额为 189.3 亿元，2026 年有望达到 1 062.4 亿元，对应复合增长率 36.7%。2021 年 AR/VR 内容市场构成以游戏、娱乐和教育为主。

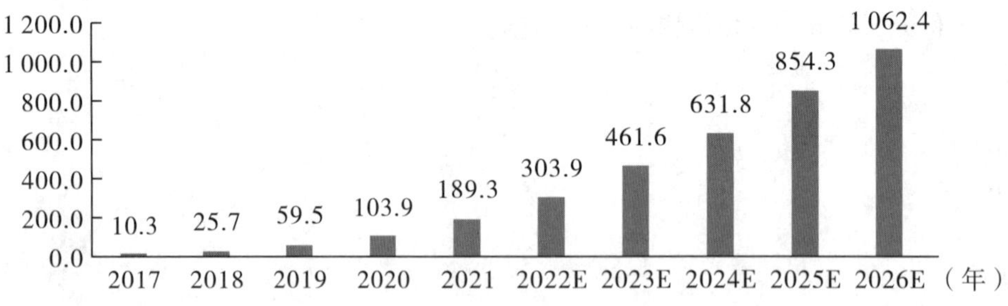

图 6－8　中国 AR/VR 内容市场规模

资料来源：艾瑞咨询。

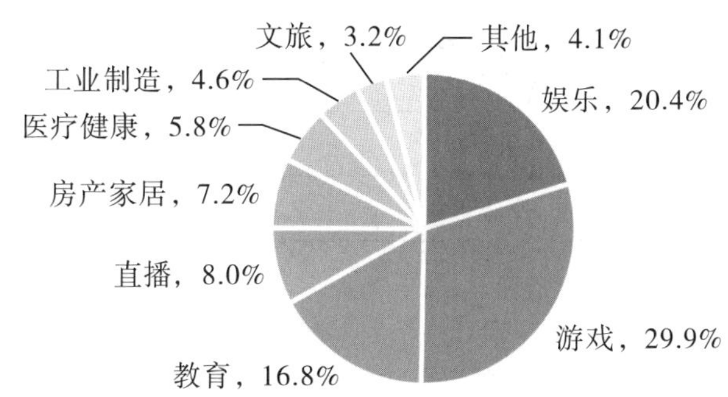

图 6－9　2021 年中国 AR/VR 内容市场构成情况

资料来源：艾瑞咨询。

二、XR 产业链市场结构

（一）上游市场结构：芯片、感知交互等核心技术由国外主导

1. 主控芯片：高通约占市场九成份额，国产替代任重道远

主控芯片 SoC 是 XR 产品实现运行控制和数据处理的核心。高通芯片产品众多，覆盖低中高全产品线，成为当前 XR 产业的绝对龙头，可以说是一家独大，其市场占有率达 86.7%，其余 12 家瓜分剩余 13.3%。因高通看好 XR 产品大力布局，且通过复制其在手机领域的经验，具有先发优势。高通骁龙 XR2 芯片成为 VR 一体机的绝对主力芯片，得益于其强大性能以及骁龙 XR2 平台打造的完善开发者生态，且在制程工艺方面，合作厂商从三星转向技术更优的台积电，以保证芯片的出货量和高质量。

国产芯片性能仍较落后，实际搭载 VR 机型很少，国产替代任重道远。目前，全志科技、瑞芯微、华为海思等国内芯片厂商，逐步把业务扩展至 VR 一体机的主控芯片领域，然而性能与高通芯片差距明显。较差性能导致国产 XR 芯片仅搭载早期几款中低端 VR 一体机，近几年新推出 VR 产品基本不使用国产芯片。华为海思 XR 芯片虽具有一流的解码能力，但目前由于美国对华为封锁，海思 XR 芯片后续进展尚不明朗。

表 6－7　XR 芯片出货量市占率

公司	2019 年 Q1	2020 年 Q1	2021 年 Q1	2021 年 Q2	2021 年 Q3
高通	20.2%	46.4%	78.7%	84.1%	86.7%
联发科	74.6%	46.7%	18.1%	13.5%	8.2%
三星	0.2%	0.2%	0.0%	0.2%	0.2%
英特尔	1.1%	1.0%	0.5%	0.2%	0.1%
英伟达	0.2%	0.0%	0.0%	0.0%	0.0%

（续上表）

公司	2019 年 Q1	2020 年 Q1	2021 年 Q1	2021 年 Q2	2021 年 Q3
TI	0.3%	0.2%	0.0%	0.0%	0.0%
其他	3.3%	5.5%	2.6%	2.0%	4.8%

资料来源：IDC，创业邦研究中心。

2. 光学模组：国内老牌光学厂商出货量维持在高位

光学模组实现近距离成像，是 VR 与手机等 2D 屏幕的主要区别。VR 光学国产产业链完善，多家重点厂商为中国大陆、中国台湾和中国香港的上市公司，且国产 VR 品牌的崛起进一步推动国产化趋势。玉晶光电、扬明光学和舜宇光学科技等老牌光学厂商和歌尔股份等组装厂商凭借光学积累，以较高良率大规模量产，以优秀制造水平赢得包括 Meta、苹果、Pico 等主要 VR 厂商的订单，中短期光学模组出货量将稳定在高水平。

3. 显示器件：市场集中度高，头部厂商竞争激烈

国内显示行业优势相对突出，中国作为全球最大的消费电子商品市场，终端应用市场广阔，随着近年来我国在显示产业投入的不断加大及国产面板厂商的崛起，整体 OLED 产能快速增长。从全球 OLED 市场份额来看，2021 年三星市场份额占比最高，占比达 41%；位列第二的 LGD 占比 17%；京东方位列全球第三，市场份额 11%。行业集中度高，头部厂商竞争较为激烈。

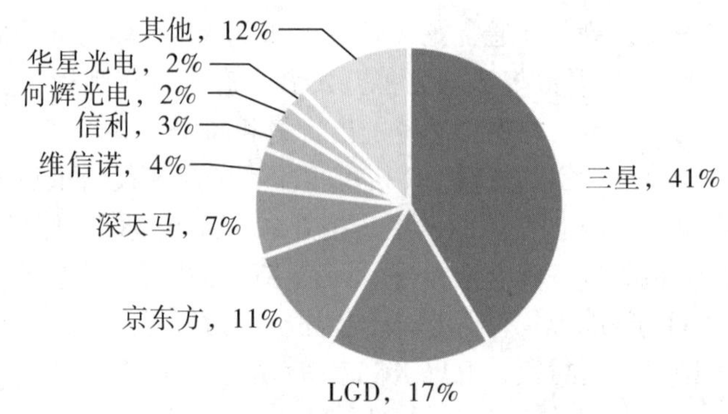

图 6-10 2021 年全球 OLED 厂商市场份额占比统计

资料来源：中商产业研究院。

4. 感知交互：国外巨头企业主导

感知交互的细分领域众多，部分技术不成熟，且市场规模有限，多数处于前沿研究阶段尚未落地，因此参与竞争的企业主要为：①国外初创企业，择一赛道持续深耕，代表企业如 Tobii；②国外巨头企业，同时也是行业领导者，感知交互各细分领域协同发展，各技术需要整合集成至整机发挥作用，故巨头具备优势；同时因感知交互能大幅提升头显体验，巨头投资并购活动密集，并投入大量资金用于自身实验室研究工作，提前开展专利布

局，其中 Meta 和苹果基本实现全领域布局。国内缺乏技术牵头人，企业研发投入力度和战略敏感性不足，发展不及海外成熟，技术水平稍有落后。

表 6－8　巨头企业在感知交互领域的布局

感知交互技术		Meta	苹果	微软	谷歌	腾讯	百度
追踪定位			√				√
手部	裸手手势识别	√	√	√		√	
	触感手套	√	√	√			
	机电手环	√	√		√		
眼动追踪		√	√	√	√	√	
声音	沉浸声场	√	√	√	√		
	语音输入		√	√			
脑机交互		√		√	√	√	√

资料来源：光大证券研究所。

注：“√”表示企业在此领域有收购/投资活动或者在此领域有自研成果/专利申报。

（二）中游市场结构：Meta 占据八成市场，Pico 份额增长迅速

从市场竞争格局来看，VR 行业约八成的设备出货来自 Meta 的 Oculus 系列，国内厂商字节跳动旗下的 Pico 份额增长迅速，2021 年 Q1 市场份额为 1.7%，2022 年 Q1 大幅增长至 11.3%，崛起速度显著。

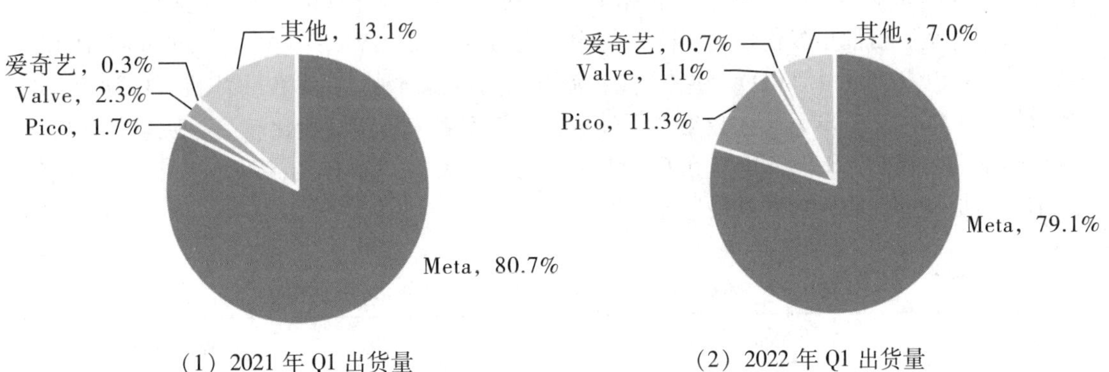

图 6－11　2021 年 Q1 与 2022 年 Q1VR 出货量份额对比

资料来源：Wellsenn XR。

（三）下游市场结构：国外平台内容领跑，国产平台内容处于起步阶段

2021 年，VR 内容平台内容数量最多的仍属 Steam 平台，共有 6 212 款应用，2021 年新增了 658 款应用。Steam 作为最早最大的 VR 内容平台之一，目前拥有超过 300 万的 VR 玩家。2021 年 VR 内容增加数量最多的平台为 SideQuest，2021 年底共有 2 284 款应用，新增了 1 353 款，这主要得益于 Quest 的销量大涨及其严格的内容审核机制。此外，HTC 旗下的 VivePort 平台，由于定位偏 PC 端 VR 的内容平台，且 HTC Vive 系列头显销量不温不火，2021 年仅新增了 233 款内容。

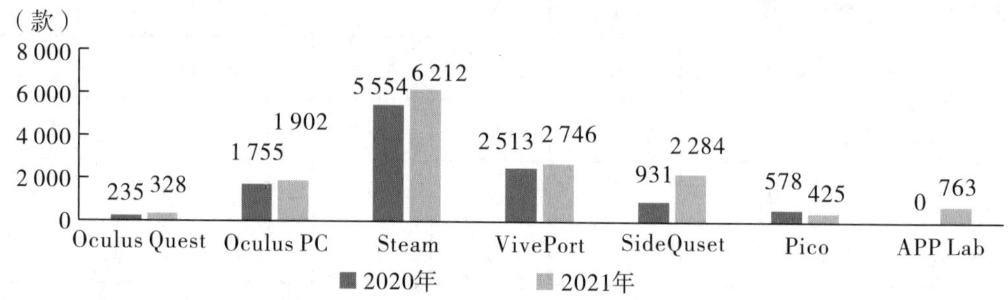

图 6－12　2020—2021 年主流 VR 平台内容数量

资料来源：VR 陀螺。

三、XR 产业链市场行为

（一）产品差异化

为满足不同客户群体的需求，VR 市场上有低中高端差异化设备。低端设备主要以手机盒子（Screenless Viewer）为主，价格在 1 000 元以下，属于 VR 行业发展早期出现的低成本体验方案，目前市场份额逐步降低。中高端市场主要以 VR 一体机（Standalone HMD）和 PC 端 VR（Tethered HMD）为主，且主流方向逐步转向独立的 VR 一体机。中端 VR 设备价格在 1 000 ~ 6 000 元，主要客户群体为普通消费者，价格性价比较高，质量与性价比取得了平衡。高端 VR 设备价格在 6 000 元以上，主要客户群体为游戏或者电子爱好者，追求更为卓越的性能，提升沉浸感。

表 6－9　Meta Quest 2、Pico 4 及 Meta Quest Pro 参数对比

	Meta Quest 2*	Pico 4	Meta Quest Pro
定位	中端	中端	高端
发布时间	2020 年 10 月	2022 年 9 月	2022 年 10 月
产品形态	VR 一体机	VR 一体机	VR 一体机

（续上表）

	Meta Quest 2*	Pico 4	Meta Quest Pro
处理器	高通骁龙 XR2	高通骁龙 XR2	高通骁龙 XR2 + Gen1
RAM	6GB	8GB	12GB
ROM	128G/256G	128G/256G	256G
显示屏幕	Fast-LCD	Fast-LCD	QD-LCD
分辨率	单眼 1 720 × 1 890	单眼 2 160 × 2 160	单眼 1 800 × 1 920
屏幕刷新率	72Hz/90Hz	90Hz	90Hz
光学方案	菲涅尔透镜	Pancake 折叠光路	Pancake 折叠光路
视场角	最大 96°	105°	W106° × H96°
空间定位	Inside-out	Inside-out	Inside-out
追踪方案	6DoF	6DoF	6DoF
重量	503 克	整机 586 克	头显 744 克
官方定价	399 美元起	2 499 元起	1 499 美元

资料来源：VR 陀螺、映维网。

* Meta Quest 2 上市之初叫 Meta Oculus Quest 2，售价 299 美元；2022 年 8 月起涨价至 399 美元。

（二）产能产量

2022 年三季报显示，各大面板企业在下行周期均承受着巨大的业绩压力，XR 产业今后有望成为显示产业的新引擎之一，因此各大厂商纷纷开始布局 XR 面板赛道。原因在于：首先，XR 终端设备的销量同比有所增长，从而推动了面板需求量的上升；其次，品牌商倾向于采用两块面板的设计代替原来一块面板的设计，以此改善用户的视觉体验，从而也推动了显示面板需求量的上涨。虽然厂商们都在布局 XR 面板，但方向仍有所不同。目前来看，京东方以布局 OLED 产线为主；TCL 科技和深天马主要聚集在液晶面板，但是两者侧重的技术路线有所差异。

表 6－10　面板行业部分头部公司 XR 面板产能扩张行为

公司	产能扩建
京东方	投资不超过 290 亿元建设第 6 代新型半导体显示器件生产线项目，着力布局 VR（虚拟现实）显示产品市场
TCL	总投资 150 亿元扩建武汉第 6 代 LTPSLCD 显示面板项目
深天马	投资 330 亿元建设一条 8.6 代 a－Si 和 IGZO 液晶面板线
维信诺	已建成大陆首条从驱动背板、巨量转移到模组全覆盖的 Micro-LED 中试线

资料来源：根据公司公告整理。

（三）定价行为

价格方面，中端领域，2020 年 Meta Oculus Quest 2 以 299 美元的起售价发布，坚持低价补贴销售政策以进一步扩大市场份额，导致市面上 VR 头显价格逐步降低，高性价比 VR 产品逐渐涌出，目前价格基本处于 2 000 ~ 4 000 元区间。高端领域，Meta 旗下的 Quest Pro 的售价高达 1 499 美元，同时，苹果将在 2023 年发布的 MR 新品预计售价在 2 000 美元左右，以更高的体验感和沉浸感追求高端市场的份额。

（四）兼并收购

头部企业纵向一体化趋势明显。从龙头动态看，国内外龙头企业在产业布局上高度一致，纷纷构建平台及产业生态。Facebook、谷歌、索尼、HTC 等全球 VR 巨头不断加大并购投资力度，构建起“核心器件—硬件设备—软件系统—内容应用—渠道平台”自有生态体系，而国内的百度、阿里、爱奇艺等龙头企业，则纷纷构建内容平台和渠道，加速整合内容资源。以 HTC 为例，显示输出设备硬件起步的 HTC 加强全链条布局，向产业链下游延伸拓展，布局交互输入设备、VR 软件及解决方案服务，定制化的 VR 内容应用和运营管理服务也被涵盖在内，构建起强大的 HTC VR 自有生态。

（五）进入壁垒

XR 产业与智能手机供应链重合度较高，芯片、显示、摄像头、传输模组等均与智能手机供应链重合，但 XR 设备在光学模组上与智能手机有较大差异，因此下文将具体论述 XR 光学的进入壁垒。

1. 光学方案供应行业：主要存在必要资本量壁垒和技术壁垒

XR 光学产业资本投入大、研发周期长、技术壁垒高，因此拥有较高的进入门槛。目前全球范围内能够提供高性能光学方案的企业仅有少数几家，头部光学方案供应商为全球中高端主流 XR 厂商代工和供货，客户黏性强，量产经验多，拥有相对稳定的供应链和产品定制能力，具备较强的竞争力。

2. 光学检测设备行业：主要存在技术壁垒和客户转换成本壁垒

光学检测设备行业主要存在技术壁垒和客户转换成本壁垒，进入门槛高。技术壁垒方面，在激光/光学智能装备领域，由于技术集成度高、研发难度大、工艺流程复杂、精密度要求高，激光精密检测主要被少数几家国际知名公司垄断，国内进入厂家相对较少。客户壁垒方面，下游消费电子产品客户新品推出时间较快、新技术和新功能更新迭代频繁，对设备厂商的工艺适配性、品质稳定性、新方案提出能力、保密性等有较高要求，因此下游客户对设备供应商能力与资质要求严格，一般不会轻易更换已进入合格供应商体系内的厂商，这对新进入者造成了较高的进入壁垒。

（六）研发行为

受 VR 设备更新换代快及需求提升等影响，行业整体注重创新，且研发投入主要集中在关键环节。从“中国 VR50 强企业”研发投入来看，2019 年到 2022 年四年间，企业平均研发投入比基本保持在 50% 左右。“中国 VR50 强企业”的发明专利总数从 2019 年的 38 123 件增加 2022 年的 48 923 件。2022 年，专利总数排名前十位的企业主要涉及近眼显示、整机设备、开发工具软件、分发平台等环节，以 HTC、歌尔股份、京东方、创维数字、科大讯飞、虚拟动点等企业为代表。

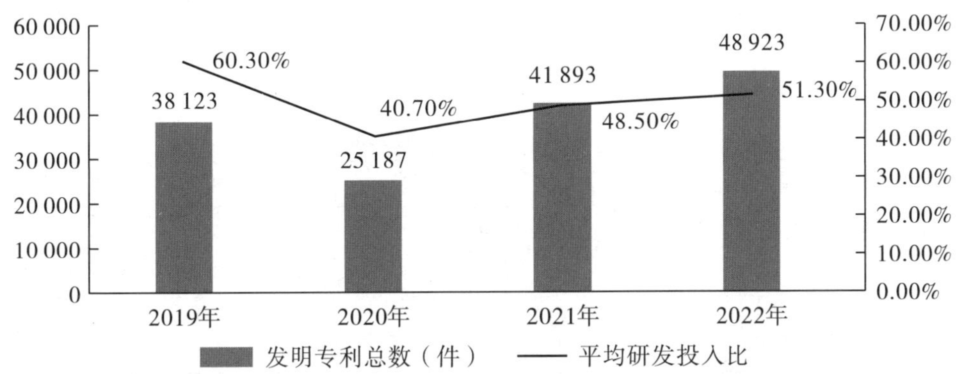

图 6－13　2019—2022 年中国 VR50 强企业技术研发情况

资料来源：中国虚拟现实产业联盟。

四、XR 产业链市场绩效

（一）价值链：价值链利润主要分布在前后端，行业整体利润可观

价值链分布不均匀，技术密集型和资本密集型企业挤占了大部分利润空间。以 Meta Quest 2 为例，其物料成本约为 299 美元，其中芯片成本为 135 ~ 150 美元，占比最高达 50%；光学器件 18 ~ 30 美元，占比 6% ~ 10%；显示屏 60 ~ 70 美元，占比 20% ~ 25%；其他零部件 30 ~ 45 美元，占比 10% ~ 15%；整机组装 9 ~ 15 美元，占比 3% ~ 5%，价值最低。

表 6-11 VR 价值链分布（以 Meta Quest 2 为例）

产业链	环节	价值量	细分环节
上游	芯片	135~150 美元（占比 45%~50%）	Soc（占比约 23%，约为 70 美元）
			Memory（占比约 15%，约为 45 美元）
			Wifi & BT（占比约 6%，约为 19 美元）
	光学器件	18~30 美元（占比 6%~10%）	镜头（占比约 4%，约为 11 美元）
			菲涅尔透镜（占比约 3%，约为 8 美元）、pancake 镜片等
			CMOS 芯片（占比约 3%，约为 10 美元）
	显示屏	60~70 美元（占比 20%~25%）	LCD（占比约 23%，约为 70 美元）
			OLED
			Micro/MiniLED
	其他零部件	30~45 美元（占比 10%~15%）	声学
			陀螺仪 & 眼动追踪
			其他（PCB、精密结构件等）
中游	整机组装	9~15 美元（占比 3%~5%）	—

资料来源：Meta 官网、中泰证券研究所。

硬件制作商在行业现状下盈利能力略强于内容提供商，但内容提供商未来可期。智能手机时代积累的经验表明，优秀的开源系统会拥有更大的市场份额，优秀的闭源系统则拥有更高的利润率，未来优质的 XR 内容将具有更高的价值。

（二）盈利能力：行业利润丰厚，龙头企业持续发力

从“中国 VR50 强企业”年销售额分布情况来看，2021 年，年销售额超过 1 亿元的企业占比首次超过 50%，2022 年则增长到 28 家。其中，年销售额为 1 亿元到 10 亿元的企业数量，从 2019 年的 7 家扩展到 2022 年的 22 家，具有代表性的有当红齐天、泰豪、Pico、爱奇艺智能、亮风台等企业。

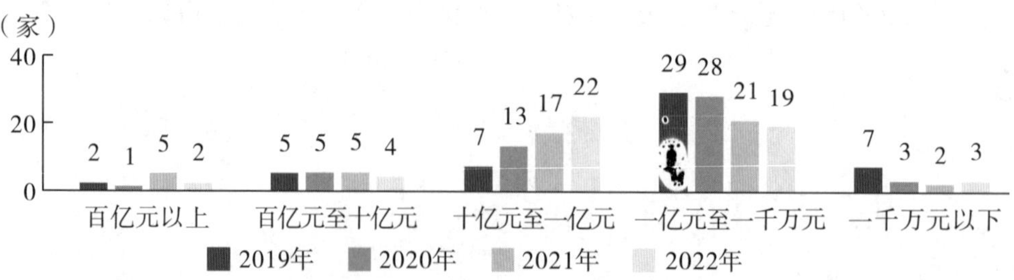

图 6-14 2019—2022 年中国 VR50 强企业销售额分布情况

资料来源：中国虚拟现实产业联盟。

（三）创新：自主研发能力向上突破，跻身全球首位

截至 2021 年 9 月，全球 VR 第一大技术来源国为中国，中国 VR 专利申请量占全球 VR 专利总申请量的 47. 91%；其次是美国，占 24. 88%。

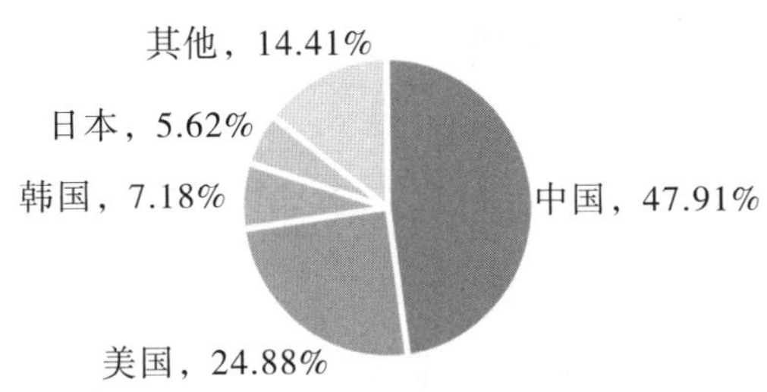

图 6－15　全球 VR 行业专利分布（截至 2021 年 9 月）

资料来源：智慧芽、前瞻产业研究院。

第三节　扩展现实产业空间布局

一、我国 XR 产业空间布局

（一）我国 XR 产业空间发展概况：一线城市引领，二线城市快速崛起

经历多年的发展，国内已初步形成以广东为引领，东南沿海城市高度集聚，中西部二线城市快速崛起的产业发展格局。天眼查数据显示，截至 2022 年 12 月，全国与“虚拟现实”业务相关的企业有 2. 7 万余家。从地域分布来看，广东以 7 800 余家的存量领跑全国，江苏、山东、浙江紧随其后，企业存量均超过 1 000 家。以虚拟现实企业分布看，广东、江苏、山东、浙江等地区企业数量为第一梯队，陕西、江西、安徽、湖南等地区企业数量处于第二梯队。

（二）我国 XR 产业链布局：依靠原有电子信息产业集群及供应链发展

从链条组织看，上游硬件及软件开发企业、中游组装代工企业，大多还是依靠原有电子信息产业集群和供应链发展。

从布局模式看，VR 显示输出设备产业生产与创新分离，头部创新企业集聚在一线城市，而 VR 显示输出设备大多采取代加工模式进行生产，生产制造企业对成本敏感，看中产业链配套、用地和投资补贴，呈现向周边二线城市布局的特征。交互输入设备企业更多地聚焦技术创新和解决方案服务，更倾向于布局一线城市。专用核心器件产业在华东地区、华南地区高度集聚，在市场和成本驱动下，产业呈现向中西部地区转移的态势。

在产业集聚上，虚拟现实形成了全链条联动和内容创新为主导的两种集群模式，两种模式都存在广泛的布局机会。全链条联动的集群模式，往往依托VR显示输出设备、交互输入设备、专用核心器件等生产基地的落地，带动上下游环节企业入驻，延伸拓展虚实交互、虚实融合等应用服务和内容制作业态，比如南昌VR产业基地、中国西部虚拟现实产业园等。

以内容创新为主的集群模式，主要依托创新资源、政策扶持和创新氛围，集聚VR软件系统、VR设备研发创新企业以及大量的VR内容生产企业，比如花都数字产业园、青岛国际虚拟现实产业园等。

（三）产业链代表企业的空间布局：集中在发达地区，发展现状及特点各有不同

从产业链代表性企业分布情况来看，北京、广东、上海、江苏等地代表性企业较多，其中，北京、上海、广东以及山东的产业链代表性企业的种类较多，硬件、软件以及内容制作与分发均有代表性企业分布。

表6-12 XR产业链代表性企业区域分布

重点省市	产业链环节	代表性企业	发展现状及特点
北京市	硬件	爱奇艺、小鸟看看、京东方、蚁视科技	科技创新能力居全国首位，头部企业数量居全国首位
	软件	爱奇艺、大恒科技	
	内容制作与分发	暴风科技、焰火工坊、极维客	
山东省	硬件	歌尔股份、海信视像、睿创微纳	顶层设计突出，虚拟现实产业集聚效应明显，依托龙头企业进行发展，成功认定全国首个国际级虚拟现实高新技术产业化基地
	软件	浪潮信息	
	内容制作与分发	海尔智家	
江苏省	硬件	Nreal、睿悦信息	产业发展环境好，产业基础良好
	软件	睿悦信息	
上海市	硬件	乐相科技、小派科技、中颖、深迪半导体	覆盖硬件、软件、内容、应用等全产业链，且均有企业集聚，VR文旅应用特色鲜明
	软件	乐相科技、曼恒数字	
	内容制作与分发	Reload、微鲸科技	
浙江省	硬件	水晶光电、凌感科技、虚现科技	虚拟现实企业处于快速成长阶段，小微初创企业多，企业活力高，创新资源集聚，应用场景落地快速
	内容制作与分发	阿里巴巴	
福建省	硬件	瑞芯微	产业集聚尚未成型，发展模式还较为模糊

（续上表）

重点省市	产业链环节	代表性企业	发展现状及特点
江西省	硬件	联创电子、联创光电	虚拟现实产业园居全国首位，出台 VR 产业链链长制，品牌效应逐步显现，企业加速集聚
广东省	硬件	TCL、创维、海思	企业数量居全国首位，产业链完善，引领全国发展
	软件	华为	
	内容制作与分发	腾讯、网易、看到科技	

资料来源：前瞻产业研究院、赛迪研究院。

二、广东省 XR 产业空间布局

（一）广东省 XR 产业空间发展概况：深广引领，多市协同发展

根据天眼查数据，截至 2022 年 12 月，广东省虚拟现实企业超过 7 800 多家，其中深圳有将近 6 000 家，所占比例达到了 75% 以上，广东省虚拟现实产业发展形成了以深圳市、广州市为引领，东莞市、珠海市等协同发展的格局。

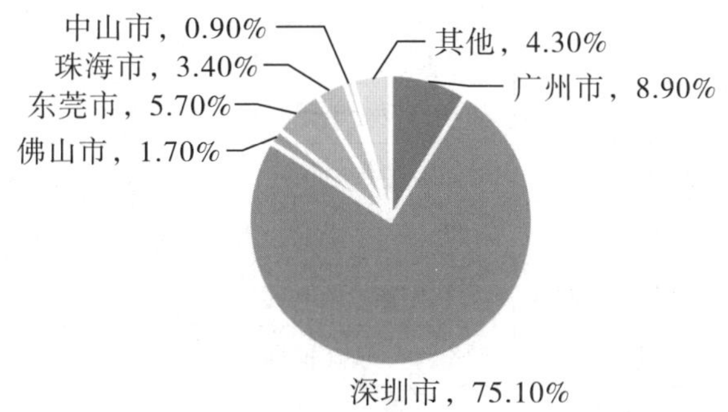

图 6-16　广东省 XR 产业企业分布情况（截至 2022 年 12 月）

资料来源：天眼查。

（二）广东省 XR 产业链布局：覆盖全产业链，但缺乏高端产品

广东虚拟现实企业已经覆盖了虚拟现实产业链的全部环节，产业链定位涉及头显硬件、行业解决方案、分发平台、游戏及影视内容诸多门类，而且，大多数企业的主营业务跨虚拟现实产业链的多个环节。例如，主营虚拟现实硬件生产的企业大多涉及行业解决方案、分发平台、游戏及影视内容开发；几乎所有主营线下内容分发平台的企业都涉及虚拟现实游戏开发；主营行业解决方案的企业同时推出针对旅游、教育、医疗等多个领域的行业解决方案。

其中，头显生产企业在广东虚拟现实企业中占比最高，约占三分之一。但这一现象的出现在很大程度上是由于珠三角地区传统的电子产品加工、制造企业和贸易企业同时涉足了低端 VR 设备的生产及销售。事实上，真正面向 C 端量产或在 B 端大范围使用的头显产品较少，绝大多数的 VR 头显产品属于低端 VR 纸盒或塑料眼镜，主打外贸市场，缺乏自有品牌。在虚拟现实的其他领域，如 VR 线下分发领域，以广州尤其是番禺区为主的 VR 体验店服务商在国内乃至国际都占据了最大的市场份额。据中国 VR 体验店联盟数据，中国主要线下内容分发企业中，60% 都集中在广州。

（三）广东省重点企业的空间布局：深圳处于领先地位，广州缺少代表性企业

从产业链代表性企业分布情况来看，深圳市的代表性企业的种类和数量都处于绝对领先地位。广州虽有完整产业链布局，但缺少代表性企业。东莞、惠州等虽没有完善产业链，但细分领域存在龙头企业。

表 6－13　广东省产业链重点企业布局

产业链环节		城市及代表企业
硬件	头显	深圳：创维、华为、深圳市虚拟现实技术有限公司
		东莞：vivo
		惠州：TCL
	芯片	深圳：海思、中兴微电子
	传感器	深圳：精量电子
		东莞：美泰电子
	显示器	深圳：华星光电、天马微电子
	光学器件	深圳：珑璟光电
	体感设备	广州：广东虚拟现实科技有限公司
软件	SDK	深圳：华为
	3D 引擎	深圳：VRPlatform
内容制作与分发	游戏	广州：网易、影核互娱
		深圳：腾讯
	视频	深圳：看到科技
	平台	深圳：腾讯
应用与服务	文化	深圳：中视典

资料来源：赛迪研究院。

三、广东省重点城市 XR 产业发展概况

（一）深圳

1. 深圳虚拟现实产业发展环境优越

深圳创新创业氛围浓厚，投融资发达，行业协会积极作用，促进了初创企业的快速成长。政府、企业、高校、协会等多主体设立投资引导基金、发展基金等投融资机构，并建立了多所虚拟现实创业孵化基地、产业园、协会、联盟，在促进企业快速成长中发挥了积极作用，如深圳虚拟现实产业联合会、深圳市增强现实技术应用协会等。

2. 行业应用加速落地推进深圳 VR 产业发展

在文娱领域，《南方都市报》推出 VR 全景系列视频。在公共服务领域，深圳海事局运用 VR 技术通过案例场景模拟、警示教育、实操培训，提高深圳港船舶安全性能和远洋船员操作技能，同时提升深圳港船舶安全管理水平并提供有针对性的技术支撑和指导。同时，第五届（2020）全球 5G + VR/AI/IC 应用峰会的举办也促进了行业的交流协作，加速了产业应用的落地。

3. 校企研协作共建示范基地、推动人才培养

深圳虚拟现实产业联合会联手升大教育与河南农业大学机电工程学院展开协作，旨在建立虚拟现实教育示范基地、共建 VR 教学创新示范实验室、打造虚拟现实教育改革样板高校等 VR 教改项目的合作。河南农业大学机电工程学院可以为深圳虚拟现实产业联合会和升大教育提供农业工程等相关学科的专业知识，推动 VR 在具体行业的落地应用，同时，河南农业大学的学生可以在联合会和升大教育的协助下，创建 VR 创客实验室和 VR 体验中心，推动 VR 教学应用。

（二）广州

1. 专项建设研究院助力 XR 产业发展

广州市大湾区虚拟现实研究院于 2019 年落户广州经济技术开发区，是以虚拟现实技术为主要研发方向，围绕区域特色行业转型发展需要，重点开展数字创意及内容创新、技术交易与转化工作的平台。广州通过发挥这些重大平台和内容创新项目的牵引作用，面向粤港澳大湾区及全球引进集聚一批国际一流的虚拟现实科研团队，同时培育一批综合素质高、创新能力强的虚拟现实高端人才，极大地促进了 XR 行业的发展。

2. XR 产业集群集聚效应明显

自 2020 年以来，琶洲就被确定为广州人工智能与数字经济试验区的核心区。琶洲核心片区既有广东省实验室（广州）等重大创新研发平台以及华南理工大学、中山大学等丰富的高校科研和人才资源，又有腾讯、小米、复星、科大讯飞、TCL 等一批 XR 领军企业，这样的产业发展格局使琶洲有能力在虚拟现实领域大展拳脚，推动产学研融合发展与创新，带动产业发展。

第四节　扩展现实产业风险投资分析

一、XR 产业风险投资概况

（一）全球投融资情况：并购金额和数量都呈上升趋势，市场逐渐成形

根据清科数据库，2021 年全球 XR 行业整体投融资总额为 556.0 亿元，2020 年为 243.9 亿元，同比增长了 128%，创历史新高。从投资数量上来看，2021 年全球 XR 行业投资数量达到 340 起，同比增长 55%。2021 年平均单笔融资达到 1.6 亿元，较去年提升了近 50%。这主要是由于 XR 行业进入了爆发前的黎明期，市场逐渐成形。在资本的持续投入下，2021 年各大厂商陆续推出的 XR 新品近 50 款，C 端产品已出现不少高性价比、轻便的设备；在 B 端领域，面对不同客户定制服务的解决方案商正加速 XR 落地应用。

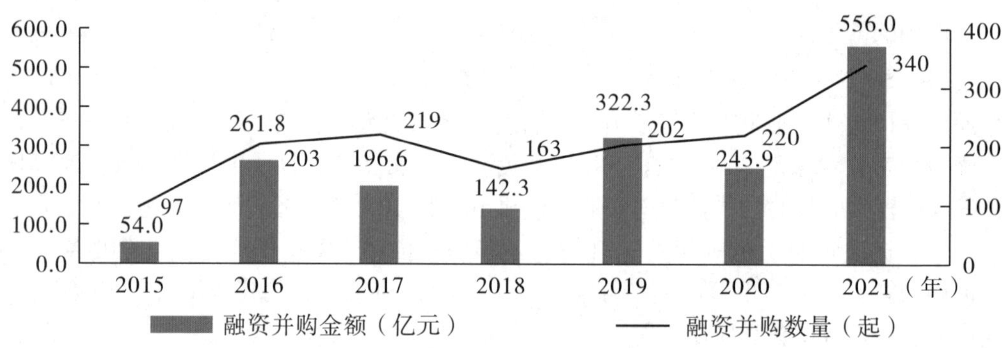

图 6－17　2015—2021 年全球 XR 行业投融资情况

资料来源：清科私募通。

（二）中国投融资情况：2021 年表现突出，投融资数量和金额远超海外

2021 年中国 XR 融资并购数量达 124 起，同比增长 130%；融资并购金额达 181.9 亿元，同比增长 787%。可以看出，2021 年中国 XR 融资并购无论是数量还是金额的增长幅度都远超海外。主要原因有以下几点：①Meta 旗下的 Oculus Quest 2 销量大涨，累计出货超 1 000 万台，VR 开始进入消费端市场，迎来爆发式增长的节点；②字节跳动、腾讯等积极布局和相继出手，极大地刺激和增强了资本对 XR 行业的信心；③元宇宙概念大热促进 XR 产业破圈，吸引更多场外资本涌入和追捧；全球 XR 硬件几乎都产自国内，中国拥有最完整的 XR 底层供应链；④5G 建设持续加码，XR 行业基础设施进一步完善，推动产业加速发展等。

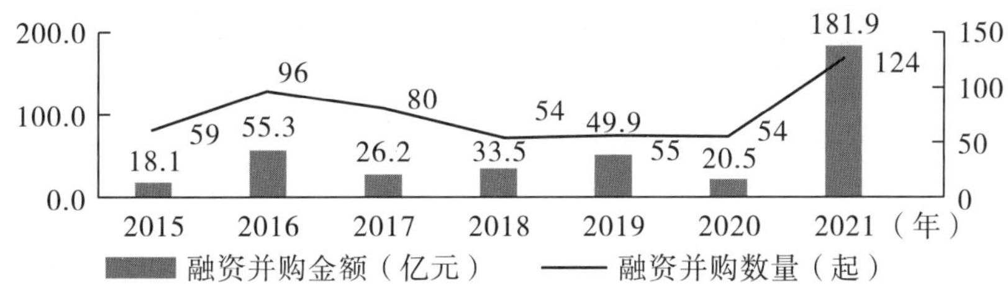

图 6 - 18　2015—2021 年中国 XR 行业投融资情况

资料来源：清科私募通。

（三）中外投融资情况对比：海外集中于内容和软件，中国集中于硬件和应用

海外 XR 产业起步早，发展阶段和规模较高，产业和资本对行业的研究和理解更加深入，融资并购金额更高更活跃。与中国不同，海外 XR 融资并购事件多集中于内容（游戏为主）和软件（工具为主）的领域，分别占融资事件的 37.5% 和 29.1%。中国 XR 产业整体正加速追赶海外，并且取得了一定的成果。随着疫情逐步被控制和行业进一步发展，国内企业的估值和融资金额将更上一层楼。与海外不同，中国 XR 融资并购事件多集中于硬件（传感器为主）和应用（虚拟形象）的领域，分别占融资事件的 17.3% 和 51.5%。

二、XR 产业链风险投资分析

（一）XR 产业链各领域融资并购情况：硬件和应用为重点板块

按产业链板块来看，2021 年硬件和行业应用仍然是融资并购的重点板块，XR 硬件的融资并购事件共发生 107 起，较上一年增长 65%，行业应用环节融资并购发生 114 起，同比增长 46%。除此之外，其他产业链关键板块均有较大幅度增长：软件板块融资并购发生 43 起，差不多是上一年的两倍；内容板块融资并购发生 76 起，同比增长 38%。

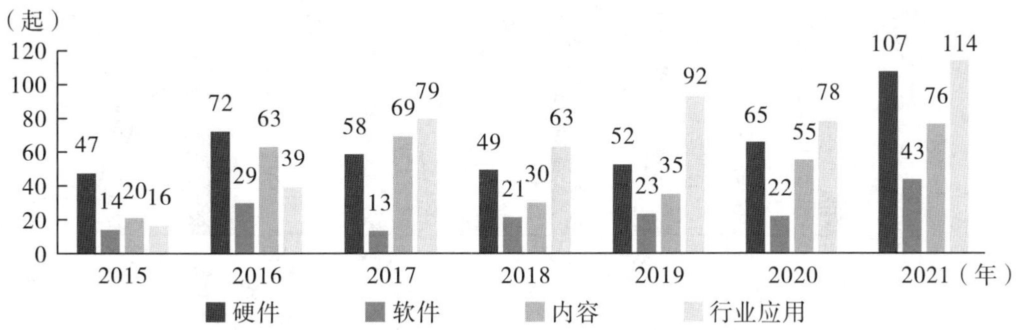

图 6 - 19　2015—2021 年全球 XR 产业链融资并购数量

资料来源：清科私募通。

2021 年 XR 硬件板块总融资额达 281 亿元，较去年增长 210%；其他产业链关键板块融资额同样有较大幅度增长：软件总融资额达 90.4 亿元，同比增长 167%；内容板块总融资额达 75.3 亿元，同比增长 120%；行业应用板块融资并购金额达 109.2 亿元，同比增长 28.6%。

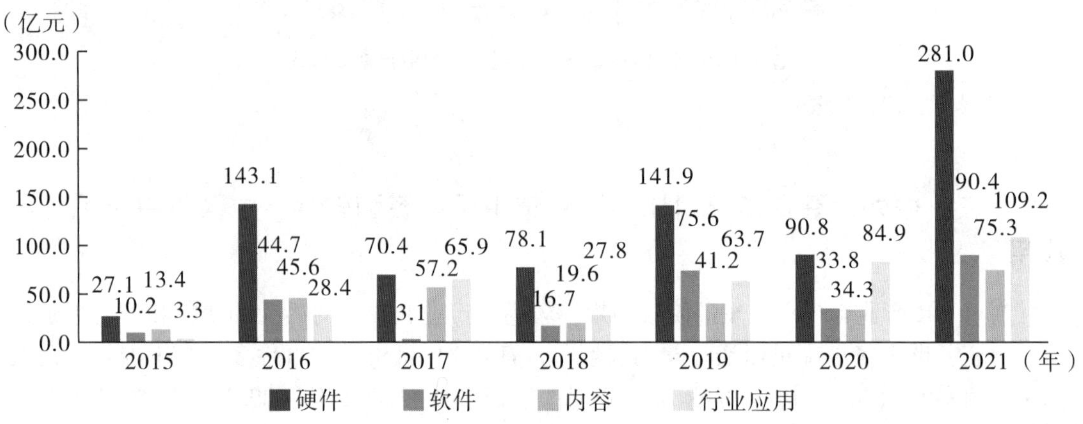

图 6－20　2015—2021 年全球 XR 产业链融资并购金额

资料来源：清科私募通。

（二）XR 产业投资轮次：产业巨头的战略融资与并购步伐加速

XR 产业历经数年发展，技术路径愈发清晰，应用潜力也被越来越多的产业巨头认可。从 2021 年全球 XR 产业融资轮次来看，产业巨头的战略融资与并购步伐加速，2021 年战略融资数量达到 82 起，同比增长 51.8%；并购数量达到 59 起，同比增长 55.2%。除此之外，其他融资事件主要集中在 A、B 轮，分别为 77 起、48 起，种子与天使轮企业相对较少，分别为 31 起和 17 起。总体来看大部分企业仍处于中早期，融资仍是当前最为核心的资金来源。

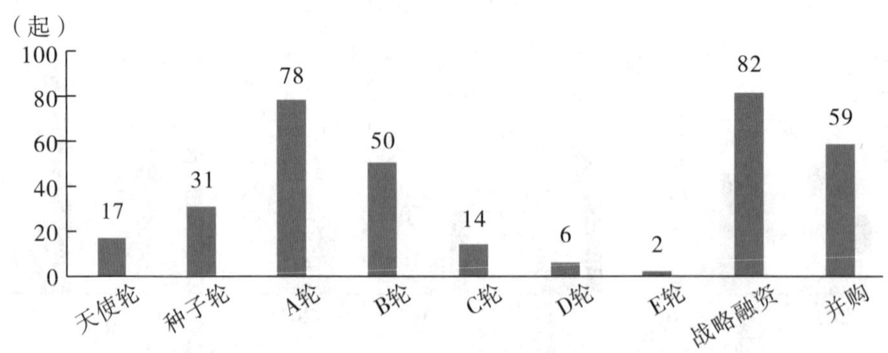

图 6－21　2021 年全球 XR 企业融资分布

资料来源：清科私募通。

从海外与国内的融资轮次对比情况来看，国内 XR 行业融资主要集中在 A 轮和 B 轮，种子轮与天使轮极少。海外 XR 行业融资主要集中在战略融资及并购，两者合计占比超一半。

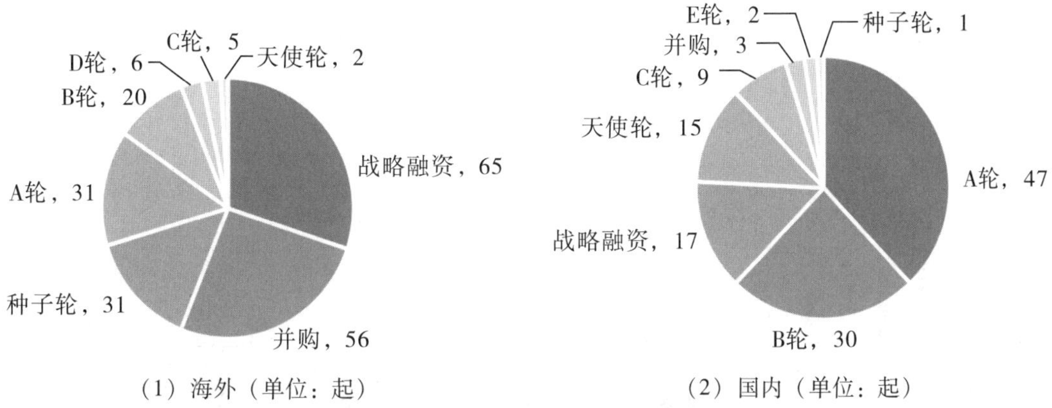

图 6－22　2021 年海内外 VR/AR 行业融资并购轮次分布

资料来源：清科私募通。

（三）XR 产业细分领域融资并购

2021 年全球 XR 产业硬件领域的融资并购事件主要集中在光学器件、传感器和 XR 终端品牌企业。特别是底层光学器件，作为头戴式设备走向轻薄便携形态“消费电子产品”的关键一环，备受资本关注，融资并购非常活跃，全年融资事件达到 18 起。2021 年下半年关于脑机交互、动作捕捉、手势交互等领域的融资并购事件开始出现，这也说明资本开始关注更前沿的技术和交互形态；而融资数量排名第二的是 AR 头显，2021 年几乎国内所有 VR、AR 终端，作为元宇宙的核心“入口”，都成功获得融资。

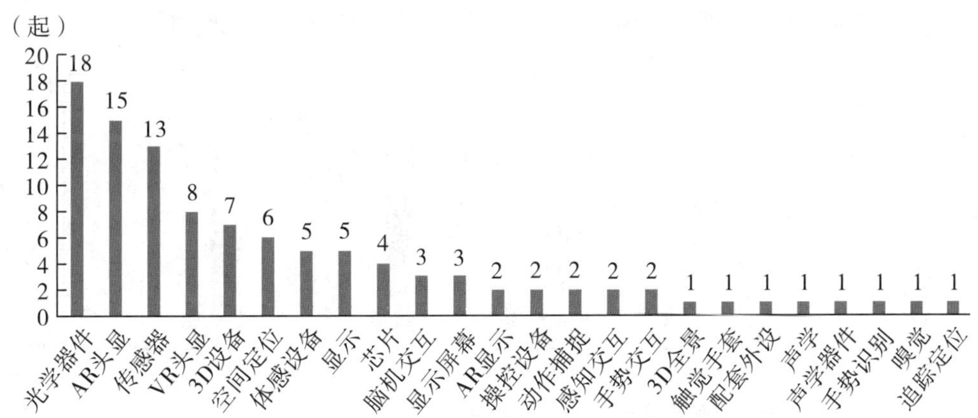

图 6－23　2021 年全球 XR 行业硬件领域融资并购分布

资料来源：清科私募通。

自 Oculus Quest 2 推出后，VR 内容生态迎来转折点，VR 游戏变现能力被验证，加速了 VR 游戏企业的资本化；而 2021 年元宇宙概念的爆火也从侧面助推了 VR 社交类游戏应用，以虚拟形象为主的新社交媒体平台，成功降低了用户使用 VR 的门槛，并增强了用户黏性，资本开始往 VR 下游内容和应用领域布局。

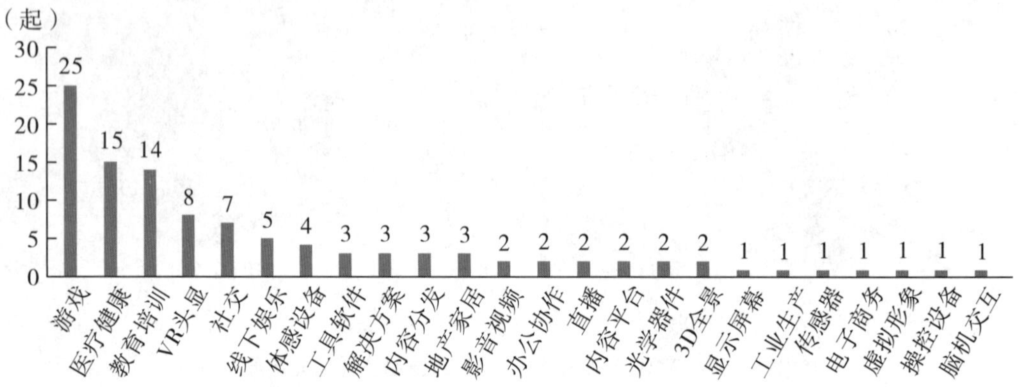

图 6－24　2021 年全球 VR 领域融资并购分布

资料来源：清科私募通。

三、广东省 XR 产业风险投资概况

（一）投资规模：规模呈波动趋势，近两年表现不佳

广东省 XR 产业投资规模呈波动趋势，2018 年投资金额达到高点，突破 40 亿元，近两年表现不佳。2019 年中美贸易摩擦导致 XR 产业链上游成本上升，技术短板和价格劣势暴露，创业投资大幅回落。2020 年因疫情增加了居家办公的需求，刺激了 XR 产业的发展，但后疫情时代的经济低迷，导致广东省近两年 XR 产业投资规模较低。

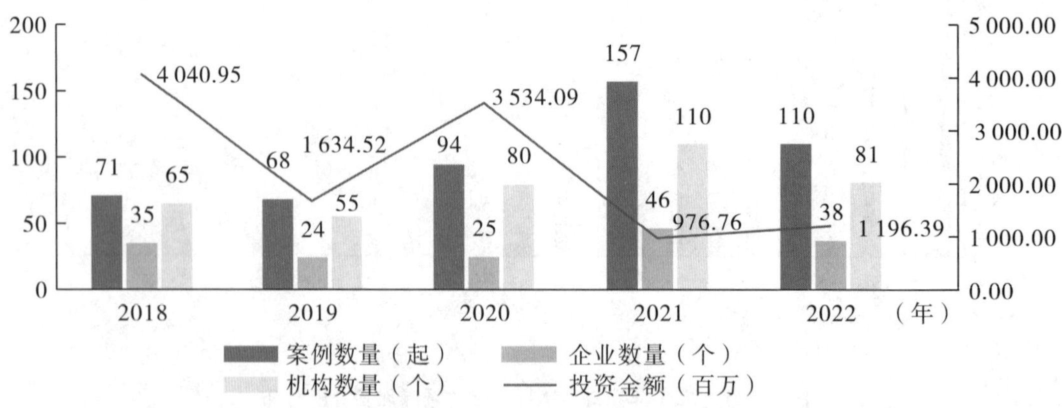

图 6－25　2018—2022 年广东省 XR 产业链投资规模

资料来源：清科私募通。

（二）投资轮次：资本主要流向成熟企业，部分流向初创企业

从融资轮次来看，广东省 XR 产业创业投资主要集中在 D 轮、A 轮、D+轮和 C+轮，即资本主要流向比较成熟的企业，考虑进一步拓展；也有部分流向拥有市场潜力的初创企业，市场前景广阔。其主要原因在于，XR 产业与智能手机产业链高度重合，而广东省的智能手机产业在全国甚至全世界都走在前列，因此产业成熟度较高，资本基本流向成熟企业。

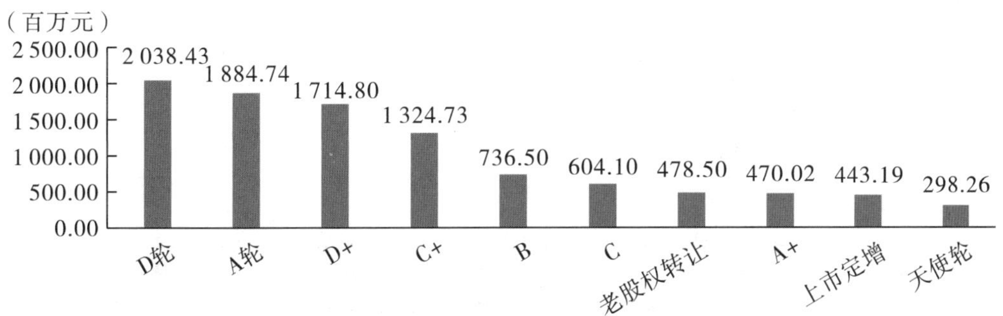

图 6-26　2018—2022 年广东省 XR 产业链创业投资各轮次金额

资料来源：清科私募通。

（三）投资产业链环节：投资流向硬件和软件等上游环节

从 2020—2022 年的 XR 产业链细分环节投资来看，投资主要流向硬件和软件等产业链上游环节。主要是因为上游的硬件和软件的技术壁垒和价值链最高，“卡脖子”问题最严重。下游应用环节也涉及部分投资，因为随着 C 端用户数量的不断提升、B 端应用开发的愈发丰富，将加速 XR 在下游应用的发展。

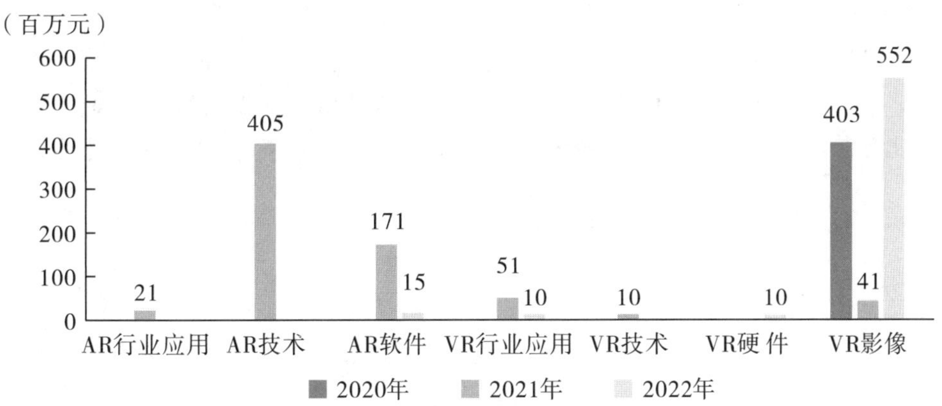

图 6-27　2020—2022 年广东省 XR 产业链各环节投资情况

资料来源：清科私募通。

（四）投资地区：主要流向深圳，广州规模远不及深圳

从投资地区来看，近5年资本主要流向深圳，以深圳为中心由点到面、依次铺开，深圳的产业集群为XR产业发展提供了应用领域和技术支撑。广州虽有完善的产业链布局，但总体规模远远不及深圳。相比广州和深圳，东莞、珠海虚拟现实产业处于一个萌发阶段，在未来发展还需要持续投入资金。

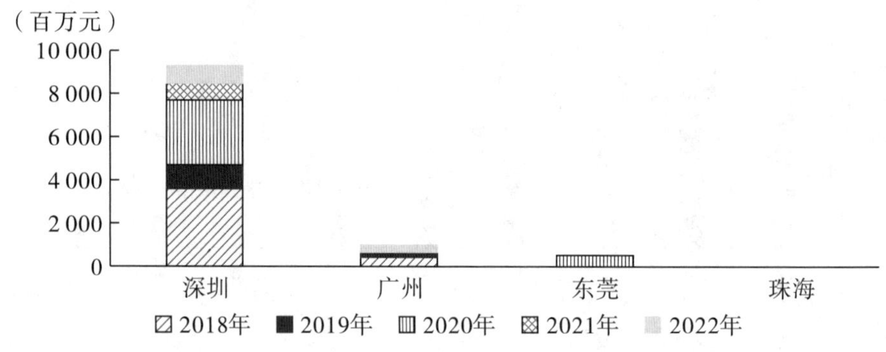

图6-28　2018—2022年广东省XR产业投资地区

资料来源：清科私募通。

四、广东省XR产业链风险投资绩效分析

（一）退出分析：退出事件较少，回报相对有限

从退出事件的规模来看，相比半导体等战略性支柱产业，XR产业的退出事件和企业数量较少，回报金额相对有限。2018—2022年投资退出事件共发生62起，回报金额在2021年和2022年达到高点，分别是35.8亿元和49.1亿元。一方面，创业资本处于寻找投资目标的入场阶段，致力于中小XR企业孵化和价值潜力挖掘。另一方面，广东省XR企业尚处在融资扩张阶段和价值链攀升的成长阶段，市场竞争力和盈利能力依然有待提高。

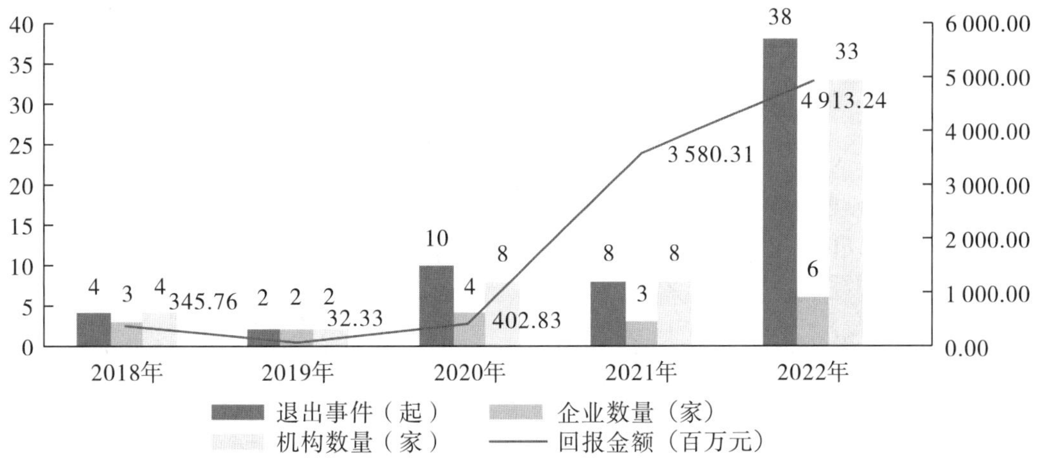

图 6－29　2018—2022 年广东省 XR 产业创业投资退出事件

资料来源：清科私募通。

从投资退出方式来看，投资退出以 IPO 形式为主。2018—2022 年以 IPO 退出实现的投资回报金额为 49.3 亿元，退出事件 50 起，退出机构 45 家，退出企业 6 家。XR 作为高新技术产业，具有高投入、高技术、高风险等特点，为了保持市场竞争优势，XR 企业需要大量的研发资金投入和持续不断的创新，建立一体化产业链。一方面，IPO 形式的投资退出不仅能够保持 XR 企业的独立性，还能够在证券市场上获取持续融资的渠道，增加流动性，满足未来的资金需求。另一方面，IPO 还有助于帮助 XR 企业树立市场声誉，建立品牌价值。

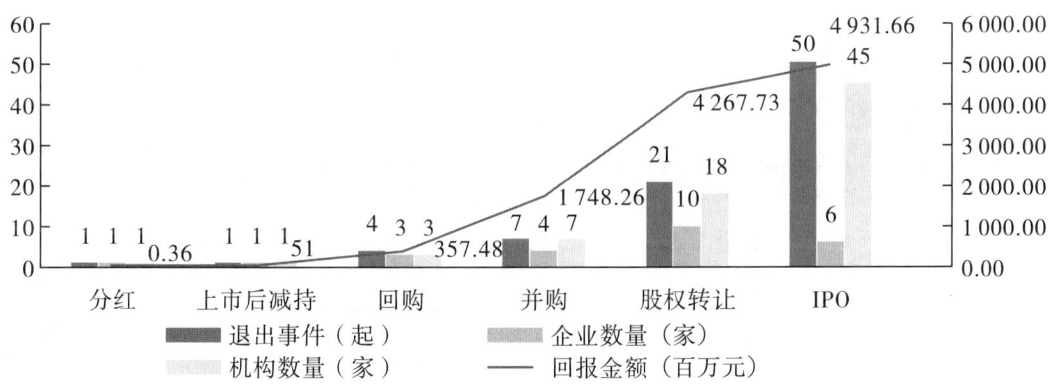

图 6－30　2018—2022 年广东省 XR 产业创业投资退出方式

资料来源：清科私募通。

（二）投资回报：投资绩效不佳，投资回报有待提高

从整体投资绩效来看，投资回报有待提高。2018—2022 年广东省 XR 产业的平均回报倍数在 2 左右，平均内部收益率不高，仅在 2021 年表现较好，主要原因在于，2021 年 3 月，在线游戏平台 Roblox 宣布打造元宇宙，点燃了行业想象的第一把火，并且这把火迅速

烧向了世界各地，各大巨头接连宣布入局元宇宙。

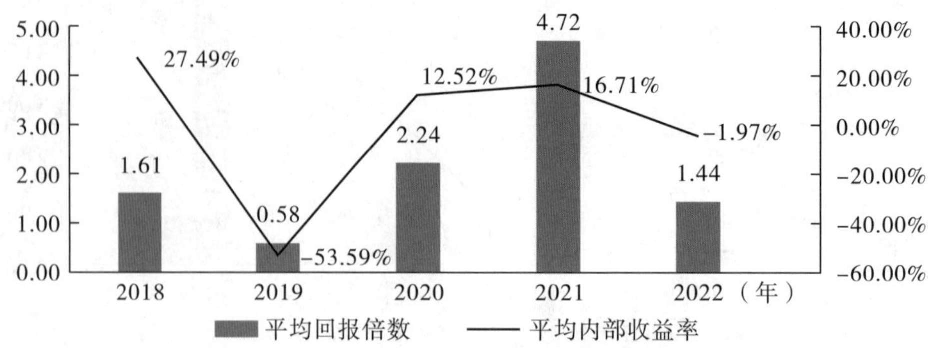

图 6－31　2018—2022 年广东省 XR 产业创业投资回报

资料来源：清科私募通。

从产业链分布来看，投资退出事件主要集中在硬件和应用。奥比中光是国内 3D 视觉传感器的龙头，公司围绕“全栈式技术＋全领域技术”路线布局，对各项核心技术持续进行研发。公司部分业绩表现不佳主要由于 3D 感知技术发展和商业化不及预期，技术迭代存在风险。

华立科技是国内游戏游艺行业的龙头，公司与各大 IP 动漫联动推出相关游戏，这方面业务增长强劲，约占公司收入的四分之一，随着 XR 产业的进一步发展，消费场景将进一步打开。

表 6－14　2019—2022 年广东省 XR 产业代表性企业投资绩效

企业	退出时间	退出方	账面回报倍数	内部收益率（%）
奥比中光	2022 年 7 月	蚂蚁金服（云鑫创投）	1.11	2.55
		仁智资本（仁智互联投资）	5.63	34.33
		美的创投	0.78	－12.52
		松禾资本（松禾成长基金）	1.26	5.38
		国开金融（国开制造业转型升级基金）	0.81	－10.72
		福田引导基金	0.78	－12.52
		金石投资（金石灏汭）	2.77	19.87
		安吉金澍吉企管	1.42	6.44
		仁智资本（福田仁智创投）	1.26	5.38
		仁智资本（仁智奥发）	1.26	5.38
		东方明珠资本（东方明珠传媒产业基金）	0.81	－10.72

（续上表）

企业	退出时间	退出方	账面回报倍数	内部收益率（%）
奥比中光	2022 年 7 月	赛富复兴深圳投资［赛富复兴（深圳）二期基金中心］	2.08	17.31
		复兴投资基金（复兴二期基金）	2.77	19.87
		天狼星资本（深圳市天狼星贝塔投资）	1.26	12.90
		旭新投资	3.40	23.54
		创新证券	1.01	0.54
		花城创投（广州佳诚十号创业投资）	0.82	-10.13
		深圳前海华大恒通资产（华大恒通）	2.77	19.87
		海富产业基金［海富长江成长（湖北）基金］	0.81	-10.72
		海尔资本（杭州富阳中祺股权投资）	0.79	-11.92
		昌远投资管理	0.81	-10.72
		广发信德	2.77	19.87
		广发信德（珠海广发信德科技文化基金）	2.77	19.87
		广州基金（广州新星创业投资）	0.81	-10.72
		赛富投资基金（黄山赛富旅游基金）	0.79	-11.92
		天狼星资本（深圳天狼星辉耀投资）	0.79	-11.92
		北变投资（德源盛通创投）	0.80	-11.32
		赛富投资基金（赛富投资基金人民币三期）	0.79	-11.92
		洪泰基金（国调洪泰基金）	0.81	-10.72
		海富产业基金（中比基金）	0.81	-10.72
华立科技	2021 年 6 月	粤科金融集团（粤科新鹤）	1.09	2.66
		创钰投资（创钰铭恒股权投资基金）	1.42	8.18
		中信证券	2.37	25.09
		盛讯达	1.09	2.60
		鈊象电子	9.58	45.16
珑璟光电	2020 年 9 月	水木资本（水木创投）	1.17	5.29

（续上表）

企业	退出时间	退出方	账面回报倍数	内部收益率/%
奥比中光	2020 年 8 月	仁智资本（仁智互联投资）	6.25	58.16
	2020 年 5 月	赛富复兴深圳投资［赛富复兴（深圳）二期基金中心］	2.30	40.66
		广发信德	3.07	38.07
		广发信德（珠海广发信德科技文化基金）	3.07	38.07
小库科技	2020 年 3 月	洪泰基金（深圳洪泰成长创业投资）	0.70	-13.18
创显科教	2019 年 5 月	久银控股	0.16	-53.59

资料来源：清科私募通。

（三）创新绩效：广东省专利领跑全国，主要集中在硬件和应用

从整体创新绩效来看，截至 2021 年 7 月，广东省为中国当前申请虚拟现实专利数量最多的省份，当前虚拟现实累计专利申请数量高达 6 465 项，其次为北京市和江苏省，分别为 4 271 和 2 597 项。广东虚拟现实专利主要集中在硬件和应用方面，其中腾讯公司是全球虚拟现实专利申请最多的公司，达到 709 项。

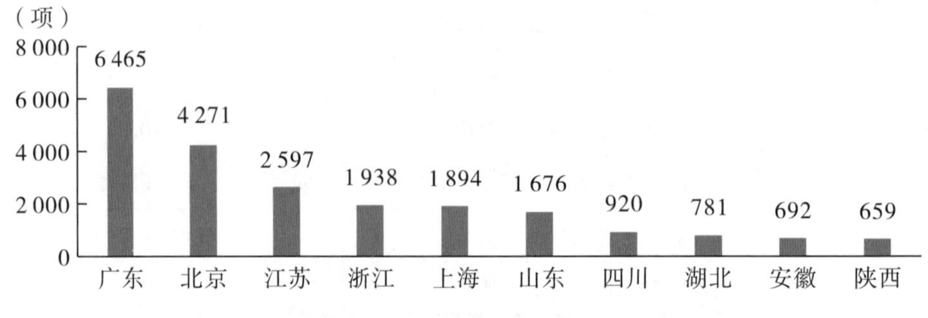

图 6-32　我国虚拟现实专利数量（截至 2021 年 7 月）

资料来源：智慧芽，前瞻产业研究院。

第五节　扩展现实产业发展趋势研判及对策建议

一、XR 产业发展趋势研判

虚拟现实产业集技术、资本和人才于一体，是继移动互联网之后新一代信息产业的核

心技术和内容平台，同时也是推动“中国智造”转型、培养国际竞争新优势的重要切入点，未来元宇宙生态将不断丰满，虚拟现实产业也将因此释放巨大能量。

（一）产业未来将保持高速发展态势

从政策角度来看，未来我国将会持续提升政策力度，以促进 XR 产业的高速发展。从供给角度来看，多家头部巨头公司计划推出新款 XR 设备，技术及设备的持续创新将带来体验感的提升；从需求角度来看，XR 产业已经迎来高速发展的拐点，高性能需求下，技术不断迭代推动产品专用化、高端化，未来 XR 产业的发展前景相当广阔。

（二）芯片、感知交互等核心技术仍是创新重点

XR 产业链与手机产业链高度重合，大部分环节均能实现国产，但核心器件芯片等仍处于“卡脖子”状态。要想打破这种受制于人的状态，未来必须加大核心技术的研发投入，持续深耕芯片、感知交互等核心技术领域。

（三）XR 应用场景和优质内容成为未来热点

目前 XR 应用场景和优质内容主要集中在国外企业，国内暂未出现爆款内容，国内 XR 内容一直处于不温不火的状态。虽然目前的价值量主要集中在硬件设备，但根据智能手机的发展情况来看，内容在未来将有更广阔的盈利空间，因此未来 XR 内容或会有更大的发展。

（四）主体不断涌入，平台企业和市场渠道引领产业生态

由于应用场景众多，XR 市场呈现碎片化的发展格局，中小创业企业混战竞争，应用端的垄断尚未形成。从主体类型看，小微创新主体不断涌入，且倾向于从应用端切入。但龙头企业倾向于构建平台及产业生态，构建全链条生态体系。随着主体的不断增加，龙头企业将引领产业生态。

（五）产业布局扩散，全链条联动和内容创新助推主题集群

XR 产业经过多年的发展，国内已经形成以广东为引领，东南沿海城市高度集聚，中西部二线城市快速崛起的产业发展格局。未来随着产业的发展，产业能量进一步释放，越来越多的城市将沿着产业发展规律和脉络开展布局。

二、广东省 XR 产业发展存在的问题

（一）缺乏专项扶持政策

为促进虚拟现实产业的发展，山东省、重庆市、江西省等均印发了促进虚拟现实产业发展的专项政策，促进了当地虚拟现实产业的快速发展，而广东省尚未出台关于虚拟现实产业高度相关的政策，产业发展缺少顶层设计。

（二）产业创新生态体系尚未成熟

广东省虚拟现实产业链已较为完整，但整体来看自主产业生态体系尚未完善。同其他区域相比，具有领先自主技术、国际市场竞争力产品的企业少，围绕领军企业的产业创新生态体系尚未形成。核心元器件和软件研发较为薄弱，对国外芯片、传感器的依赖程度较高，国产系统软件、开发工具产品有一定突破，但难以取代国外软件的市场地位。

（三）优质 XR 内容存量不足

广东省虚拟现实内容还不够丰富，高流行度游戏和杀手级应用尚未出现，不能满足消费者高品质消费升级需求和行业客户大规模应用需求。在消费端，虚拟现实内容以游戏为主，广东省虚拟现实游戏平台的内容数量、更新周期等跟不上国外 Steam 等主流平台。在行业端，存在行业应用种类繁杂，场景同质化相对严重的问题。

（四）产业集聚效应不明显

广东省的 XR 企业主要集中在深圳、广州，深圳发展最为全面，既有完整产业链，同时也有细分龙头企业；广州虽有完整产业链，但缺乏龙头企业，其余城市的发展则较为滞后，仅有部分代表性企业；产业聚集效应不明显，未开展区域分工协作。

三、政策建议

（一）加强政策扶持引导

建议加大政策支持力度，在行政服务、生产场地、市场开拓、孵化平台和贡献奖励等多个方面对虚拟现实企业给予政策扶持，并在重点项目上给予倾斜。在此过程中，要建立起科技与经济和产业活动的有效对接，统筹包括财政税收、金融保险、产业发展、知识产权等众多部门的沟通协调机制。

（二）推进产业协同发展

坚持整机带动，畅通虚拟现实产业链供应链。鼓励广东省整机企业与核心器件企业联合开展前置研究，建立重大技术联合攻关机制，重点突破芯片等产业链薄弱环节，为培育专精特新和隐形冠军企业提供研发实践场景。配套企业主动对接整机企业需求，整机企业及时反馈产品应用数据，构建产业良性循环。

（三）加快推广 XR 产业内容应用

鼓励举办虚拟现实相关博览会活动，建设虚拟现实体验馆，开展虚拟现实产品及服务体验活动。推进重点行业应用示范，围绕工业制造、医疗健康、文教娱乐等重点行业和特色领域应用需求，创新应用种类和服务内容。面向文教娱乐领域，增强内容生产能力，打造明星级、标志性应用产品。面向医疗领域，加强虚拟现实与超高清视频、5G、人工智能技术融合发展，满足医疗应用低延迟、大带宽、高解析度的需求，实现优质医疗资源下沉。

（四）促进广东省城市协同发展

广东省具有最完整的 XR 产业链，并且相关专利数处于全国首位。未来应以深圳、广州为中心，辐射带动周边城市的发展，培育产业链龙头平台企业，同时应充分利用港澳的人才及科研优势，促进广东省 XR 产业的发展。

第七章　广东省网络安全产业分析*

引　言

网络空间安全成为继海陆空天后第五大主权领域空间，受到国家重点关注，广东省作为我国经济发展高地，具有众多高新技术产业，是网络安全产业发展的沃土。在产业发展环境上，相关产业政策不断出台，宏观市场环境较为稳定，但国际形势复杂，产业链供给不稳定；在产业结构上，市场竞争充分，具有完整的产业链条，企业有较强盈利能力，但仍存在“卡脖子”问题，缺乏龙头企业；在产业空间布局上，主要集中于京津冀、长三角和珠三角，广东省内部企业分布不均，主要集中于广深两地，不利于区域整体协调发展；在风险投资上，投资规模稳步提升，投资领域主要集中于网络安全服务，产业结构进一步优化，有利于产业长期发展。本章将在全国和广东省两大视角下介绍网络安全产业的发展环境、市场结构/行为/绩效、空间布局和投资环境，总结出产业的发展趋势和面临的挑战，并对广东省产业的发展提供政策建议。

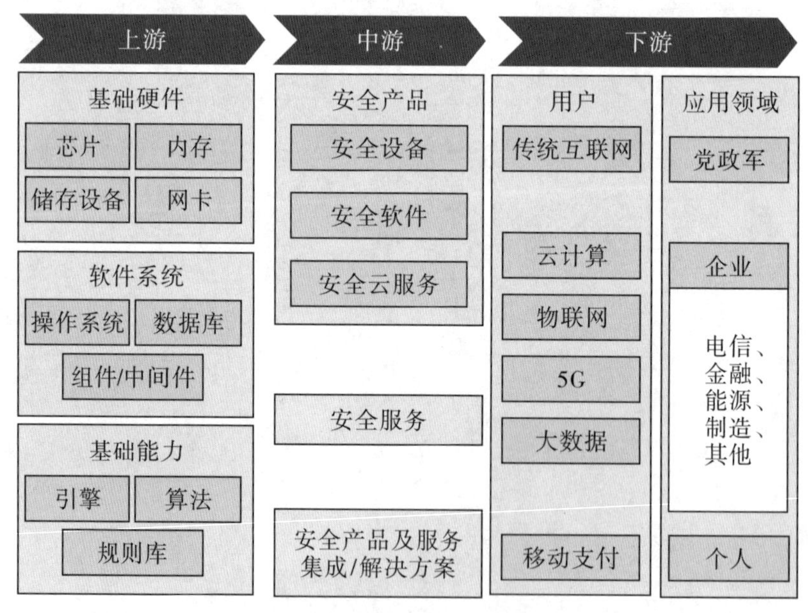

图 7－1　网络安全产业链

* 本章第一执笔人为暨南大学产业经济研究院王立艳。

网络安全产业主要是为保障网络空间安全提供网络安全产品和服务的行业，广义上网络安全可称为网络空间安全，作用为保障互联网、物联网、通信系统和计算机系统等所有系统的设备、数据、行为和内容安全。产业链上游是基础硬件、软件系统和基础能力的提供商，例如华为、浪潮等；中游是为用户提供安全产品、安全服务以及安全产品及服务集成/解决方案的提供商，包括奇安信、深信服等；下游是包括云计算、物联网、5G 和大数据等在内的众多新兴领域以及应用领域。虽然我国网络安全产业发展起步相较发达国家较晚，也有很多薄弱环节，但市场潜力巨大，具有良好的发展前景。

第一节　网络安全产业发展环境

一、网络安全产业国内外发展环境

网络安全产业涉及一个国家的国防安全，因此是各国密切关注的问题，网络安全产业的发展在很大程度上受到国际环境的影响。

（一）国际地缘关系紧张，威胁国家网络安全的国际事件时有发生

近几年地缘冲突不断加剧，网络安全由于涉及国家安全和国家机密信息，成为地缘冲突交锋的一部分。根据网络安全知识平台“安全内参”内容库，网络安全事件主要集中于教育科研、工业制造、医疗健康三个领域：在教育科研方面，2022 年 9 月，西北工业大学遭到境外网络攻击；在工业制造方面，2022 年 4 月，我国国家安全机关发现我国电信运营商、航空公司等出现网络安全事件，大量数据被传输到境外；在医疗健康方面，2022 年 4 月，北京健康宝遭受来自海外的网络攻击。除此之外，每年发生的国际网络安全事件还有很多，涉及各个领域，对我国国防安全提出巨大挑战。

（二）国际冲突与新冠疫情双重打击，网络安全产业供应链运行受阻

国际贸易顺畅是网络安全产业发展的前提。首先，俄乌冲突严重影响了全球能源和半导体原材料供应，造成半导体原材料价格波动，加剧了芯片供应问题。其次，美国为了维护世界领先地位对中国施加了无数压制措施，例如借助“清洁网络计划”等机制压制我国数字经济的发展，危害我国网络安全。最后，2020—2022 年新冠肺炎疫情在全球肆虐，影响了经济的发展，同时也阻碍了网络安全产业的发展。

（三）我国网络安全产业起步晚，发展潜力巨大

我国经济发展起步晚，网络安全产业发展与西方发达国家有不小差距。第一，从市场规模来看，我国网络安全产业占全球市场的 6.1%，而北美占 46.8%；2015—2020 年我国网络安全市场规模年复合增长率高达 21%，而全球仅为 10% 左右。第二，在网络安全政策方面，美国网络安全政策已经从被动防御进化为动态攻防，并且在各种细分场景提出诸

多实施细则，而我国网络安全政策从2014年开始正式发力，细分领域政策还需不断完善。第三，在网络安全支出方面，2021年我国网络安全支出仅占IT总支出的1.87%，美国为20.4%，全球平均为3.74%，可见我国网络安全支出占IT总支出的比重太小，低于全球平均水平，更远低于美国，因此还有很大提升空间。

总之，我国网络安全产业的国际环境形式较为复杂，产业发展将面临巨大挑战，需要政策和法律的扶持与保护。同时，我国网络安全产业发展空间巨大，国际上有较为典型的产业发展榜样。

二、网络安全产业政策环境

（一）中国网络安全产业相关政策

我国网络安全产业相关政策近20年来不断完善，法律法规的执行逐渐落实，细分领域的法律体系也在不断调整，为我国网络安全产业的发展提供了良好的政策环境。

1. 网络安全产业相关政策不断完善，从总体法规到细分领域不断推进

随着互联网技术的发展，我国网络安全产业逐渐发展起来，相关立法也日臻完善。近几年，数字经济逐渐成为中国产业发展的主动力，网络安全也成为各行各业密切关注的问题，相关政策法规逐渐完善。我国网络安全相关政策的出台主要分为以下几个阶段：

第一阶段为2000—2004年，是网络安全政策的起步阶段。2001年国家信息化领导小组成立；2002年十六大提出信息化建设是我国实现现代化的必然选择；2003年通过了《国家信息化领导小组关于加强信息安全保障工作的意见》。在这一阶段中，虽然颁布了众多政策文件，但在政策落实上存在不足，立法等级较低。

第二阶段为2005—2012年，政策从被动到主动，从绝对安全到相对安全。从2005年起，“熊猫烧香”病毒和“3Q大战”等威胁网络安全事件频繁发生，我国开始强制实施信息安全等级保护制度，出台一系列相关政策，如“十二五”规划中首次将网络与信息安全建立专门章节。在此阶段，网络安全相关政策的风险防范理念从被动防御转为主动出击，网络安全观从绝对安全转为相对安全。

第三阶段为2013年至今，国际网络安全形势紧张，中国开始全面实施网络强国战略。2013年以来，“棱镜门”事件、乌克兰遭黑客攻击断电事件等使我国更加重视网络安全问题。党的十八大以来，在习近平总书记的带领下开始全面实施网络强国战略，成立了中央网络安全和信息化领导小组（现已更名为“中央网络安全和信息化委员会”），出台了《中华人民共和国国家安全法》、《中华人民共和国网络安全法》（简称《网络安全法》）等相关法律法规。2016年《网络安全法》的颁布，标志着我国进入了网络安全基本法立法阶段；2017年《网络安全法》的实施标志着我国网络安全保护工作进入第二阶段；2019年等级保护1.0（简称“等保1.0”）时代结束，网络安全等级保护技术2.0（简称“等保2.0”）将网络安全保障体系带入更高保障层次。

2. 网络安全相关法律法规逐步落实，执法实践逐步成熟

自《网络安全法》实施以来，我国执法行为逐渐常态化，政策落实逐渐到位。2022

年，国家互联网信息办公室（简称“国家网信办”）依据《网络安全法》《中华人民共和国数据安全法》和《中华人民共和国个人信息保护法》等对滴滴收集用户私人信息等行为进行处罚，罚款 80.26 亿元；2021 年国家网信办对“滴滴出行”“运满满”“货车帮”和“BOSS 直聘”先后进行网络安全审查；2022 年国家安全审查办公室对同方知网（北京）展开安全审查。由此可见，我国网络安全审查已经成为我国保障网络安全的常态化内容，审查执行程序逐渐规范，执法实践逐渐成熟。

3. 网络安全相关产业政策促进产业发展，成为市场规模波动的重要冲击

我国网络安全企业营业收入总体上保持增长，增长波动与政策实施密切相关。2007 年网络安全等级保护技术 1.0 正式实施，使我国网络安全企业（以“卫士通”为例）营业收入逐渐上升，国产品牌市场占有率显著提升。2013 年国家安全委员会和中央网络安全和信息化领导小组的成立加强了对网络安全产业的关注，使网络安全企业的营收出现波动。2017 年《网络安全法》和 2019 年“等保 2.0”的正式实施使原本下滑的增速逐渐上升。因此，网络安全产业的发展受到政策法律的重大影响，不断完善网络安全法律法规、实施支持政策是我国网络安全产业繁荣发展的必要前提。

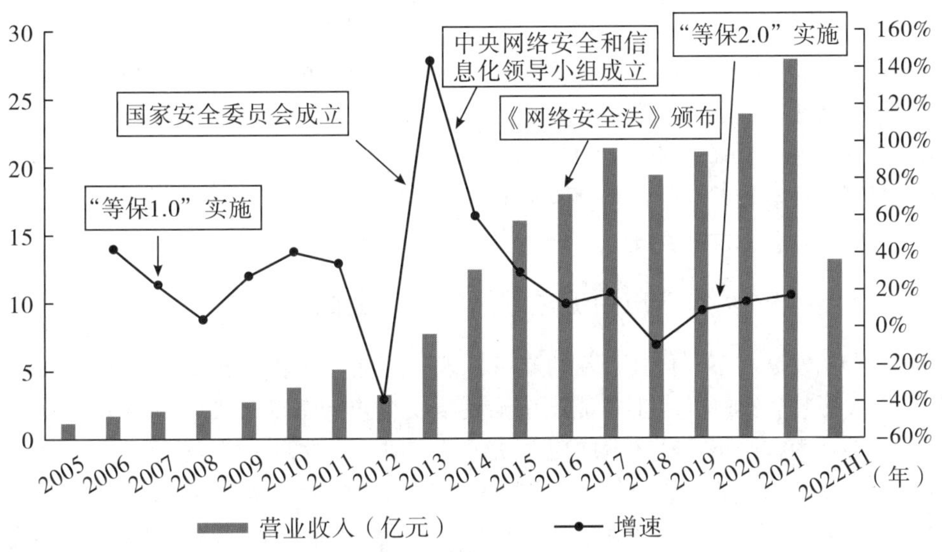

图 7-2 卫士通营业收入、增速变化

资料来源：卫士通企业年报。

（二）广东省网络安全产业相关政策

广东省作为我国数字化转型的前沿阵地，拥有众多金融、通信和制造业等对网络安全产品有大量需求的产业，因此网络安全问题成为广东省重要的发展问题。近几年，广东省高度重视网络安全产业的发展，颁布了众多相关政策，为网络安全产业的发展提供了良好的发展环境。

表 7－1 广东省网络安全产业相关政策

时间	政策
2020 年	《关于加快推进广州市网络安全产业发展指导意见》
2021 年	《深圳经济特区数据条例》
2022 年	《广东省公共数据安全管理办法（征求意见稿）》
2022 年	《深圳市网络安全和信息化发展“十四五”规划》
2022 年	《深圳市数字政府和智慧城市“十四五”发展规划》
2022 年	《广州市数字经济促进条例》

资料来源：根据公开资料整理。

三、网络安全产业市场环境

（一）网络安全产业受宏观市场环境影响，有望在 2023 年恢复

近几年，世界经济增速明显放缓，新冠肺炎疫情对经济发展造成巨大冲击，对我国经济的稳定运行造成极大破坏。数说安全数据显示，2022 年上半年，网络安全企业数量同比下降 31%，上市公司市值规模从 2020 年近四千亿元下降到 2022 年近两千亿元。虽然我国近几年宏观经济环境较差，但经济将有望在 2023 年恢复。因此网络安全产业虽然近几年增长放缓，但仍有较大发展空间。

（二）网络新技术和新应用促进网络安全产业的发展

网络安全的发展离不开科技创新的支持，人工智能、区块链和 5G 等新兴技术对网络安全产生重大影响。第一，人工智能既增强网络安全防御系统，又成为网络攻击的手段。第二，区块链技术在网络安全产业的应用从爆发式增长阶段转入理性完善阶段。第三，5G 技术的发展在车联网、智慧城市等方面的应用给网络安全带来新挑战。第四，全球物联网设备在 2020 年达到 310 亿台，网络攻击也呈现持续上升的趋势。除此之外，还有隐私计算、量子信息技术等新兴技术的发展催生网络安全的成长，为网络安全产业提供新的需求点。

（三）网络安全产业市场需求结构有待进一步优化

网络安全产业的应用主体主要为政府、教育科研、医疗卫生等信息化程度较高、拥有大量用户私人信息的行业。根据图 7－3 中国通信院和中商产业研究院的数据，2021 年中国网络安全市场用户主要分布在政府、教育和医疗卫生行业，分别占比 43.36%、14.69% 和 12.59%，在全球范围中前三领域为政府、金融业和制造业，分别占比 19.30%、14.50% 和 11.10%，因此，从需求结构上看，我国网络安全产业的需求过于依赖公共部门。

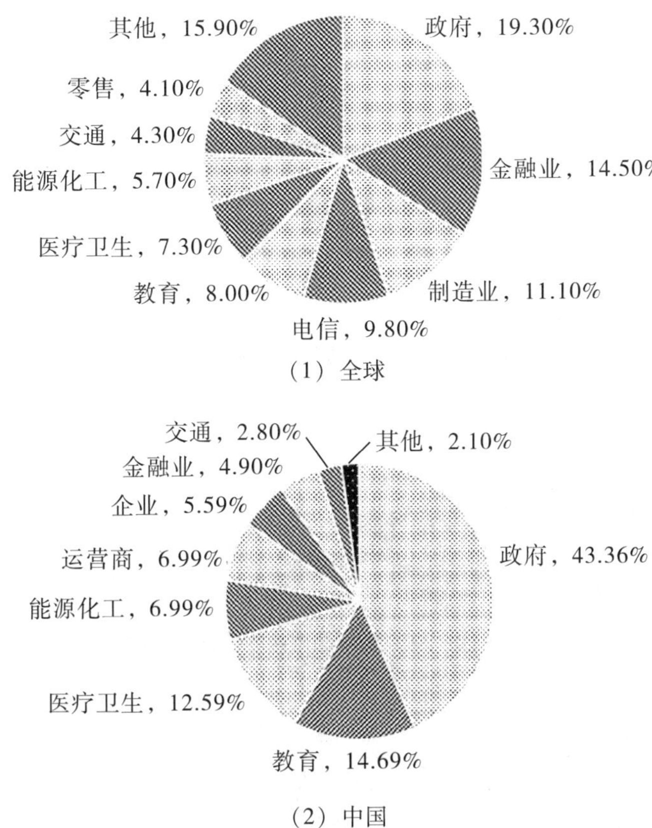

图 7－3　2021 年全球与中国网络安全市场客户所属行业分布

资料来源：中国通信院和中商产业研究院。

随着科技的发展，我国网络安全市场需求还有很大提升空间。图 7－4 显示了网络安全市场需求的项目数量增速情况，我国金融业、交通和其他行业的网络安全需求增速较快，说明我国网络安全需求结构正在不断优化，政府、运营商和能源化工增长速度较慢，这主要是因为政府的市场需求基数较大，增长空间有限；运营商和能源化工行业对网络安全需求增速较慢与其行业特点有关。

《2022 年中国网络安全市场与企业竞争力分析》数据显示，2018 年至今，我国网络安全客户总数超过 15 万家，经常性客户超过 2 万家，主要集中于我国发达地区，与我国经济发展水平具有较强的相关性。

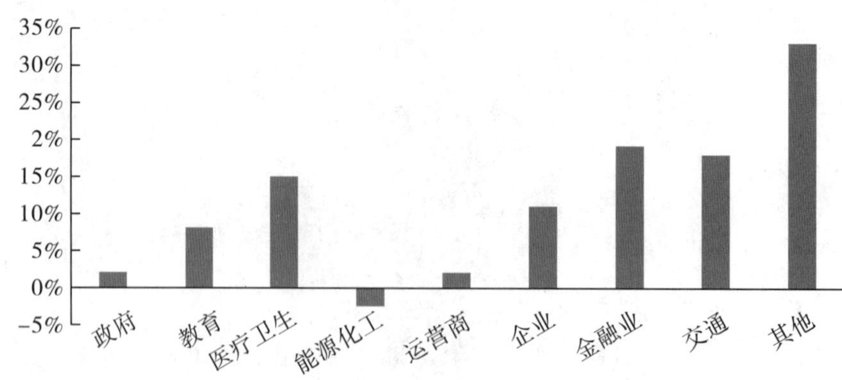

图 7-4 网络安全需求分行业项目增速

资料来源：中国网络安全产业联盟（CCIA），数说安全。

表 7-2 列举了我国网络安全产品采购前十名，其中防火墙和安全管理与态势感知平台连续三年稳居销售量第一和第二。总体来看，我国网络安全用户采购的产品主要为等级保护相关产品，销量前十的产品排名在近三年变化不大。

表 7-2 2019—2021 年中国网络安全产品采购趋势

销量排名	2019 年	2020 年	2021 年
1	防火墙	防火墙	防火墙
2	安全管理与态势感知平台	安全管理与态势感知平台	安全管理与态势感知平台
3	网络行为管理	网络行为管理	终端检测与管理
4	杀毒软件	终端检测与管理	杀毒软件
5	网闸	杀毒软件	负载均衡
6	负载均衡	负载均衡	网络行为管理
7	终端检测与管理	网闸	网闸
8	身份认证	身份认证	堡垒机
9	堡垒机	堡垒机	身份认证
10	网络安全准入	入侵检测系统	网络安全准入

资料来源：数说安全，CCIA。

第二节 网络安全产业链 SCP 范式研究

一、网络安全产业链发展概况

我国及广东省的网络安全产业链已逐步完善，产业链条逐渐清晰，上中下游均有相关企业发挥作用，保障了网络安全产业的可持续发展，但上游一些关键技术还主要依靠进口。中游有众多网络安全企业，广东省也有深信服等领先企业；在下游应用领域中，由于我国经济的快速发展和网络安全意识的逐渐提高，应用市场广阔，预期市场需求稳定上升。2021 年云计算市场规模达到 3 229 亿元，增速为 54.4%；我国 5G 用户达到 3.55 亿户，全国建成基站 142.5 万个，占全球总量的 60% 以上。

在市场结构方面，网络安全产业链不同环节的市场结构差别较大；在市场行为方面，由于网络安全产业是新兴的高新技术产业，融资和并购等市场行为较多；在市场绩效方面，由于产业正处于发展阶段，研发费用占比较高，净利润较低。

二、网络安全产业链市场结构

上游不同环节市场集中度差别较大，很多核心技术高度依赖进口。中游市场集中度逐渐上升，但缺乏龙头企业。下游发展速度较快，为网络安全产业提供全新的应用场景。

（一）产业链上游市场结构

产业链上游主要是工控机、服务器、存储器等硬件产品供应商及操作系统、数据库等软件产品供应商，上游市场发展较成熟，产品的质量和价格较稳定。

1. 工控机：市场竞争激烈，国内市场发展缓慢

2021 年，我国工控机市场规模 492 亿元，较上年增加 15 亿元，同比增速 3.1%。在海外市场中，工控机生产商主要有德国的西门子、倍福和控创等；在中国市场中，主要有台湾研华、广州研恒和深圳研祥等。目前，研华股份有限公司为工控机行业龙头企业，市场份额领先，达到 30% 以上。西门子和倍福紧随其后，市场占有率在 5% 以上。其余企业市场份额较低，市场竞争较为激烈。

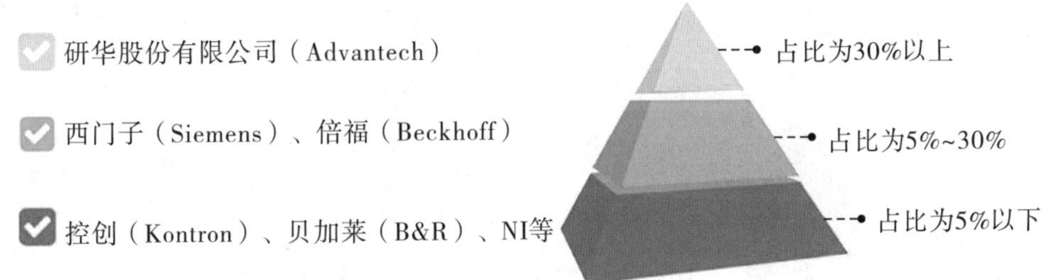

图 7－5　全球工控机竞争格局

资料来源：前瞻产业经济研究院。

2. 服务器：呈现双寡头垄断的市场格局

服务器市场规模持续稳定增长，2021 年全球服务器市场规模为 992 亿美元，中国为 251 亿美元，分别同比增长 6.4% 和 112.8%。从竞争格局来看，全球服务器市场前四厂商总市场份额占比不到 40%，因此全球范围来看服务器市场竞争较为激烈。在中国服务器市

场中，市场份额前五厂商分别为浪潮（30.7%）、新华三（17.5%）、戴尔（7.5%）、联想（7.4%）和华为（6.6%），前五总市场占比将近70%，说明我国服务器市场竞争程度较低，浪潮和新华三占比将近50%，呈现出双寡头垄断的市场格局。

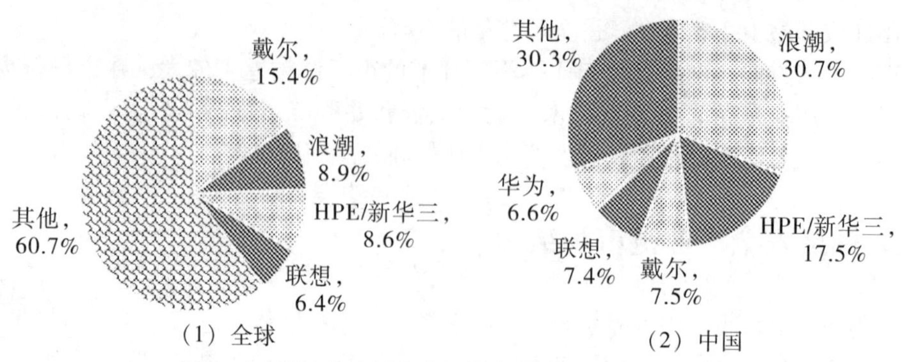

图7-6 2021年全球和中国服务器厂商市场份额占比

资料来源：观研天下。

3. 存储器：主要依赖进口，市场竞争程度较小

存储器主要分为动态随机存取存储器（DRAM）和Flash存储器，2020年DRAM占全球存储器市场的53%，Flash占45%。Flash又分为NAND Flash和NOR Flash，分别占44%和1%。在存储器细分市场竞争格局方面，DRAM市场中，前三总占比高达95%，呈现寡头垄断的市场格局。NAND Flash市场中，三星占比35%居首位，紧随其后的铠侠（19%）、西部数据（15%）、美光（11%）等几家企业市场份额差别不大。在NOR Flash市场中，市场占比前四的企业为华邦、宏旺、兆易创新和Cypress，市场竞争程度较小，前四家企业在市场上势均力敌。

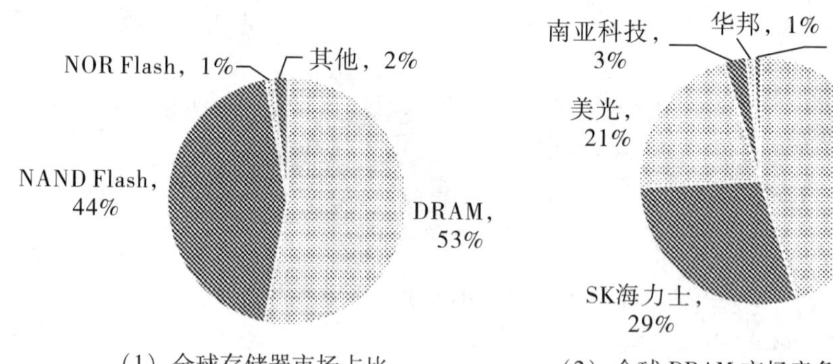

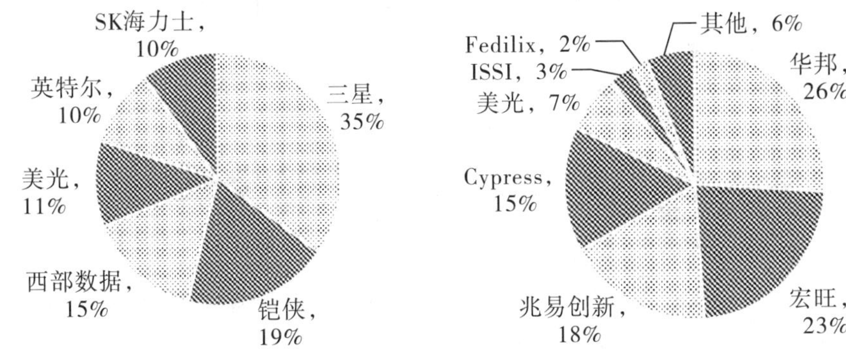

（3）全球 NAND Flash 市场竞争格局占比　（4）全球 NOR Flash 市场竞争格局占比

图 7－7　2020 年存储器市场份额情况

资料来源：IC Insights，ChinaFlash Market，DRAM Exchange，CINNO，中商产业研究院。

4. 操作系统：谷歌和微软两大巨头垄断，垄断势力较大

全球五大操作系统为 Windows、Android、iOS、OS X 和 Linux，一直由谷歌（Android）和微软（Windows）两大巨头垄断，苹果（iOS）通过搭载自身产品占较小市场份额，总体呈现双寡头垄断的市场格局。从时间变化上来看，Windows 操作系统从 2015 年的 52.3%下降到 2021 年的 31.36%，而 Android 操作系统从 24.3%上升到 41.4%，在 2017 年 Android 首次超过 Windows，苹果的市场份额在稳步小幅上升。微软和谷歌总的市场份额在 2015 年至 2021 年呈波动下降趋势。

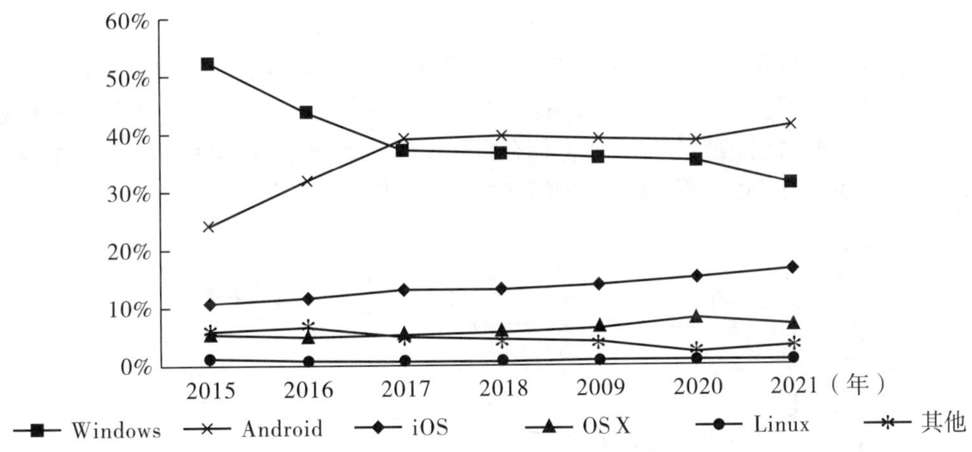

图 7－8　2015—2021 年全球操作系统行业不同类型占比份额变化

资料来源：Statcounter，前瞻产业研究院。

5. 数据库：我国产业起步较晚，具有较大发展潜力

自 2018 年以来，全球数据库市场份额占据前三的始终为 Microsoft、AWS 和 Oracle，三家企业 2021 年市场份额占比为 68.5%，并且市场份额逐渐均等化，全球数据库总体市

场份额有进一步向前三家企业集中的趋势。据 Gartner 发布的《2021 年全球数据库市场份额报告》，我国有 3 家企业上榜云数据，其中阿里云位于第七位、华为云位于第九位、腾讯云位于第十一位。在传统数据库企业中，达梦、人大金仓和南大通用也具有深厚的技术沉淀。

表 7 - 3　2017—2021 年全球数据库市场份额排名变化

2017 年		2018 年		2019 年		2020 年		2021 年	
厂商	份额	厂商	份额	厂商	份额	厂商	份额	厂商	份额
Oracle	36.1%	Oracle	31.1%	Oracle	27.4%	Microsoft	24.3%	Microsoft	24.0%
Microsoft	21.5%	Microsoft	23.6%	Microsoft	24.7%	Oracle	23.8%	AWS	23.9%
IBM	12.7%	AWS	13.5%	AWS	17.1%	AWS	20.6%	Oracle	20.6%
AWS	9.2%	IBM	10.4%	IBM	8.8%	IBM	6.8%	Google	6.5%
SAP	7.4%	SAP	6.9%	SAP	6.5%	SAP	5.6%	IBM	5.6%

资料来源：《2021 年全球数据库市场份额报告》，Gartner，华泰研究。

（二）产业链中游市场结构

中游就是产业中的网络安全企业，是本章分析的主体之一，代表公司有奇安信、启明星辰、绿盟科技和深信服等。

1. 网络安全产业集中度

2017—2021 年，我国网络安全市场的产业集中度呈不断上升趋势，其中 CR8 分别为 38.30%、38.75%、39.48%、41.36% 和 43.96%。根据美国经济学家贝恩对产业集中度的划分标准，当 CR8 <40% 时，产业结构属于竞争型，当 40% < CR8 <45% 时，产业结构为寡占“V”型。故我国网络安全产业市场结构在 2017—2019 年属于竞争型，在 2020 年转变为寡占“V”型。因此，我国网络安全市场产业集中度有上升的趋势。当网络安全市场进入稳健增长阶段后，行业领军企业在规模和资源上拥有明显优势。随着时间的推移，行业领军企业拥有的市场份额会逐渐扩大，预计未来我国网络安全市场集中度将会持续提升。

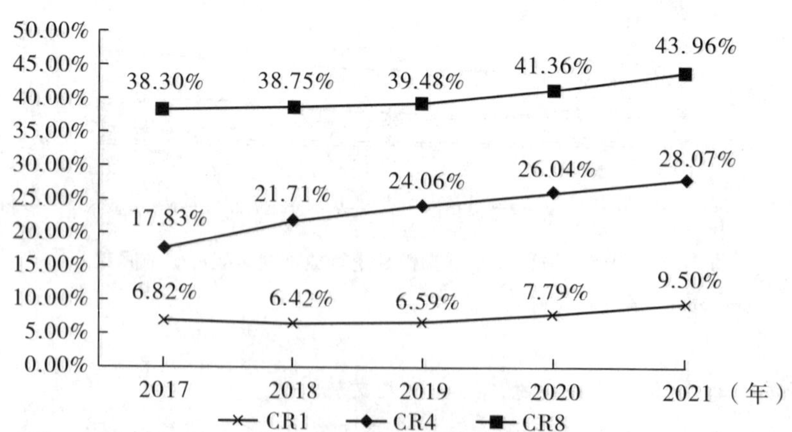

图 7 - 9　2017—2021 年中国网络安全行业集中度分析

资料来源：数说安全，CCIA。

2. 网络安全企业整体竞争格局

图 7－10 是网络安全产业竞争格局，从企业前五位变化来看，2019—2021 年连续三年市场规模前五位企业相同，其中奇安信在 2019 年超过启明星辰位列第一，启明星辰处于第二位，深信服连续四年第三，天融信连续四年第四，第五位从 2018 年的绿盟科技变为 2019 年往后的卫士通。从市场份额占比来看，前五位企业的市场份额在近四年均有所增加，其中奇安信增加最多，市场结构有逐渐集中的趋势。从总体情况来看，网络安全产业大规模企业较少，每家企业的市场份额都较低，市场竞争较为激烈。2018 年前五家企业的市场总份额为 25.1%，2019 年增加到了 28.6%，2020 年增加到 30.7%，2021 年增加到 32.6%。可以看出，中国网络安全产业前五家企业市场份额有进一步扩大的趋势，但市场上缺少真正的龙头企业。

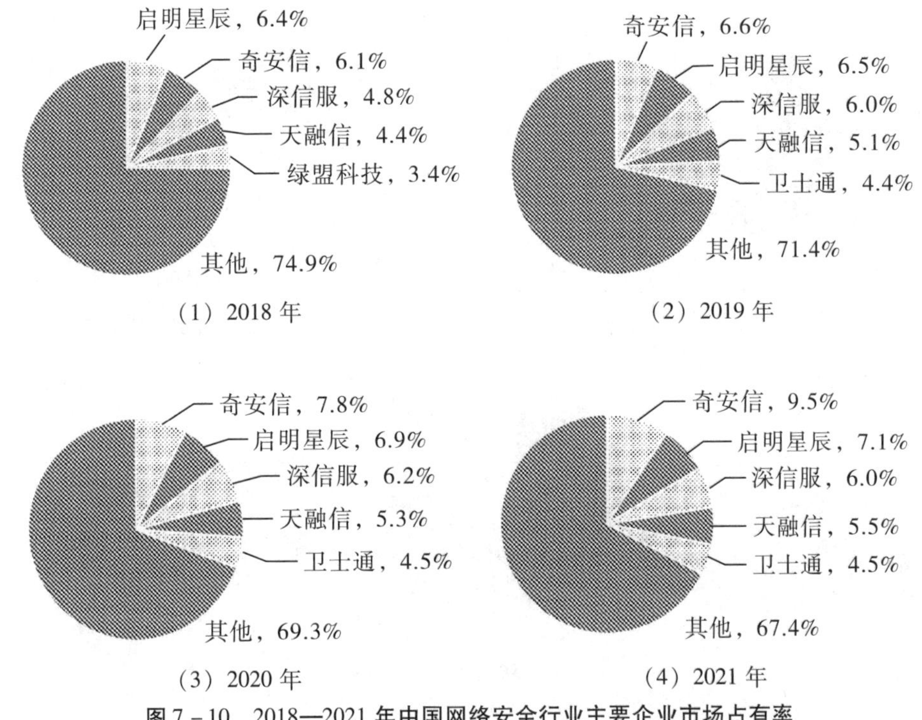

图 7－10　2018—2021 年中国网络安全行业主要企业市场占有率

资料来源：数说安全，CCIA。

3. 网络安全产业硬件竞争格局

网络安全硬件市场分别由安全内容管理和 UTM 防火墙等构成。图 7－11 显示了 2022 年上半年我国硬件细分市场的竞争格局。从总体市场份额来看，UTM 防火墙硬件、UTM 硬件和入侵检测与防御硬件市场集中度较高，前五家企业总市场份额占比均超过 60%；而安全内容管理硬件和虚拟专用网硬件前五家企业占比较小，总体占比不超过 50%，可见硬件市场中不同产品的市场集中度不同。从单个企业的竞争优势来看，深信服在 UTM 硬件、安全内容管理硬件和虚拟专用网硬件三个市场中均位列第一，华为在 UTM 防火墙硬件、安全内容管理硬件和入侵检测与防御硬件中均位于前五。

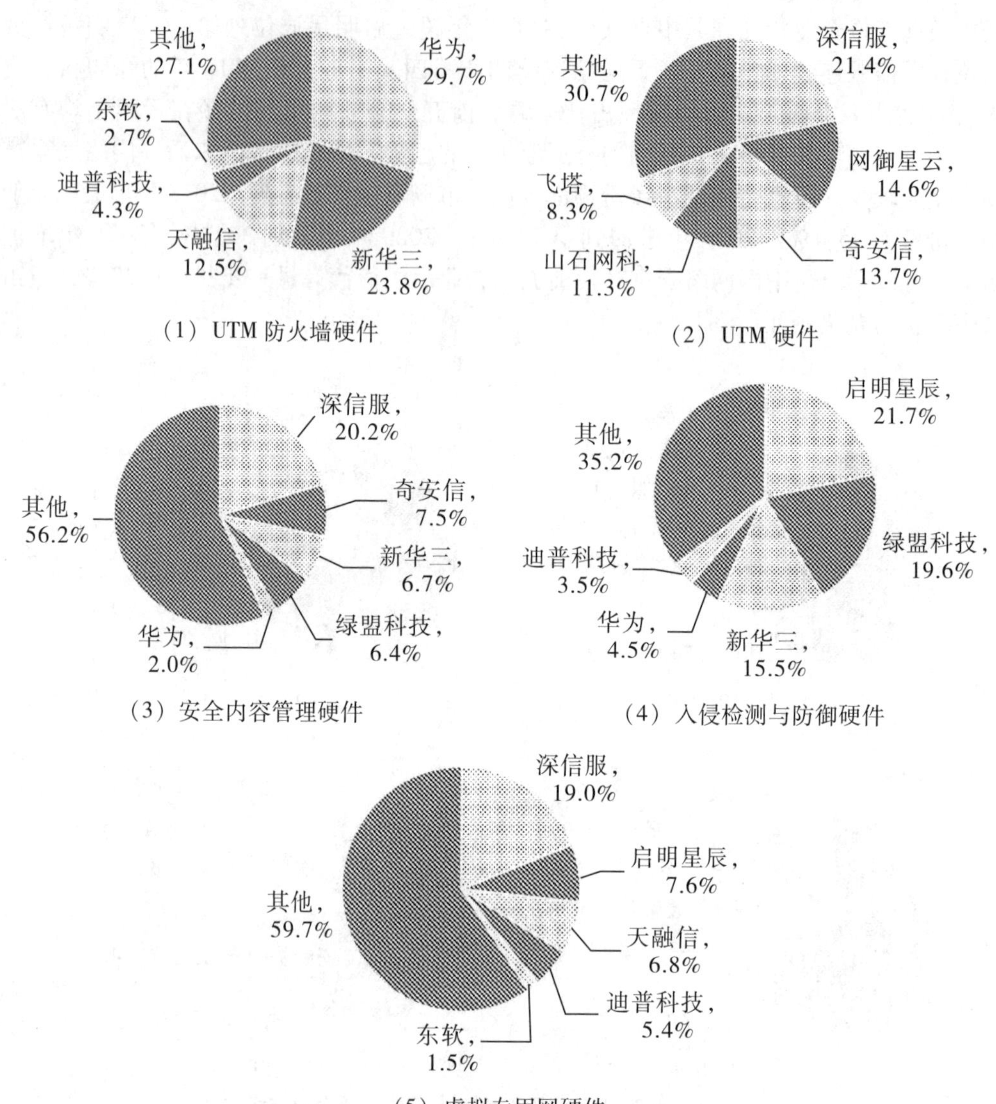

图 7－11　2022 年上半年我国网络安全硬件竞争格局分析

资料来源：IDC，中商产业研究院。

4. 网络安全产业软件竞争格局

图 7－12 显示了 2021 年我国软件细分市场的竞争格局。从前五家市场份额总量来看，软件安全网络关、响应和编排软件前五家市场份额超过 50%，可见网络安全软件市场竞争程度高于硬件市场。从企业份额分配情况来看，终端安全软件、安全分析和情报、响应和编排软件主要提供商为网络安全企业。

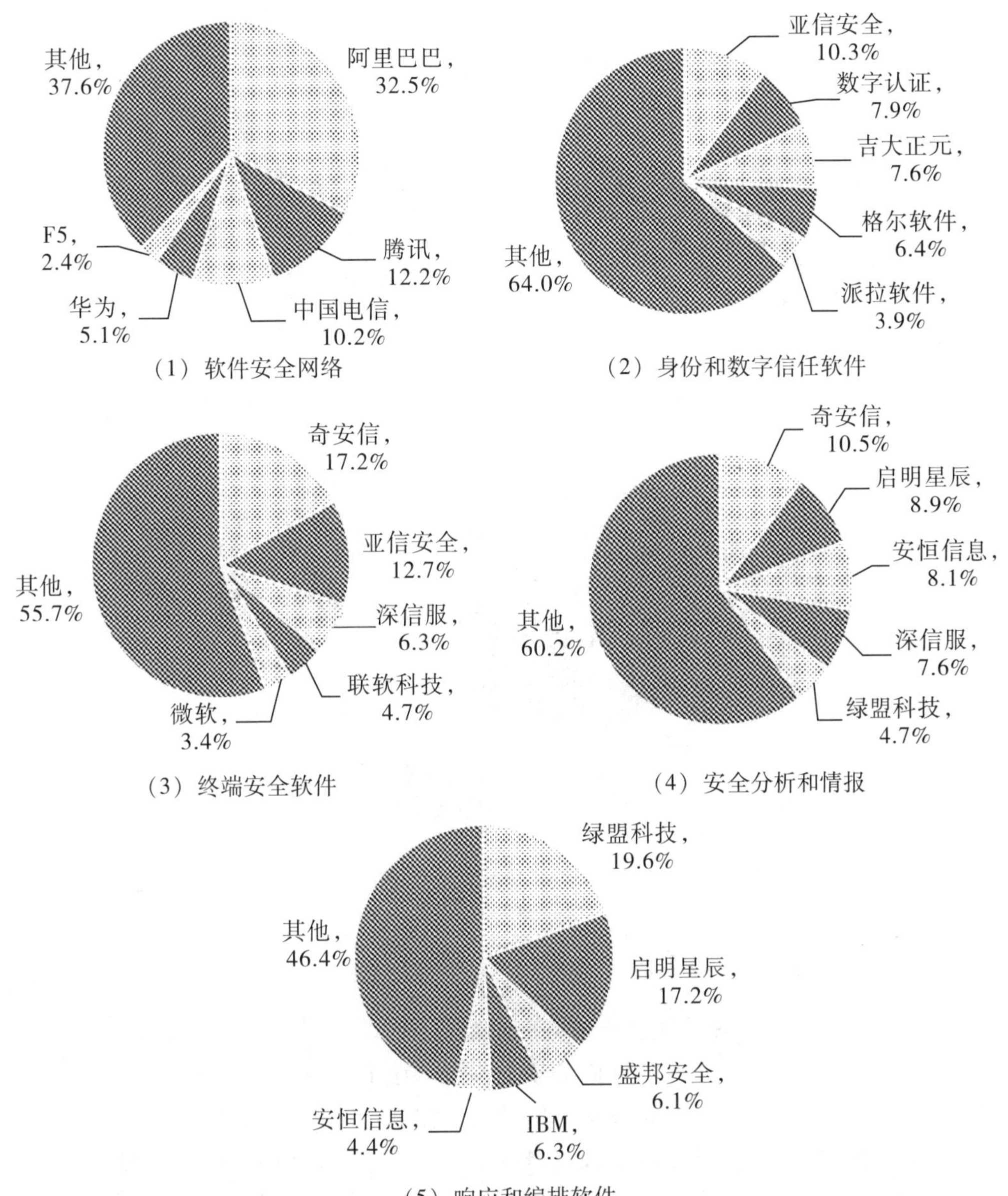

图 7－12　2021 年我国网络安全软件竞争格局分析

资料来源：IDC，前瞻产业研究院。

5. 网络安全产业服务竞争格局

IDC 中国的报告显示，2022 上半年中国网络安全服务市场厂商整体收入约为 88.69 亿元，图 7－13 显示了 2022 年上半年网络安全产业服务市场竞争格局。IT 安全咨询服务、托管安全服务和 IT 安全集成服务三种服务市场的市场竞争较为激烈，前五家厂商总市场份额占比均未超过 50%。

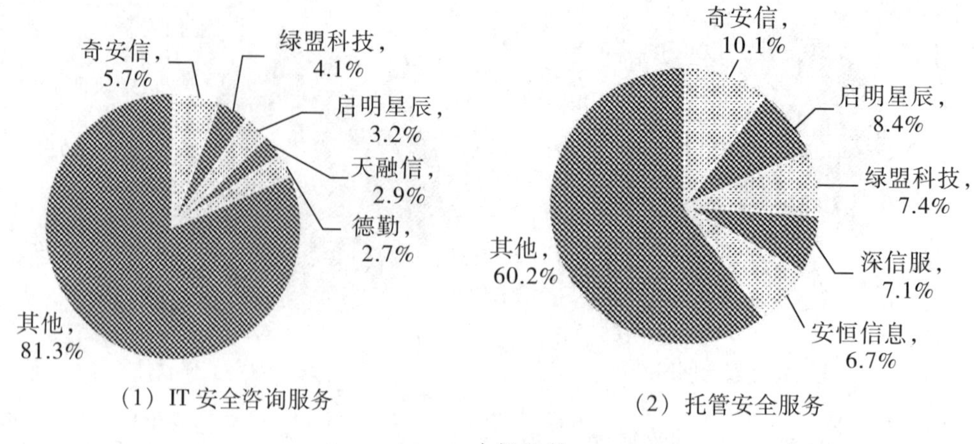

（1）IT 安全咨询服务

（2）托管安全服务

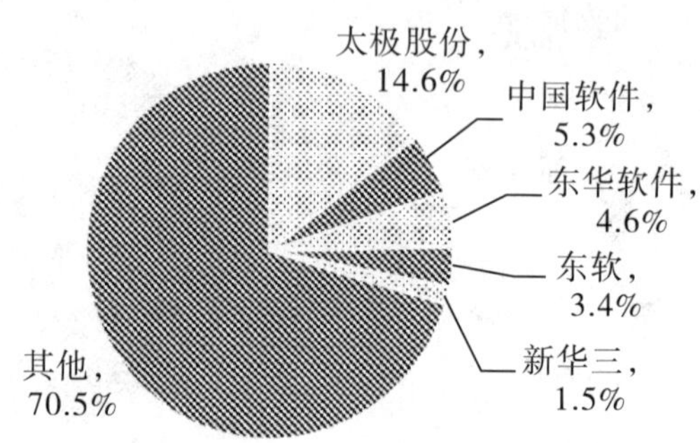

（3）IT 安全集成服务

图 7－13　2022 年上半年我国网络安全服务竞争格局分析

资料来源：IDC 中国。

（三）产业链下游市场结构

1. 云计算产业：发展速度快，市场集中度较高

2020 年和 2021 年云计算市场规模分别达到 2 091 亿元和 3 229 亿元，增速分别为 56. 7% 和 54. 4%。我国云计算的市场集中度较高，在云计算 IaaS 市场中，2021 年 CR5 为 77. 26%，阿里云以 39. 01% 的市场份额稳居首位。在云计算 PaaS 市场中，2021 年 CR5 为 77. 23%，阿里云依然以 34. 94% 的市场份额位于第一，AWS 和腾讯云分别以 12. 17% 和 11. 01% 的市场份额位于第二和第三。

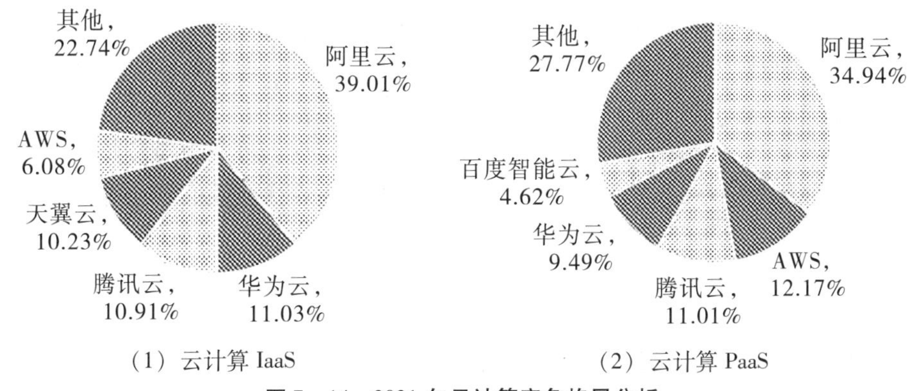

图 7－14 2021 年云计算竞争格局分析

资料来源：IDC，云服务器网，华经产业研究院。

2. 物联网产业：发展增速稳定，市场竞争较大

2019—2021 年我国物联网市场规模分别为 1.76 亿元、2.14 亿元和 2.63 亿元，并且预计在未来三年将保持 18% 以上的增速。根据互联网周刊发布的“2021 年物联网企业 100 强名单”，前十名依次为华为、海尔智家、海康威视、小米、中兴、大华股份、阿里云、联通数科、科大讯飞、神州控股。由于物联网行业涉及众多领域，因此参与者较多，市场竞争较大。

3. 5G 通信：处于全球领先地位，市场垄断势力较强

在国内市场中，5G 主设备市场份额第一是华为，市场占比 59%，第二是中兴，占比 30%，其余企业市场份额均不足 10%，因此，华为和中兴在国内 5G 通信市场处于绝对垄断地位。Dell'Oro 调研机构公布的 2020 年全球第四季度 5G 通信设备市场份额数据报告显示，前四家企业分别为华为、爱立信、诺基亚和中兴，在全球市场份额占比分别为 31.4%、28.9%、18.5% 和 10.9%，可以看出我国 5G 通讯产业在全球市场占有较大市场份额，处于优势地位。

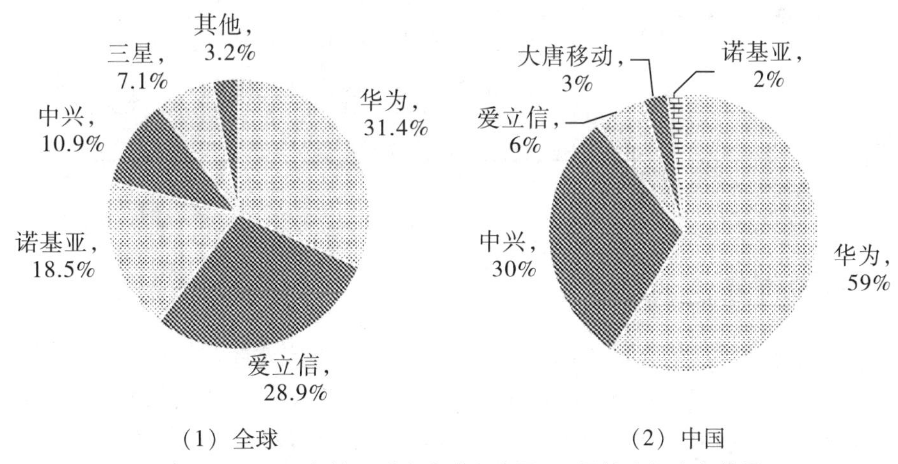

图 7－15 2020 年第四季度全球和中国 5G 通信市场竞争格局

资料来源：中商产业研究院，Dell'Oro。

4. 大数据产业：产业内部结构不断优化，产业链条完善

根据 CCID 的统计，我国大数据硬件和服务需求不断上升，大数据硬件虽然仍然占据主导地位但占比有所下降，2021 年我国大数据硬件、软件和服务的市场占比分别为 40.5%、25.7%和 33.8%。大数据代表性企业分布在各个子行业，基础支撑层主要代表厂商有同有科技与欧比特等；专门研发大数据相关软件的代表性企业有常山北明、思特奇与四维图新等；科创信息与神州泰岳等企业则专注于大数据服务。另外，行业的龙头企业如美亚柏科与易华录等，业务布局覆盖整条大数据产业链。

三、网络安全产业链市场行为

企业往往在市场中采取行动来提高竞争力。打造自身特色产品能够减少竞争，从而扩大市场影响力；增加研发投入能够探索新产品，从而抢占新市场；进行兼并收购能够快速进入新领域，扩大市场规模。但不正当战略合作行为会影响市场竞争秩序，损害社会福利。

（一）产品差异化

从代表性公司的核心产品来看，中国网络安全市场的产品主体差异化较大，每一细分领域都有相应的具有领导力的企业，例如卫士通在密码产品有较强的领导力，天融信在网络安全硬件产品上处于国内领先水平。但只有少数企业网络安全产品是综合型的，例如启明星辰和奇安信。因此产品主体差异化一方面有利于缓解企业之间的市场竞争，另一方面也不利于市场中龙头企业的产生和发展。

表 7-4 中国网络安全产业代表性企业优势产品

企业	市场份额占比第一的产品
奇安信	终端安全（17.5%）、安全管理平台（21.8%）、安全服务市场（10.7%）
启明星辰	Web 应用防火墙（24.7%）、入侵检测与管理系统和入侵防御系统（17%）
深信服	防火墙 AF（20.6%）、全网行为管理 AC（22.6%）、SSL VPN（22.7%）
天融信	UTM 平台防火墙（22.5%）
卫士通	密码产品（5.93%）

资料来源：中国网络安全产业联盟。

（二）研发行为

技术投入是保证产品领先优势的基础，在研发费用占比方面，研发投入占营收比超过 10% 的企业共 9 家。其中，安博通、卫士通和南洋股份的研发投入占比略低于同行业平均水平，奇安信、山石网科和深信服的研发投入较高，超过 20%。

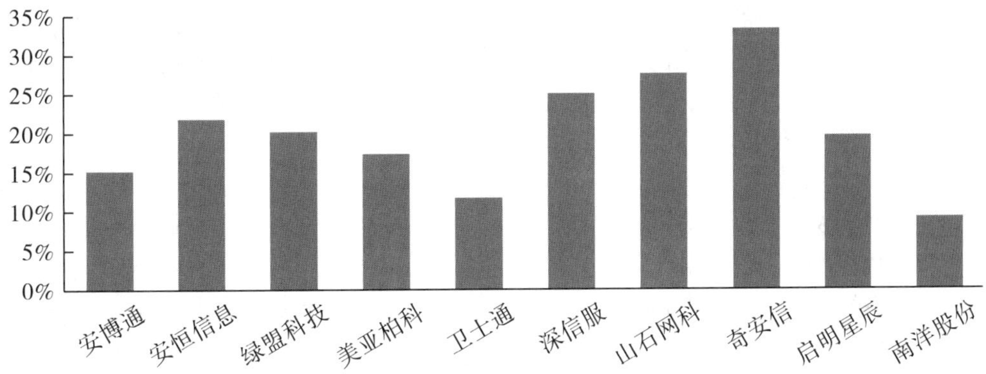

图 7－16　代表性企业研发投入占营业收入比例

资料来源：根据企业年报整理。

（三）兼并收购

由于整体产业市场空间有限，单一细分市场的规模较小，难以满足企业的增长需求，越来越多企业寻求向综合型转型。启明星辰从 2011 年开始，共发起了十余次收购，涉及的标的包括网御星云、北京书生电子技术有限公司、合众信息等，以并购作为公司战略规划的进展之一。绿盟科技 2014 年 9 月收购亿赛通后，公司的业务线进一步拓宽，完善公司在信息安全领域的战略布局。奇安信自成立以来先后收购了珠海市明凯信息技术有限公司、网神股份和网康科技等境内外 27 家企业，迅速切入边界安全、应用安全、大数据安全和云安全等领域，产品线及服务范围不断完善以覆盖政企客户全方位的网络安全需求。

（四）进入壁垒

网络信息安全市场属于 B 端服务，需要长期的经验积累，行业壁垒较高，新进入者从零开始发展需要较长时间。

1. 资本壁垒

网络安全产业的资本壁垒较高，新进入企业需要投入较多资本，包括研发设备、办公区域等，而且研发设备的资产专用性较强。企业中的非流动资产占总资产的比例在 10% ~ 40%之间。因此新进入企业进入市场需要投入较多原始资产，原始资产较少的企业进入网络安全市场就较为困难。

2. 人才壁垒

网络安全企业人员素质要求门槛高，需具有互联网、通信、安全等方面的知识体系。当前学校和企业之间缺乏合作交流。网络安全企业需用至少一至两年时间才能将应届毕业生培养为适应工作要求的网络安全人才，培养周期长，企业花费成本高。虽然我国目前高等教育普及程度越来越高，但是本科及以上学历占总人口的比重仍然不到 6%，而网络安全产业从业人员本科及以上学历占比 90% 左右。

3. 技术与数据壁垒

网络安全行业属于技术密集型产业，行业进入需具有较高技术层次，产品研发和技术创新要求企业具备较强的技术实力、配置较丰富的技术研发资源。新进入企业缺乏网络空间安全相关数据、信息与知识的有效积累，也缺乏安全数据的分析与挖掘技术，若不能在短时间内取得重大技术突破，实现技术跨越发展，在市场竞争中将处于劣势地位。因此，网络安全行业存在较高的技术与数据壁垒。

4. 政策规定壁垒

为保障网络安全产品与服务的质量，促进我国网络安全产业的稳定健康发展，国家安全主管部门和行业主管部门制定了若干严格的产品资质和服务资质认证体系以规范市场，通过各类严格的资质认证一般需要几年时间。新进入者难以在短期内获得相关市场的准入资格，无法参与市场竞争。

（五）战略合作行为

表7-5 网络安全产业战略合作行为

主要行业	战略合作方
政府	国家信息中心、国家邮政局发展研究中心、国家互联网应急中心、河北省人民政府、辽宁省工信厅、成都天府新区、湖南省互联网应急中心
教育	沈阳工业大学、吉林大学、广西科技师范学院、北京理工大学珠海学院、广东技术师范大学、贵州理工学院、中国高等教育学会
企业	中医药信息学会、锐捷网络、首都在线、湘江智能、中汽数据、浪潮云、东华软件、瑞斯康达、中国联通

资料来源：国信证券。

随着新兴技术不断被应用到各行业的业务场景当中，合作、共享、共赢已经成为行业发展的共识。奇安信秉承“共享·共生·共赢”的生态合作理念，聚合不同领域、不同行业、不同类型的合作伙伴，共同打造国内全面、开放、先进的网络安全产业新生态，共享网络安全产业规模升级的红利。截至2019年，奇安信就拥有20个以上的战略合作签署。

四、网络安全产业链市场绩效

网络安全产业作为新兴产业，正处于快速成长期，各公司市场绩效表现差距较大。网络安全企业营业收入增速较高，但存在负增长率的企业；由于不同企业战略不同，净利润表现差距较大；产业处于扩张阶段，经营性现金流主要投入新项目；自主创新能力较强，各企业差距较大；近几年风险投资绩效明显上升，投资回报较高。

（一）营业收入：总体发展势头良好

我国网络安全上市公司总体业务发展势头良好，但也蕴藏危机。从图7-17网络安全产业代表性企业的营业收入来看，8家代表性公司2021年营业收入合计145.54亿元，上一年同期营业收入合计114.43亿元，同比增长27.19%。其中，2021年营业收入超过10亿的公司有5家，超过20亿的公司有2家，分别是奇安信和美亚柏科。

从营业收入增速来看，8家代表性公司中，6家公司收入增速超过20%，一家公司收入增速在 0%~20% 区间内，仅有一家公司营业收入负增长。收入增速前三分别为安博通、山石网科、奇安信。

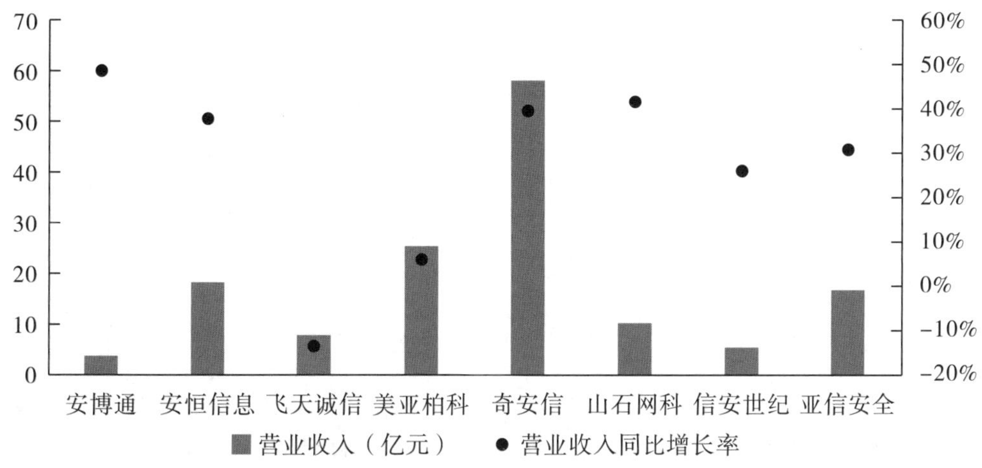

图 7-17　2021 年网络安全产业代表性企业营业收入情况

资料来源：根据各公司年报整理。

（二）盈利能力：盈利能力增长较缓，研发与销售支出增多

从盈利能力来看，2021 年我国网络安全公司盈利能力增长较缓，8 家代表性公司净利润合计为 2.89 亿元，上一年同期为 2.63 亿元，同比增长 9.89%。

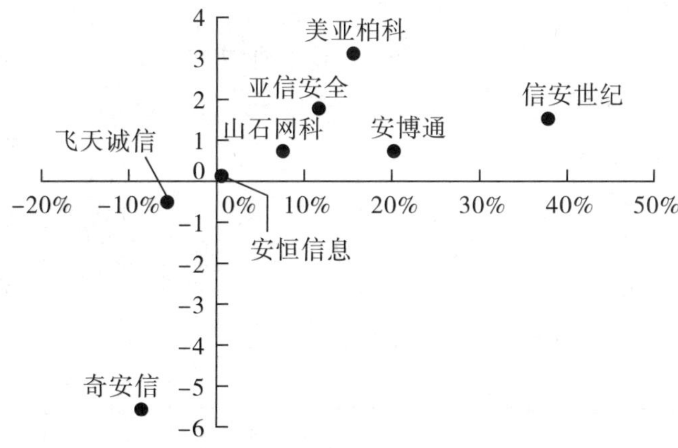

图 7-18　2021 年网络安全产业代表性企业盈亏状况

资料来源：根据各公司年报整理。

注：纵横代表归属母公司的普通股东的净利润，单位：亿元；横轴代表净利润率。

2021 年我国网络安全公司盈利能力增长较缓主要是由于大部分企业加大了销售和研发方面的投入。2021 年 8 家代表性企业总体销售费用达到 36.73 亿元，总体研发费用达到

35.48 亿元。其中，安恒信息、奇安信、山石网科和信安世纪 4 家上市网络安全公司四项费用率超过 60%，对利润侵蚀较大。

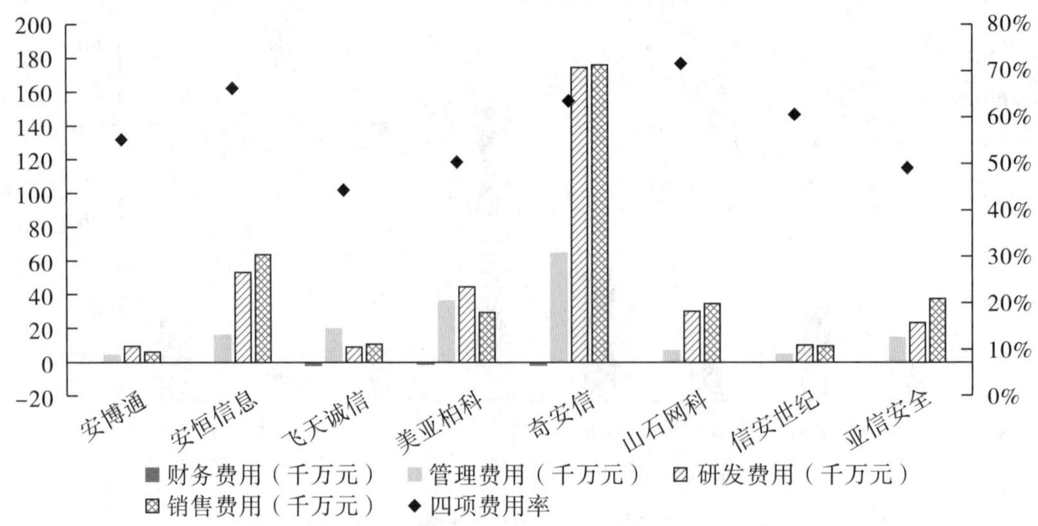

图 7－19　2021 年网络安全产业代表性企业费用构成

资料来源：根据各公司年报整理。

（三）经营性现金流：资金流向新项目研发，产业处于扩张阶段

从经营性现金流来看，2021 年 8 家代表性网络安全企业的经营性现金流量净额合计为 －11.57 亿元，主要是由于网络安全公司加大投入，导致经营性现金流净额为负。投资活动产生的现金流量净额合计为 －28.58 亿元，筹资活动产生的现金流量净额为 21.25 亿元。总体现金流量画像呈现出“负负正”状态，说明企业基本上把筹集资金都投入新项目中，产业整体处于加速扩张阶段。

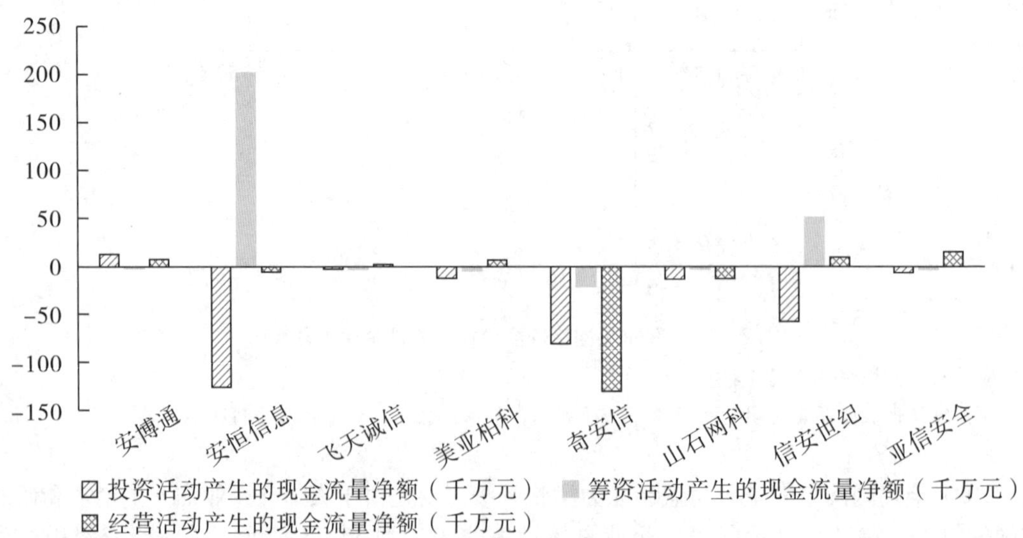

图 7－20　2021 年网络安全产业代表性现金流量净额

资料来源：根据各公司年报整理。

（四）专利与创新：自主创新能力较强，企业之间研发水平差距较大

截至 2021 年 12 月 31 日，飞天诚信累计专利授权数量最多，为 1 537 件，奇安信次之，为 724 件。2021 年度奇安信新增授权专利最多，为 190 件，飞天诚信次之，为 171 件。各公司专利授权数量差距较大。奇安信作为网络安全产业的龙头企业，在专利申请与创新方面发挥了带头作用。2021 年 3 月在“科创板 225 家上市企业有效发明专利排行榜”中，奇安信以中国有效发明专利数 473 件、全球发明专利数量 1 299 件位列榜单第五，是榜单前十名中唯一一家网络安全企业。

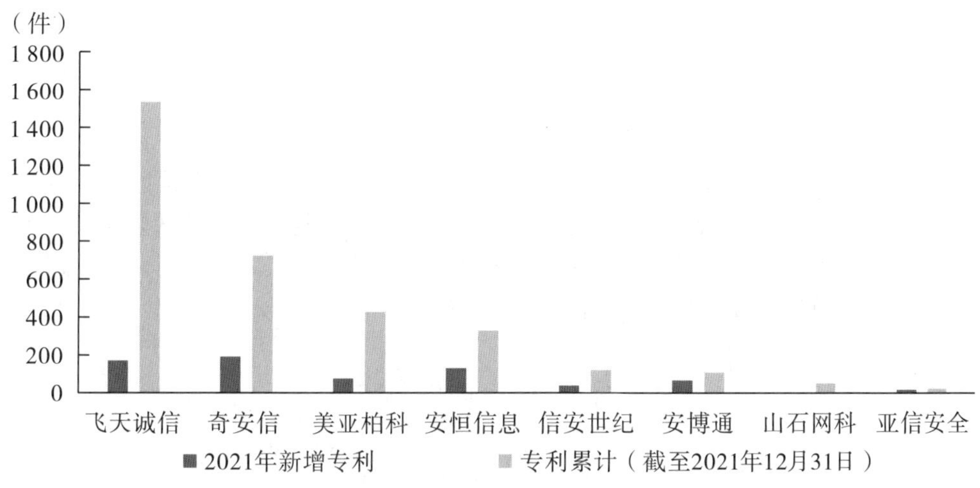

图 7－21　网络安全产业代表性企业专利授权数量

资料来源：各样本公司 2021 年年度报告。

（五）风险投资绩效：近四年退出事件增多，回报金额较高

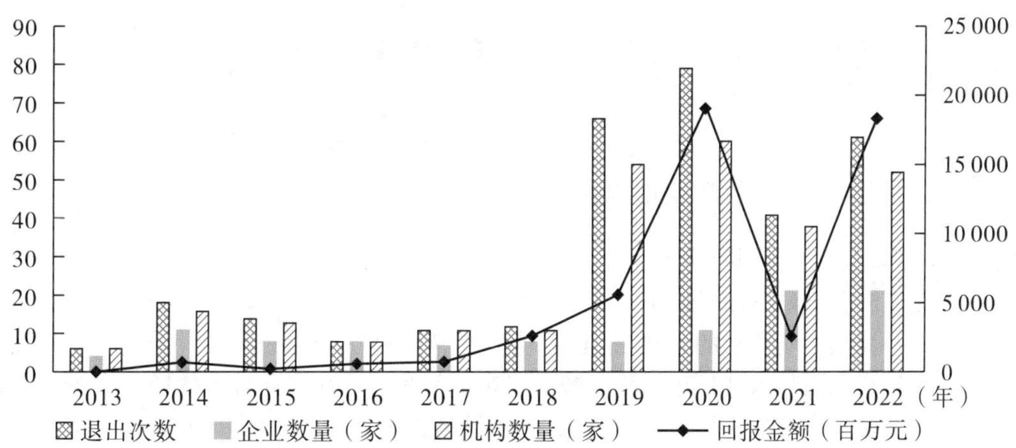

图 7－22　2013—2022 年网络安全产业创业投资退出事件

资料来源：清科私募通。

图 7－22 显示了近十年来我国网络安全产业风险投资退出时间情况，2013 年到 2018 年期间退出事件变化不大，整体较为平稳；2019 年、2020 年退出事件迅速增多，退出次数分别为 66 次和 79 次，回报金额也迅速上升，2020 年达到顶峰；2021 年有所回落，2022 年实现反弹。

第三节　网络安全产业空间布局

一、我国网络安全产业空间布局

（一）我国网络安全产业空间发展概况

我国网络安全企业收入主要来自华北、华东和华南三个地区，三个地区合计收入占比接近 70%。其中，由于政府部门及央企总部大量集中在华北地区，该地区多年以来始终占据我国网络安全市场收入首位。我国网络安全市场的增长仍然主要由国内循环贡献，海外收入占行业总体市场份额连续两年保持在 1% 左右的水平。

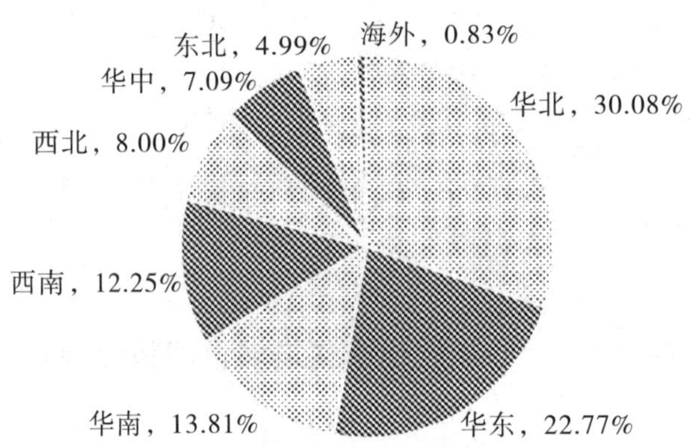

图 7－23　2021 年中国网络安全市场区域分布

资料来源：数说安全，CCIA。

（二）我国网络安全产业链布局

1. 上游芯片产业空间布局

我国芯片产业主要分布于以下三大经济集群，长三角地区是我国主要的芯片研发和生产基地，约占我国市场规模的 50%，具有我国最完整的芯片产业链；京津冀地区芯片发展起步较早，具有高质量人才聚集效应优势；广东省是我国芯片产业最大的应用市场，约占 60%，设计领域占比全国第一，但芯片制造和封测相对落后。最后中西部地区为第二梯队，芯片市场发展起步晚，技术力量薄弱。

2. 中游网络安全产业空间布局

图7-24显示的是我国31个省份和地区网络安全企业数量分布，通过企查查筛选“网络安全”的经营范围和品牌/产品共得到141.94万家网络安全相关企业。网络安全企业数量最多的前三个地区为广东、福建和山东，其中广东网络安全企业数量远远高于福建和山东，第四和第五位分别是江苏和浙江，网络安全产业集中分布在我国东部沿海地区。

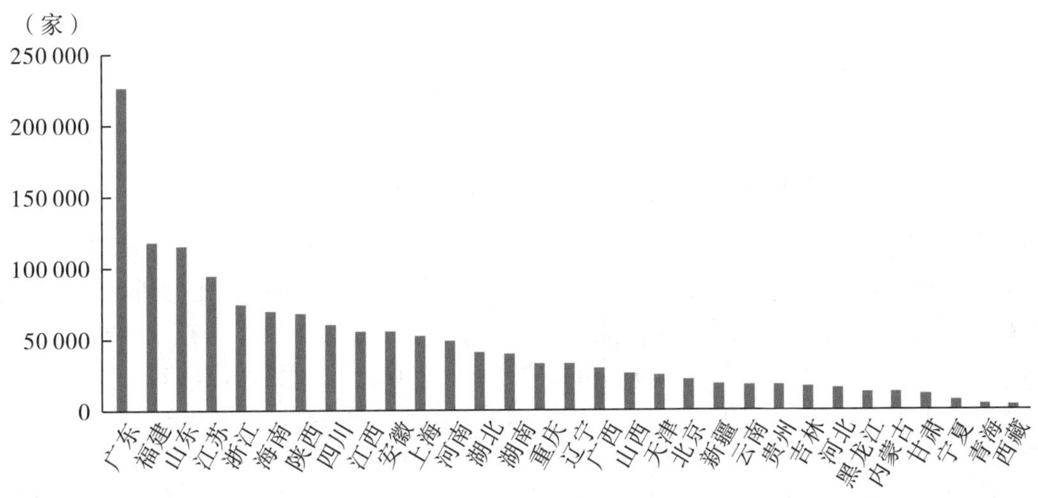

图7-24　我国网络安全产业空间分布（截至2022年）

资料来源：企查查。

二、广东省网络安全产业空间布局

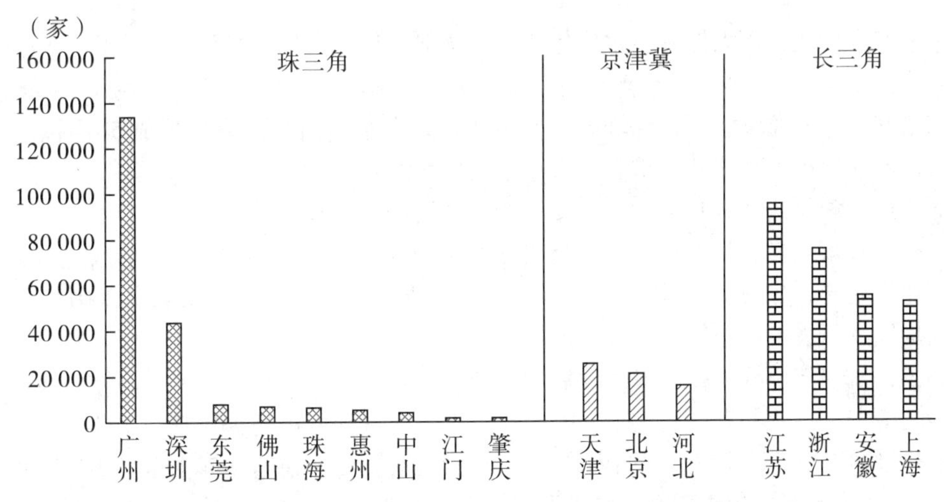

图7-25　三大产业集群中网络安全产业分布（截至2022年）

资料来源：企查查。

企查查数据显示，截至2022年11月，珠三角网络安全企业总数为21.24万家，京津冀地区为6.16万家，长三角地区为27.75万家，珠三角和长三角地区网络安全企业总数相近，京津冀地区相对较少。长三角占地面积大，因此珠三角的网络安全企业数量密度远高于长三角地区和京津冀地区。

图7－25显示了三个产业集群中各地区网络安全企业数量分布，其中珠三角的网络安全产业主要集中于广州和深圳，京津冀和长三角集群网络安全产业分布较为均匀。

三、广东省重点城市网络安全产业发展概况

（一）广州：初步形成网络安全产业集群，政策环境良好

广州的网络安全相关企业是广东省最多的。2020年广州市网络安全产业调研报告分析了101家网络安全企业，其中企业营收为40亿元，软硬件整体营收占比达到63%，企业从业总人数为2.1万人，网络安全企业中Ⅰ类企业（核心网络安全企业）、Ⅱ类企业（一般网络安全企业）、Ⅲ类企业（边缘网络安全企业）占比分别为57%、26%、17%，注册资本大于1 000万元的占76%。广州市的网络安全产业的整体行业生态较为完整，涉及最多的三个细分业务领域为安全设计与集成服务、安全咨询服务、应用安全。

广州为了发展网络安全产业出台了许多促进网络安全产业发展的政策：第一，实施《关于加快推进广州市网络安全产业发展的指导意见》，在众多方面予以政策扶持；第二，引进网络安全龙头企业，与奇安信等国内龙头企业签订战略协议；第三，成立网络安全产业园，目前已成立粤港澳大湾区（广州）网络安全产业园，产业园中已经签约了绿盟科技、卫士通等企业；第四，充分发挥行业社会组织作用，例如网络安全产业促进会，强化全市网络安全产业资源的整合；第五，推动校企合作，加强人才队伍建设。

（二）深圳：具有得天独厚的经济基础，机遇与挑战并存

网络安全产业在深圳拥有技术优势、创新优势和优越的发展环境。深圳电子信息基地生产总值占全国1/7，网络安全产业有着良好发展基础，并已拥有华为、腾讯、深信服等一批网络安全产业龙头企业；深圳智慧城市建设走在全国前列并率先建成5G网络，也为网络安全产业提出了很多新需求和非常丰富的应用场景。

深圳得天独厚的经济基础为网络安全产业的发展带来众多优势：

第一，政策优势，打下基础。1995年，深圳市在“八五”计划中明确制定“以高新技术产业为先导，先进工业为基础，第三产业为支柱”的产业发展战略。2001年，深圳又提出构筑高新技术产业带。

第二，机遇与挑战并存，未来发展空间大。发展了40多年的深圳，高新技术企业众多，为网络安全行业的发展提供了良好的环境。目前深圳网民规模突破1 100万，互联网普及率超过88%，5G基站密度国内第一，5G标准必要专利总量全球领先，5G产业规模、5G基站和终端出货量全球第一，这些为网络安全行业提供了机遇和挑战。

第三，网络安全领域的人才需求量大。据《2019中国网络安全与功能安全人才白皮

书》，深圳网络安全人才的供给、需求、年薪等均在全国前三，从侧面说明了深圳网络安全市场的飞速发展。

第四节　网络安全产业风险投资分析

一、我国网络安全产业风险投资概况

（一）投资总量前期波动较大，后期归于平稳

近二十年来，我国网络安全产业在互联网技术的带动下迅速发展，总投资从2003年的1.89亿元增加到2022年的59.19亿元，年均增长率高达82.73%，可见我国网络安全产业发展迅速。从不同时间阶段来看，在2003年到2013年期间，网络安全融资案例数量和企业数量增长缓慢，而投资金额增速变化较大，尤其在2007年、2011年和2013年出现峰值。在2013年到2015年期间，案例数量和企业数量迅速增加。2015年之后案例数量和企业数量重新归于稳定，但始终维持在较高水平，投资金额增速也逐渐放缓，在2020年至2022年放缓趋势明显。

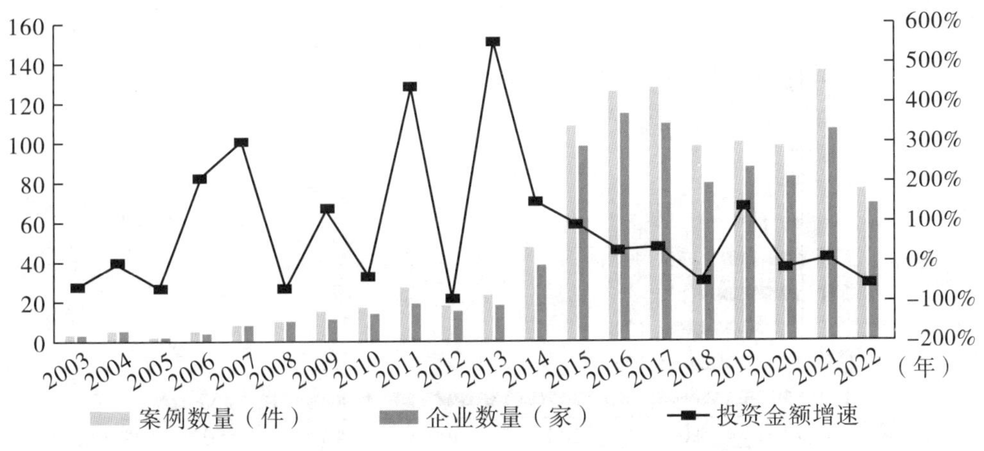

图7－26　2003—2022年全国网络安全产业投资规模及数量

资料来源：清科私募通。

（二）投资时期相对分散，投资偏向扩张期

在市场对网络安全投资中，投资于扩张期的有460件，占总投资数量的42%，在各个投资阶段中占最大比重，因此资本市场偏向于在扩张期投资，十分看好网络安全产业的发展。在初创期、成熟期和种子期投资的案例数量分别为235件、226件和147件，初创期和成熟期的数量相近，种子期的数量最少。但总体来看，投资案例数量在各个阶段相差不大，没有明显的偏颇，投资时期相对分散，从而资本市场长期看好于网络安全产业。

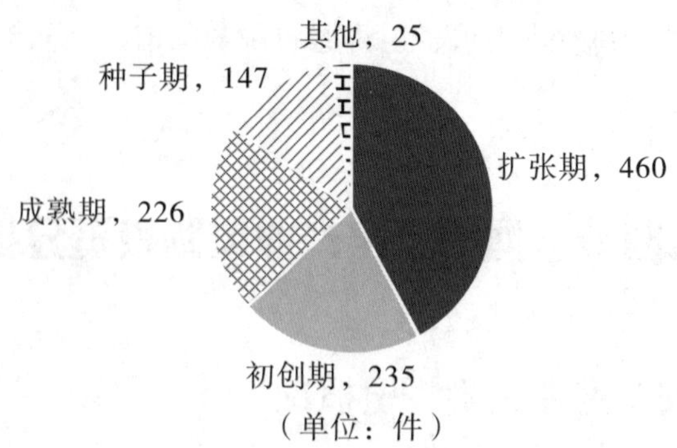

图 7－27　全国网络安全产业各投资阶段案例数量

资料来源：清科私募通。

（三）投资案例集中于京津冀、长三角和珠三角地区

截至 2022 年，北京以 457 件网络安全融资事件位于第一；并列第二为上海和广东，融资案例均为 121 件；第四和第五分别为浙江和江苏，融资案例分别为 87 件和 79 件；可见排名第二到第五的融资案例数量接近，而其他地区的案例数量均不足 20 件。从区域集群来看，网络安全产业融资案例主要集中于京津冀、长三角和珠三角集群，占全国总案例数量近 90%。

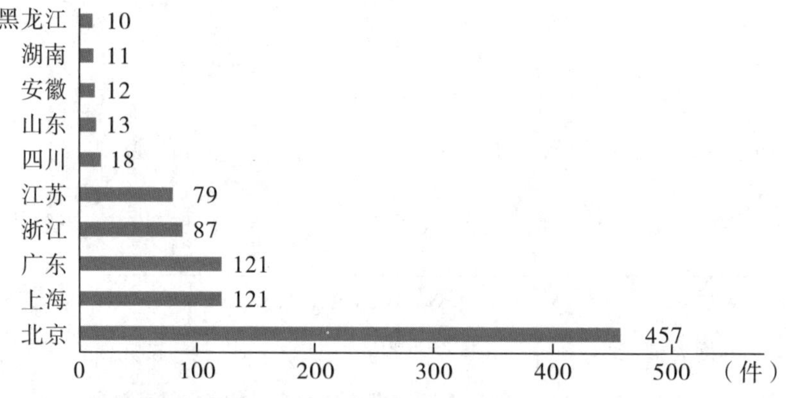

图 7－28　全国网络安全产业创业投资案例累计量 Top10（截至 2022 年）

资料来源：清科私募通。

（四）投资重心位于中下游，网络安全服务为主要投资项目

截至 2022 年，我国网络安全投资主要集中于中游和下游，且投资规模较大。在中游部分，投资规模位于第一和第二的均为网络安全服务，分别为企业服务和信息安全服务，其中企业服务远远超过其他投资环节，可见我国网络安全产业当前集中发展企业服务，这符合我国网络安全产品结构发展现状，前十位的投资还包括 AI 反病毒。在下游，大数据、

云计算、互联网、物联网、数据安全和人工智能均是网络安全产业新兴应用领域，也是我国当前着力发展的市场，投资结构符合我国整体发展趋势。

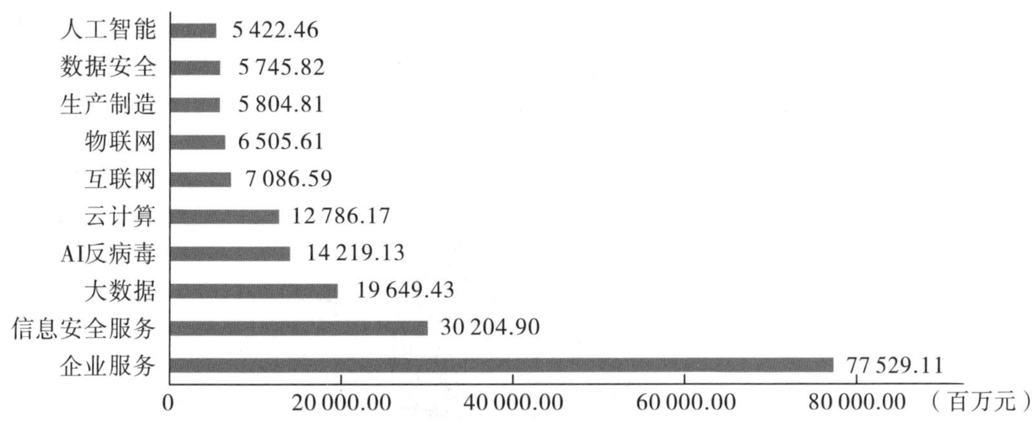

图 7-29　中国网络安全产业链投资金额分布 Top10（截至 2022 年）

资料来源：清科私募通。

二、广东省网络安全产业风险投资概况

（一）投资案例数量稳步上升，投资增速呈周期性波动

近 20 年来，广东省投资案例数量和企业数量稳步上升，在 2003 年到 2009 年之间投资案例数量维持到 1～2 件；2010 年和 2016 年有所上涨，但增长幅度不大；2017—2021 年投资案例数量和企业数量维持在 10 件/家以上。在投资金额增速方面，2003 年以来投资金额增速波动幅度较大，在 2007 年、2010 年、2014 年和 2019 年出现波峰，其余年份投资金额增速有的甚至为负，可见广东省网络安全投资增速具有周期性波动特点。

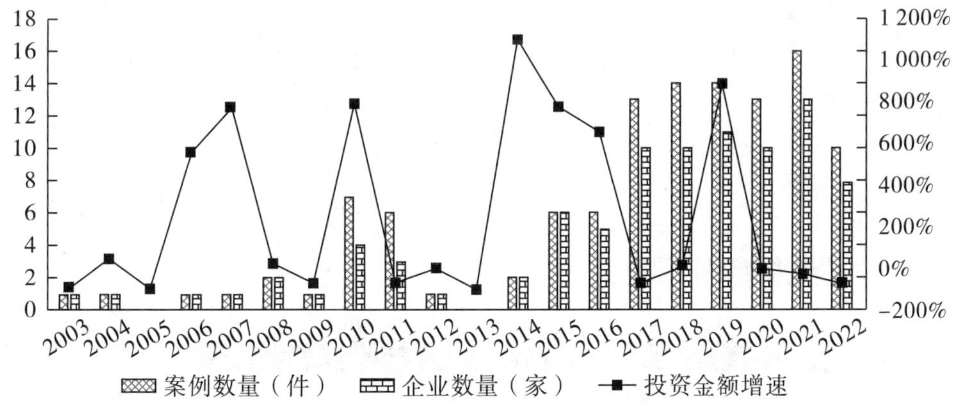

图 7-30　2003—2022 年广东省网络安全产业投资规模及数量

资料来源：清科私募通。

（二）网络安全投资偏向于成熟期企业，投资较为谨慎

截至 2022 年，广东省代表性城市共完成 121 件投资案例，从投资的企业发展阶段来看，投资于企业成熟期的投资事件最多，有 44 件，占比 36%；其次为扩张期 41 件，占比 34%；种子期和初创期的投资事件相对较少，分别为 20 件和 14 件，占比分别为 17% 和 12%。因此广东省对网络安全产业的投资偏向于成熟期和扩张期的企业，投资行为较全国来看更为谨慎。

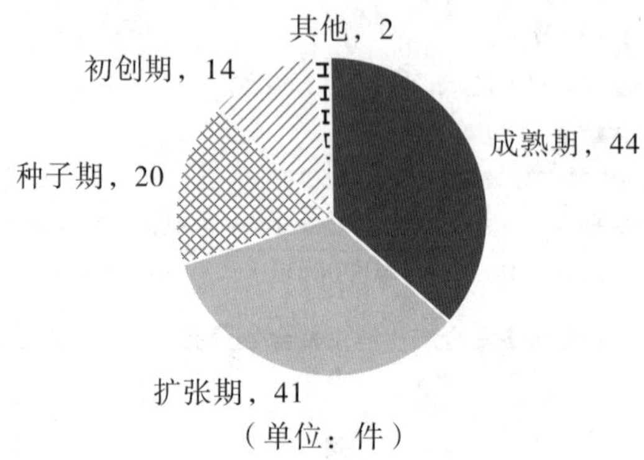

图 7－31　广东省代表性城市网络安全产业各投资阶段案例数量（截至 2022 年）

资料来源：清科私募通。

注：广东省代表性城市包括广州市、深圳市、珠海市、佛山市、惠州市、东莞市、中山市、江门市、肇庆市。下同。

（三）网络安全产业投资事件集中于深圳和广州

截至 2022 年，广东省网络安全投资事件主要分布于广州和深圳，分别为 81 件和 31 件，东莞、珠海和佛山分别为 6 件、2 件和 1 件，而其他城市未发生对网络安全产业的投资事件，可见广东省网络安全产业主要集中于广深，广东省城市之间的网络安全投资分布较不均匀。

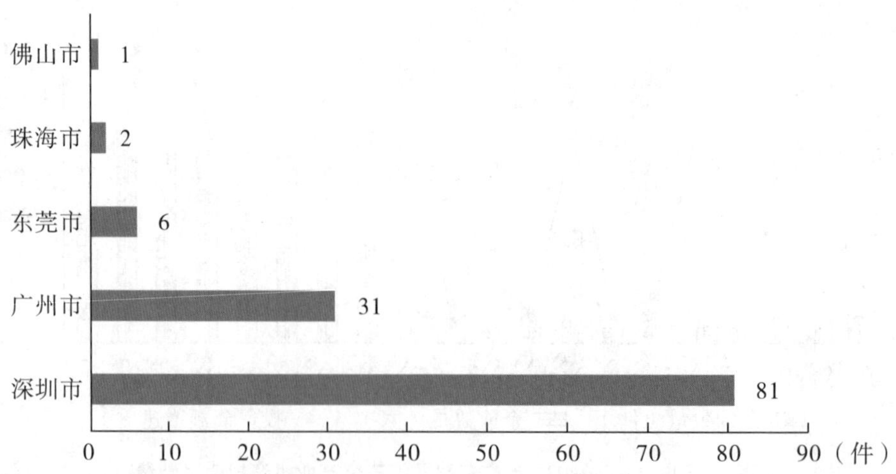

图 7－32　广东省代表性城市网络安全产业创业投资案例累计量（截至 2022 年）

资料来源：清科私募通。

（四）网络安全投资遍布全产业链，企业服务仍为主要投资环节

企业服务投资金额远高于其他环节的投资金额，是第二位云计算投资金额两倍之多。在上游环节中，主要投资有光电、电子元件、垂直硬件和电子信息产业；在中游主要投资企业服务和信息安全服务；在下游应用领域中主要投资环节为云计算、物联网、人工智能和大数据挖掘。

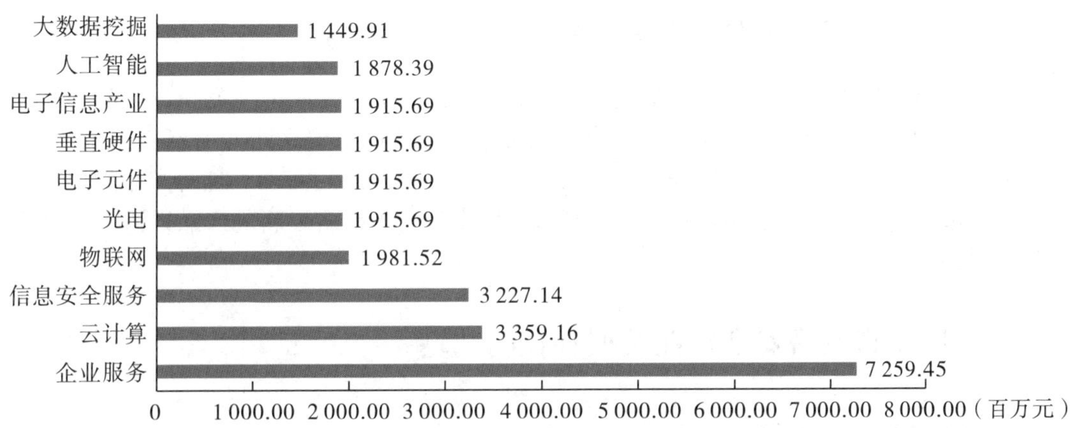

图7－33　广东省代表性城市网络安全产业环节投资金额Top10（截至2022年）

资料来源：清科私募通。

第五节　网络安全产业发展趋势研判及对策建议

一、网络安全产业发展趋势研判

（一）市场规模和投融将持续稳步增长

我国网络安全产业近几年市场规模增速始终在10%以上，预期未来几年增速不会下降。在政策方面，网络安全已成为国家重点发展的产业；在供给方面，相关产业研发投入持续提高，突破技术难题指日可待；新兴应用场景的出现促进了网络安全产业的发展，增加了对网络安全产业的需求。

（二）网络安全服务成为产业发展增长点

我国网络安全产业细分业务与国际对比还有很大优化空间。从投融资结构来看，在全国范围和广东省内网络安全服务均为主要投资环节，且远高于其他环节，因此网络安全服务将成为产业发展的增长点。

（三）领军企业规模效应以及业务跨界趋势明显

行业领军企业规模效应将更加明显。从市场集中度来看，奇安信和启明星辰等头部企业的市场占有率在近几年不断提高。从互联网大厂进入来看，由于网络安全产业与互联网产业具有密切的联系，华为、阿里巴巴和腾讯的加入加剧了网络安全产业的竞争，其本身企业体量、资源、人才等优势有利于其竞争优势的发挥，从而促进市场领军企业的活动和动力。

（四）新兴应用领域将促进网络安全产业的研发升级

新兴领域的发展能够促进网络安全产业的研发升级，成为未来网络安全产业的主要需求者。一方面，新兴领域的发展产生了全新的需求，促进网络安全产业对新产品的研发；另一方面，新兴领域发展速度极快，不同发展阶段将产生不同的需求，且对产品的要求越来越高，因此网络安全产业不得不跟进新兴领域的发展，不断研发新的产品以满足不断增长的需求。

二、广东省网络安全产业发展存在的问题

（一）政策引导效果不明显，缺乏针对性政策措施

当前广东省针对网络安全产业的相关政策较少，网络安全相关的政策缺乏针对性，只是某些条款与网络安全产业有关。并且当前广东省也缺少针对网络安全产业的优惠扶持政策，只是举办网络安全宣传周、建设网络安全产业园区等，对网络安全产业的发展没有切实的优惠政策和实施方案，政策落实不到位。

（二）产业链供应体系不完善，产业集群效应不明显

广东省产业链的供应体系仍不完善，产业集群效应不明显。一方面，网络安全产业在广东省的各大城市没有明确的产业链分工，企业主要集中于广深，不利于产业链的高效运营。另一方面，虽然已建成各种网络安全产业园，但产业园的利用效率不高，未能集中整条产业链，且相关企业只是在产业园内从事部分工作，核心研发并不在产业园内，未能形成规模效应。

（三）龙头企业带动效应不足，企业缺乏战略合作

广东省虽然拥有较多网络安全企业，但是龙头企业较少，根据安全牛 2022 年发布的“中国网络安全企业 100 强”名单，前 10 强中只有华为和深信服属于广东省，其中华为虽然总体规模较大，但网络安全并不是其主要产品，所以对网络安全产业的带动效应不够，企业之间也缺乏战略合作。

（四）技术短板明显，某些核心部件依赖进口

网络安全产业作为高新技术产业对技术要求较高，当前产业链某些环节高度依赖国外

技术，存在“卡脖子”问题。在技术方面，系统软件、芯片等领域“受制于人”。并且我国虽然努力从被动防御转为主动防御，但转变进程较慢，与国际先进水平还存在较大差距。

三、政策建议

（一）出台相关扶持政策，监督落实效果

广东省应针对网络安全产业出台针对性的政策，并监督政策落实。首先，应出台针对网络安全产业的扶持政策，对网络安全产业薄弱领域的研发投资给予补贴；其次，监督落实相关产业政策，使政策发挥其应有的作用；最后，从整体上对网络安全产业进行规划，宣传其重要性，提升企业和公民对网络安全产业的认识。

（二）完善产业链分布，加快产业园区建设

广东省应对网络安全产业链进行合理布局，加快推进网络安全产业园区建设，发挥产业集群效用。首先，根据各个城市的优势发展不同的产业链环节，建立完整的产业链良性循环，带动广东省各个地区网络安全产业的发展；其次，加快建设网络安全产业园区，结合产业链布局情况建立产品互补的产业园区，促进企业之间的交流。

（三）扶持龙头企业发展，鼓励战略合作

扶持龙头企业，增加市场份额的提升，带动广东省内其他企业的发展，鼓励战略合作。首先，鼓励龙头企业的发展，主要为华为和深信服，在政策上给予优惠；其次，鼓励龙头企业发挥带动作用，建立网络安全产业协会，给予企业技术交流的平台，创造良好的竞争环境；最后，鼓励网络安全企业的战略合作，一方面鼓励上下游企业合作，保证稳定的产品供求，另一方面鼓励网络安全企业之间的战略合作，鼓励共同研发，共享研发经验。

（四）加大研发投入，吸引优秀人才

要突破技术短板，解决“卡脖子”问题，首先要加大研发投入，加强对技术短板的重视，提供资金方面的充分保障，提供物资支持。其次要吸引优秀人才，加强校企合作，针对性培养人才，加强对人才的补贴，激发科研工作者的研发能力。

第八章 广东省超高清视频产业分析*

引 言

我国超高清视频产业建设起步较晚，目前处于规模发展、加速追赶的关键时期。广东省超高清视频产业发展态势整体向好：政策支持推动形成完整的产业链；上、中游涉及的显示产业规模优势突出，龙头企业汇聚且市场表现亮眼；广深两地领衔发展，广佛惠形成高产值产业集群；投资热度高、力度大，优势环节创新绩效显著。但与此同时，广东省超高清视频产业仍然存在高端设备国产化率低、产业链各环节磨合能力弱、城市间协调互补能力欠佳等问题。未来可重点攻关薄弱环节，丰富超高清视频内容服务和融合应用模式，推动广东省超高清视频产业迈向更成熟的阶段。本章将从多重视角出发、以产业链为脉络，分析广东省超高清视频产业的宏观环境、发展现状、空间布局、投资情况、存在的问题和发展趋势等。

超高清视频指满足 4K 或 8K 分辨率、高帧率、高色深、广色域、三维声、高动态范围等技术要求的新一代视频。超高清视频产业是以超高清视频采集、制作、传输、呈现、应用等为主的相关经济活动，具有较长的产业链条，属于融合创新型产业形态。超高清视频产业链上游包括感光器件、核心芯片、显示面板等核心元器件；中游包括视频生产设备、网络传输设备和终端显示设备；下游包括超高清视频内容输出和多个行业的融合应用。

* 本章第一执笔人为暨南大学产业经济研究院李越琦。

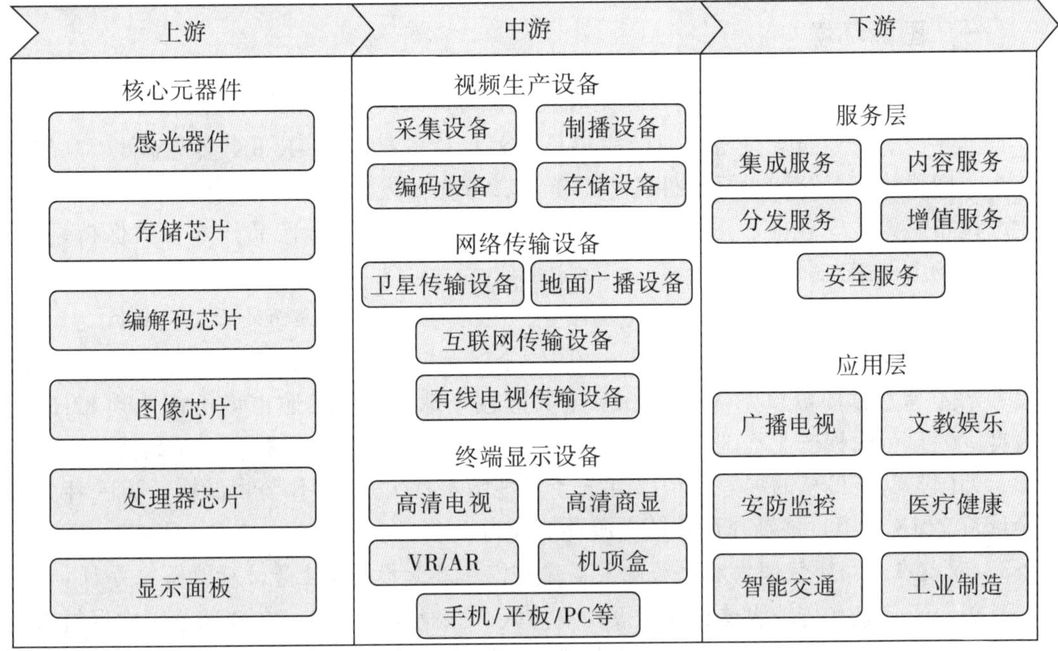

图 8－1　超高清视频产业链结构

第一节　超高清视频产业发展环境

一、超高清视频产业宏观环境

纵观全球超高清视频产业宏观环境，日韩欧美等国家和地区依托发达的电子信息产业基础，较早起步建设超高清视频产业，产业规模和技术水平都处于全球领先地位，并且表现出不同优势。中国超高清视频产业起步较晚，仍处于规模发展期；广东省率先发力超高清视频产业建设，在国内建立了先行优势。

表 8－1　国内外超高清视频产业发展现状对比

比较层次	中国	日韩欧美
产业规模	万亿级产值，处于起步增长阶段	规模庞大，处于成熟发展阶段
产业体系	产业链成形，但磨合能力较弱	产业链完整成熟
市场布局	显示面板和电视产品向海外扩张，其余主要围绕国内市场	日本前端设备和韩国显示产品的生产已向海外布局，欧美输出的视频内容在全球发行
技术水平	4K 技术较成熟，8K 技术在成长；部分芯片、设备的核心技术尚未突破	4K、8K 技术均成熟；硬件技术水平先进；欧美具备标准体系主导权

资料来源：根据公开信息整理。

（一）国际环境

1. 日本掌握超高清视频前端设备先进技术，为产业发展打造坚实的硬件基础

日本超高清视频前端设备产业链完整且成熟，具备高质量4K/8K感光器件、高端光学镜头、图像传感器等核心元器件的生产能力，率先研发出4K/8K摄像机和转播车等视频生产设备。索尼、佳能、尼康、松下、夏普等企业的4K/8K产品技术参数保持领先，在全球市场上占据大部分市场份额。

2. 韩国依托显示面板产业建立先发优势，超高清频道建设方面处于领先地位

以三星、LGD为代表的韩国面板企业引领全球面板技术的更新升级，在新型显示技术研发和产能等方面具备领先优势，2021年韩国在全球OLED领域市场份额达到82.8%。依托良好的显示面板产业基础，韩国超高清视频产业链得以延伸和整合。超高清频道建设方面，韩国是起步最早的国家，2012年先于其他国家首次完成4K节目试播，2014年开播了全球首个4K频道，逐渐在产业链下游环节发力。

3. 欧美在超高清视频内容供给端具备优势，在产业标准制定等方面具备主导权

欧美电子信息和传统媒体行业发展历史悠久、商业模式成熟，在全球范围内保持着强大的竞争力，奠定了超高清视频产业发展基础。欧美从超高清视频内容端发力，通过产出优质的超高清作品，推动视频内容服务转型和行业应用。同时，欧美较早建立的行业组织在核心技术创新、产业标准制定、产业生态体系等方面具备较强的话语权和主导权，对全球超高清视频产业发展具有较大的影响力。

（二）国内环境

相较于欧美日韩等国家和地区，中国的超高清视频技术发展相对落后，2014年中国出现利用4K设备拍摄的热潮，试图通过内容端带动全产业链发展。然而受制于产业链条不完整，后续的超高清内容制作、传输、呈现无法同步。直至2017年国内开启超高清频道建设，为超高清视频内容建立呈现平台，才逐步形成完整的产业链条。目前中国超高清视频产业步入规模发展期，2021年，我国超高清视频产业市场规模超过2万亿元，接近2019年产业规模的2倍。根据CCID公布的数据，截至2022年底，我国超高清视频产业规模已超过3万亿元。

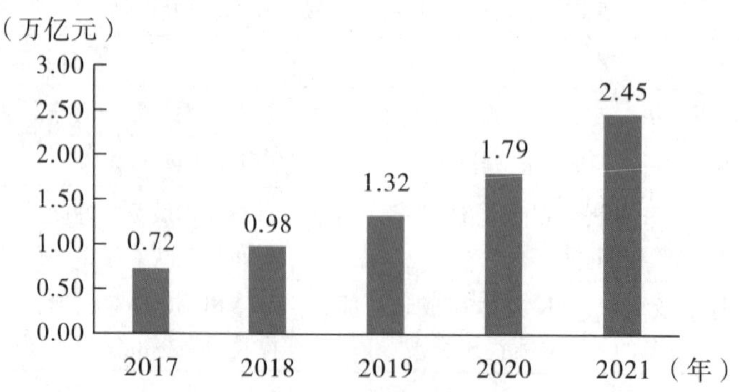

图8-2 2017—2021年中国超高清视频市场规模

资料来源：资产信息网，千际投行。

在国内的超高清视频产业建设历程中，广东省扮演着“先行者”的角色。2017 年 12 月底，国内首个 4K 电视频道——广东影视（4K 超高清）频道正式试播，成为国内超高清视频产业的转折点，由此加速推进产业建设。广东省在全国率先确立超高清视频产业发展目标和计划，率先建成 4K 产业和示范城市，集聚了千亿级的产业集群，形成广东省产业发展新动能。

二、超高清视频产业政策环境

（一）中国超高清视频产业政策

宏观政策从顶层设计出发，逐步推动产业生态体系建立，加强产业链重点环节建设，为超高清视频产业发展提供了明确、广阔的市场环境，为企业创造了良好的生产经营环境。

1. 顶层设计先行，围绕各环节确立发展目标和重点任务，推动铸成完整的产业链条

针对产业起步阶段产业链不完整、各环节磨合能力较弱的局面，2019 年 2 月，中国超高清视频首部先导性产业政策《超高清视频产业发展行动计划（2019—2022 年）》出台，明确了中国超高清视频产业“4K 先行、兼顾 8K”的总体技术路线和产业发展的具体目标，围绕产业链各环节提出重点任务，增强补弱。

2. 同步完善产业标准体系，推动产业规模扩大和技术升级

2020 年出台的《超高清视频标准体系建设指南》推动建立覆盖采集、制作、传输、呈现、应用等全产业链的超高清视频标准体系。标准体系的不断完善推动超高清视频规范化发展，进一步构建产业生态体系，提升产业技术创新水平。此外，国际标准的引入加强中外行业标准协调，推动超高清视频产业国际化发展。

3. 着重引导超高清视频内容输出与落地，提升产业渗透性

近两年，国家政策持续向超高清视频内容产出和应用倾斜，通过产业链后端提高产业的渗透性，催生新业态。2021 年“十四五”规划中指出要加快提升超高清电视节目制播能力，2022 年《关于印发“百城千屏”活动实施指南的通知》指出通过新建或引导改造国内大屏为 4K/8K 超高清大屏，丰富超高清视频服务场景，加速推动超高清视频在多方面的融合创新发展。

（二）广东省超高清视频产业政策

作为国家超高清视频产业发展的先行区和示范区，广东省确定超高清视频产业的战略地位，政策从产值规模、产业链建设、区域协同等方面引导产业发展。

1. 产业萌芽期：扶持 4K 技术，夯实超高清技术基础

在产业萌芽期，广东省政府优先推广 4K 技术在视频制播和电视频道建设中的应用，提升 4K 技术成熟度和渗透率，拉动 4K 用户和行业需求。2017 年《开展新数字家庭行动推动 4K 电视网络应用与产业发展的若干扶持政策（2017—2020 年）》支持 4K 内容制作和频道建设、4K 电视网络自主关键技术研发、4K 电视产业标准化体系建设等。2018 年《推

动广东省4K超高清电视应用与产业发展合作备忘录》提出要大力推进4K标准落地应用和产业化、加快4K超高清电视频道建设等。

2. 快速成长期：确定产业发展目标，推动产业链成型

基于广东省基础条件和前期4K技术发展成果，2019年5月《广东省超高清视频产业发展行动计划（2019—2022年）》确立了阶段性发展目标，按照产业链脉络从核心关键技术和标准研发、重点产品产业化和产业集聚、制播能力和节目内容供给、网络传输承载能力、重点行业创新应用、支撑体系建设六方面提出了产业发展重点任务。

3. 重点培育期：加速产业集聚，增强优势环节对全产业的带动作用

随着广东省超高清视频产业发展壮大，政策着重引导建设产业集群和突出优势环节，增强产业集聚效应，推动重点产业发挥更大的带动作用。2021年4月，广东省"十四五"规划将超高清视频产业纳入战略性支柱产业，指出要建设超高清视频产业发展试验区和产业集群，重点依托广州、深圳、惠州等珠三角核心区，支持发展新型显示产业。2021年7月，《广东省制造业高质量发展"十四五"规划》指出超高清视频产业将从通信终端及智能终端设备制造、核心元器件以及超高清视频内容、传输服务这三个领域发力。

三、超高清视频产业市场环境

综合产业链各环节供需情况，从供给端来看，显示面板和超清电视生产优势显著，网络传输服务提质增量，超高清节目产出数量快速增长。从需求端来看，4K电视渗透率不断提升，超高清内容消费需求旺盛，行业应用需求空间广阔。

（一）显示面板供货能力稳定，技术密集型设备产业化能力较弱

全球显示面板产能持续向中国转移，中国内地显示面板出货量占据全球市场份额超过40%，为产业链中游终端显示设备稳定供货。广东省显示面板产业具备本土优势，面板产能居全国第一。但是上中游环节中高端芯片、超高清摄录设备、制播设备等部分硬件依赖进口，国内自研产品产业化能力较弱，整体来说前端设备存在供给不平衡问题。

（二）网络传输基础设施不断加强，5G技术提升传输质量

我国百兆以上宽带接入已经覆盖超过93%的用户，千兆以上宽带接入用户数量持续攀升，为超高清视频内容落地奠定良好的传输基础。2019年10月我国开启5G商用以来，5G基站建设速度加快，支撑超高清视频传输业务发展。5G网络具备更强大的承载能力，能够满足超高清视频传输中低时延、高速率等技术要求，缓解超高清视频在网络端的发展阻力。

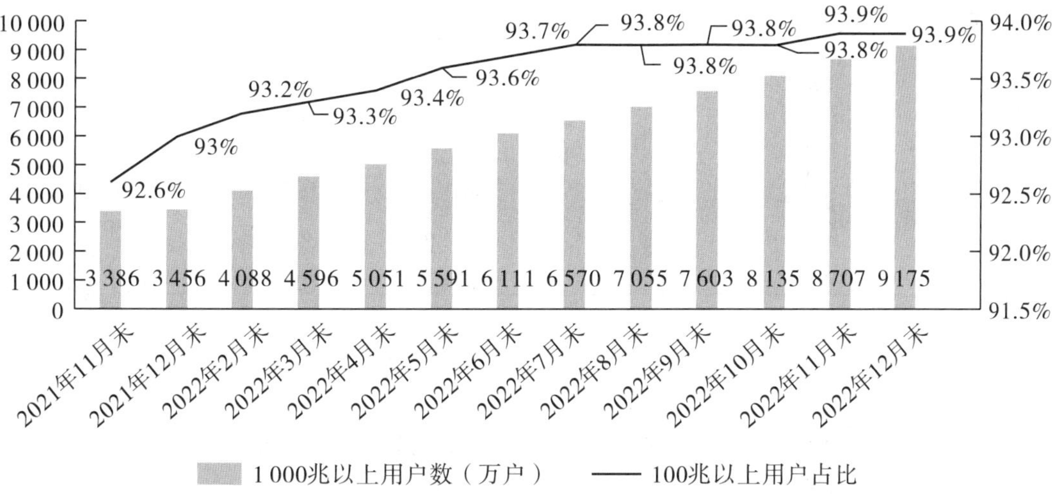

图 8－3　我国百兆及千兆宽带接入用户情况

资料来源：工信部运行监测协调局。

注：2022 年 1 月末数据未公布。

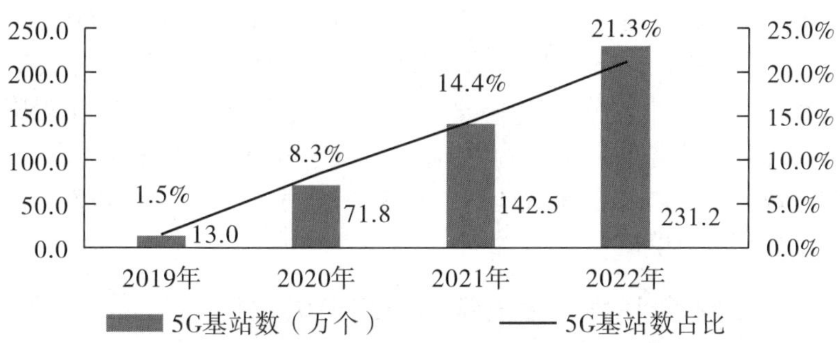

图 8－4　我国 5G 基站累计建设并开通的个数及占比

资料来源：工信部运行监测协调局。

（三）超高清电视供给能力稳定，需求稳步增长

4K 电视是超高清视频终端显示最主要的载体，我国 4K 电视渗透率不断提升。从需求端看，我国 4K 电视销量比较稳定，涨幅较小。从供给端看，尽管受到面板价格周期性的影响，2021 年我国 4K 电视出货量显著降低，但厂商通过累积的库存量来满足市场需求，总体来说供需尚可相互匹配。

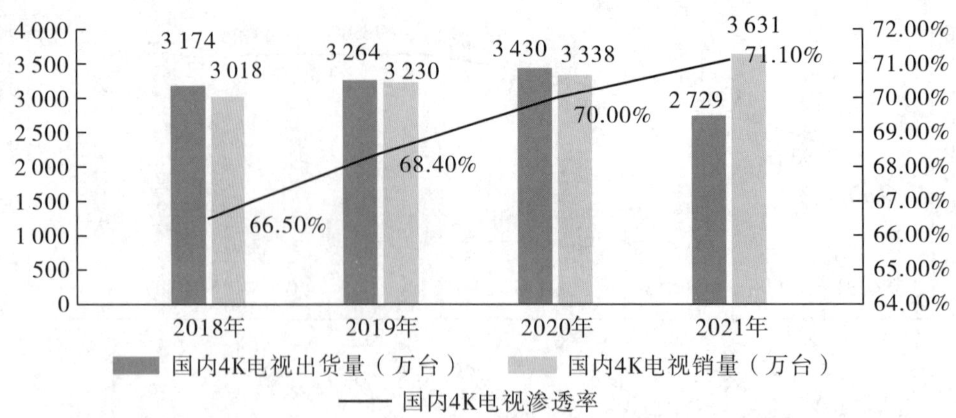

图 8-5　2018—2021 年国内 4K 电视出货量、销量和渗透率

资料来源：赛迪研究院，华经产业研究院。

（四）超高清内容建设能力不断增强，消费需求旺盛

当前各类超高清频道开播对产业的拉动效应显著，超高清节目生产能力迅速提升。根据 CCID 的数据，截至 2021 年底，央视超高清电视节目生产量超过 5 000 小时、北京台超过 1 000 小时、广东可提供 4K 节目量达 20 426 小时，全国新闻资讯类、专题服务类、综艺益智类高清超高清制作比例分别达到 62.3%、55.7% 和 59.4%。视频观感和内容质量的提升推动消费者对超高清视频需求的增加，越来越多的消费者愿意为超高清画质付费。IPTV、OTT 用户数量快速增长，高清超高清视频点播用户占比超过 95%，推动超高清视频业务营收增长和产业规模扩大。

（五）行业应用不断拓展，重点领域市场潜力充足

AI、VR/AR、云计算等新一代技术蓬勃发展，超高清视频与新兴信息技术相结合，纵向上与各行业深度融合，在重点垂直领域实现规模化应用；横向上拓宽应用范围，形成“遍地开花”的局面。随着产业链逐渐强化，超高清视频的行业应用需求持续走高，市场空间广阔、潜力充足。

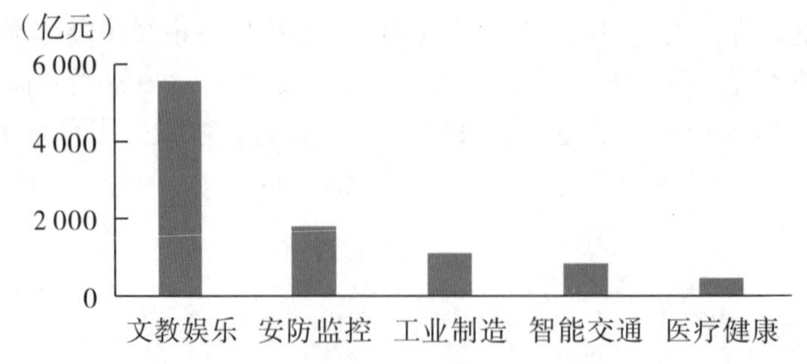

图 8-6　2020 年超高清视频重点领域应用规模

资料来源：CCID。

第二节　超高清视频产业链 SCP 范式研究

一、超高清视频产业发展概况

我国超高清视频产业链已然成形：上游显示面板和中游终端显示设备产业优势突出，TCL、华星光电、惠科、康佳、创维等广东省本土企业位居行业龙头；感光器件、编解码芯片等部分前端硬件国产化步伐加快，企业大力研发、积极增产；下游内容应用范围不断扩大，创新成果显著。但是依旧存在一些短板和薄弱环节：核心芯片领域被国外垄断，自研产品较低端；显示面板周期性强，连带终端显示设备环节盈利不稳定；内容产出市场化程度低等。

二、超高清视频产业链市场结构

上游部分高端元器件市场长期由日韩美厂商高度垄断，视频编解码芯片和显示面板市场上国内企业具备一定的竞争力；中游市场呈现出垄断竞争的态势，头部品牌竞争激烈；下游服务层市场参与者少，应用层市场集中度较高。

（一）上游环节竞争格局

1. 感光器件市场被日韩厂商高度垄断

感光器件主要指 CMOS 图像传感器，2021 年前三大企业占据 75% 的市场份额，2022 年三季度 CR3 上涨到 76.9%，龙头企业 SONY 垄断能力大势增强，主导地位难以撼动。中国 CMOS 图像传感器龙头企业如豪威科技、格科微在全球初具竞争力，但国产产品主要集中在中低端市场，与日韩龙头企业仍存在较大差距。

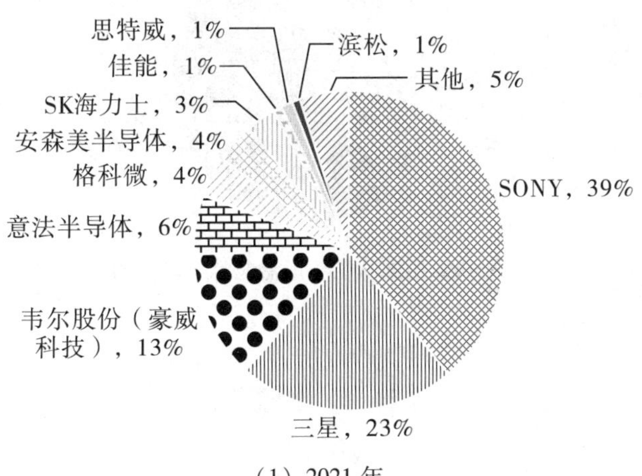

（1）2021 年

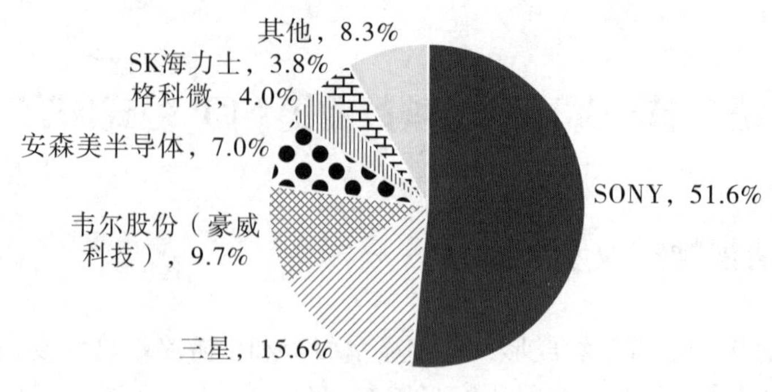

（2）2022 年三季度

图 8-7　2021 年与 2022 年三季度全球 CMOS 图像传感器市场格局

资料来源：Yole Développement，红塔证券，Omdia，麦姆斯咨询。

2．核心芯片呈现寡头垄断态势

超高清视频承载着庞大的信息量和数据量，因此存储芯片在视频载体中的作用尤为重要。存储芯片以 DRAM 和 NAND Flash 为主，行业集中度高，呈现寡头垄断的格局：根据 IC Insights 的数据，2021 年全球 DRAM 市场中三星、SK 海力士、美光合计 CR3 高达 94.1%；2021 年全球 NAND 市场中三星、铠侠、西部数据、SK 海力士、美光、英特尔合计 CR6 高达 97%。我国存储芯片自给率较低，兆易创新、江波龙、北京君正等国内厂商占据的市场份额较小，技术实力难以与日韩美龙头企业抗衡。

视频编解码芯片主要包括电视芯片、机顶盒芯片等，用于超高清视频的编解码过程。国内市场呈现寡头垄断的态势，华为海思和晶晨股份占据大部分市场份额，市占率分别达 60.7%、32.6%。全球市场中，联发科、博通等寡头占据更大的份额，但博通面临的反垄断制裁将有利于其他竞争对手争夺市场份额，国内龙头企业有潜在的增长空间。

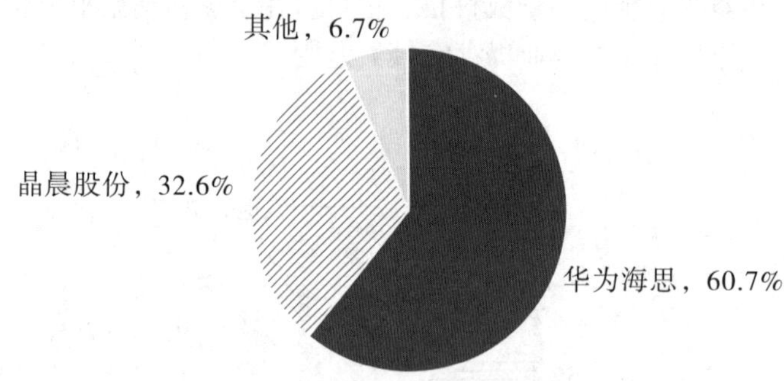

图 8-8　中国智能机顶盒芯片市场结构

资料来源：东方证券。

3. 显示面板国内企业市场份额高

按出货面积统计，2021 年全球大尺寸显示面板市场中，京东方、华星光电、LG 分别以 25.8%、15.9%、12.2% 的市场份额位列前三，CR3 超过 50%，整体市场集中度较高。但头部企业竞争激烈，广东本土企业华星光电、惠科等表现不凡。中国合计市场份额首次超越韩国，反映出我国显示面板产业国产化进程不断推进，产能优势不断扩大。

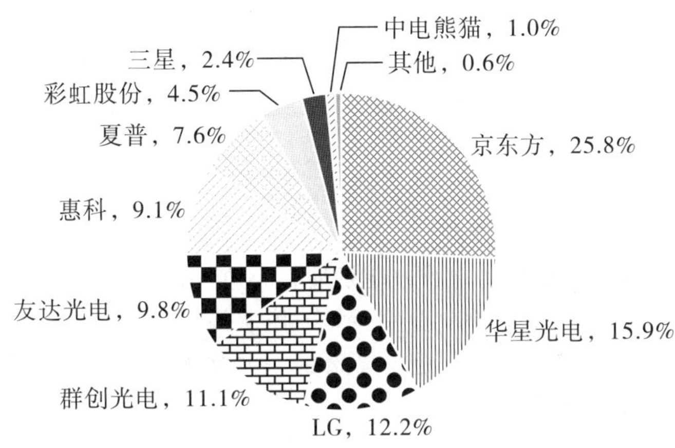

图 8－9　2021 年全球大尺寸面板市场竞争格局

资料来源：IDC，华经产业研究院。

（二）中游环节竞争格局

视频生产设备中，视频采集设备主要由日本企业垄断，国内厂商已能够自主生产部分制播设备，但是还未能形成规模化应用。美国企业在全球视频编解码设备市场具有稳固的市场地位，但随着国内龙头企业积极完善自主 AVS 标准，打破国外 MPEG、H.26× 编码标准的专利垄断，编解码设备国产化率提高，当虹科技、数码视讯两大龙头企业占据一定的市场份额。网络传输设备属于信息基础设施，在此不做分析。终端显示设备中，主要以机顶盒和超高清电视为主，市场参与者众多，以下展开分析。

1. 机顶盒市场呈现寡占态势

机顶盒可分为 OTT 机顶盒、IPTV 机顶盒、有线机顶盒、卫星机顶盒、地面机顶盒等。以 OTT 机顶盒为例，其主要采购方是中国移动，从图 8－10 2021 年中国移动 OTT 机顶盒中标结果中可以看出，国内 OTT 机顶盒 CR3 超过 60%，市场集中度高，呈现寡占态势，广东省企业占比较高，具备较强的竞争力。

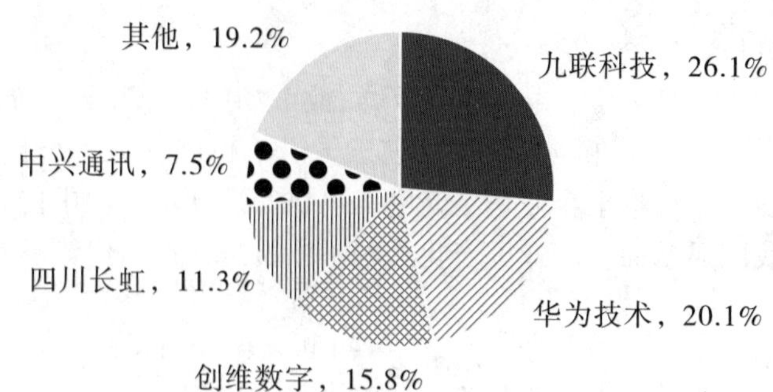

图 8－10 2021 年中国移动 OTT 机顶盒中标厂商及市场份额

资料来源：格兰研究。

2. 超高清电视头部品牌竞争激烈

电视普遍朝着大屏化、超高清化的方向发展，43 英寸以上产品超高清率接近 100%。超高清电视市场参与者众多，但 CR3 超过 40%，说明头部品牌市场地位稳固。广东省具备从显示面板到显示终端的完整产业链，集聚了一大批优质的电视厂商，例如 TCL、创维、康佳等占据较高市场份额。

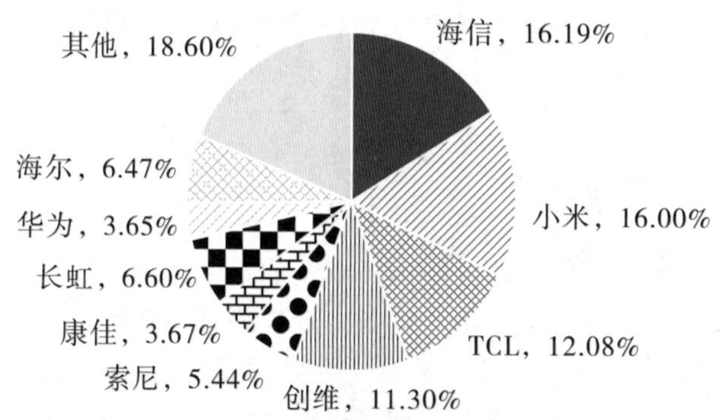

图 8－11 2021 年中国电视品牌市场份额（按线上销售统计）

资料来源：观研天下研究院。

（三）下游环节竞争格局

上中游部分软硬件供应短板一定程度上造成了超高清内容制作成本高昂，致使下游超高清视频服务层的市场参与者较少，整体上市场化程度较低。位于广州的 4K 花园是国内唯一具有批量持续更新能力的 4K 内容平台，其 4K 内容市占率达到 80% 以上。除此之外，流金岁月、中视传媒、华数传媒等广电及媒体运营商也逐渐进军市场，提供超高清内容分发、供应等服务。

下游行业应用层面，文教娱乐和安防监控是超高清视频主要的两大行业应用领域。根据 CCID 的数据，2020 年两大行业应用占比分别达 57%、19%。文教娱乐领域，爱奇艺、优酷、腾讯视频主导国内在线视频平台，且均能够满足 4K 分辨率的画质要求，华为云会议、小鱼易连、亿联网络等头部视频会议服务商能够提供超高清云视频解决方案。安防监控领域的产品超高清化已成趋势，行业呈寡头垄断的格局，海康威视和大华股份多年蝉联全球视频监控行业的前两位。根据 A&S 传媒公布的数据，2021 年海康威视全球市占率约 34.71%，大华股份市占率约 17.53%，CR2 达到 52.24%。

三、超高清视频产业链市场行为

产业链企业通过产能扩张、定价、研发、兼并收购等行为来提升市场竞争力，提高经营绩效。部分企业不断扩产，并通过积极的研发投入来提升产品技术水平，从而提升市场份额；部分企业面对较为激烈的市场竞争，以“价格战”的形式吸引消费需求；部分企业通过兼并收购完成横向和纵向一体化，进一步扩大生产优势。

（一）产能产量

1. 视频编解码芯片厂商全速扩产

随着超高清视频终端设备需求的增加，电视芯片、机顶盒芯片等出货量增加，近三年代表性厂商产量稳步提升，龙头企业晶晨股份 2021 年产量增速高达 88%。

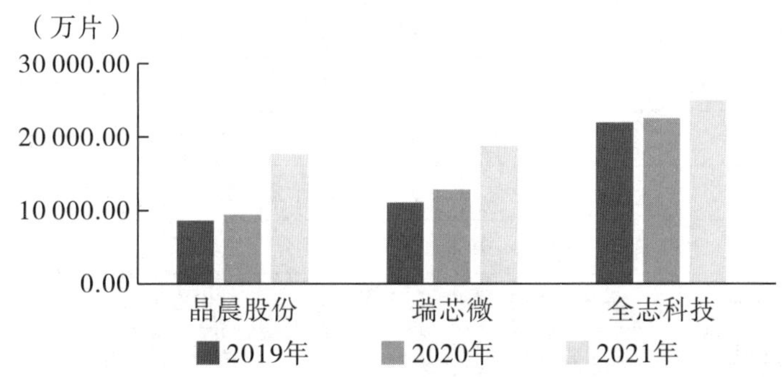

图 8-12　2019—2021 年我国视频编解码芯片代表性企业产量

资料来源：各公司公告。

2. 面板厂商产能扩张与产线技术提升并行

全球面板产能逐渐向中国大陆转移的趋势下，国内面板厂商保持高产能水平。随着超高清视频对面板显示技术要求的提高，京东方、TCL 华星、惠科等面板厂商纷纷投资建设 10.5 代、11 代面板产线，其中京东方的 10.5 代、TCL 华星的 11 代面板产线已经实现量产。

表 8-2 2017—2021 年主要面板厂商产能分布情况

企业	产线	技术路线	投产时间	投资金额	设计产能（万片/月）	建设情况
京东方	8.5 代（B10）	a-Si	2017 年 2 月	300 亿元	12	投产
	6 代（B7）	OLED	2017 年 5 月	465 亿元	4.8	投产
	8.6 代	a-Si/IGZO	2018 年 2 月	280 亿元	12	投产
	10.5 代（B9）	a-Si	2018 年 3 月	400 亿元	9	投产
	6 代（B11）	AMOLED	2019 年 7 月	465 亿元	4.8	投产
	10.5 代（B17）	a-Si	2019 年 11 月	460 亿元	12	投产
	6 代（B12）	AMOLED	2021 年 12 月	465 亿元	4.8	投产
	6 代（B15）	AMOLED	—	465 亿元	4.8	签约
TCL 华星	11 代（T6）	a-Si/AMOLED	2019 年 11 月	538 亿元	14	投产
	6 代（T4）	AMOLED	2020 年 1 月	350 亿元	4.5	投产
	11 代（T7）	a-Si/AMOLED	2021 年初	426.83 亿元	9	投产
	8.5 代（T8）	印刷 OLED	预计 2024 年	—	—	计划
	6 代（T5）	LTPS	预计 2025 年	150 亿元	4.5	开工
	8.6 代（T9）	IGZO	预计 2023 年	350 亿元	18	在建
惠科	8.6 代	a-Si	2017 年 3 月	240 亿元	12	投产
	8.6 代	a-Si	2019 年 4 月	240 亿元	12	投产
	8.6 代	a-Si	2020 年 4 月	240 亿元	12	投产
	8.6 代	a-Si/OLED	2021 年 2 月	280 亿元	13.8	投产
	11 代	a-Si	—	400 亿元	—	签约

资料来源：根据公开信息整理。

（二）定价行为

1. 面板企业改变稼动率以调节价格周期

面板行业存在较强周期性，2021 年七月份之前，面板行业经历了一轮最长周期涨价，持续近 15 个月。此后，受全球经济复苏乏力、行业需求收缩、产品价格持续下跌等因素影响，面板企业库存相对多了起来，价格开始跌落。2022 年第二季度末起，面板企业普遍调整稼动率，行业内稼动率降低使得产能供应大幅降低，供过于求的状况得到大幅缓解，价格又开始回暖。

2. 超高清电视厂商上演“价格战”

超高清电视价格与面板价格直接相关，但目前电视厂商产能弹性大，面板价格低位时积极备货，面板价格上涨后充分利用前期库存，因此短期内超高清电视价格比较稳定。目前市场上主流的电视终端基本上都是4K电视，由于技术标准比较统一，4K电视之间差异不大，加之销售渠道大都一致，因此厂商通过建立价格优势来争取市场份额。国产品牌超高清电视价格低于国外品牌，轮番上演的“价格战”是市场竞争的有力手段。

（三）研发行为

1. 上游编解码芯片迈向更先进的制程

尽管我国编解码技术与欧美国家仍存在较大差距，但是近年来国内主要厂商纷纷扩大研发投入，2022年前三季度代表性企业研发投入占营收的比重呈现不同程度的上涨，行业内研发投入水平保持在高位。

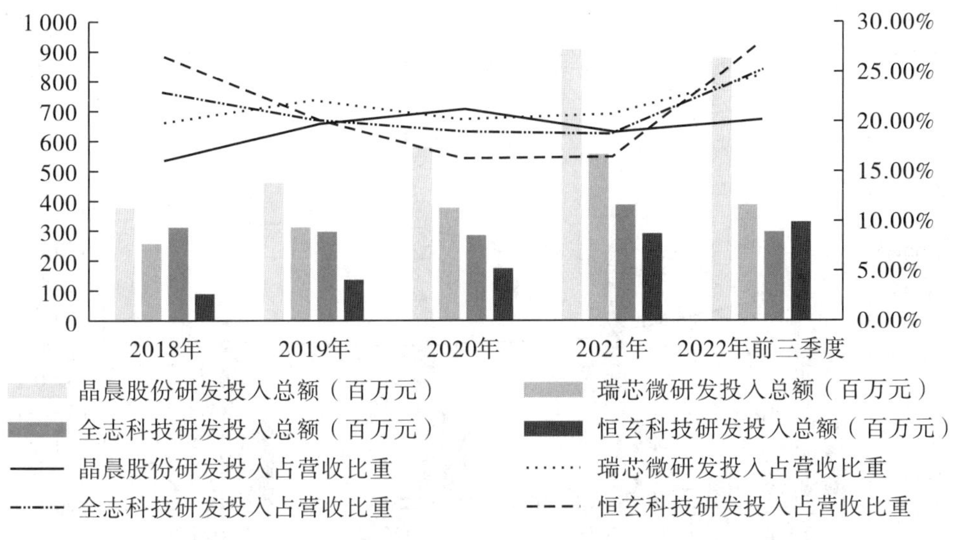

图8－13　视频编解码芯片代表厂商研发投入总额及占比情况

资料来源：iFinD。

企业研发投入推动编解码芯片制程不断升级。瑞芯微、全志科技、恒玄科技等厂商制程工艺水平达到了28nm，华为海思、晶晨股份等公司4K/8K智能电视芯片则已应用12nm制程，同时，晶晨股份等国内厂商已有7nm制程工艺研发计划。尽管与联发科、博通等顶尖芯片制造商相距甚远，但总体来看，国内视频编解码芯片制程不断精进。

表8－3　编解码芯片厂商代表性产品及制程

公司名称	芯片	制程
华为海思	Hi3559AV100	12nm
联发科	S900	12nm
晶晨股份	T972	12nm
博通	BCM7218X	16nm

（续上表）

公司名称	芯片	制程
瑞芯微	RK3368	28nm
全志科技	H616	28nm
恒玄科技	BES2300	28nm

资料来源：东方证券。

2. 中游超高清电视厂商研发投入占比低，资本化比例差距大

超高清电视厂商研发投入占营业收入的比重普遍比较低，TCL相对来说最高，但都维持在10%以下的水平。就研发投入资本化比重来说，企业间差距比较大，四川长虹和TCL资本化比重高，说明具有良好的研发绩效，而创维和康佳资本化比例较低，研发成果并不显著。

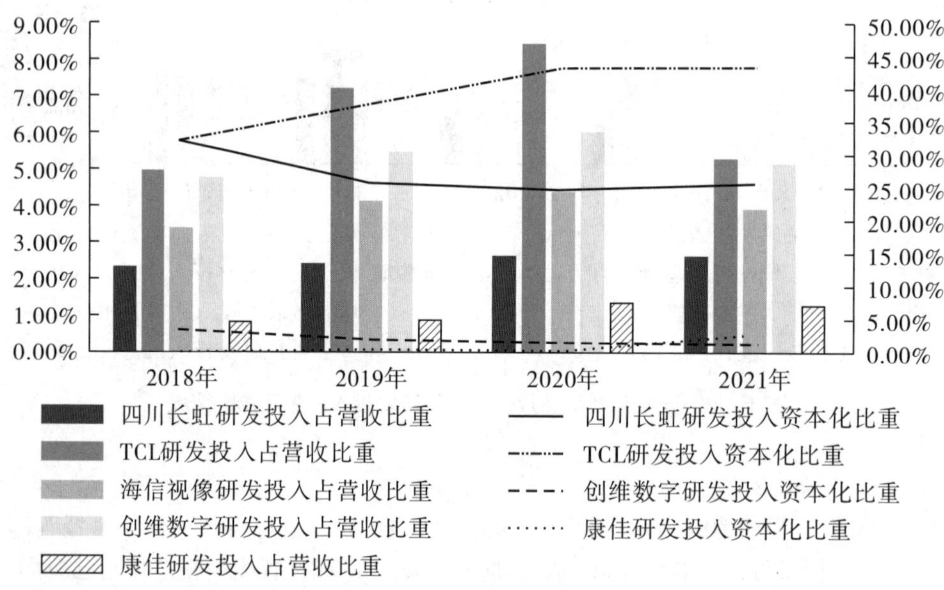

图8-14 超清电视主要厂商研发投入情况

资料来源：iFinD。

注：海信视像未公布研发投入资本化比重。

（四）兼并收购

1. 显示面板龙头企业通过收购完成横向、纵向一体化，扩大市场份额

TCL通过对华星光电的股权收购扩大显示面板生产能力，成为国内首家建立“液晶面板—背光模组—电视整机”一体化优势的企业，向产业链上游延伸，加强纵向一体化整合能力，增强整体竞争力。

TCL收购武汉华星光电进一步拓宽业务领域，武汉华星光电在中小尺寸LTPS面板领域占据重要的市场份额，其93%的产品良率在行业内处于顶尖水平，TCL此举完成了在LTPS面板领域的横向扩张。后续对苏州华星等的收购扩大了产能规模，丰富了产品结构，以合作、自研、并购等方式占据关键的战略控制环节和价值节点，建立完整的产业链生态布局。

表8－4 TCL主要收购事件

收购时间	收购内容	对公司经营的影响
2014年2月25日	深圳市华星光电技术有限公司30%股权	建立起"液晶面板—背光模组—电视整机"一体化优势，促进公司向上游延伸
2017年12月22日	深圳市华星光电技术有限公司10.04%股权	
2020年11月12日	武汉华星光电技术有限公司39.95%股权	提升公司在中小尺寸LTPS面板领域的行业竞争力
2021年10月11日	苏州华星光电技术有限公司30%股权	进一步增强TCL华星在曲面电竞显示屏、特显等市场的竞争优势

资料来源：iFinD。

2. 超高清视频处理技术供应商通过收购国外企业学习技术经验，反哺国内市场

视频编解码设备代表企业数码视讯在2013—2016年前瞻性地展开超高清视频处理相关产品及服务的布局。2013年公司收购北美老牌广电设备供应商LARCAN，借助其在北美市场多年积累的经验和市场份额，开拓公司海外业务。更重要的是，数码视讯整合了LARCAN原有的技术和产品资源，为其在国内开展超高清视频编解码设备的业务打下基础。2016年，数码视讯作为专业的视频技术和三网融合企业，与收购的VideoStitch业务布局形成协同效应，对公司拓展4K＋VR直播技术起到积极影响。

四、超高清视频产业链市场绩效

行业规模快速扩大，推动整体市场绩效可观；受不同的市场竞争结构和市场行为影响，各环节市场绩效表现各异。从盈利能力来看，垄断市场获利稳定；从价值链来看，技术垄断型企业挤占利润；从创新绩效来看，整体研发成果显著，但仍然存在部分环节盈利不稳定、价值链分布不均等问题。

（一）盈利能力：各环节利润差距大，龙头企业盈利稳定

1. 上游感光器件和核心芯片行业盈利可观，显示面板行业盈利不稳定

感光器件领域，受消费电子需求疲软和半导体去库存周期的影响，近年来CMOS图像传感器行业营收增速放缓。头部厂商纷纷调整供应链和产线布局，并向高成长性市场渗透，盈利质量有所提升，2019—2021年龙头企业净利率保持连续增长，韦尔股份、格科微

2022 年继续保持乐观水平。

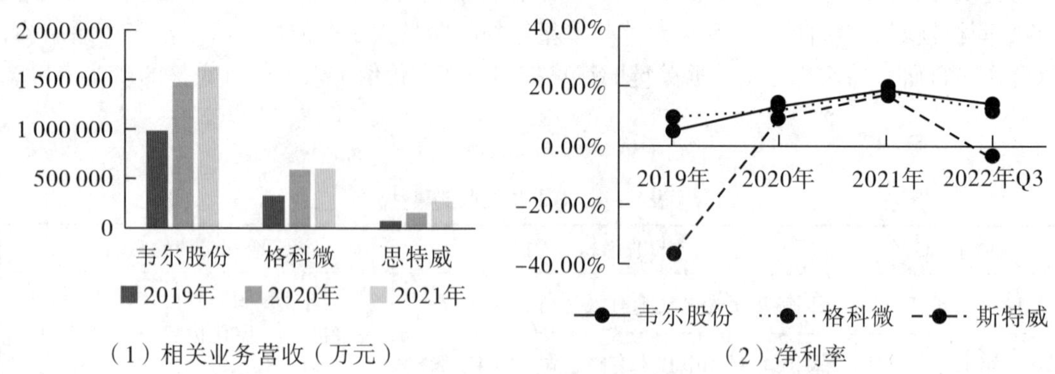

图 8－15　CMOS 图像传感器代表企业营收及净利率情况

资料来源：Wind。

核心芯片领域，国内自研存储芯片处于起步阶段，需求攀升推动价格上涨，企业营收保持高速增长。DRAM、NAND Flash 两大市场被国外厂商垄断，国际巨头逐渐退出低端的 NOR Flash 市场，为国内企业留出空间。兆易创新在 NOR Flash 市场具备较大的市场份额，获得高额利润，2019—2022 年平均净利率高达 24.21%。编解码芯片市场中，企业的高研发投入推动产品制程不断精进，促进了市场份额提升，净利润增长趋势可观。寡头企业晶晨股份、全志科技、瑞芯微 2019—2022 年平均净利率分别为 10.9%、15.1%、18.0%，盈利能力稳定。

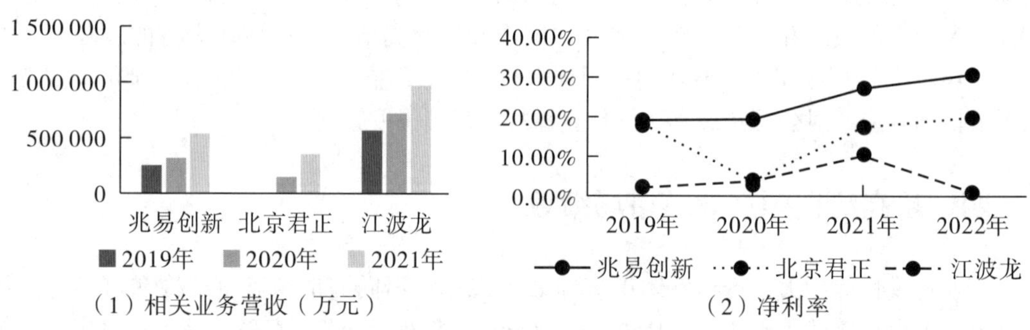

图 8－16　存储芯片代表企业营收及净利率情况

资料来源：Wind。

注：2022 年相关数据中江波龙来自年报，其余来自三季度报。

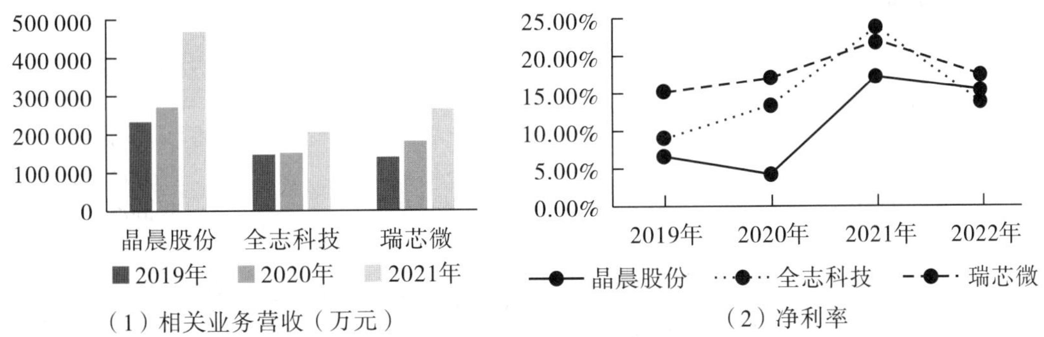

图 8－17 编解码芯片代表企业营收及净利率情况

资料来源：Wind。

注：2022 年相关数据中全志科技来自年报，其余来自三季度报。

显示面板领域，行业周期性强且市场竞争激烈，价格不稳定以及竞争因素均导致企业盈利波动幅度大。2020—2021 年在面板价格上涨周期下，多数企业净利率实现增长，2022 年的价格下跌周期导致企业净利率出现大幅度下滑，总体盈利情况不稳定。

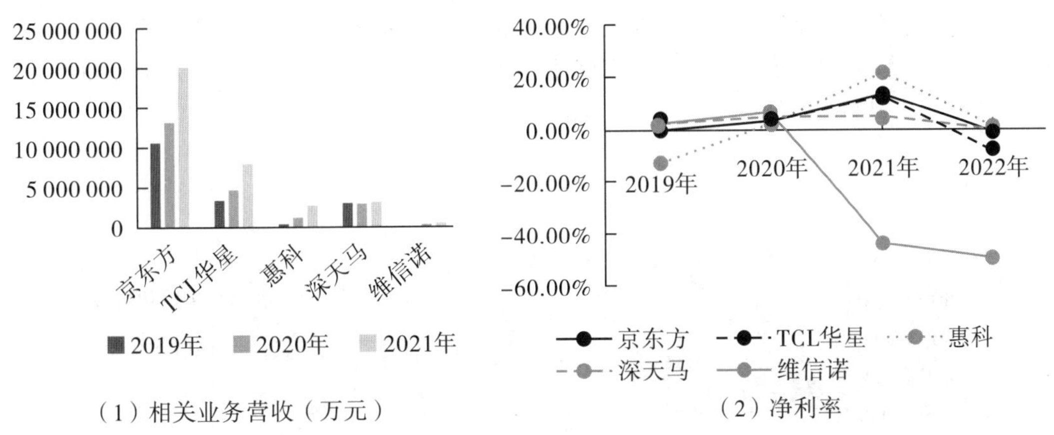

图 8－18 显示面板代表企业营收及净利率情况

资料来源：Wind。

注：2022 年相关数据中深天马来自年报，TCL 华星、惠科来自半年报，其余来自三季度报。

2. 中游超清电视厂商利润微薄

电视厂商竞争激烈、价格走低，挤压利润空间。2017—2021 年超高清电视代表性企业净利率保持低位波动，盈利能力较差。一方面，互联网企业入局、上游企业向下垂直一体化导致超高清电视制造行业参与者逐渐增加，企业纷纷通过价格战获取竞争优势，压缩利润空间；另一方面，智能终端产品兴起，企业面临替代品威胁，盈利能力受到负面影响。

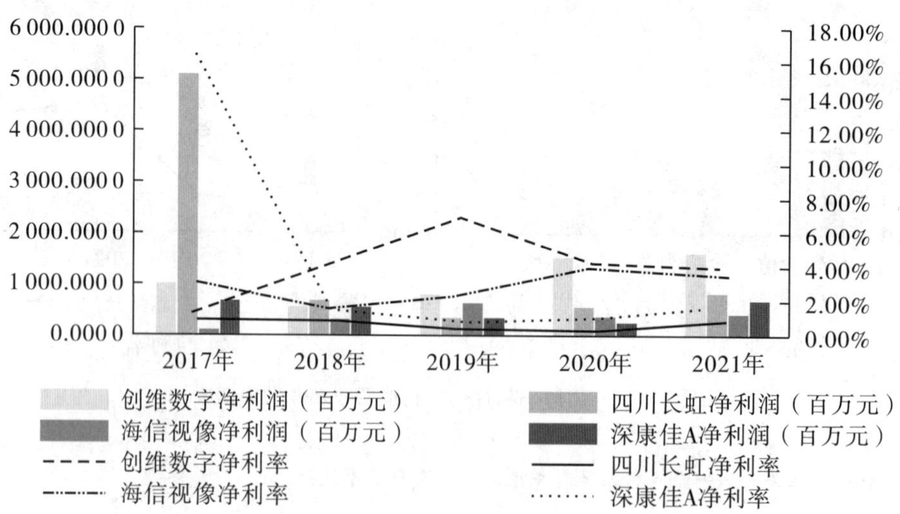

图 8-19　2017—2021 年超高清电视代表上市企业净利润及净利率情况

资料来源：iFinD。

3. 下游广播电视行业利润走低，视频监控领域垄断利润高

广电企业面临转型阵痛期，盈利模式尚未成熟。从高清迈向超高清的阶段中，广播电视行业尚未形成成熟的商业模式，处在转型阵痛期，加之受到互联网电视冲击，短期内广播电视行业盈利能力下降。

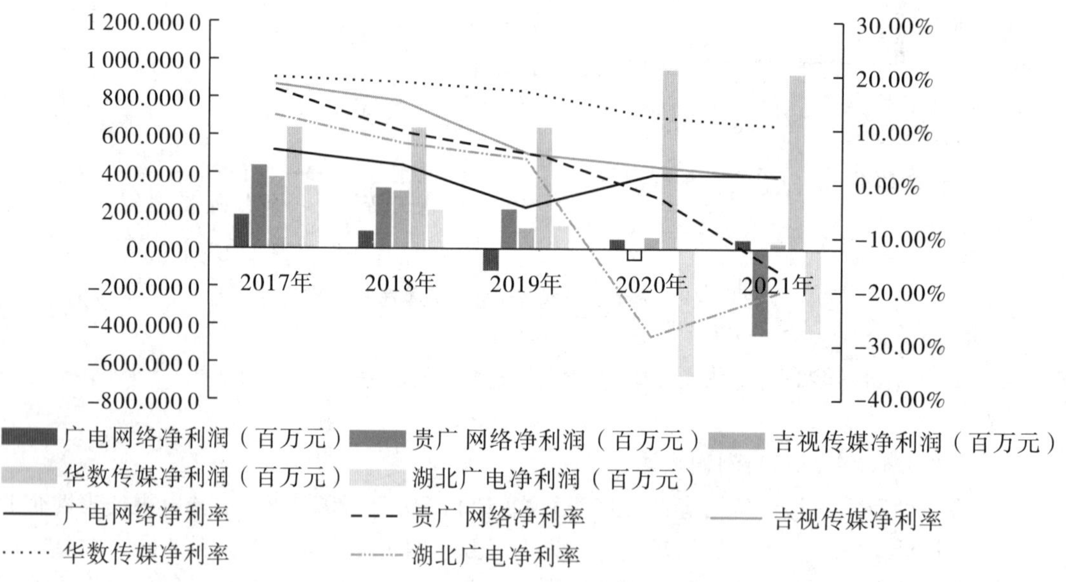

图 8-20　2017—2021 年广播电视代表上市企业净利润及净利率情况

资料来源：iFinD。

两大安防监控龙头占据绝大部分市场份额，垄断势力带来丰厚利润。2017—2021 年海康威视和大华股份市场龙头地位稳固，盈利能力稳定，实现净利润增长，净利率也保持在 10% 以上。

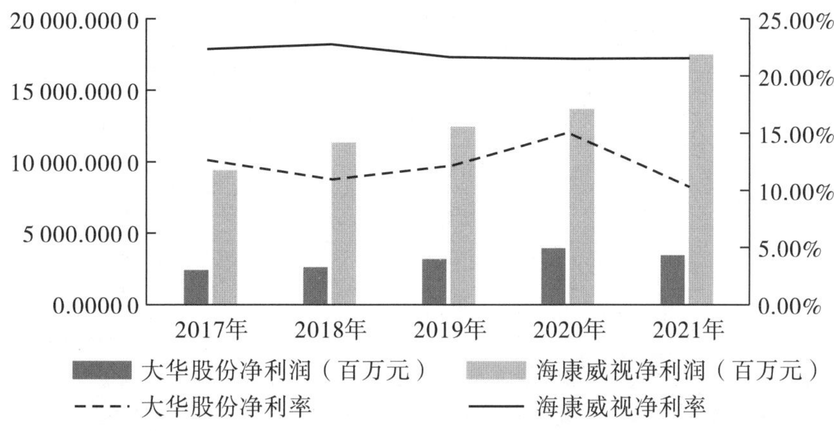

图 8－21　2017—2021 年安防监控代表上市企业净利润及净利率情况

资料来源：iFinD。

（二）价值链：价值链分布不均，呈现“两端强中间弱”的特点

超高清视频产业价值链分布不均，各环节毛利呈现较大差异，垄断程度较高的市场挤占了更高的利润。上游图像处理芯片、下游安防监控的市场集中度较高，寡头企业拥有较高的市场份额，占据大部分利润空间，毛利率水平较高；中游终端显示设备制造行业竞争相对激烈，价格竞争带来的结果是毛利率较低、附加值较低。

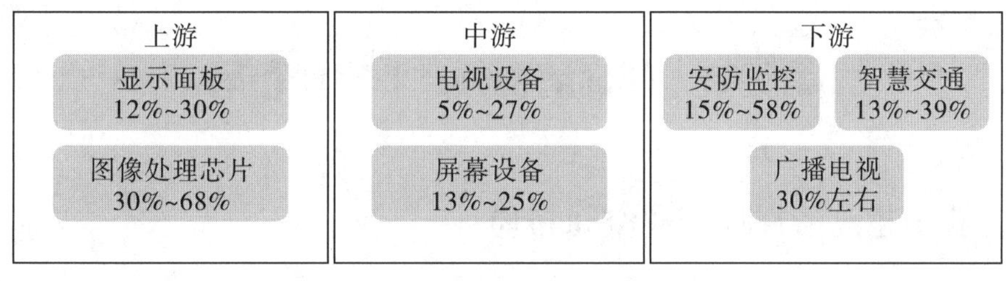

图 8－22　超高清视频产业价值链分布

资料来源：前瞻产业研究院。

（三）创新：优势环节成果显著，整体研发创新热度高

上游芯片领域市场参与者少，技术壁垒较高，目前创新成果最少，但企业的高研发投入行为使得创新成果不断涌现，专利数量复合增速高达 28. 5%。显示面板更新换代快，已经积累大量的创新成果，增量放缓。中游终端显示设备企业数量多，竞争激烈，积累了大

量创新成果，属于超高清视频产业创新重点领域。下游环节中，五大行业专利数量均保持快速增长，文教娱乐和安防监控两个应用规模最大的领域积累了较多专利数量，智慧交通和医疗健康两大领域专利数量复合增速较高，创新成果显著。

表 8-5　超高清视频产业专利数量在各环节的分布情况（截至 2021 年）

产业链环节	细分领域	发明专利申请公开	
		数量（件）	复合增速
上游	感光器件	6 091	19.2%
	芯片	2 028	28.5%
	显示面板	48 821	9.4%
中游	卫星传输	23 198	22.5%
	互联网传输	78 031	7.6%
	有线电视传输	2 177	3.6%
	地面广播设备	4 073	16.9%
	终端显示设备	55 366	15.4%
下游	安防监控	32 463	19.9%
	文教娱乐	15 013	16.3%
	医疗健康	2 675	26.3%
	智慧交通	8 371	27.7%
	工业制造	4 405	20.3%

资料来源：《广东省超高清视频显示产业专利统计分析报告》。

第三节　超高清视频产业空间布局

一、我国超高清视频产业空间布局

（一）我国超高清视频产业空间发展概况

《超高清视频产业发展行动计划（2019—2022 年）》发布后，全国 11 个省（市）根据基础条件出台了差异化的超高清视频产业发展行动计划，其中 9 个省（市）对 2022 年超高清视频产业规模进行了规划（见图 8-23）。根据已有产业基础，广东省拥有最完整和最庞大的超高清视频产业体系，产值规划领先于其他地区。

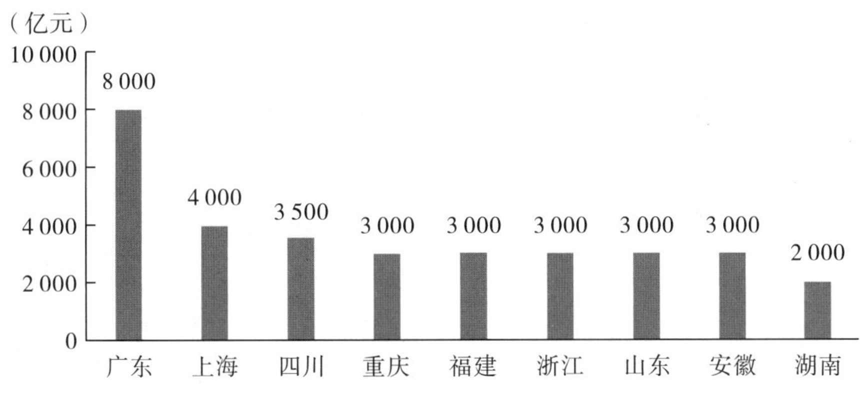

图 8－23 2022 年各省市超高清视频产业规模规划

资料来源：各省（市）政府公告。

（二）我国超高清视频产业链布局

我国超高清视频产业已经在珠三角地区、长三角地区、中部地区形成了产业集聚。广佛惠产业集群涵盖完整的产业链条；长三角地区的上海在内容制作上比较突出，浙江依托显示材料产业基础完成上游环节的布局；中部地区的成都成为国家超高清视频创新中心，利用显示面板、终端显示设备的生产优势提高产业基础，不断延长产业链条，长沙打造“中国 V 谷”以深化下游行业应用。

表 8－6 全国超高清视频产业链区位布局

区域	产业集群	重点领域	产业链环节
珠三角地区	广佛惠超高清视频和智能家电产业集群	4K 电视机、机顶盒、显示面板、核心芯片、超高清内容制作等、4K 频道	全产业链
长三角地区	上海超高清视频产业内容中心	内容生产及储备	下游
	以杭州为核心，宁波、嘉兴、金华等重点城市为支撑的“一核三区”	显示材料、安防应用	上游、下游
中部地区	国家超高清视频创新中心（成都）	4K 电视、显示面板	上游、中游
	长沙马栏山视频文创产业园	4K 节目制作、4K 频道	下游

资料来源：根据公开信息整理。

（三）我国超高清视频产业链代表企业的空间布局

从超高清视频 50 强企业的分布来看，广东、北京聚集了最多的企业，广东拥有其中 17 家企业，占比高达 34%，与北京两地合计占比超过 60%。从产业链各环节的分布来看：上游核心元器件代表性企业分布在以广东、江苏为代表的电子信息和设备制造业大省；中游视频传输以北京的三大运营商为主，终端显示设备主要以广东的创维、康佳、TCL 科技，四川的长虹，山东的海信视像等头部制造商为主；下游服务与应用中，上海中视传媒、湖南芒果超媒、浙江华数传媒等数字电视与新传媒企业依托地方广电行业优势步入超高清视频赛道。

表 8－7 中国超高清视频企业 Top50 区域分布

省市	代表性企业
广东	华为、中兴通讯、TCL 科技、视源股份、领益智造、康佳、欧菲光、兆驰股份、齐心集团、新媒股份、洲明科技、创维集团、鸿利智汇、国星光电、4K 花园、奥拓电子、雷曼光电
北京	京东方、中国移动、腾讯云、中国电信、中国联通、兆易创新、小米集团、爱奇艺、利亚德、金山云、数码视讯、捷成股份、小鱼易连、歌华有线
上海	韦尔股份、东方明珠、晶晨股份、咪咕视讯、中视传媒
浙江	海康威视、阿里云、华数传媒、当虹科技、数源科技
江苏	东山精密、保利威
山东	海信视像
福建	亿联网络
吉林	吉视传媒
湖北	三安光电
湖南	芒果超媒
四川	四川长虹
贵州	贵广网络

资料来源：前瞻产业研究院。

二、广东省超高清视频产业空间布局

（一）广东省超高清视频产业空间发展概况

近年来，广东省建立了全国首个超高清视频产业发展试验区、新型显示领域唯一的国家级技术创新中心，建设 5 个 4K 电视试点示范城市和省级超高清视频产业园区，初步建成广州、深圳、惠州 3 个超高清视频产业基地。公开资料显示，截至 2021 年，广东超高清视频产业集群实现营收 6 465.4 亿元。

表 8-8　广东省超高清视频产业建设基地概况

产业基地	所在区域	重点发展目标
超高清视频产业发展试验区	广东省	建立规模领先、创新引领、结构优化的产业生态体系，打造具备国际竞争力的超高清视频产业集群
国家新型显示技术创新中心	广州	以新型显示产业前沿引领技术、关键共性技术研发与应用为核心，推动新型显示行业创新和技术成果转化
超高清视频产业园区	广州、惠州、中山、深圳、佛山	推进超高清视频产业发展试验区建设，构建超高清视频产业生态
4K 电视试点示范城市	广州、惠州、珠海、中山、汕头	以 4K 电视网络应用促进信息网络消费升级
国家超高清视频和智能家电产业集群	广州、佛山、惠州	打造超高清视频和智能家电世界级先进制造业集群，全力推动制造业高质量发展

资料来源：根据公开信息整理。

（二）广东省超高清视频产业链空间布局

广东省超高清视频产业已经形成完整的产业链条，其中广州和深圳两地产业规模相对较大，产业链也最完善。广州最早开始产业建设，成为产业链链长，发挥生产性服务业优势铸成全链条；深圳发挥科技创新优势，着重突破技术要求较高的核心元器件生产；惠州依托大规模电子信息设备生产基础形成完整的终端显示产业链；佛山集聚大量家电企业从而在中游终端显示设备和下游智能家居产品方面具备生产优势。广佛惠优势互补，三地打造的广佛惠超高清视频和智能家电产业集群入选国家先进制造业产业集群，主导产业产值近 9 000 亿元，产业规模稳居全国前列。

表 8-9　广东省超高清视频产业链区位分布

城市	产业链环节
广州	上游：高精密光学镜头、CMOS 图像传感器芯片、超高清视频 SoC 芯片、新型显示器件及材料、音视频编解码
	中游：前端摄录设备、显示面板
	下游：内容分发、智能制造、智慧交通、智慧医疗、智慧文娱等行业应用
深圳	上游：LED、偏光片、掩膜版、图像芯片、处理器芯片、编解码芯片、显示面板等
	中游：通信网络基础设施、终端显示设备
	下游：视频服务、广播电视、安防监控、医疗健康、智能交通、工业控制等行业应用
惠州	上游：超高清视频显示模组、OLED、AMOLED、MicroLED、QLED、印刷显示、量子点、柔性显示、石墨烯显示等新型显示材料、液晶显示面板
	中游：液晶电视等终端设备制造

（续上表）

城市	产业链环节
佛山	中游：终端显示设备
	下游：智能家居产品
珠海	下游：广播电视行业应用
中山	上游：显示面板
江门	下游：广播电视、智慧医疗行业应用
汕头	下游：广播电视行业应用

资料来源：根据公开信息整理。

（三）广东省超高清视频产业链重点企业的空间布局

广东省集聚了众多超高清视频优质企业，TCL、创维、奥拓电子等龙头企业在多地布局产能，协同发展壮大广东省超高清视频产业规模。深圳拥有数量最多的超高清视频重点企业，涵盖全链条；广州也集聚了不少优势企业，以国内超高清视频内容制作著名企业4K花园为首，逐步构建完整的4K产业生态体系，强化产业集聚效应。

表8－10　广东省代表性“超高清视频”概念上市企业

重点企业	所在城市	相关业务
华为	深圳	8K超高清视频全光品质承载技术、5G超高清制播
中兴通讯	深圳	5G＋超清视讯
TCL科技	惠州	从超高清显示材料、面板、模组到品牌整机再到内容运营的垂直一体化
视源股份	广州	4K终端显示设备
领益智造	江门	精密功能件
康佳	深圳	8K显示芯片、5G＋8K多形态终端直播系统
欧菲光	深圳	光学镜头
兆驰股份	深圳	液晶电视ODM、LED芯片、机顶盒
齐心集团	深圳	超高清云视频会议解决方案
新媒股份	广州	IPTV集成播控总平台运营
洲明科技	深圳	LED应用产品
创维集团	深圳	数字电视智能终端及软件系统
鸿利智汇	广州	MiniLED超高清显示屏

（续上表）

重点企业	所在城市	相关业务
国星光电	佛山	MiniLED 背光
4K 花园	广州	4K 内容制作与供给、渠道分发
奥拓电子	深圳	MiniLED 显示屏
雷曼光电	深圳	超高清显示屏

资料来源：iFinD。

三、广东省重点城市超高清视频产业发展概况

（一）广州：全国显示产业高地、超高清视频产业发展核心区

广州市经济、产业、消费市场和人才基础雄厚，为超高清视频产业提供良好的发展环境。广州作为国家超高清视频产业发展试验核心区，在全国起到产业示范、引领作用，开播了全国首个城市级 4K 频道，创立了全国首个“超高清视频创新产业示范园区”。作为广州战略性新兴产业之一，超高清视频产业逐渐成为广州经济的重要增长点。广州市统计局数据显示，2022 年广州市超高清视频全产业链产值突破 2 000 亿元，规模以上工业企业近 500 家，预计 2023 年总产值可达 2 500 亿元，产值规模领先全国。

2017 年以来，依托千亿级新型显示产业优势，广州实现了从显示面板、前端拍摄、内容制播到终端设备、行业应用的超高清全产业链生态。上游环节中，TCL 华星的广州 T8/T9 产线、维信诺全柔 AMOLED 模组生产线、LG Display（广州）OLED 8.5 代线等重大产业项目陆续完成，推动扩大显示产业优势，2022 年广州超高清显示面板产能全国第一。在超高清视频下游环节，广州投资建设“一山一港”：花果山超高清视频产业特色小镇以广播电视和网络视听超高清内容制作、分发传播、用户服务、技术支撑、生态建设以及版权交易为核心，推动优质的超高清视频内容输出；广州国际媒体港着重打造“国家超高清视频产业内容制作基地”，在超高清视频内容制作、版权集成分发、技术研究应用、“4K + 5G”联合创新、超高清视频体验标准化实验室等领域精准发力。

（二）惠州：形成核心零部件到终端整机全产业链生态，产业集群规模突出

惠州具有较好的终端设备制造基础，以超高清视频中游环节为重心带动产业发展。作为广东乃至全国的液晶电视主要制造基地，惠州聚集了一大批产业链企业，形成从基础配件、玻璃基板、显示面板、模组到整机的终端电视制造产业集群，打造全链条核心竞争力。惠州市超高清视频规模以上企业超过 70 家，全市 4K 电视产量占全国 1/3。

惠州基于现有电子信息产业区位，将仲恺高新技术产业开发区定位为超高清视频产业核心区，以超高清电视、移动智能终端、前端设备等生产制造为重心，规模以上企业达到 54 家，2021 年产值合计约 869.02 亿元。同时，惠州将其他辖区定位为产业协同发展功能

区，主要承载产业协同发展配套功能，引入超高清内容生产、应用开发企业，发展超高清视频应用开发与服务。

（三）深圳：关键技术实力突出，打造产业创新重地

2016 年深圳市前瞻性地提出将超高清视频产业作为鼓励类产业，不断加大支持力度，打造全链条产业创新区。2021 年深圳市超高清视频产业营收约 2 900 亿元，规模位居全国前列；超高清视频显示终端出货量占据全球重要份额，关键材料、面板制造的自给率明显增加；工业制造、文教娱乐等重点领域的行业应用占据领先地位。深圳市形成较为完整的产业链布局，逐渐成为富有竞争力的超高清视频产业高地。

《深圳市 20 大先进制造业园区空间布局规划》对超高清视频产业链布局做出了进一步优化。光明区凤凰先进制造业园区、宝安区石岩先进制造业园区和福海—沙井先进制造业园区重点引进上游器件配套资源，降低薄弱环节对外依存度；龙岗区中部先进制造业园区和东部先进制造业园区以共性技术研发和标准制定为重心，提升产业创新能力。

第四节　超高清视频产业风险投资分析

一、全国超高清视频产业风险投资概况

产业政策的鼓励支持为超高清视频产业风险投资带来热度。投资规模整体向好，广东、北京、上海等重点区域吸引资本市场，上游环节备受关注，带动投资绩效和创新绩效。

（一）产业政策带动投资热潮，但近两年有所平复

全国超高清视频产业风险投资事件数量与规模呈现一致的波动趋势。2019 年《超高清视频产业发展行动计划（2019—2022 年）》的出台引导资本市场关注到该产业，加之新冠肺炎疫情时期大众对视频内容和应用需求扩大，2020 年投资规模涨幅高达 286. 8%。2021 年和 2022 年投资热情下降，但单笔投资规模保持高位。

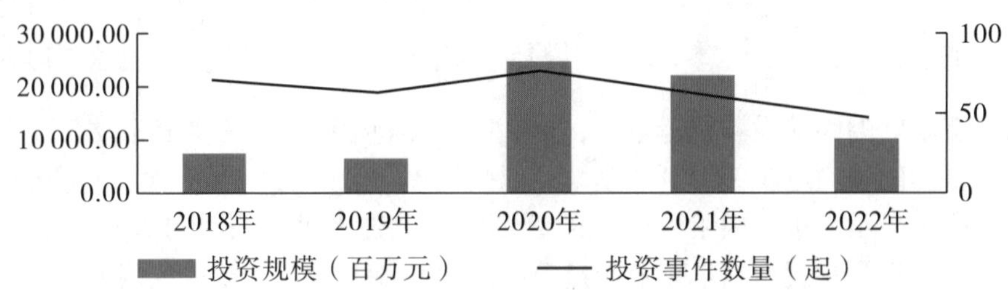

图 8－24　2018—2022 年超高清视频产业风险投资规模及数量

资料来源：清科私募通。

(二) 各阶段企业融资需求相当，市场对行业的认可度高

从投资案例在企业各阶段的分布情况来看，市场对于各阶段企业的融资需求都给予了良好反馈，占比最高的是初创期（30.72%），其次是成长期（22.26%）和种子期（17.55%）。对于起步阶段的企业来说，融资需求和难度较大，而超高清视频产业投资中初期企业占比和成熟型企业占比相当，足见市场对行业发展前景具有较为乐观的态度。

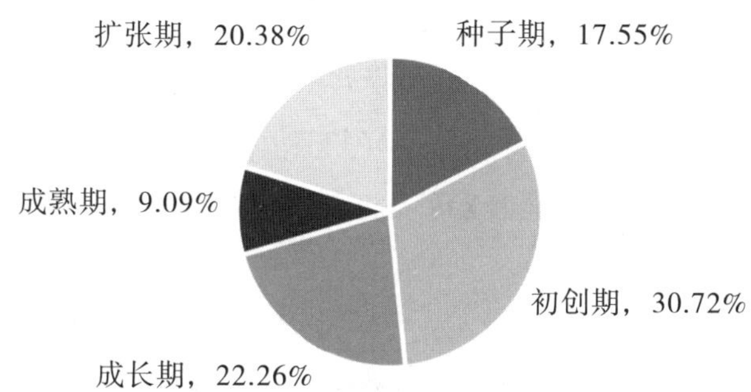

图 8－25　2018—2022 年全国超高清视频产业风险投资案例各阶段分布情况

资料来源：清科私募通。

(三) 区域投资热度与产业发展规模密切相关，广东省保持全国领先

从超高清视频产业投资案例的区域分布上来看，广东省以 107 起位居全国第一。从排名上不难看出，超高清视频产业投融资集中在珠三角、长三角和北京市三个区域，投资热度与区域内产业发展态势息息相关。从投资规模的区域占比来看，上海吸引资金的能力更强，以 36.85% 的占比位列全国第一，同时也是平均投资规模最大的区域。广东紧随其后占比 30.64%，同样也说明其在全国范围内具备较好的投资环境。

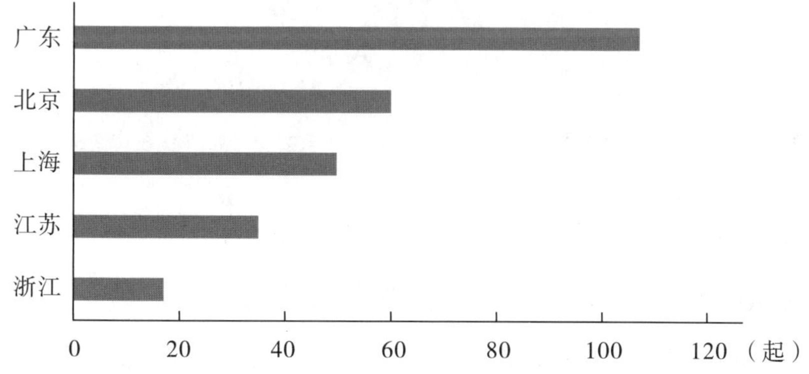

图 8－26　2018—2022 年全国 Top5 省（市）超高清视频产业风险投资案例数量

资料来源：清科私募通。

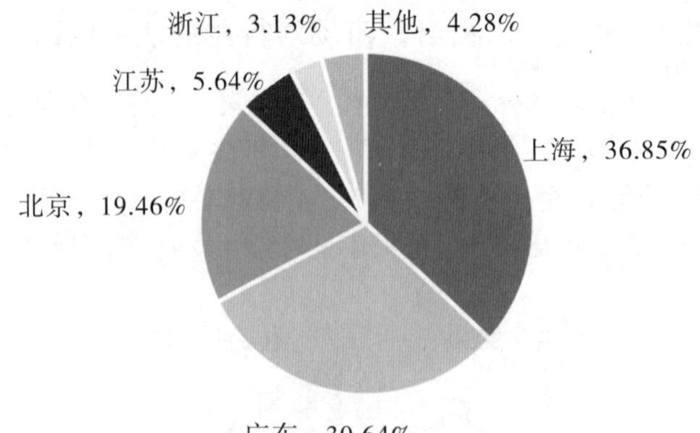

图 8-27 2018—2022 年全国各省（市）超高清视频产业风险投资规模占比

资料来源：清科私募通。

（四）资金偏向上游元器件领域，中下游投资力度小

从超高清视频产业投资金额在产业链的各环节分布来看，资金更多地向上游倾斜，中游和下游的投资规模占比较低。上游包含较多前端元器件，涉及的细分产业广、企业数量多，从而使得融资需求较强；中游视频生产设备自主生产能力弱，技术水平落后，投资不确定性较大；下游市场规模大，投资机会和规模有较大的提升空间。

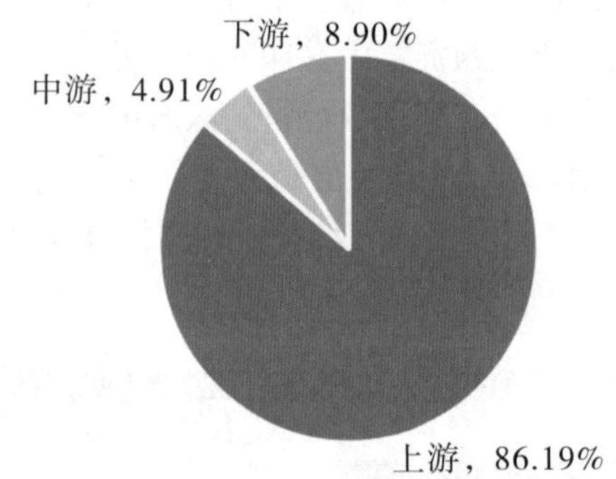

图 8-28 2018—2022 年超高清视频产业链各环节投资分布（按投资金额统计）

资料来源：清科私募通。

（五）整体投资绩效可观，上游技术突破带动投资收益

根据已披露的数据，2014—2022 年超高清视频产业累计发生 213 起退出事件，以 IPO、并购、回购和股权转让四种方式为主，大多分布在上游环节，与产业链企业分布情况和投资偏好一致。其中以 IPO 方式退出获得的收益最高，平均账面回报倍数达到 12.58，平均内部收益率高达 97.30%。这是由于不少上游企业在逐步取得技术突破，例如晶晨股

份凭借自主研发的编解码芯片产品在国内超高清视频编解码领域占据有利的一席之地，在IPO中实现超过200%的内部收益率。

表8-11　2014—2022年超高清视频产业退出事件统计

退出方式	退出事件数量	平均账面回报倍数	平均内部收益率
IPO	145	12.58	97.30%
并购	35	2.54	23.07%
回购	12	1.52	13.58%
股权转让	21	5.75	19.52%

资料来源：清科私募通。

（六）投资成果显著，显示技术创新绩效优异

从产业专利数量地域分布情况来看，各地区产业投资数量与专利数量分布基本一致。根据《广东省超高清视频显示产业专利统计分析报告》公布的数据，截至2021年7月，全国超高清视频产业发明专利授权量共159 097件，主要集中在广东、北京、江苏、上海、浙江等经济较发达的地区，广东省以24 461件排名第一。专利数量Top5省（市）与投资数量Top5省（市）基本重合，反映出投资热潮为产业创新创造良好的条件。从超高清视频技术各分支的专利占比情况来看，重点领域的投资推动技术进步，显示器件的大规模投融资产生了良好的效益，终端显示技术的专利占比高达67.83%。

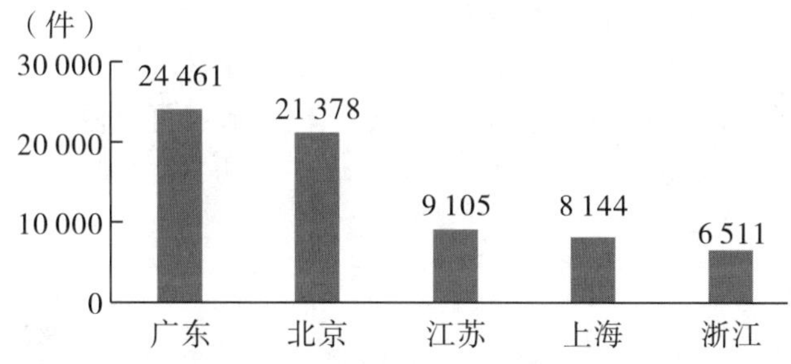

图8-29　全国Top5省（市）超高清视频产业专利授权数量（截至2021年7月）

资料来源：《广东省超高清视频显示产业专利统计分析报告》。

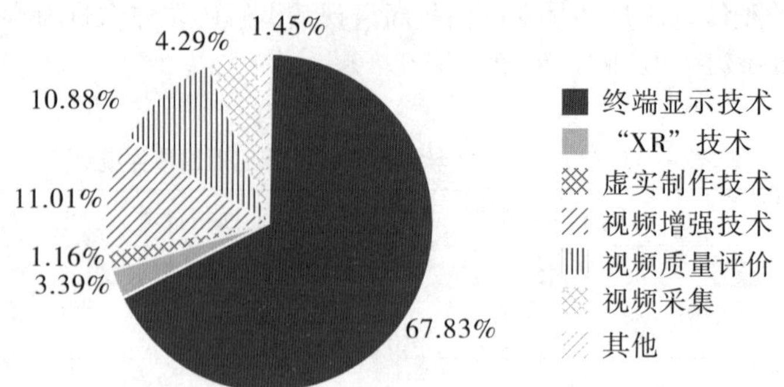

图 8 - 30 全国超高清视频技术各分支专利占比情况（截至 2021 年 12 月）

资料来源：蔡佳，韦胜钰，黄林轶，等. 超高清视频产业专利态势分析［J］. 电视技术，2022，46（6）：197 - 203.

二、广东省超高清视频产业风险投资概况

广东省整体投资环境比较优越：投资规模方面，增势显著；广深两地持续发挥领跑作用；投资重点落在产业链优势环节。但是仍然存在各城市投资规模差距大、薄弱环节投资热度低、创新绩效差距大等问题。

（一）产业投资规模稳定增长，扩张期企业融资需求旺盛

从近五年广东省超高清视频产业投资情况来看，投资事件数量保持动态稳定，投资规模稳步上升，2022 年总体投资金额突破 60 亿元（按已披露的金额统计），平均每笔投资金额也在逐步提升，总体投资处在增长极。从投资事件在各阶段融资企业的分布来看，扩张期的企业占比最高，表明市场更偏向具有一定规模、形成可靠盈利的企业。

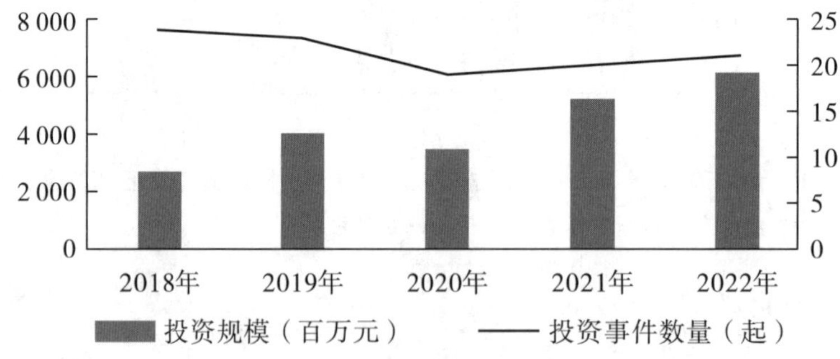

图 8 - 31 2018—2022 年广东省超高清视频产业风险投资规模及数量

资料来源：清科私募通。

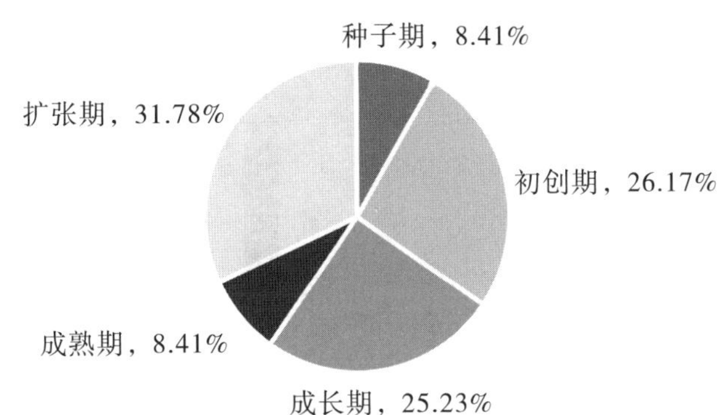

图 8－32　2018—2022 年广东省超高清视频产业风险投资案例各阶段分布情况

资料来源：清科私募通。

（二）广深领衔投资风口，其他地区热度较低

广东省超高清视频产业投资资本向广深两地倾斜。具体来看，2018—2022 年，深圳共计 84 起投资事件，数量位居全省榜首；而广州的投资金额总计超百亿，平均投资规模在省内领先。两地合计占据了绝大部分投资规模，而其他地区的投资数量较少、规模较小，整体投融资热度较低。

表 8－12　2018—2022 年广东省主要城市超高清视频产业风险投资情况

城市	投资事件数量（起）	投资金额（百万元）	平均投资规模（百万元）
深圳	84	9 198.10	109.50
广州	14	10 689.00	763.50
珠海	4	1 491.00	372.75
惠州	2	89.85	44.93
江门	1	122.00	122.00
东莞	1	12.75	12.75
肇庆	1	未披露	—

资料来源：清科私募通。

（三）上游环节是投资热点，产业投资基金将补链强链

从投资流向的产业链环节来看，存储芯片和显示面板两大领域集中了大部分资本。视频生产设备吸纳的投资规模小，主要是因为不少硬件设备市场需求有限，进入门槛比较高，产品开发周期长且成本高，投资回收期较长。终端显示设备领域的投资保持一定热度，资本市场的青睐推动超高清视频不断向更多终端产品延伸。下游内容服务与应用在资本市场的关注度也较高，位于广州的国内超高清内容生产与分发龙头企业 4K 花园累计完成过亿元融资。

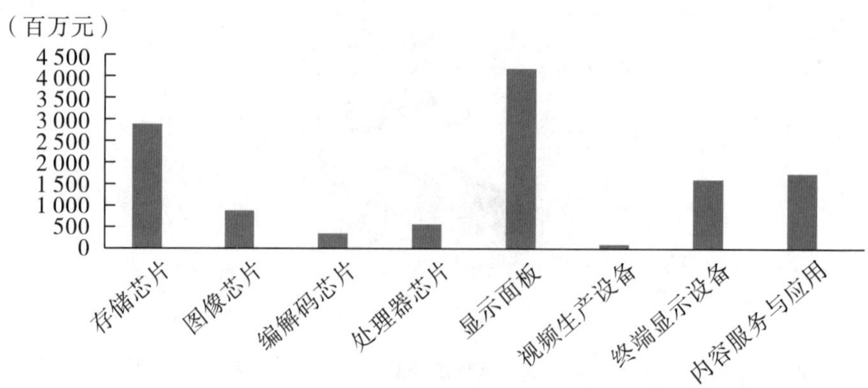

图 8－33　2018—2022 年广东省超高清视频产业链重点领域投资规模

资料来源：清科私募通。

2022 年 8 月 30 日，国内首支超高清视频产业投资基金在广州正式设立，启动规模为 10 亿元，远期规模达 200 亿元，将重点关注超高清视频产业链的短板和缺失环节。该基金的影响力将辐射广东省乃至全国，调动社会投资积极性，进一步推动产业生态体系建设，促进产业“稳链补链强链”。

（四）投资收益丰厚，推动投资热潮

广东省超高清视频产业退出事件中 IPO 最多，带来 3.62 倍的平均账面回报和 64.05% 的内部收益率，股权转让带来的平均账面倍数最高，为 4.06。丰厚的投资回报激发资本市场热情，推动近几年投融资规模扩大。

表 8－13　2014—2022 年广东省超高清视频产业退出事件统计

退出方式	退出事件数量	平均账面回报倍数	平均内部收益率
IPO	46	3.62	64.05%
并购	12	1.54	12.93%
股权转让	8	4.06	12.44%
回购	3	1.22	6.34%

资料来源：清科私募通。

（五）区域创新能力差距较大，产业链各环节创新绩效差异明显

在相对较积极的投融资环境下，深圳和广州的创新绩效显著。截至 2021 年 7 月，深圳超高清视频产业发明专利授权量达 18 947 件，处于遥遥领先的位置，广州以 2 640 件的数量位居第二。广东省各地市超高清视频产业创新成果存在较大差距，广深以外的地区有待通过投资资金加持来提升创新能力、增强创新绩效。

表 8-14　广东省各地市超高清视频产业发明专利授权量分布情况

城市	发明专利授权量（件）	城市	发明专利授权量（件）
深圳	18 947	河源	26
广州	2 640	潮州	18
东莞	1 197	肇庆	17
惠州	542	茂名	9
珠海	360	清远	8
佛山	320	梅州	7
汕尾	138	湛江	6
中山	99	云浮	3
汕头	69	韶关	3
江门	51	揭阳	1

资料来源：《广东省超高清视频显示产业专利统计分析报告》。

从产业链创新情况来看，不同环节的创新绩效存在明显差异。核心芯片、视频生产设备、内容服务与应用领域专利数量相对较少，显示面板和终端显示设备专利数量相对较多。产业链上创新能力较弱的环节反映了产业发展短板所在，资本市场需要更多关注到弱势环节，支撑企业创新，提升全产业链创新能力。

表 8-15　广东省超高清视频产业链代表性企业专利数量

产业链环节	代表性企业	发明申请（件）	授权发明（件）
编解码芯片	华为海思	138	98
	海奇半导体	36	12
	炬芯科技	383	234
存储芯片	佰维存储	140	38
	大普微电子	229	43
	得一微电子	113	63
	芯天下	221	99
	领存技术	23	6
显示面板	惠科股份	3 502	1 379
	TCL 华星	9 516	2 881
	深天马	1 316	1 008
	柔宇科技	3 513	517

（续上表）

产业链环节	代表性企业	发明申请（件）	授权发明（件）
视频生产设备	扳手科技	5	3
	博华超高清	54	6
	美电贝尔	31	5
终端显示设备	九联科技	231	42
	康佳	1 972	556
	洲明科技	566	199
	创维	1 214	502
内容服务与应用	4K 花园	5	0
	酷开网络	384	114
	广东广电网络	5	1

资料来源：智慧芽。

第五节　超高清视频产业发展趋势研判及对策建议

一、超高清视频产业发展趋势研判

（一）产业规模持续扩大，保持高速增长

我国超高清视频产业处于终端产品先行普及、频道建设逐步推进、行业应用逐渐兴起的规模发展阶段，在新型显示、消费电子产品和广播电视应用快速发展的推动下，依托超大规模的市场优势叠加政策扶持，超高清视频产业规模将保持快速增长的态势，进入黄金发展期。

（二）自主标准体系建设逐渐完善，编解码技术有望趋于成熟

我国自主制定的 AVS 标准演化至第三代，能够做到与国际标准技术水平相当且收费相对平价，为视频编解码芯片和设备生产提供了优质的技术环境。作为具有完全自主知识产权的国产编解码体系，我国 AVS 将不断进步完善，加速编解码技术水平不断提升。

（三）8K 技术逐渐渗透，产业链升级换代

我国超高清视频产业链以“4K 先行，兼顾 8K”为总体路线，4K 技术已然成熟，而 8K 技术仍在成长。随着显示技术和终端产品创新逐渐从 4K 过渡到 8K，未来 8K 技术将打通全产业链，打造更优质的超高清视频内容，超高清视频产业迈向更高端的阶段。

（四）5G、AI 等新一代信息技术与超高清视频加速融合

5G 技术大幅度提升视频传输质量和效率；AI 技术赋能图像和视频处理，优化视频制作过程和降低成本。新一代信息技术与超高清视频产业链深入合作，催生新产品、新业态，促使相关业务朝着更加多元化的方向不断发展。

（五）应用领域不断拓展，推动行业数字化转型

数字经济浪潮下，随着视频质量和信息承载能力的提升，超高清视频产业将赋能更多的行业数字化转型。超高清视频企业针对具体行业特性和应用需求不断推出集成与解决方案，覆盖从娱乐、医疗、教育等民生领域到安防、遥感、测绘等重大领域，拓展应用深度与广度。

二、广东省超高清视频产业发展存在的问题

（一）产业高质量发展与产业链部分环节国产化率低的矛盾突出

广东省乃至全国超高清视频产业链目前仍然存在突出的供应短板。从上游光学器件、处理芯片、图像传感器到中游的视频采集、编码设备，诸多基础设备被日韩美厂商垄断，国产化率低。产业链关键环节自主供应能力弱的问题将制约产业高质量发展，容易造成“大而不强”的情况。

（二）核心技术投资力度小，部分硬件产业化能力弱

广东省资本市场对超高清图像芯片、编解码芯片、视频生产设备等核心技术产品的投资热度低，并且由于技术积累浅、研发能力弱、产业化投入不足等原因，部分硬件虽然实现了零的突破，但是并未形成产业化，达不到规模化应用的要求。

（三）下游内容制作热度低，内容供给不足

4K、8K 都是作为技术外衣而存在，需要包裹着优质内容才能实现其价值。超高清视频产业内容生产领域目前存在着一系列的问题：内容制作成本较高、内容交易平台不完善以及版权保护体系不健全等。这些问题会导致内容输出受阻，进而抑制市场消费，影响产业效益。

（四）缺乏具备较大国际影响力的自主品牌

发达国家的超高清视频行业内企业通常兼具国内和国际双重影响力，例如日韩的索尼、夏普、三星、LG 等和欧美好莱坞、奈飞等品牌。广东省内具备较大海外影响力的超高清视频企业较少，龙头企业主要在国内市场具有较大竞争优势，在技术上与国际先进水平仍然存在差距。

（五）产业链磨合能力弱，各地市发展差距大

纵向上来看，广东省超高清视频产业链主要环节已形成一定规模且各具优势，但各环节之间磨合能力有待加强。横向上来看，无论是产业规模、集群分布还是投资环境，各地市之间表现出较大的差异；产业链条主要集中在广深佛惠四地，与其他地区产业配套资源的联系较少，产业发展核心区对其他区域的带动作用不强。

三、政策建议

（一）重点支持薄弱环节技术攻关，提高制播设备自主化率

整合企业、高校、科研机构等行业资源，重点支持超高清光学器件、4K/8K 摄录机等产品蓬勃发展，促进产业创新成果积累，从而降低对外依赖度。

（二）加快形成关键元器件规模化发展，夯实产业基础

通过各种优惠政策鼓励更多企业由“中低端”走向“中高端”，增强技术创新能力；通过重点项目拨款支持、鼓励资本市场关注等方式推动核心芯片、超高清视频芯片规模化发展，夯实底层产业基础。

（三）通过补贴激励等方式降低超高清内容制作成本，保障内容产出

对具备提供优质超高清视频内容的企业给予政策支持，通过补贴激励、政府引导基金等手段切实降低内容制作、输出、分发成本，激发创作热情，增加内容产出；建立超高清内容交易平台，畅通交易渠道，推动超高清视频市场化应用；优化超高清视频内容版权保护制度，保障生产者权益。

（四）培育具备国际影响力的自主品牌，建立开放的产业生态

政府组织建立开放的产业合作平台，支持以 4K 花园为代表的龙头企业出海；借鉴发达国家的经验，扩大广东超高清视频前端系统创新中心联盟、深圳市 8K 超高清视频产业协作联盟等行业组织在产学研合作、科技成果转化等方面的引导作用，加强国际交流，建立开放的产业生态。

（五）推动壮大产业基地，带动全域协同发展

多途径支持深圳市、广佛惠产业集群龙头企业的重点项目，发挥优势企业集聚带来的虹吸效应，完善上下游配套建设能力；挖掘各城市超高清视频产业相关资源优势，全域形成联动互补，扩大区域间产业链衔接能力。

参 考 文 献

［1］中国电子信息产业发展研究院电子信息研究所. 超高清视频产业发展白皮书（2021 年）［R］. 中国电子信息产业发展研究院，2021.

［2］中国电子信息产业发展研究院电子信息研究所. 超高清视频产业发展白皮书（2022 年）［R］. 中国电子信息产业发展研究院，2022.

［3］广东省知识产权保护中心. 广东省超高清视频显示产业专利统计分析报告［R］. 广东省知识产权保护中心，2022.

［4］浙商证券. 2022 年光伏全产业链研究分析：拐点已现！［R/OL］. https://cj.sina.com.cn/articles/view/3282136660/c3a16e5401900wf5e.

［5］东亚前海证券. 洞悉光伏主产业链系列二——光伏组件：大尺寸 + N 型 + 高功率为主旋律，一体化企业构筑竞争壁垒［R/OL］. https://www.djyanbao.com/preview/3286032?from = search_list.

［6］和君咨询. 2022 年中国光伏行业发展白皮书［R/OL］. https://www.sgpjbg.com/info/39727.html.

［7］毕马威中国. 一文读懂氢能产业［R/OL］. https://www.djyanbao.com/preview/3313830?from = search_list.

［8］头豹研究所. 2022 年中国氢能产业园研究报告：氢能产业园发展格局分析（如皋氢能小镇、嘉定氢能港、云浮氢能产业园）［R/OL］. https://www.djyanbao.com/preview/3365304?from = search_list.

［9］中国产业发展促进会. 我国氢能产业现状及电氢体系展望［R/OL］. https://www.djyanbao.com/report/detail?id = 3331372&from = search_list.

［10］浙商证券. 氢燃料电池行业深度报告：规模化推动市场化，2022 开启黄金发展期［R/OL］. https://www.djyanbao.com/report/detail?id = 3312221&from = search_list.

［11］华宝证券. 氢能产业深度研究报告：2022 年上半年氢能产业发展及投融资分析［R/OL］. https://www.djyanbao.com/report/detail?id = 3254923&from = search_list.

［12］中国信息通信研究院. 云计算白皮书（2022）［R/OL］. https://djyanbao.com/report/detail?id = 3260438&from = search_list&invite_code = wbZQNP.

［13］中国氢能联盟. 《中国氢能源及燃料电池产业手册（2020）》［R/OL］. https://max.book118.com/html/2021/0827/7113065011003166.shtm.

［14］邸菁，贺博，汤刚，等. 我国云计算产业现状及发展趋势［C］//中国通信学会. 中国通信学会通信管理委员会第 30 次学术研讨会暨宽带中国战略与创新学术研讨会论文集，2012：125 – 131.

［15］时下.《储能产业研究白皮书 2022》发布［J］. 电力系统装备，2022（11）：2.

[16] 张鼎，赵小敏，徐守冬，等．室温钠离子电池的研究进展［J］．新材料产业，2017，(3)：60－65．

[17] 林主豪，张晴，韩远程，等．储能行业主要趋向及未来市场空间［J］．商业观察，2022（12)：42－45．

[18] 王冰，王楠，田政，等．美国电化学储能产业政策分析及对我国储能产业发展的启示与建议［J］．分布式能源，2020，5（3）：23－28．

[19] 原顺梅，田小元，田文香．山东省虚拟现实产业发展现状分析［J］．科技广场，2022（2)：80－89．

[20] 韩永刚．基于内生安全框架的面向数字化转型的网络安全防御体系［J］．中兴通讯技术，2022，28（6）：29－35．

[21] 陆海鸿．大数据时代网络安全问题及对策［J］．互联网周刊，2022（24)：47－49．

[22] 黄海英，张华兵，杨航．工业智能制造中的网络安全问题及对策［J］．内燃机工程，2022，43（6）：109．

[23] 彭祯方，邢国强，陈兴跃．人工智能在网络安全领域的应用及技术综述［J］．信息安全研究，2022，8（2）：110－116．

[24] 蔡佳，韦胜钰，黄林轶，等．超高清视频产业专利态势分析［J］．电视技术，2022，46（6)：197－203．

[25] 张湖波，刘哲，陈仁伟，等．我国超高清视频产业发展策略研究［J］．电视技术，2019，43（13）：74－77．

[26] 刘梦梦，王飞飞，翟晓兰．深谋远虑下的新能源汽车政策演化之路［J］．汽车与配件，2022（13)：56－59．

[27] 公丕明．中国新能源汽车产业国际竞争力：影响因素、特征表现与提升路径［J］．现代管理科学，2022（4)：63－72．

[28] 王海燕．“芯片荒”或将加速汽车芯片国产化进程［J］．时代汽车，2022（13)：19－21．

[29] 郭朝先，胡雨朦．中外云计算产业发展形势与比较［J］．经济与管理，2019，33（2)：86－92．

[30] 杨晗婧．中美日 XR 产业国际竞争力比较研究［D］．南昌：江西财经大学，2021．